刻世纪

一张财经报纸和她的世纪梦想

21世纪经济报道
21ST CENTURY BUSINESS HERALD
The 10th Anniversary
主编

南方日报出版社
NANFANG DAILY PRESS
中国·广州

图书在版编目（CIP）数据

创世纪：一张财经报纸和她的世纪梦想 / 21世纪经济报道主编. -- 广州：南方日报出版社，2011.12

ISBN 978-7-5491-0253-2

Ⅰ. ①创… Ⅱ. ①2… Ⅲ. ①报纸－新闻事业史－广州市 Ⅳ. ①G219.246.51

中国版本图书馆CIP数据核字(2011)第198944号

创世纪——一张财经报纸和她的世纪梦想 21世纪经济报道 主编

出版发行：南方日报出版社
地 址：广州市广州大道中289号
电 话：（020）83000502
经 销：全国新华书店
印 刷：广州市岭美彩印有限公司
开 本：787mm×1092mm 1/16
印 张：24.25 彩插0.375
字 数：380千字
版 次：2011年12月第1版
印 次：2011年12月第1次印刷
定 价：48.00元

投稿热线：（020）83000503 读者热线：（020）83000502

网址：http://nf.nfdaily.cn/press/

发现印装质量问题，影响阅读，请与承印厂联系调换

《21世纪经济报道》的头十年，是精彩的十年，胜利的十年，一纸风行，匹马当先。

下一个十年，希望《21世纪经济报道》坚持改革创新，不断开拓进取，办成中国的《华尔街日报》，继续领先中国的财经类媒体。同时，积极向全媒体转型，把《21世纪经济报道》办成中国乃至世界最有影响力的财经媒体集团。

10年前，

一群年轻人满怀新闻理想和产业抱负，

共同创办《21世纪经济报道》，

立志和加入WTO的中国一起成长。从周报到日报，

从一张报纸到一个报系，他们见证并参与了中国融入全球化的深刻变革。

这本书就是这段历程的生动记录。这本书也是精彩的财经媒体案例教科书。

江艺平

创 世 纪

序言
PREFACE

丘克军

序一

一张财经报纸和她的世纪梦想

时光倒流三千六百五十天，
当人类忐忑不安地等待着公元第三个新的千年，
南中国有一群新闻圣徒，
打造一只“诺亚方舟”，
承载着“那些与生俱来的光荣与梦想”，
奔向理想的岸边。

时光倒流三千六百五十天，
新世纪的第一缕曙光，
洒满凌晨出生的《21世纪经济报道》的笑脸；
这时中国正在与世界谈判，
“我们的梦想就是国家的梦想”，
这份报纸的诞生，
正是中国WTO元年；
这份报纸的命运，
注定与中国和世界一起脉动，
与21世纪同行向前。

时光流经三千六百五十天，
积跬步，
以至千里；
积小流，
以成江海；
精于道，
新闻专业化；
行于广，
新闻全球化；
别无选择，
惟有“以深度新闻为纲”，
惟有“中国道路，全球价值”。
强身壮体，
可得永年。

时光流过三千六百五十天，
道生一，
一生二，
二生三，
三生万物，
生生不息。
一群新闻圣徒的十年，
成就了“中国商业报纸领导者”的梦想。

时光流过三千六百五十天，
人类进入新世纪的第二个十年；
探路者仍在寻找“伟大”的路径，
追梦者仍在追问世界的“中国主张”；
“诺亚方舟”仍在前行，
“那些与生俱来的光荣与梦想”一定会实现。

（作者系南方报业传媒集团党委副书记、管委会副主任）

序二

沈颢

谁说少年不可以

2001年1月1日,《21世纪经济报道》创刊,我在这儿工作,那年我29岁。
2010年,《21世纪经济报道》十周年,我还在这儿工作,我39岁。
回过头来看,这些数字之间似乎有种脆弱的隐喻。
按儒家传统的经验,三十而立,四十不惑,人这样,人在做的事情也应这样。

这是一种强烈的心理暗示。但事实上,我真能疑而不惑吗?
肯定地说,不能。
这张报纸呢?按理说,十年的磨炼足以让它井井有条不急不忙,但它能够吗?
或者说,我们真能接受一份"四十不惑"的报纸吗?它与这个时代的对应关系是什么呢?

从阅读的角度来说,每个人都在发明报纸。同一份报纸,没有完全一样的阅读方式。
报纸不应该只是信息的集散地。我们试图赋予它一些意义,收获一些信任。
书写,辨伪,正义,我们说好报纸要有这样的功能,事实上,我们也这样去做。
因观察而书写,因比较而辨伪,因思考而正义。已经十年,铁棒尚未磨成针。

我总觉得做新闻的人都是永远的少年,好奇、热血、勇敢。
很多人会说,《21世纪经济报道》不应该只这样啊,它更应该散发出人类智性的光芒。
说得对啊,但是,谁说少年不可以?

想造一个词,叫"中少年",人入中年,仍怀少年之志。像我这样的。
以中少年的名义,我就可以心安理得地混迹于以青年人为主的21世纪报社了。
青年人,你们说呢?

(作者系21世纪传媒总裁CEO)

目录 Contents

序

21方法论

编辑部的故事

十年问道　其命维新

编后记

21 方法论

沉默 思考 提问 追问 高贵或龌龊
大人饱得打嗝 小孩继续挨饿
真相终于剥落 怒火是最后的烟火
发问者从未退缩
谁说过沉默等同于许可

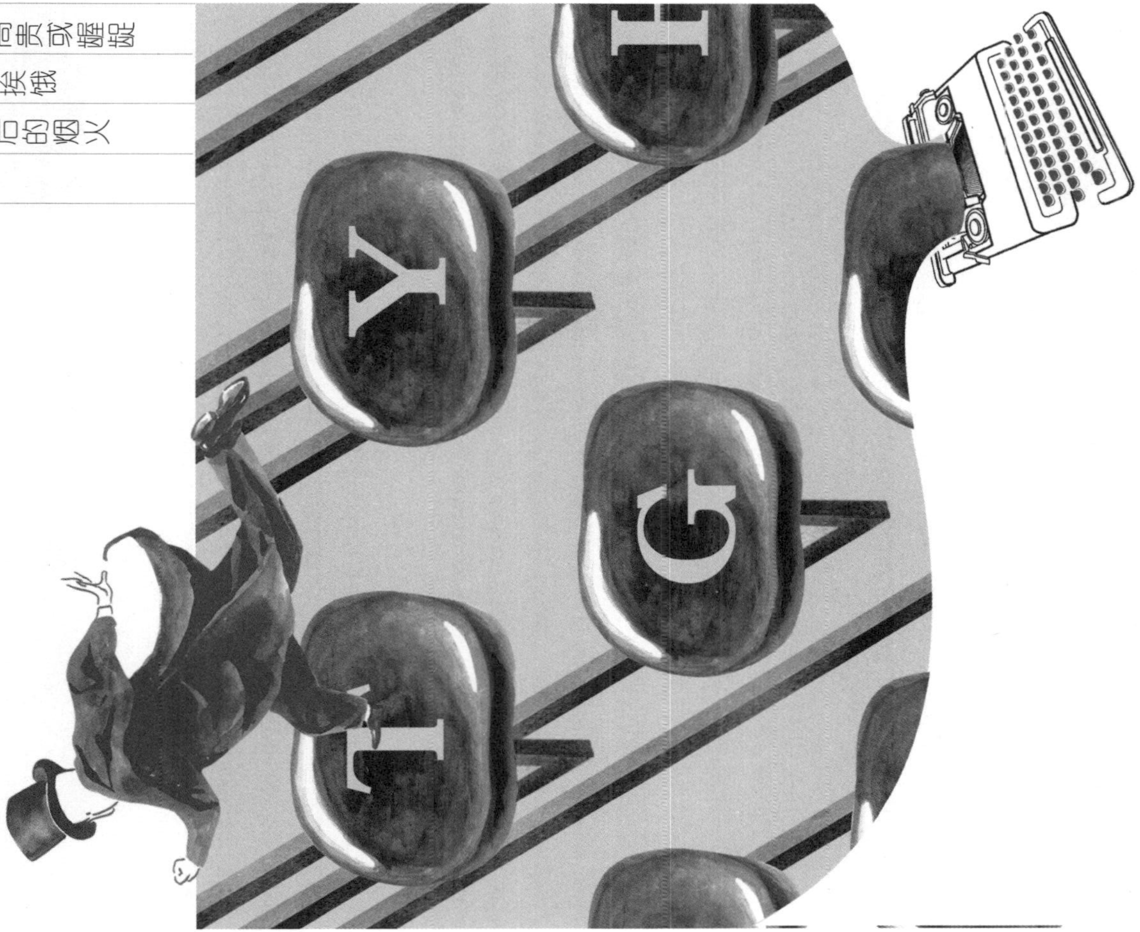

The 10th Anniversary

张翔 前《21世纪商业评论》编委

报纸评论与中国公共领域的结构

在一个市场化国家，媒体与国家政治权力发生了一种配合。这种相互配合不是管制的逻辑，而是一种市场的逻辑。如果不顺应市场潮流，媒体发展就会受到影响。网络的普及在短短时间内改变了中国的公共领域的构成，使得它的主要力量不仅包括有专业的、表达力量强的知识人群，而且还包括了各个社会阶层的群众。然而这些讨论不仅涉及面广、参与者众，而且往往分歧严重。

一、西方公共领域的结构及转型

公共领域（public sphere）这个词从德国当代哲学家哈贝马斯那里开始广为运用。特别是在苏联解体和东欧巨变之后一段时间，公共领域成为一个热点问题。谈论它的人们多注重公共领域的一个方面的特征，那就是，国家和公共领域、国家和社会之间存在一种对立性和批判性的关系，社会对国家权力有一种制衡甚至是革命性的作用。人们在谈这个问题的时候有其政治含义。

学林出版社1999年曾出版哈贝马斯的博士论文《公共领域的结构转型》。做媒体的可以拿来读一下，会很有启发。他认为，公共领域的产生与发展内在于资产阶级或者说市民阶层发展的历史进程。它随着资产阶级的出现和形成而逐步形成，最初，咖啡馆、印刷业等等各种媒介形式组织构成了一个个公共空间。这些公共空间在资产阶级反对王权和争取自己的统治地位的斗争中起到了非常重要的作用。在封建国家和市民社会二元对立的情况下，公共领域是资产阶级面对封建王权、国家权力的一个便利的中介。这个时候，社会独立于国家而存在，市民阶层有实力与衰落的王权叫板。

今天大家喜欢讲公共领域，主要是希望它能成为市民阶层独立于国家权力、制衡国家权力的一个力量，一个设置。这也间接地表达了在国家体制中获得相对独立空间的希望。在国家与社会的二元对立中，人们希望报纸与其他公共媒介所置身其中的公民社会，与国家权力有一种对话、制衡。美国的前国防部副部长保罗·沃尔福威茨，前些天来中国西北部视察时说，中国一定要更加发展公民社会。《南方周末》、《南方都市报》等报纸的评论也经常说，中国要有一个公民社会。这都是在说，在目前的国家体制内部，要有一个独立的声音出现。这就是市民社会和中产阶级的产生。这也是好些新闻人做报纸的一大目标，就是要创造一个独立于国家权力之外的声音。

接下来我们看，在资本主义逐渐在欧美占据主导地位，资产阶级逐步成为西欧社会的领导阶层之后，公共领域发生了什么变化？资产阶级革命成功以后，资产阶级成为国家的统治阶级，这个社会、公共领域还会继续反对国家和政府吗？在市民阶层掌握国家权力之后，按照以自由民主为原则的法律体系的要求，国家权力其实就是市民阶层自己用选票选举出来的；既然是自己选举出来的，那么公共领域也就不再有面对封建王权时的那种革命性的诉求，更多的是批评性的制衡。而且这时的制衡，并不是所有公共领域联合在一起来制衡国家权力。西方民主制社会，大体而言也按政党的分立而成为互相意见对立、利益对立的两个或几个政治群体，这时主要的制衡关系并非在公共领域与国家权力之间，而是在公共领域内部。公共领域内部分化出的几部分互相顶牛，互相制衡。比如在美国就是共和党和民主党的驴象之争，美国的报纸，《华尔街日报》偏共和党，《纽约时报》偏民主党，一个表现就是《华尔街日报》与《纽约时报》之间的相互批评与制衡；而至于《华尔街日报》对目前执政的共和党的批评，大多都是打是疼骂是爱，小骂帮大忙。这样看来，在市民阶层掌权之后，国家权力反过来怎样处理与社会或者公共领域之间的关系，还要根据现实状况来重新思考。

在2005年10月18日新加坡的《联合早报》上，《书城》杂志的长期作者于时语写了一篇《美国媒体的政治角色演变》，分析了美国在“9·11”、新奥尔良飓风灾难后媒体的角色变化。“9·11”之后，布什的新保守主义政府说，美国受到了敌人的威胁，所以美国人必须团结起来，要爱国，要去打击我们的敌人。这使得美国国内的爱国主义情绪逐步上升。布什发动了伊拉克战争，把朝鲜和伊朗等国家列为邪恶国家。这时候，对布什的任何批评都被视为对国家的挑战，当时好些批评政府的媒体人都被炒了鱿鱼。在前年总统大选时，美国的自由派抨击布什在搞一个邪恶帝国。知识分子认为他的很多措施压制了自由，他们在大选的时候都支持克里，但美国的土老百姓大都支持布什。后者觉得布什很有力量，能够为美国人民说话，能够在全球打击危及美国的敌人，维持美国领导地位和国家利益。但是在爱国主义这个问题上，即使民主党也必须和共和党保持同调，否则它的政治前途就会彻底完蛋。这和自由主义者爱好民主和自由，反对国家主义、民族主义有点不同。美国政府并不直接禁止报这报那，而是用了一套爱国主义的意识形态。美国媒体发表文章来支持布什政府，与政府之间有密切的互动。民主党是共和党的反对党，都不可能去批评政府。一直到飓风灾难之后，美国媒体才开始大模大样地批评布什政府。因为飓风灾难是发生在国内的事件，而且布什政府的确做得比较差劲。

再来分析一下日本新闻界。国内介绍日本媒体状况的文章很少，实际上日本的媒体有很强烈的政治色彩。中国的民族主义很厉害，日本的民族主义也非常厉害。小泉现在是很强势的领导人，日本是保守右翼当道，它的确不仅在国际政治而且在国内政治上与美国保持了某种类似的调门。

一般说来，《朝日新闻》偏左，《读卖新闻》、《日经新闻》偏右，后两者是比较附和军国主义倾向，对华采取强硬态度的媒体。日本媒体如何受到国家权力和市场的影响呢？举例来说，小泉就绑架事件等问题访问过朝鲜，引起很大轰动，但不久形势即被逆转。朝鲜研发导弹与核武器的传闻升温后，《读卖新闻》和《日经新闻》就会反复强调朝鲜的导弹很厉害，对日本多么有威胁，朝鲜领导是多么荒淫，等等。于是，不仅报纸反复刊登相关报道和评论，而且《读卖新闻》和《日经新闻》这些都是多元化媒体，有自己的电视台，电视台集中在上午时段反复播放有关朝鲜的种种臆测性消息。这个时段是不上班呆在家里的日本主妇收看的时段，收视率比较高。这使得本来就比较雄厚的民族主义心理基础在威胁感之下更加加深。这样，在市场影响出现后，《朝日新闻》就感觉到一种压力，如果不谈朝鲜威胁论的话，报纸销量和电视台收视率就会很受影响。这时，它也就开始了转变。

在对华态度方面，比如中国2004年的中日足球赛，以及中日其他方面的一些摩擦，随着日本政府采取的政策调整，面对国内民族情绪的高涨，《朝日新闻》也会由于对市场的关注，开始有所转变，尽管它还是声音比较多元。容易理解，成为一个政治大国、军事大国，对一般日本人来说是再正常不过的愿望。不过他们会认为中国和韩国对日本构成了压制，会认为中国和朝鲜是个威胁。以前，《朝日新闻》一定会批评日本政府修改宪法、迈向政治大国军事大国的做法，但后来其市场受到影响，其立场也不得不发生了变化。所以在日本媒体中出现了一种同质化的倾向。2005年我在孙歌先生的帮助下，曾就此问题采访过日本著名左翼学者小森阳一，他对日本媒体在商业压力之下普遍向右转的趋势感到非常失望和悲观。

从美国和日本近年来发展的例子，可以看到，在一个市场化国家，媒体与国家政治权力发生了一种配合。这种相互配合不是管制的逻辑，而是一种市场的逻辑。如果不顺应市场潮流，媒体发展就会受到影响。在这两个国家，从国家元首到民意机构议会，都是市民社会选举出来的，都很有合法性，任何一家主流媒体都不可能从根本上去反对，否则一般民众必然认为这家主流媒体犯了根本性的政治错误。这是一种国家权力对社会的塑造，社会选举了自己的领导者，这个领导者理所当然会对社会发挥领导性的作用。

当然可以在社会中，在公共领域中，在不同媒体中看到在某一议题上相互反对的声音，但不仅不再存在作为一个整体的公共领域合力对抗国家权力的状况，而且在事关国家的议题上会产生一种共振，国家和社会之间通过商业逻辑等中间环节会出现一种协调的关系。

拿日本来说，从小泉的立场看来，日本为什么不能成为一个全面的大国？他不顾中韩的感受而采取的一些行动严重影响了中日与韩日关系。日本大公司在中国有那么大的生意，自然不希望中日关系弄得很糟，但他们在国内的利益是最根本的，部分希望中日政治交往正常化的企业家无力挑战小泉的政治思路。热爱和平和自由的知识分子同样有些无力。好些日本学者非常喜欢讲的一句话，也是在中国很有影响的日本现代思想家竹内好提出的一个重点问题，叫“超克”（超越和克服）民族国家。这是日本思想界反省对华战争和太平洋战争的一个思路。有些学者更便捷地认为，最好大家都不要民族国家，这样亚洲才能保持永久的和平。这是一个很善良的想法。三联出的竹内好的一本书就叫《近代的超克》。这一本书里，有篇短文讲“大东亚共荣”和战争的理由，讲日本要通过解放东亚来对抗西方帝国主义的侵略。这条道路失败了，因此就需要把国家的思路都扔掉。欧洲能，为什么亚洲不能？问题是，即使有了欧洲国和东亚国这样的巨型国家，大家是否能够一厢情愿地走向天下大同？在一次会议上，我问几位20世纪80年代从中国赴日后一直呆在日本的学者，怎么才能说服日本老百姓不要日本国？他们回答说，可以，“超克”思想在日本已经赢得了很大的阵地。但现在看来并非如此。日本和美国的自由派学者，渴望自由，觉得国家权力可恶，但日本和美国的老百姓却有受威胁感，希望有个强大的国家权力来保护他们。对于政治家来说，究竟谁重要？当然是给他们选票的多数百姓重要。对于媒体来说，究竟谁重要？当然也是读者重要。这就可以理解，为什么小泉政府和主流的日本大众媒体和民间情绪之间会有这么密切和谐的互动了。这是符合现代政治运作的基本逻辑的。

让我们回到哈贝马斯的思路。哈贝马斯在他的博士论文的后半部分谈到了市民阶层的公共领域取得对国家权力的胜利之后的转型。资产阶级革命的胜利，使得社会与国家权力的二元对立，转变成国家权力以社会为基础、国家权力就是社会选举出来的这么一个格局。这时公共领域在国家结构中的位置和功能必然要发生转型。哈贝马斯接下来讨论了这种转型。知识分子当然希望社会就像当初反对封建王权时候一样，是独立的、生机勃勃的，有很强批判能力的。但哈贝马斯非常遗憾地看到，公共领域的独立性和批判性已经在强大的市场利益诱导下逐渐流失，为了商业利益委曲求全，越来越没有独立性，越来越缺乏批判的能力。如果我们看到资产阶级革命成功之后国家与社会的统合，看到全球化进程中国家之间竞争的加剧使得每个国家的老百姓都有越来越强烈的受威胁感，就容易理解这样一种趋势了。对于希望和平和自由的知识分子来说，这种趋势是非常令人难受、非常要不得的，但是改变这种秩序的力量却很微小。这是好些理想主义者必须要面对的困难所在，直面这种困难，将会让理想主义者们拥有更深入的视野。

二、中国当代社会转型与公共舆论的分歧

中国的报纸和公共领域的结构与转型是怎样的？

从建国后到改革开放前，中国是没有社会的，社会被国家统治。报纸是党的喉舌，党的宣传机构。改革开放后，有了知识分子所希望的公民社会的成长。南方报业旗下的《南方周末》、《南方都市报》、《21世纪经济报道》等，都担当了社会的独立声音的发出者。当然，历史进程需要看得复杂一点。《南方周末》近期有篇评论题目写得很好，叫“更社会主义，更市场经济”。中国的社会在成长，它是什么样的社会？它与国家的关系如何？是不是与国家对立的一种力量？从美国、欧洲来说，哈贝马斯对公共领域的发展是比较失望的。中国土地上，是不是也会出现一个独立的公共领域？不妨来看一看中国的传媒。我着重分析一下最近一两年社会论争的情况，通过它来说明中国公共领域的发展，顺便说一下经济精英面临的新挑战，这也是非常值得主流媒体从业者思考的问题。

从国企改革、房产泡沫、股市改革、金融改革、教育改革、医疗改革，到自主创新、知识产权、儒学教化、大学职称评比，再到中国崛起、中日关系，社会公共意见越来越不一致，意见冲突越来越频繁。而且由于网络的普及在短短时间内改变了中国的公共领域的构成，使得它的主要力量不仅包括有专业的、表达力量强的知识人群，而且包括了各个社会阶层的群众：不仅包括民间人士，也包括了有政府背景的人士；纸面媒体和视听媒体主要表达精英（包括媒体精英）意见，网络则提供了民众平等参与的平台。我们有一个大容纳量的社会，因此也就有一个无所不包的公共领域和言论空间。近年来的几乎所有争论，正是在这样一个宽泛的平台上展开的，它们基本上是公民社会内部的民主讨论。

然而这些讨论不仅涉及面广、参与者众，而且往往分歧严重，这是改革开放以来社会讨论从未出现过的状况。正是基于这种局面，清华大学社会学系孙立平教授日前在接受采访时指出，改革共识已基本破裂。这种社会内部的民主化讨论呈现出的分歧局面，的确显示社会共识有待重建。不过，在讨论对策之前，我们有必要更仔细地观察这些社会内部的民主化讨论究竟意味着什么。

如果说在此前的改革进程中建构起了一套关于改革的共识，那么这种共识是依靠国家权威达成的。一是因为改革一旦启动，原有的利益格局便逐渐被打破，新的利益格局得以重组，在此过程中，很自然会有或大或小的利益冲突；在这个基础上要产生改革共识，很难从带来冲突的改革措施本身获得（否则现在也就比较容易继续保持改革共识），而有赖于改革意识的权威的形成。当时的改革权威最重要的根据在于国家权力本

身的权威，以及它进行自我革命（也即后来邓小平所说的“第二次革命”）的正当性资源。二是因为改革本来就是国家权力主动的自我变革，它可以通过改革的成效来证明改革的合法性，使得社会能够在矛盾逐渐增加的时候保持一定的改革共识。

回看此前近三十年的改革历程，国家权力一直有吸纳社会智慧的强大力量。由于市场经济改革和市场国家法制建设往往首先被视为向发达国家学习的过程，国家权力越来越多地从专家那里获得决策的参考，专家特别是经济学家与法学家对政策制订的影响也越来越大。从20世纪80年代到90年代的一个明显变化就是，深入基层调查、归纳体验改革智慧的有影响的案例相对减少，而各种各样的专家论坛越来越多，以至于现在好些新闻媒体都有专门的记者报道这些论坛。

中国社会也经历了一个市场经济启蒙的过程，同样专家在这一过程中起到了非常关键的作用。与政府决策相沟通并拥有专业权威形象的专家，为塑造社会的改革共识也起到了相当重要的作用。

但是，就经济领域的改革而言，所谓改革共识的破裂恰恰也与专业权威之间的分歧有着至关重要的联系。（实际上，香港大学亚洲研究中心研究员甘阳1999年在香港大学亚洲中心的演讲即已题为“改革共识的破裂”。）标志性的事件是2001年以来关于中国股市的大辩论，推进中国市场改革的经济专家群体发生了严重的意见分歧。吴敬琏与厉以宁、萧灼基等学者之间的争执恰逢中国网络舆论起飞，于是众多民众纷纷卷入网络辩论，加上纸质和视听媒体连篇累牍的报道，形成了第一波蔚为奇观的全民辩论的舆论景象。在这一波辩论中，吴敬琏教授获得大量的支持，并当选2001年中央电视台“中国经济年度人物”。

此后舆论大辩论的基本模式在当时的股市大辩论时已经成形。首先是专业权威之间发生争论，并为传统媒体所报道。（这也提示，在以往的政府决策阶段中，同样存在专家争辩，但最后一般以结论形式出现，争辩并不广为人知。这也使得以前社会共识更容易形成。）接着就是网络媒体卷入，各种网络论坛四面开花，专家分歧在公共舆论中被强烈放大，全民辩论于是展开。在此过程中，专家逐渐被拉离权威位置（所谓“脱魅”），不得不进入民主化的平等的大众舆论中辩论。这是每个人都能发出自己声音之后必然出现的状况。

接下来经济辩论殃及整个经济学家群体的发展，虽然令人惊讶但却合乎逻辑。2004年，出生于台湾、任香港中文大学讲座教授职的郎咸平发表演讲，质疑国企改革的公正性等问题，掀起一波辩论热潮。接下来延续到今年，医疗改革、教育改革、金融改革的辩论接踵而来，并与1990年代中后期知识界内部所谓自由主义与“新左派”之争相互纠缠。随着大众化的辩论逐渐延伸，专家的权威被社会民主化的力量越拉越下，最后专家的“脱魅”以质疑整个中国经济学家群体的方式表达了出来。

简略而言，有关各项经济改革的系列争论归结到一点，就是改革本身会带来问题还是问题出在政府。一种主流意见认为，经济改革本身就会带来腐败贪渎、官商勾结、社会不公等弊病，市场机制发展本身就会带出无良商人，必须对改革路径进行反思和重估；另一种主流意见则认为，官商勾结权贵资本之类“坏的资本主义”的现象固然存在，但问题在于政府管得太多，该管的事没管，而改革本身没有太多问题，市场体制也没有什么问题，必须要保护私人资本的发展。前者认为不良分子利用了改革，后者认为不良分子利用了旧体制。

对争论的各个环节做粗略的梳理，一是此前的改革是否带来了一些问题。各方归纳不同，但一般不否定公正问题和社会差距拉大的问题。

二是这些问题由什么原因造成。一种主流意见是问题在改革，改革造就的既得利益阶层制造了种种社会不公，不仅制订改革政策的政府要反思，市场机制和商人阶层也要检讨；另一种主流意见是问题主要在政府，在改革得还不够，政府管了很多不该管的事情，原有体制的既得利益者在阻碍改革。

三是怎样化解改革过程中出现的问题。一种主流意见是靠政府退出经济领域并不能解决改革过程中已经出现的问题，应加强法治以应对改革过程中的贪渎问题，以及重新思考产权改革的理论，重新认识国有制与私有制；另一种主流意见是坚持既有改革方向，加大政府自我改革、加强建立有限政府的力度，管好该管的事情，同时坚持不要干扰私人资本的自由发展。

四是怎样看待原有体制。一种意见是，相对于目前改革造就的体制，传统体制有着以往被忽略的一些优势；另一种意见是，决不能走回头路，必须坚持改革旧有体制。

五是怎样定义这些争论。一种意见是，这是关于走什么样的发展路径的争论；另一种意见是，这是支持改革还是反对改革的争论。

六是如何看待争论对手。一种意见是，中国的经济学家群体已经成为既得利益阶层，面临严重的道德危机，典型之一是顾雏军事件中的经济学家形象；另一种意见是，反对改革者或者别有所图，或者就是既得利益者，而且认为他们利用群众的盲从掀动民粹情绪反对改革。

七是如何看待争论对手与政府政策的关系。双方互相批评对方已经或者希望与政府建立关系，也都在批评对方的同时，从不同角度批评政府及其政策制订。

在这一系列争论中，无论是郎咸平对国企改革的质疑，还是国务院发展研究中心报告对医疗改革基本失败的判断，还是原教育部分管财务和助学贷款的副部长张保庆对教育市场化改革的批评，都在网络舆论中获得了多数正面的回应。更多的人认为，不良分子利用改革牟取不正当利益，改革本身就会带来问题，所以认同对改革的批评。在这个意义上，有媒体认为，今年本来期望是“改革年”，不曾想变成了“质疑改革年”。

与2001年的股市大辩论不同的是，去年以来的一系列争论往往被看作坚持改革和反对改革之争。而与网络论坛的每人一票争得不可开交、质疑改革的声音赢取多数掌声不同的是，精英媒体往往对批评改革的声音保持了相当的警惕，对以数量取胜的民意亦保持了相当的距离。被评论得最多的例子是，尽管据一些媒体调查，郎咸平的支持率在中国经济学家中高居榜首，但是在中央电视台的年度经济人物评选中，郎在2004年与2005年都未能进入最后提名。中央电视台二套节目的这一取向，一定程度上反映了经济精英面对此轮批评和民意格局的态度。

而与2001年股市大辩论类似，政府相关部门对舆论讨论和批评基本保持关注的态度。这一姿态则与国家权力决策需要吸纳社会各方面意见有非常重要的关系。

三、市场时代的经济精英

毫无疑问，一两代经济学家为中国经济改革奉献了学习西方经济体制的热情和心力，并对打造目前的经济体制做出了历史性的贡献。他们通过自己的努力，不仅在政府决策领域，而且在教育和社会传播领域，曾经拥有被称为“经济学帝国主义”的专业权威。他们相信自己掌握了市场经济发展的科学规律，为市场经济改革鼓与呼，勤勉不懈地传播自由市场发展的理念，清理计划经济思想的影响，念兹在兹的就是对民众（特别是市民阶层）进行经济人（追求个人利益最大化）的理性启蒙。

但是，现实的历史发展多少有些令经济学家们失落。最关键的问题既不在于部分经济学家的道德操守被质疑，因为毕竟仍然有一些经济学家用心于学业；也不在于在学术思想上遭遇了多大的挑战，因为回避挑战者要么是懦夫要么是信奉强力的专权者，真正的思想者并不怕挑战；真正关键的问题在于他们希望完成对社会经济人的理性启蒙，但现在不仅他们的启蒙可能将成为无法完成的计划，而且越来越多的民意在流向他们的辩论对手。并且，民意的流向不仅与经济学家的品行表现有关，更与民众自身的生存感受相关；也就是说，即使经济学家的品行表现良好，民意流向也会发生改变。

这是有些令经济学家们始料未及的变化。按照一种主流的现代化规划，在市场经济发展、市民阶层成长的阶段，会产生体现市民阶层利益要求的公共空间（一个核心部分就是公共舆论），制衡政府权力，支持市场体制的形成和民间资本的发展。这种规划希望能够形成一个团结的公共空间来伸张市民阶层的利益要求。但是，现实却是，公共空间产生于中国市场经济发展成形之时，也就是公共领域在民主化氛围中分裂之时；而且随着公共空间的分裂，市民阶层的精神领袖——经济学家群体反而成了被攻击的标靶。

最大的原因就在于，网络舆论的发展使得公共空间的构成者不只是资本所有者，而且包括了一般的工人甚至农民。按人数比例来说，有自由表达能力的一般市民的数量要远大于资本所有者，这还没有算上尚未接触网络的多数农民。由于一般工人农民的利益要求与资本所有者不仅不一致，而且往往相互冲突，这样在相对民主化的社会公共空间里，体现工人农民利益要求的声音必然会获得更多的支持。

在近两年的改革论争中，认为改革本身带来了诸多问题的看法，比认为问题在政府、原有改革要坚持的看法，在民众中赢得了更多的支持。根本原因也就在于，一般工人农民的利益要求和他们对改革的感受，跟资本所有者大不一样。对于一般工人农民而言，他们在改革过程中感受到社会距离的扩大以及不平等带来的各种问题，但是他们最根本的利益要求是政府的改革措施要更公正，政府要更能坚持正义，他们最不愿意看到的是政府决策只从经济上占优势的社会阶层的利益出发；而且他们没有能力投资与国企竞争，并没有那种被国有垄断所妨碍的紧张感，那主要是经济上层社会的事情，所以他们不仅不会认为政府对经济干预太多是要紧的问题，甚至会认为是政府管得太少才是自己为不平等所伤害的原因。而经济学家们往往执“改革要有代价、要求人们牺牲”这样的看法。因此，他们必然认为经济学家们的诊断并没有把握住问题的关键，是改革本身带来了问题。

而且，对于一般民众而言，最根本的要害并不是经济利益被剥夺等层次的问题。相当多的老百姓怀念旧体制，其实又并不想节衣缩食过紧日子，老百姓也知道那时候穷，现在再怎么不好，起码生活水平还是有提高。但是，目前改革对民众最大的冲击，并非经济层次的、利益层次的问题；而是改革不断在冲击人们的生活安全感，不断瓦解各种有序有效的社会秩序，在破坏一般的社会风俗和道德意识。现在改革所造成的问题是社会问题、法律问题、政治问题。这些问题已经大大超出了多数经济学家们习惯的视野。

而经济学家们则深信，只有市场经济发展了，社会民众的生活才能改善；而要市场经济继续顺利发展，最重要的事情就是政府基本退出市场领域，让各色资本自由竞争；如果政府没有管得那么多，经济人不会出太多问题。他们认为，这种思路才真正代表了市场经济发展的根本利益，才真正是民族和国家根本的强盛之道，才是能够惠及所有民众的发展道路。经济学家们不是不了解一般工人农民的思维逻辑，但是他们认为群众并不知道工人农民的根本利益也在于资本的自由发展；并且他们深知民众在对改革屡屡质疑之后非常容易被所谓民粹主义者所鼓动。

面对已经民主化的社会公共空间里群情涌动的舆论，经济学家们非常矛盾。一方面，他们的改革意见曾经从民众那里得到有力的支持，他们深知要推动政府坚定地在他们主张的改革道路上走下去，就必须继续得到民众的支持。用中国经济学家的代表人物、被誉为社会的良心的吴敬琏最近在《财经》杂志2006年论坛上的话说：促进政府改革也“要靠所有的公民，行使公民的权利”。对于他们而言，持续而有成效的经济理性启蒙至关重要。另一方面，他们却发现，要一般民众相信他们的根本利益在于资本的自由发展以及政府退出经济领域，非常困难。对于为维持家庭基本需求而勤劳甚至为找一份工作而终日勤勉的普通民众而言，很难激发他们上升到一种经济水平，以足够体会到政府权力限制经济自由发展的苦恼。这种状况对经济学家既有的权威造成了根本的冲击，质疑改革的言论在短时间内超越了他们。他们在业已民主化的社会公共空间里遭遇了空前的危机。这种危机的根源不在于和他们意见相左的学者，而在于社会的民主化，在于中国的经济阶层没有能力成为担纲中国发展的社会阶层，在于经济学家的启蒙事业无法有效应对社会民主化的潮流。

吴敬琏在《财经》论坛发言的最后一段话，非常典型地表达了经济学家面对社会民主化的忧心忡忡。这段话说："自由市场经济尤其是金融市场是人类创造的最有效的组织生产和安排分配的方式。但是它的发展面临着来自既得利益集团和来自庞大的贫困人群两方面的威胁，这两个集团看起来地位极其悬殊，可是他们可能在反市场体制上结成联盟，使政府对市场采取干预行动，这种行动打着弥补市场缺陷的招牌，却妨碍市场的有效运作。而大众不但不会抗议，甚至还要喝彩，全然没有意识到自己的未来会因此受到损害。"

这种忧虑预示着，自信洞见了市场经济发展的历史规律的经济学家群体，处身于工农占大多数的中国社会的特殊结构里，已经面临着非常艰难的历史选择。一种选择是顺应社会民主化的潮流，寻找有效的途径，重新赢得社会民意的支持，从而在改革开放和国家发展的事业中发挥更大的作用。要做到这一点，经济学家必须面对民众的质疑调整自己。最关键的一点自然是如何使自己的学说抓住一般民众的切身利益感受，重新赢得民心。另外，他们还必须看到自己面临的另一个问题，即如何让民众相信他们不是有钱人的雇佣打手，只有这样才能重新建立自己职业和道德的公信力。这样，经济学家群体的当务之急是重新建立自己职业和道德自律，必须明确自己与商界的金钱关系，必须定出规则在什么情况下可以拿雇主的钱，拿了钱以后必须公开，不能以经济学家身份为自己的雇主说话。现在的问题是，经济学家群体对社会舆论形势的转变存在一定的抵触情绪，不愿意检讨自己，也不愿意做这种调整。

而另一种选择是，经济学家群体继续坚信以所谓经济理性为基础的改革思路并不需要太多的检讨，继续认为普通民众不了解自己的根本利益所在，也不了解社会与国家的根本利益所在，这样经济学家有可能进一步蔑视民众，甚至希望借政治权威来压制民意，扭转社会民主化的潮流，这当然不是人们愿意看到的走向。

（本文根据作者2005年10月19日讲课录音整理，经过本人删改）

王云帆 ▌《21世纪经济报道》编委

中国财媒的重型化走向及新一代财经记者的历史机会

下一个五年对于记者而言是非常难得的阶段，这种阶段是西方记者所遇不到的，因为他们处于一个成熟的体制之下，面对的只能是技术性的东西，看不到这样切实的、正在改变的镜像，而这些镜像给予我们很大的报道空间和成长机会。

听说刘晖编委此前给大家放映了《肖申克的救赎》里主人公爬出隧道的那一段，今天我想讲一下什么东西能支撑各位去爬过那个隧道。

最近这十年来，尤其对中国来说是最近这一两年，出现了一个全球化的浪潮，所有产业化的布局都是放在一个新的情景下进行解读，我们可观察可记录的空间也一下被放大到世界这样一个题材上面。另一方面，新技术革命给我们带来了搜索引擎，使得年轻记者的知识积累不需要一个很漫长的过程；而在技术上，做某一个选题的时候，大家也可以非常快捷地获取所需要的东西。所以我认为，这个时代会催生出一批年轻而优秀的记者。

一

下面简单回顾一下中国改革的路径，这种路径奠定了我们这份报纸快速成长的一个基础。

中国的改革已经开始了一百多年。回头来看，之前的七八十年都是停留在技术层面，从1978年之后才真正进入到一个快车道。毛泽东去世以后中国面临一个全新的社会，当时中国社会呈现四种不同的思路，从政治和经济两个方面去考量：第一，在政治和经济上都奉行毛泽东晚年的那个思路，政治上走无产阶级专政，经济上实行完全的计划经济体制；第二，在政治上还走无产阶级专政，但在经济上走回五十年代即第一个五年计划的时代；第三，政治上无产阶级专政，但经济上走市场化的改革；第四，政治上民主化，经济上市场化。

当时这四种思路都有自己的代表，争斗得非常厉害。后三种思路联合起来推翻了第一种思路，即“四人帮”的思路。但之后，后三种思路发生了非常大的争论。最后一种思路即政治经济都激进改革的思路被认为是不可接受的，这是与俄罗斯改革最大的区别。在争论之中，第二和第三种思路是占主导优势的，前者以陈云为代表，后者以邓小平为代表。从1976年到1994年这18年里，中国始终处于一个“双峰政治”的状态，以陈云为代表的和以邓小平为代表的这两派一直此消彼长，有一个比较激烈的争论。我们仔细分析可以看到强化改革和反自由化几乎是隔年各自运动一次(详细列举略)，这种此消彼长的争论决定了中国的改革必定是走渐进式的路径。

我喜欢由渐进式的改革出发来分析问题，对“渐进式”三个字有一些深入的感受。渐进式意味着它的种种突破一开始是细节上的突破，而不是一种颠覆。从这点来看，我们需要有足够的新闻敏感性，因为一些很细节的东西可能就意味着这个领域的制度变迁或一场改革的到来。

例如前几年，《南方周末》的一个报道：法官开庭开始穿上法袍了。从批判的眼光来看，这是一个形式主义的东西，并不能带来实际的结果。但记者不能以一个完全理想主义的眼光去观察这个社会，如果是非常极端的完美主义者就会写一个极端性的报道，觉得这完全是作秀；但如果对中国近年改革史有所了解的话，《南方周末》非常重视这个技术化的小细节的变革，意识到这对提升民众向法理精神进一步认同、回归有价值。所以作为一个记者，第一道关就是新闻的敏感性，从周围的生活中体会到这种变革的到来。

中国改革分两种走向，一种是自上而下的，一种是自下而上的。而本报所有版面所有问题都是反映这种方向的改革，本报前几年更多地强调调查性报道，但现在分析式解释式报道越来越多，因为这主要就是针对自上而下的，而自下而上的前十年的动力现在逐步反映到上层建筑中去了。以前，“调查”几乎是我们唯一的、核心的手段，但现在报道的模式呈现多样化。可见这两种改革路径与我们的报道方向和报道模式有密切的关联。

二

下面就渐进式改革举一些例子。

浙江是非常典型的渐进式改革的样板，其中温州最为典型。对于渐进式改革，做新闻就是要研究它的路径，任何渐进式改革都是走从边缘向中心突破这个路径。

从这一点就可以理解为何温州成为典型。首先温州的经济体量在全国包括在整个浙江都是非常小的，而且地理位置非常偏远，与外界相对隔离。用经济学的一个术语，我们把温州称为中国经济的盲肠地带。在资源上，浙江在所有的省份中排倒数第四，温州又是其中最差的，人称“七山二水一分田”，工业几乎没有一个开放的空间。

中国改革渐进式是一个大方向，但具体某一个阶段，改革是有反复的，是有偶然性的。所以真实的经济世界是非常有意思的。温州偏远贫穷，但这样的地方在全国还能找出很多。为何偏偏在这里实现突破？其中涉及到许多偶然性的事件、偶然性的因素、偶然性的政治人物，这一段历史是非常值得回顾的。

我们关注一下它的突破路径。温州最早是从流通领域突破——十万温州大军。在计划经济时代，所有的生产要素是不能流动的，而温州因为比较穷，改革时被迫实现生产要素的流动。那为什么是从流通领域而非生产领域开始？因为生产领域占据了更多的生产资料，这些在那个时代基本上是很难流动的，唯一相对管制比较松的生产要素就是人本身，所以温州就是由人带动一些非常小的小商品从流通领域来突破。而后才向生产领域突破，也还是从小商品开始。直到今天，浙江的产业集群的经济特色叫“小狗经济”，形成小的产业板块，把一个小商品通过完全市场化的运作发挥到极致，形成一个非常严密的分工体系，把小商品做到最有竞争力。所以，它的发展路径只能从一些边缘性的小商品去突破，其产业结构到今天也是非常清晰的。

至于政府与民间的关系，北大的周其仁教授的观点曾提到浙江和温州的政府与民间关系的变化。浙江因为穷，财政没有钱，导致提供的公共产品非常少，政府管制也非常松。温州经验模式到今天不断地进行演绎和丰富，不过主要还是产业结构上的私有化。温州模式是一种藏富于民的方式，拿温州模式和所谓的苏南模式来对照的话，这在中国是两条完全不同的改革路径，这两个概念是小平“南方谈话”后开始分界的。这两条发展路径一个是个体私营经济，一个是集体经济。

浙江早期有大量地区，如宁波走的是苏南模式，主要是以发展集体经济为代表。当时之所以浙江出现温州化倾向，江苏出现苏南模式倾向，并不是遵循理性的行为。当时有两个因素：其一，小平南方谈话后在政治上迅速放开；其二，如果宁波等走苏南模式，则不作为浙江的政绩，因此拉回去走温州模式。这最终导致浙江的泛温州化和江苏的泛苏南化。所以说改革是充满偶然因素的。从今天看来，宁波的改进并不在于它已经判断到日后这样一种模式会走向衰亡，实际上是在这种路径中有很多偶然因素。

这两种路径的根本不同是：温州模式在于财富的整体走向是“财富从精英到普通大众，是向下走的”；而集体经济是“领导从所谓的精英中选出，不是从市场中充分竞争出来的”。从平民到精英，浙江的模式藏富于民，整个风险为社会所平摊；而江苏模式是向上走，最初集体经济比较小，后来做得相对比较大，市场的风险是向上传递的，最终传到政府。

温州政府的无为而治在整个八九十年代比较受推崇，但在今天来看是有局限性的。事实上，任何渐进式的改革的经验可能过十年来看都是有局限性的，这时又需要新的突破，需要重新反思这种阶段性的渐进改革出现反复。中国的改革发展每五到十年有一个轮回反复。去年有一个很热的名词“温州炒房团”，为什么会出现？其来源于对市场的敏感、对观念的颠覆和对资本的积累。炒房的核心在于温州过量的资本的平面化流动。不是考虑到把原来产业升级使资本向上流动，而选择平面化流动，就是因为科斯理论最核心的分析工具——交易成本的问题。它选择向上产业升级的成本要高于资本平面流动，而资本的先天趋利性使之自然地选择了平面化的流动。由此也导致了温州改革陷入另一个瓶颈——产业的升级非常困难。

按理说，资本的逐利性并不导致它必然选择平面化流动，因为它还要追求长期逐利。炒楼是短期逐利行为，从长期看是不理性的行为。但为什么目前大家都选择了这种方式？因为在现阶段另一种方式的交易成本过大。有一部分交易成本应由政府来负担，产业升级需要许多配套的体制性因素，这是作为企业个体无力承担的，但他们对政府没有这种预期，因为政府在缺位和越位的跳跃之中始终没有到位。政府在这个阶段要扮演什么角色，“政府之手”如何恰当地伸缩，这是将来报道的每个素材都要涉及的。

三

在本报，民资、国资和外资是考量的非常重要的三个目标。而前几年行业内有一个误解——《21世纪经济报道》代表民营经济。2002年到2003年，我进来初期受到的熏陶是：民营经济是好的经济，国有资本是坏的资本。在那个阶段，中国的财经报道没有阶级性但有阶段性。阶段性要求审时度势，根据阶段去分析。做经济报道无非推动公平与效率，所有的经济改革都是要实现这两个目标，根据媒体的核心观念和本质判断我们所处的经济阶段。

《21世纪经济报道》有个口号叫“代表向上生长的力量”，这其实与“公平与效率”是一致的概念。因为当时民营经济的确代表的是一种向上的力量，国有资本和国企改革则始终未走出困境，而外资因为刚进入国内，还没有被国内的法治环境所同化，还秉承了国际市场最成熟的那条道路。

回头来梳理这三种资本形态。这五年来的路径有比较大的变化，要求记者不断调整立场。民营资本基本上是前面那一段爆发的增长，这个过程中本身伴随许多不规范的负面因素。温州起初是以假冒伪劣进入市场的，但总体的力量是向上的。市场自身也有一个比较良好的调节作用，现在处于一个相对理想的状态。在另一阶段，我们报道的整体是鼓励它的发展的。现在民营经济发展到一个新的阶段就遇到一些瓶颈，这个也是我们需要把握的。

去年最热门的两个词，一个是宏观调控，一个是重型化，这两个词相辅相成，有紧密的内在联系。民企自身的资本积累已经到了一定程度，从整体上看，它要推动升级，出现了一个民企重型化的发展路径。大量民企开始进入钢铁等生产企业。民企从一开始与地方行政部门打交道，在融资方面的困境解决到进入重型化以后有一个非常痛苦的轮回阶段，例如大量的钢铁生产。

前十年民企主要在与地方政府磨合，后来大民企基本上都能与地方政府形成比较平等的关系；但当它进一步发展，有重型化的要求的时候，它所面对的对象就从地方政府上升到了国家部委。十年前所遭遇到的问题，现在重新遭遇。但是尽管这一轮民营经济重型化遭到许多挫折，但是通过这个轮回，中国民营企业又走入一个良性的轨道。民营企业在发展时主要还是考虑到和政府的关系问题，现在政府也已经意识到这个问题，所以去年出台“民营经济36条”。（但是在政府与民营经济的关系不确定的状态下，如果“36条”不能变成一个实际的东西，就可能对民营经济形成新的陷阱。）

整个国有企业的改革在前十多年是非常低效的，一些根本性问题是几乎不可能解决的，因为它先天性有缺陷。所谓国有就是国家政府代表全国人民来管理，这本身就是中国渐进式改革创造性提出来的东西，但本质上，它存在一个逻辑死角。另外从政治因素上，国企的产权问题不断在经济理论上推进它，在整体上向好的方向发展，中央国资委的成立是一个标志性的动作。国企最大的问题是产权不明晰、产权主体不明确，所以它的这种管理必然是一种无效率的管理。在这种情况下，从分层管理到分层代表，把产权进一步明确了，尤其是地方所属的国企，比较明确地授权地区去改革处理。同时在国家直属的大企业，成立国资委。这种新的架构在一定程度上完善了整个国有管理体制。原来一些中小国有企业大量进行股份制改造。大的企业则没有放松，反而进一步加强了，在这样一些领域，出现了国家资本主义的复兴。央企这两年改革的思路不断调整，不断加强，但是加强会带来新的问题，除了涉及国计民生的行业，还是无法解决资源垄断和市场化的关联问题。

外资是个比较值得探讨的问题。事实证明，它的确为我们带来了比较好的管理经验等一系列好处。但这两年，外资企业的道德风险逐渐暴露出来。例如在环保问题和工人的劳保待遇，原来推崇的海外经验是非常完善的，但国内情况却不尽然。有观点认为，这其中有文化和人的因素，但最核心的问题还是法治环境的问题。资本从根本上来说是逐利的，在海外，它受到更多法治约束，但从这两年看，道德的约束是很薄弱的。所以这最终涉及到的还是一个利益的因素，要靠相关法律去制约。

如果要打破现在的局面，就需要行政改革（部委经过好几轮的变革，这个变革的过程相对而言也是从外围逐步向内核）。民营经济要进一步上升就面临着核心部委的体制改革问题。国有资本也是一样，所谓国家资本主义的复兴，也需要国家政府部门如发改委，给予一个指引的方向。至于外资道德风险，则需要社会整体法制环境。最后我们发现所有的经济问题，这几种资本形态都把这个接力棒交到了更深一层次的政府的改革。就是我们所说的渐进式的改革，它不光存在于经济改革之中，更存在于整个改革的综合进程。

四

大家非常幸运地处在这个时代，前五年在经济改革中不断探索不断进步；而未来五年，整个综合改革将会全方位展开。

十六大时第一次提出浙江经验，但这个经验其实是提晚了。在中国，一个经济经验要提到政治中去要经过一个漫长的考验期。而十六大把这个概念放进去会产生一个很大的误导性作用，因为浙江改革的弊端在将来会越来越多地反映出来。

在无为新政之后，我们期待有一个新的局面出现。这个信号是发改委召开的中国高层论坛。第二天本报就对此作了一个专题，而所有官方媒体与我们区别在于，它们并没有就此提炼并提出“社会综合改革”的概念，这充分显示了本报的大气和对大局的把握。（当然也不排除它们出于政治敏感不敢去提这个概念的可能。）

这个专题的主题叫“新的主打歌，中国改革26年”，就是说，整个综合改革被启动了。这几周来，这种改革启动得很明显，民航和铁路都对资本放开，是自“36条”以来乃至自建国以来最切实际且最大的开放。另外，近来最热的话题是医疗体制改革，表明了我们的改革已经从经济领域逐渐向公共服务领域突破。在未来五年，这些层面会逐渐展开，对它们改革路径的探讨会越来越多。下一个五年对于记者而言是非常难得的阶段，这种阶段是西方记者所遇不到的，因为他们处于一个成熟的体制之下，面对的只能是技术性的东西，看不到这样切实的、正在改变的镜像，而这些镜像给予我们很大的报道空间和成长机会。

（本文根据作者2005年8月4日讲课录音整理，经过本人删改）

行业远见对财经记者的意义

虽然记者写东西不是为了“藏之名山，传诸后世”，但要成为一个优秀的记者，起码要有这样的“自律”——让自己的叙述和分析具有“盖过声浪”的特点。而要做到这一点，首先需要有行业远见。

一

关注正在发生的事件是记者的天职。作为财经和商业记者，面对正在发生的事件必须有正面的回应、叙述和判断，我们显然不能顾左右而言他，以软性的、边缘的材料代替硬性的、一手的材料，以一些隔靴搔痒、不痛不痒的话来掩饰我们把握当下事件的工夫和功力。

记者的观察视角和知识旨趣显然不同于历史学家，也不同于未来学家。但值得注意的是，当下只是时间序列中的一个点，如果只是盯着这个孤立的点，忽略这个点的轨迹——它的过去，它的未来趋势，就很可能看花眼。一个企业的一个动作和举措如同一步棋。判断这步棋好不好，单就这步棋本身来论是说不清是妙棋还是败笔的。要解读一步棋，往往要同时往前和往后看好几步棋。如果对这步棋本身是妙棋和败笔都无法判断或判断错了，采访和记录做得再细致都是无济于事的，极有可能写出令人“大跌眼镜”的报道来。

所以今天我们特别讨论一下，行业远见对于一个财经和商业类媒体记者的意义。

行业远见无论是对一个企业还是对我们研究一个商业案例或者报道都是非常关键的。没有它，你的观察和判断就可能被眼前的现象和流俗的见解所裹挟，你的报道和案例的信息保质期就会很短，短到刚落笔就过时，甚至开口就错的地步。

虽然记者写东西不是为了“藏之名山，传诸后世”，但要成为一个优秀的记者，起码要有这样的“自律”——让自己的叙述和分析具有“盖过声浪”的特点。而要做到这一点，首先需要有行业远见。

二

我们先来看一下联想的例子。联想是1984年成立的，它当时有两条路可走，其中一条是走戴尔的路子，即“自己关东式成长”并成为PC领域的老大。当时对中国来说，最大的问题就是如何使汉字进入计算机，所以联想就做了一个联想汉卡，就是做汉化。这个技术可以说是世界一流的，因为外国人根本不可能让汉字进入计算机。那时候卖电脑是软硬件一起卖的，不像现在买来电脑自己装软件。就像IBM，它开始时也是这样的，你只能买它的，不存在什么盗版的问题，所以它是很赚钱的一个东西，是一个独家的技术。所以联想的思路是做汉字处理，就是走PC这条路，这是可以走的，它后来实际上也是沿着这条路走的。

还有一条路，就是走思科的路，做程控交换器。在联想靠联想汉卡赚钱的时候，倪光南同时在启动一种技术——程控交换机技术。你可以想象，思科现在是世界上最大的网络设备商，它也是1984年成立的，跟联想同龄。

倪光南当时跟柳传志提的唯一一个要求就是要150万的启动经费，对联想当时来说，这笔钱当然不是个小数。所以柳传志就面临着一个选择。给钱的话，这150万很可能就打水漂了，因为研发很像押宝，很有可能就是血本无归，所以他就很犹豫。对他来说，当时的形势非常好，你只要是买一台机器，插入联想汉卡再卖出去，就可以赚很多钱。对联想这样一个贸易商来说，它实际上做的就是贸易，就是买进一些东西，加一点核心技术再卖出去。对柳传志来说，如果把150万用来买机器，插上联想汉卡再卖出去，这个利润是完全可以预见的，而花150万用于研发技术对他来说则是很茫然的。所以他就一直拖着没批，倪光南后来就明白了，他说装睡的人是叫不醒的，于是就放弃了这条路。对联想来说，就失去了一个非常好的机会，一个跟思科同时起步的机会。

特别有意思的是，联想位于北京，背靠中科院，是一个非常有政府背景的企业。如果它做这个系统的话，中国有很多电话升级换代用户和网络设备需求。但是它放弃了这条路，因为它觉得这个风险特别大，可见它对这个前景没有感觉，但是有人看到了这个机会。

1985年，在深圳有这样一个企业，是航天部在深圳设的一个公司，它也是做贸易，是做很简单的电话交换设备，这就是我们今天的中兴通讯。到了1987年，一个叫任正非的人来到深圳，开始也是做贸易，进口这种交换设备来卖。当时他认为中国人在计算机领域除了汉化设备之外已经没什么可拼的了，但是在通讯设备方面他觉得是有得一拼的，所以当时就在荒地上建厂，就这么起来了。20年过去了，现在的局面是什么呢？这两家做通讯网络设备商的企业成为思科实际上的竞争对手，虽然它们的优势主要还在于成本的优势，但是在某些领域内它们的确有自己的核心技术。你可以发现中兴和华为的国际化思路与海尔、联想以及TCL的国际化思路是完全不一样的。TCL和联想现在要走向国际化，主要的方式还是并购国外的企业（一个一个地买，说得不好听点就是拣洋垃圾，就是去买那些系出名门的企业里的鸡肋部门）。但是中兴和华为就不一样，因为它们拥有了核心技术，因此在国外的分公司主要是销售自己的产品和服务（它们一般是从第三世界国家开始，农村包围城市）。前不久中兴董事长侯为贵介绍他们是怎么拓展海外事业的。他们的成本很低，尤其是人力成本，所以同样一门技术，中兴的价格能低30%-40%。因此，它的确有成本优势，但如果不拥有核心技术的话，就根本谈不上卖得贵还是便宜了。

我们回过头来看联想，它当年没有行业远见，放弃了走程控交换机和网络设备商的道路。当时，它在技术上是不存在任何问题的，但是它却没有继续，反而是由中兴和华为这两个在客观条件上远不如它的企业非常艰难地做出来了。为什么呢？有人说，是因为柳传志太精明了，这个人是不见兔子不撒鹰，没有把握的事情他是不冒险的，不像任正非这类人，他们无依无靠。

三

再举一个例子。互联网行业这些年的兴衰，也证明行业远见的重要性。所谓的行业远见，实际上是一种战略的洞察力。

一些企业有一定的敏感度，但却缺乏洞察力。搜狐就是这样一家企业，它跟联想有某种相似之处。搜狐采取的是一种模仿战略，如果模仿也是一种战略的话。雅虎起来了以后，张朝阳也想在中国做这样的一个网站，而且要做中国的雅虎。他当时起的域名叫Sohoo，后来才改成叫Sohu。Sohoo，Yahoo，明显这两个名字都很像的。它最初学雅虎做网站分类，后来发现这个东西意义不大，网站的人气太弱。后来王志东在四通利方做了一个“利方在线”，这就是新浪的前身。“利方在线”没有太多的版权意识，网上有什么东西，它就摘什么东西，纯粹是一个电子文摘，但人气旺，访问量一下子超过Sohu很多倍。(后来风险投资家看上了它，经过改造，就成了新浪。新浪这个模式是只有在版权意识不强的中国才有，国外是找不到这样的网站的。）张朝阳当时看到王志东干得如此“火”，就赶紧调转过来，一切向新浪看齐——做网上电子文摘，把各种新闻汇总起来。

搜狐以“搜”命名，但从来不在“搜”上下工夫。直到最近，大家都认识到搜索是门户网站之本的时候，搜狐又如梦初醒，回过头来做搜索，推出了名为“搜狗”的搜索引擎。所以我用两句话来概括搜狐的发展历程：第一阶段是“狐假虎威”，模仿雅虎，借雅虎之势做门户；几番周折之后，现在回过头来做搜索，推出“搜狗”，谓之“画虎不成反类犬”。

现在我们来看看百度。百度的创始人李彦宏从一开始就对互联网的发展趋势有很明确的判断。2000年，中国的这几家“有中国特色”（以网上电子文摘为“核心竞争力”）的门户网站已经很“火”的时候，他带着筹来的150万美元回来了。他看得很准，中文终有一天会成为网上最“大”（即用户最多，网页最多）的语言，而对于这种最大的语言，没有一个专门的搜索引擎是说不过去的。所以，他回国后不是急于创建一个新的网站，而是致力于一种“价值创新”，为中文网民创造独特的、不可替代的价值。

在新浪、搜狐很热闹地造势的时候，百度在没人注意的角落里悄悄做事。互联网网站有两种成长模式，一种是先声夺人，旗开得胜。雅虎、美国在线，还有中国的新浪、搜狐，都是这种模式。这种模式一开始就能获取很大的注意力，这对于公司的成长当然是很有利的。但先声夺人、旗开得胜并不能保证持续地成功，要想持续地获取并锁定注意力，必须要在人们的注意力中植入某种“成瘾性”因素，换一种说法就是用户忠诚度。没有这种因素，注意力就会悄悄衰减和流失。

还有一种成长模式，就是指数成长模式。这种模式最初获取的注意力是很少的，但有很强的成长性。大家听说过荷塘效应——我们想象一个湖，这个湖很大很大，大于世界上任何一个湖。我们假设这个湖一个月内长满荷叶。第1天长出1片荷叶，第2天是2片，第3天是4片，第4天是8片……长了几天，偌大一个湖上只有寥寥几片荷叶，简直可以忽略不计。而且，在今后的20天之内你也感觉不到，因为即使到了第25天，整个湖面也只有1/64的部分有荷叶。到了第26天，荷叶面积变成1/32，第27天的时候是1/16，第28天的时候是1/8，第29天的时候是1/4，第30天的时候是1/2，到了第31天的时候，满湖都是荷叶。所以当你意识到有荷叶的时候，晚了。前25天干什么去了？

2005年8月，互联网有两条重要新闻：一条是网易全面超过新浪、搜狐，现在网易的市值等于新浪和搜狐的总和；第二条是百度上市，现在百度的市值几乎相当于网易、新浪、搜狐加起来的总和。

有人说，所谓战略，就是过后总结的好运气。你成功了，怎么说怎么是。那是不是意味着不需要战略呢？不是的。一个企业要做得好，战略和行业远见是必要条件，但不是充分条件，不是说你有了行业远见你就能做得好——有之未必然，但无之必不然。行业远见的确是非常重要，新浪和搜狐在成功的路上被扣留得太久了，当如梦初醒的时候，发现新的赢利区早已人声鼎沸。有很多公司其实恰恰被成功所误，因为它们太成功了，所以没有了想象力。

我们说的行业远见，既指一种“高瞻远瞩”的眼光和态度，不要以眼前得失为得失，也指对企业所在行业的想象力以及企业在变幻不定的环境下的柔性和适应性。要是没有这种想象力和战略弹性，我们就可能被我们的核心竞争力害死。

我所讲的这种行业远见有时候是一种知识，更多的时候是一种意识。什么是意识？

就像武侠小说里讲的，即使他没有发现什么迹象，但总觉得什么地方藏着一个人，暗箭对着他。所以行业远见也可以理解为一种危机意识。如果没有危机意识，危机摆在你眼前你也看不到。反过来，如果有危机意识，你能在公司欣欣向荣中看到危机，并在危机到来之前解决危机。

四

要拥有行业远见，在今天是一件非常难的事。有人甚至认为，这是一项“不可能的使命”。理由是，我们已经处于一个“不确定性的时代”，未来有太多的变量，未来唯一遵守的原理是“测不准原理”。在一个不确定、测不准的时代要拥有行业远见岂不是一项“不可能的使命”?

答案是：不一定。

正如前面已经提到的，行业远见首先是一种意识，一种态度，而不是一种判定。在不确定的时代有行业远见，首先是要求我们对眼前的状况有一种“看破红尘”、“由色入空”的勇气和能力，对自己已有的长处、绩效的易逝性和易碎性有充分的认识。

但仅有认识和态度是不够的。远见，毕竟要有所见。即使你所见到的并不是一个清晰的图景，但它能展现某种方向和态势；即使它不能明确地告诉你做什么，但也能大致告诉你不做什么。

这里涉及到对战略的理解。

迈克尔·波特的经典战略理论告诉我们，战略是可以通过严格的理性分析获得的。相信持这种观点的人现在恐怕很少了。用不着阅读大量的案例，有一定商业常识的人都知道，有效的战略很少是完全出自理性分析，而是各种因缘际会促成的。在掷骰子与拨算盘珠子之间，有一个中间地带。战略本质上是艺术，而不是科学。成功的战略很像是一种灵感。有过写作经验的人都知道，神来之笔往往是在提纲之外，而不是事先筹划出来的。但它也不是出于纯粹的偶然。灵感其实是早已存贮在大脑中的各种零散的信息。因为某一信息的刺激，在瞬间迅速连接、整合，形成一个相对完整、清晰、出乎意料又在意料之中的图景。制定有效、有竞争力的战略像是艺术创作，与战略制定者的个人气质、知识类型、胆识密切相关。制定战略绝对不是解数学题，不同的人可以根据相同的前提和信息得出相同的结论。相反，不同的人根据相同的信息，也会得出不同的甚至迥异的判断和选择，就像不同的作家写同一件事，写出的东西往往大异其趣。战略当然不完全是艺术，但有相当的艺术成分。科学是排斥个性化和差异化的，如果牛顿没有发现三大定律，后来的人也可能发现这三大定律，只不过不是以牛顿命名。但莎士比亚不写《哈姆雷特》，曹雪芹不写《红楼梦》，世界就上没有《哈姆雷特》和《红楼梦》。在艺术中，差异、个性不仅不是缺陷，反而是优点，最糟糕的艺术就是没有差异和个性的艺术。企业家当然不同于艺术家，企业当然不同于艺术作品，但企业经营与艺术创作在一定程度上是相通的。最糟糕的战略就是没有差异和个性的战略。

控制论上有一种理论叫“磨光理论”——信息的效用有赖于其独享性，如果一个信息被充分共享的话，它的优势和效用就被“磨光”了。战略的有效性也遵守同样的规律。如果制定战略真的有套放之四海而皆准的规则，正确的战略可以依照这套规则推导出来，那么这个“正确的战略”是没有用的，因为谁都可以推导出来的战略就不是战略。

有一本书写得很好，叫《边缘竞争》，这本书是麦肯锡咨询公司的咨询顾问肖纳·布朗和斯坦福大学的教授凯瑟琳·艾森哈特写的。所谓“边缘竞争”，不是让你呆在边缘去与人竞争，“边缘”是“复杂理论”和“混沌学”的一个概念，指的是有序和混沌的边缘。如果对环境的判断是完全混沌的，当然就无所谓战略。同时，如果你觉得外在的环境、格局昭然若揭，那只是一种“真切的幻觉”。如果整个格局都大白于天下了，那么你看到的机会就不是你的机会，而是“大家的机会”——众所周知，在越来越强调差异化竞争的时代，“大家的机会”的意思就是“没有机会”。

所以，真正有效的战略是一种“天将破晓”的感觉——一种相当微妙甚至模糊的方向感，很多人对这种方向感浑然不觉、不以为意，但这种微妙的迹象让你觉得“天机乍现”，就像你在冥思苦想一个问题而一直不得其解，但某个场景、某句话让你突然找到了方向。在这个意义上，我们才说良好的战略诞生的过程更接近艺术创作的过程。

我们所说的“远见”，不是指“远处”的东西历历在目，而是一种微妙的方向感。这种远见，更多的时候是一种尚待清晰的意识和洞察力。这意味着，战略制定的过程与战略执行的过程不是分离的——不是先制定好了战略再去执行战略，正如我们不能学会游泳了再下水，执行过程常常同时也是制定战略的过程。在实际的经营中，按图索骥的事几乎没有，商业世界里从来没有蓝图，我们以为是蓝图的东西其实都只是草图——需要我们根据实际的场景进行不断修正、填充、具体化的草图。这种像不断被修正的草图一样的战略，有人称之为Living Strategy，即“实时战略”或“活生生的战略”。

财经记者是商业世界的旁观者，是为商业史写初稿的人。要成为一个好的财经记者，除了做任何行业都具备的那些基本素质（如勤奋、认真、主动等）外，还要有一些基本的“手艺”。对财经和商业现象和事件的观察力或者说眼力，就是记者，尤其是定位于做深度报道的记者的基本“手艺”之一。一个优秀的财经记者，应该既是一个观察者，又是一个可以与企业家、经理人、分析师进行深度沟通的对话者。对某些事实和现象，我们的观察和见解甚至要超过身在局内的这些人。这样我们才有可能深入到财经和商业的实质性领域，捕捉到真正有用、有效的信息和知识，在众说纷纭中发出压倒声浪的声音。

真正有影响力的记者是靠知识、智慧和洞察力来安身立命的。而一个财经记者的行业远见，就是其知识、智慧和洞察力的基本体现。

（本文根据作者2005年8月18日讲课录音整理，经过本人删改）

马腾 《21世纪经济报道》编委

日报与电视在突发性新闻事件中的优势比较

日报（纸媒）和电视各自的优势都是相对的，有时甚至可以相互借鉴和互补。前者更多的是话语新闻，只是运用语言讲故事；而后者运用的手段相对而言要丰富一些。但两者从本质上都是回归于新闻，只不过分别以文字和画面来表现而已。

我想采用互动的方式来讲，效果可能比较好，因为这样的问题没有定论，需要大家一起探讨；另外，新闻是实践性学科，我更希望跟大家分享一些经验和方法。

今天我们主要探讨在突发性新闻事件发生的时候，日报和电视的竞争。比如“9·11”事件，电视的这种滚动报道，其实就跟吃饭和睡觉一样重要。这对报纸的挑战非常大。本报的一周三刊的形态其实已经非常接近日报了，如何应对电视的滚动式报道的挑战，这是个非常现实的话题。

对于纸媒和电视在突发性报道方面各自的优势，有同学认为电视相对缺少判断，觉得对纸媒更有期待。但我认为在判断力方面，两者（电视与日报）其实并没有区别。事实上，电视音像同样也是在传播判断。比如，凤凰卫视、BBC和CNN请专家来谈论伦敦大爆炸，它只是“新闻”吗？当然不是，它同样属于“观点”。新闻的本质都是一样的，有力的判断来自更有力的表达。

也有同学认为电视与纸媒的竞争涉及采访方面的公平问题，电视天然的优势，使得一些被采访方更愿意接受电视媒体的访问，有些部门和个人甚至不接受纸媒采访的。比如，尚福林只接受CCTV的采访。对此，我认为有两个原因：其一，中国的电视媒体具有天然的权威优势；二是我们的报纸品牌还没有做到位。如果你的品牌足够强势，有足够的传播力，他们会拒绝采访吗？所以说，这其实并不涉及到是否平等的问题。举个例子，中海油竞购优尼科失败两周之后，傅成玉接受了CCTV《对话》的专访，一个旧闻由此受到广泛关注。但其实早在两周前，傅就已在《华尔街日报》上发表署名文章，阐述中海油的立场和观点。可见，他其实并非排斥纸媒，而是因为《华尔街日报》有足够的影响力来传播他的思想。所以，品牌才是关键，甚至可以说，品牌之间的差异要重于纸媒与电视之间的区别。

说到传播力和影响力，有同学或许会说：互联网近年来在这两方面的能力应该是迅速提升的，那是否意味着互联网将会是纸媒未来最大的敌人？前阵子我在跟美国新闻界朋友谈到《华尔街日报》面临的最大问题是什么时，他们直言就是如何面对互联网的挑战。我们现在也能看到《华尔街日报》在转型，而包括《纽约时报》和《华盛顿邮报》，它们也都在花一半的力量做互联网（网上新闻）。

但是，中国目前的情况不太一样。国内的互联网角色更多的是作为一种平台，其基本功能还是以内容组合为主。但互联网一旦拥有了独立的记者和编辑，又有了发表权和责任感，对整个纸媒将会是一种巨大的冲击。20世纪60年代，出现广播电视的时候，纸媒开始出现大量的解释性报道，以此作为对抗。互联网时代，互联网文字画面它都可以使用，可以比报纸更为综合地体现一个新闻事件。欧洲现在很多纸媒都开始了大量地赠报（即使是很好的报纸），因为互联网太发达了。

关于判断和立场的问题。互联网也一样会体现（判断和立场），只是会变化方式。互联网不是只用小脑工作的，也是会用大脑工作的。我们有大量的同事去互联网工作之前都是优秀的纸媒记者。而电视与互联网在一段时间内是互补的，它们之间的竞争要小于纸媒与电视及互联网的竞争。另外，杂志受到的冲击也要小得多。因为杂志不强调时效性，可以富有个性地强调新闻品质。比如，做一个矿难报道，它可以规避风险，做一则关于美国安全生产的报道。所以，杂志可以从另外一个角度来做出纸媒的品牌。

所以，本报正在走日报取向的发展路线，强调快速化，而当即时性新闻（消息性的短新闻）比重加大时，调查性报道和解释性报道在结构上如何呈现？如果长期走短、快的路线，竞争力肯定会下降，因为你有的，别人也会有。所以，我们一定要另辟蹊径。

另外，有同学提出：在资源的建设上，有时是不是需要放弃立场？比如，现在的电视媒体有时就是通过这样来积累资源的。总体而言，本报给人的感觉，是一个有立场的报纸，相对于官方或有官方背景的媒体来说，它更强调独立性，是一张有风骨的报纸。

大家在南方可能感觉不到，在北京感觉就比较明显：各大部委其实很害怕跟我们打交道的，害怕他们说的话被披露。这就决定了我们需要思考是否妥协；如果不妥协，你要采用什么方式来做，这是很重要的问题。比如，我们拿到一个部委的新闻稿，它就会要求我们不要改动。或者我们采访到周小川，他看过稿件之后会来修改，并要求我们就按照他的意见不要再做改动。我们之前做央行银监局一个关于价格的研究报告，他们就规定我们不许改题目，不许写编者按，不许写采访。在这些情况下，我们做新闻要不要妥协其实是一个矛盾。那么怎么把握这个度？或许这是一个只有在实际操作中才可能回答的问题。再比如工行改革，它在那段时间里，会做一系列的宣传。这些稿件放在我们这儿，我们是不用的，而且我们基本上不会和它站在同一个立场和角度来谈一个问题。你要是不坚持的话，《21世纪经济报道》给人的鲜明特点就失去了。

又比如我们现在跟建行关系还是很不错的，这也是有一个过程的。刚开始他们也是不给我们什么报道的机会，以后慢慢地，他们也会来公关，双方进行沟通，再后来他们会主动给我们提供一些独家的东西。讲博弈是对的，可能有些情况下是双方的妥协，但是前提是一定要坚守自己的底线。

这点非常重要，你一定要给对方一个印象——你一定是坚持己任的，一定是有立场的。其实，《21世纪经济报道》广受尊敬，包括一些部委，虽然有一些不愉快的经历，但是它还是会尊敬这份报纸，在一些重大新闻事件发生的时候，还是会通知我们，告诉我们他们的想法。几年下来，他们会用这样的方式与我们沟通。比如他们会说，这是我们的意见，请你们参考。当然，这就要求我们坚持客观性调查报道和真实性报道，这是非常重要的。

另外，电视还有一个优势就是，一些优秀的主持人会成为电视台的品牌，观众是想去看他的节目。我想报纸也应该有这样的记者，读者是冲着你而来，品牌记者是报纸发展的基础之一。

其实，日报（纸媒）和电视各自的优势都是相对的，有时甚至可以相互借鉴和互补。前者更多的是话语新闻，只是运用语言讲故事；而后者运用的手段相对而言要丰富一些。但两者从本质上都是回归于新闻，只不过分别以文字和画面来表现而已。所以，语言是我们纸媒记者的基本工具之一，大家也要着力培养驾驭语言的能力。

个性化的语言有两个基础需要强调：一个是文化功底，二是个性化的表述方式。在新闻表达中，除了新闻的基本原则之外，个性化表达非常重要。有了一定的工作经验之后，再来探讨可能更有益一些。我希望在各位工作一段时间之后，看到一篇报道就知道是你们其中某一个人写的。百花齐放，以避免呆板单调乏味，是《21世纪经济报道》一直以来追求的目标。

最后还是想再次强调两点：妥协不是好办法，坚持自己的立场，你一样会建立自己的资源库；另外一个就是，你们不要放弃对个性的追求。

（本文根据作者2005年9月21日讲课录音整理，经过本人删改）

《21世纪经济报道》编委（分管政经版和深圳新闻中心）金城

如何建立人脉资源网络和数据库

要专业化，首先就必须建立自己的数据库和资料库，这对你的一生都有用。在"专"的情况下，才能在业界建立江湖地位和核心竞争力，它是很实际的东西。

读一本书也好，写一篇文章也好，投入进去，反映在思维中，有所感受，就是收获。孟子说过"善养浩然之气"，读书是养气非常重要的一个环节；还有就是与人交往，这是我今天要讲的主题。关于记者如何建立人脉资源网络，题目很是吓人，我只是想讲些自己觉得有用的东西，如果有一两句话，影响到了一两个人，我已经心满意足了。

今天讲的分为四个部分：分析工具、数据库、资源网络和选题单。

分析工具

简单来说，其实就是看书，培养自己的思维方式。古代读书人讲求读"经史子集"，"经"，指你从事领域中，比如做金融、IT，每个领域都有一套教科书，这些基础性常识是必须看的。如果这些都没读，就来做财经记者，实在过分。做经济报道，最起码的经济学原理要读，无论是萨缪尔森还是曼昆。基本概念和演绎方式都不懂，又如何看待发生在你面前的要去采访的经济活动呢？"史"，我强调读历史。比如研究社会如何进化，英国的工业革命为什么会发生，亚当·斯密的理论从何来等等。其次，做具体领域也要研究专门的历史，比如做金融要知道货币史，做政经至少要了解中国的土地史和行政区划史。"子"，是指专业的著作。每个领域都存在很多有影响的学者，我个人买书从来只买两类：著名学者的专著，编著我不买；还有就是国外专家的直译本。"集"，是专业之外要养气的书。

数据库

作为记者，长远来说是要专业化的，万金油般的记者尽管需要，但是量不会大，而达到“通”的少之又少。要专业化，首先就必须建立自己的数据库和资料库，这对你的一生都有用。在“专”的情况下，才能在业界建立江湖地位和核心竞争力，它是很实际的东西。

常驻成都和重庆的记者说，金老师讲的对我们来说不适用，在北京和上海记者多，可以分类跑专线，他们能专，但是我们什么都要跑。我说，不对。专业化有横向和纵向之分，如果在重庆或者成都你只跑汽车或IT可能要饿死，但你至少对重庆区域的研究是可以专业化的。这样，你同样具有核心竞争力。

数据库和资料库是专业化的基本前提。现在电脑都比较发达，虽有海量信息，但是自己的数据库是最保险和最方便的。你如果还有一个不错的电脑，硬盘空间足够大，相关资料都要保存，由此日积月累。其实，看多了之后，有用的核心的资料并不是海量，维护的工作量也并不大。Copy的过程也要判断它的价值，这样积累几年之后，你就是国内在该领域占有最全资料的记者之一。最笨的方法其实是最聪明的方法。当然，这需要你最好把早期在网络普及之前有价值的资料也输入进去。

第二，相关领域的经典书籍要买齐。这类型的书籍比较多，但也不会多到无法搜集的程度。事实上，市场上有很多书都是滥竽充数，不值一读，我们只要挑其中有代表性的、经典的就行了。看了100多本之后，你也大概成了专家，因为国内做这个工作的太少了。大家都以“忙”为借口掩饰“懒”。其次，读书笔记也要收集，因为这是你自己思考的结果，长期坚持后它可以显示你成长的轨迹。

第三，作为记者，会采访很多企业和人，要保存所有的采访资料。所以我建议大家要养成好的习惯，自己准备一个大小合适的采访本，本子上记录的采访具体信息、时间、地点和人物都要很清楚。其次，尽量要求企业给你寄内刊，内刊往往隐藏了大量的信息，信息是藏不住的，可以从中找到很多新闻线索。其中可能会有些董事长的讲话，这些话不一定没用，过两年再对照一下，也许新闻就出来了。

大家不要觉得我讲得过于琐碎，其实都是很实用的。你跑财经，不是上千家上市公司你都要建立资料库，有新闻的就那么多，你吃准20多家就足够了。这看上去是笨活，实际上很有效。

第四，对建立数据库还有帮助的是，一定要善用你所在地的图书馆。大部分记者没有去图书馆的习惯，除了当地最大的综合图书馆之外，还有你经常联系的企业的图书资料室。有些证券公司资料室东西是很齐全的。

此外，最重要的是大脑。格式化之后，设置存储空间，把有用的信息记下来。比如你做区域之间的比较，上海去年的GDP是多少，房地产销售面积是多少，这要信手拈来，不能现去

Google。

上面是五种建立数据库的渠道，大家要是愿意做这个笨活，早晚受益。

资源网络

资源网络其实就是人际关系，你认识的人有多少，可以帮你的人有多少。记者有大量认识陌生人的机会，但是你会发现这些网络是可以分层级的。

其一，陌生人。他接受你采访可能性原因很多，比如认为《21世纪经济报道》还算有影响力，或者觉得你的声音有亲和力，或者你很有见识，甚至也许仅仅因为你是个漂亮的女孩子。很多时候，采访是要找陌生人的，如何迅速与其建立信任关系，可以体现出一个记者的能力。有些人天生长得就有亲和力，这没办法；有些人天生就是歹徒样，也没办法。最低限度是，让对方觉得你还是一个可以谈话的对象，别聊完了吃不下饭。其二，一面之缘和数面之缘。这已经比陌生人近了，如果再联系时他把你忘了，就说明你第一次接触没做好。其三，工作性朋友。表面上把你当哥们，你要判断他是你的工作性朋友还是私交。到了私交这个层次，就可以跟你无话不谈，而且告诉你什么是能用的什么是不能用的。你有了一定数量的私交，就可以在某个领域呼风唤雨了。实际上，真正算得上资源的是后两种。

你的资源越多，你拿料的本领就越强，对方也会给你提供分析工具。而且他的私交也会成为你的资源，圈子和网络可以无限放大。要知道，他是你的资源网络，你也是他的资源网络，双方互利是基础。这也是我们为什么总是强调做记者要在大报做的原因。对方会判断你的地位，在报社是不是处于强势的。如果你发篇稿子都要靠跟编辑的关系，那人家可能就会把你从他的资源网络中排除出去。

此外，你自己要是一个有见识的人，一个明白人。否则，别人就会觉得跟你谈话是损失。老话是，行家一伸手，就知有没有。这一点毫无疑问。

就本报来说，打交道的人有四类：(1)企业界或投资界，他们大多属于市场主义分子，比较务实，我们要研究这类人的心态，投其所好。(2)政府官员，这些人在中国最牛，因为有权力，而且无求于你，如何去拓展这些关系是我们需要解决的。(3)学者，他们通常比较好打交道，因为现在的学者有市场意识，有求于强势媒体；但是我们要弄清楚哪些是有真才实料的学者，哪些是媒体学者，哪些是影响决策的学者。(4)社会中介机构、NGO组织、律师和会计师等，他们有专业化的背景和操守，也有理想主义精神。

选题单

如何开发选题？我常说一个优秀的记者必须手里有10个题目在做。吃了这顿没下顿就很失败，所以要掂量自己选题开发和判断的能力。最起码同时操作3个题目：一个这期、一个下期、一个长线，不断补充。如果不是这样，你肯定会成为《21世纪经济报道》里很难受的记者，做记者，写稿子多只有好处没有坏处，业务进步了，工资高了，认识的人多了，报社内部地位提升了，百利无一害。

上面我讲的都是从业的基本要求，对大家来说，你的未来还无从判断。刚进入这个行业最好的办法是找一个好的老师带教，这也是提升最快的办法。大家也可以从日报找新闻线索，因为总是独家也实在不易。日报文章不长，也不透彻，我们做二次开发也是允许的。对于新手来说，这也是一个相对容易的找选题的办法。慢慢地，你才有靠朋友和私交给你提供新闻线索，才有可能写出独家新闻。

而抓住竞争对手，让B企业去说A的坏话，让C说B的坏话也是一个办法。但是涉及职业道德问题，不过确实很实用。自己要有专业的判断，知道每一方说话的真假，也要有懂得平衡，小心求证的意识。这方面的主要来源是报料，还有就是自己的分析和判断。

总而言之，大家要做一个有心的记者。

（本文根据作者2005年9月20日讲课录音整理，未经本人删改）

《21世纪经济报道》北京新闻中心总监、低碳周刊负责人 陈晨星

开始前，先问五个问题吧

视角、见解从何而来？这非一日之功，需要你对某个领域有长期关注，才能有敏锐的嗅觉和判断力。这五个问题，在判断是否操作一个选题前，可以先问问自己；如果都不是，大概可以先放一放了。

一般而言，选题可分为热选题和冷选题两种。

前者通常时效性较强，是一时关注的焦点，比如本报曾报道过的中航油事件、禽流感系列和松花江污染事件等。

后者往往更注重策划，选取独特视角，梳理脉络，亦有奇效。比如本报今年为抗战60周年所做的“抗战经济史”系列报道，既有《货币战——捍卫法币：另一条战线上的八年抗战》、《金融劫——战争引发“归零”：上海金融中心的别离笙歌》，也有《延安道路——减租减息：红色边区经济政策的灵魂》、《东北沦陷——日本的“满洲”迷梦》等选题。这些选题其实是对史料的重新梳理，以大历史观再一次拷问这一段经济史，虽然没有时效，但有新鲜视角，同样能够引起读者关注、认可。

当然，作为“周三”形态，且有日报趋势的《21世纪经济报道》来说，热选题还是会占绝大多数。

热选题中，独家新闻会占一小部分，但这在大部分记者的生涯中，十成不到一成。一旦遇到重大题材的独家新闻，记者往往一战成名，此中代表当属《华盛顿邮报》的“水门事件”报道。

而现实情况是，在同样的题材面前，各家媒体蜂拥而至，记者往往面临同质竞争，这才是新闻报道的常态。所以，要出奇制胜，还是要提供独特视角、独到见解。

视角、见解从何而来？这非一日之功，需要你对某个领域有长期关注，才能有敏锐

的嗅觉和判断力。先从基本问题开始吧：

（1）这件事情是不是第一次在这个国家或部门发生？

（2）它是不是代表了某种趋势？

（3）它是不是某种趋势的反面？

（4）它是不是预示了事件进程中的某种变化？

（5）既然事情已经发生，那么它将对这个公司、这个部门、这个国家或其他事物产生什么样的影响？

这五个问题，在判断是否操作一个选题前，可以先问问自己；如果都不是，大概可以先放一放了。

以今年6月27日本报《国家综合改革序幕拉开　浦东先行》一文为例，选题源于6月21日，国务院常务会议批准上海浦东新区进行综合配套改革试点。

以上述问题衡量，首先，这样的试点在中国是第一次发生；其次，在中国经济体制改革进行到一定阶段，再推进面临重重阻力，政治体制改革又停步不前的情况下，浦东"先行先试"其实是国家综合改革的序幕，其他的试点将渐次展开，比如深圳、武汉等地；第三，这样的试点对有关机构、浦东、上海、全国都有很大的影响。

显然，这是一个很有价值的选题，接下来就是去寻找将产生什么样影响的答案了。

这个选题，上海和北京的记者通力合作，采访了大量相关人士：有制定政策的国务院官员、浦东新区官员、研究政策的专家、受政策影响的国内外投资机构和企业等，获得大量一手信息。这从文章的四个部分可以看出：一是试点方案涉及配套改革十个方面；二是为什么是浦东先行先试；三是"全国的浦东"先要在三个方面突破；四是功能性细化政策待出炉。

选题的操作从获知消息到成稿，其实只有两天半时间。但在这之前，我们已经知道了相关信息，就是国务院正在讨论浦东综合改革试点。消息来源于发改委的一位司长，在一次闲聊喝茶中，他透露了这个消息，并指出，高层对目前浦东上报的改革方案不太满意，原因是没有突出浦东不仅是带动上海，还要带动全国的示范作用。

自此，我们的记者和编辑开始跟进这个选题。那位司长在后来的报道中，还给我们提供了许多独家消息。

那么，我们就要讨论选题中另一个重要部分，就是选题来源。

上述例子中的选题来源最早是得自一位官员。这个人群在中国信息严重不对称的环境中，掌握了大约60%以上的信息，所以，与这个人群的交往其实是做经济新闻报道记者的日常工作之一。

此外，还有金融机构的主管或企业的中高层经理，以及与他们密切相关的研究机构的专家，这些人群既是我们的信息源，也是我们经常采访的对象。但是大多数情况下，这些人被要求保持沉默，记者们经常遇到的情况是，“不能说”。

怎么办？这其中没有诀窍可言，你必须逐渐地与这些人建立联系，与他们交往并尽量了解他们，多和他们聊天、喝茶，谈天气或电影、音乐什么的，慢慢地，他们中间就会有人向你敞开信息之门了。

上述的信息源得自于人，记者其实还要大量依靠各种官方或非官方机构发布的公开数据、消息，以及各种会议，这些都是挖掘选题的重要方面。

以本报11月17日《资源价格攀升　政府强化市场杠杆调控》一文为例，选题就是来源于一组数据——各地纷纷上调燃油、供暖、供水价格。操作这样的选题，必须有很深入的背景知识，记者把此种缘由归结于“作为节约资源、改变增长方式的重要手段，资源调价的事件将会越来越多”。

这个分析没有错，但是可以更进一步，联系到“十一五”规划中的要求单位GDP能耗在“十一五”期末要比2005年降低20%的目标，此时提出调价，其实是政府为达到上述目标而采取的一种手段，此外，在中国CPI跌至1%以下后，现在推出价格改革是一个十分恰当的时机，而且从长期看，上升的空间会比较大。如果再有这三方面的分析，文章就会丰满得多。说来说去，还是要日积月累啊。

概括而言，选题的发现、挖掘有以下几个方面：

（1）官方（或公司）网站发布的信息，也可适当利用一些大的商业网站的在线材料，前提是要作进一步的求证；

（2）借助各种会议通知，从中发现和挖掘新闻线索和选题；

（3）参加各种官方或民间的论坛会议，从官员或专家、学者的演说中寻找问题和新闻点，然后带着问题和选题去追寻求证；

（4）从专家、学者的研究报告中发掘新闻选题，这里的关键是要将某些静态的信息转化为动态的新闻；

（5）利用官方和民间研究机构发布的各种统计报表和数据，引出新闻话题；

（6）阅读主流媒体的相关报道，从报道中找出新的线索、新的选题以及某些报道未尽的内容，或受其启示，尝试从不同的角度提问，往往会挖掘出独家新闻；

（7）用政府或非政府机构的各种文件、宣传材料、内部简报、提案、意见书或交流材料等发现新闻线索和选题，有时也可反其道而问之，寻找新选题；

（8）寻找机构消息来源，记者要勤跑某些行业协会、社会团体和某些公益性的机构；

（9）设法尽可能多地参加一些政府部门或大公司的小型会议，从中能获得许多鲜为人知的事实和线索；

（10）广交朋友，增加新闻触角，特别是要多交那些接近决策层的人士，如某某领导和老总的秘书、司机、身边人士等，以获取线索，进而发现新闻。

郑小伶 《21世纪经济报道》编委

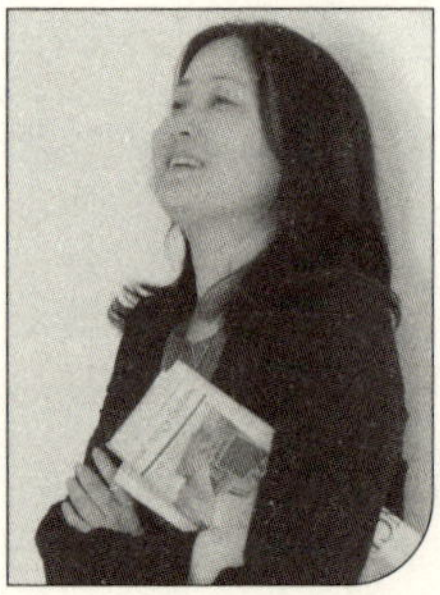

纪念一场“媒体围剿”

2001至2002年的一次财经新闻事件

我不能教你如何做财经记者，因为此类读物太多了，几乎都是狗屎。已经发生的新闻没有人会看，没有写过新闻的人在大量出书，这种东西有何价值？

在中国做财经记者，有一根独特的神经就行了——比你身边的人想得混乱一些，也就是更异想天开一些。比如，当一个利益集团形成一场媒体围剿的时候，记者是手无缚鸡之力的。从四面八方传递的信息，基本是被精心组织过的。那么，安心就范吧。

有幸陷入了一场围剿，历时近半年。从2001年底至2002年中，从一个名为“方正电脑”的上市公司的“举牌”开场，到健力宝的收购战而暂告段落。本人是被精心挑选出来的，因为什么？当然不是为了钱，而是为了——本报读者的需求。一个好的故事，一个廉洁自律而好战的枪手，还有一些中国初级市场珍惜的财技展示。

三年后，几位组织者在上海的一场盛宴之后，心悦诚服地对我说：我们太怀念那几个月了，你写出来的一篇篇气势逼人的文章把我们给镇住了，我们真的做了一件伟大的事吗？我们相信那是真的！

事实上，他们那几个月什么也没干。没有调动资金，没有窝里斗，甚至没有时间带各自的女友去清雅场所。他们只做一件事，在房间里忙着编故事，然后坐等记者的电话。

幸好，本人迅速厌倦了这个财经故事，即使能上头版也要脱身。

作为了结，在2002年2月4日的《南方都市报》写了一篇短文，以作纪念。

张海说：省省吧。

“他们只写到了凯地的0.0001%。就这么一点点。”李友对媒体立起他的食指，以示蔑视。

从2002年1月16日收购健力宝的狂风席卷财经媒体开始，连续20天的时间，“凯地系”在媒体主要位置所占的篇幅足以挑战任何一位娱乐绯闻的制造者。张海那张年轻、表面谦恭的脸激发了财经记者和编辑的斗志。一位市场人士说，张海与习惯作秀的企业家王石先生有得一"拼"——2002年的"秀王"之称非彼莫属。

心太软

他不忍拒绝任何好奇而敬业的媒体人士。可是，媒体总是把手伸得太长。

据说，有一份背景深厚的专业财经杂志动用巨资组织了庞大的记者调查队伍到香港、河南、上海、北京，梳理凯地人士染指过的每一寸土地和每一桶货币。

在"凯地系"的核心问题中，有几个不能碰的"火药桶"。

一问慧德基金（WIT）。它是"凯地系"诞生的资金源头——其实就是老百姓景而仰之的私募基金。它可以很黑，完全是在政府体系管辖之外的产物，没有人说它不合法时，它是合法的，但它的每一个毛孔都滴着牟取暴利的血；它可以很白，进入流通环节之后，货币本身的纯洁性和平等性在闪耀着理性的光芒。

最初的版本是：在香港注册成立的慧德基金（WIT）有近3亿美元的资本金，由其他基金和几位自然人出资。它可能是一家合伙制的创业投资基金，其真实的出身无从考究。有人大胆假设，如果根本就没有所谓"慧德基金"呢？不过是小小的张海和大家撒了一个弥天大谎，因为需要有这么一个机构承担第一桶金的发源。

看着媒体的忙碌，张海以悲天悯人的语气，轻轻一叹：省省吧。

二问哪来的"凯地系"。

嗅觉发达的媒体已经闻到了凯地身后的异味。在凯地系首次被媒体搅动得天翻地覆的时候，深圳中航集团兼中航实业董事长李志正大为恼怒。凯地投资公司是中航集团100多家子公司中的一个，是一个仅有七八个人的小公司，"哪来的什么'凯地系'"？中航集团是一家庞大的有"航天"背景的企业集团，控股香港和内地若干家上市公司。在深圳最繁荣地带的中航大厦蜷伏着方正公司、凯地财务公司和深中航名正言顺的资本平台——江南信托。

当每一位记者真诚地向张海或李友讨问凯地收购上市公司意欲何为时，记者不妨听听两位先生在众人走后的轻狂笑语。"企业屠夫"是媒体奉送给他们的赞美，用较低的成本介入上市公司，重新改造后转手套现，再去物色下一个猎物。中国高科——银鸽投资——方正科技——深大通——健力宝，在每一个企业中，张海他们逗留的时间不会超过一年半。二级市场惜时如金，企业生命漫长催人老。等到上市公司完成一轮配送、股权质押贷款和名目繁多的重组之后，股价的高企和基本面的缩水，让所有后来者如探"偷天陷阱"。

资本对产业的仁义，是弱智者的选择。健力宝走了，浙江国投来了；张海走了，李海会来。身后的饮料军团扬言出价高于张海的3.38亿。媒体不妨安静观看张海及幕后资本最后一手能拿多少银子。迄今为止，“凯地系”进出过的上市公司中，暂时没有被ST的。让我们再等等。

三问凯地，不如不问。凯地人士对媒体说，这就是真相！

让我们捂住受众的眼睛吧。

告诉他们真相

“凯地系”的故事有来历不明的财富、有以小博大的财技、有盟友可能反目的情仇恩怨。现代版的英雄与财富剧情引来了眼球、激发了欲望。媒体遍寻宠儿张海，这个时代需要以原始积累迅速拉大社会财富两极分化的勇士。

几乎所有版本的凯地故事只听见当事人在倾泄；所有的股权图谱都是从上市公司公告中伸展出来、戛然而止；所有的质询都可以让被采访人“有权保持沉默”——你们的第一笔财富来源？“这完全是个私人问题。”在相当长的时间里，媒体在与“凯地系”的博弈中尽显蠢样，束手无策。

张海他们有什么错？他们娱乐了媒体、娱乐了受众、娱乐了市场。比张海起得早的有吕梁、吴征、顾雏军、唐万新、仰融等等，良莠不齐，但无不风光一时、富贵逼人。幸而央视一年一度的“经济风云人物”将他们从企业选秀中剔除了出去，媒体风险有时就是“财富”风险。

“凯地系”是如何被媒体诱入深渊的？或者，媒体是中计者。

张海有一句名言：“与其让媒体在那里瞎猜、瞎写，不如把他们叫过来告诉他们真相。”

一个是叫“过来”，一个是“真相”。这两个杀手锏既有“独家”又有“新闻”的价值。无数娱乐“狗仔队”式的财经记者前赴后继地扑向方正科技股东大会的集市，扑向广东三水的健力宝山庄。对媒体来说，谁第一个发言，谁就掌握了“真相”；谁与媒体合作，谁就是被赞美者；谁的故事精彩，谁就是先驱。

凯地对媒体的围剿是有设计痕迹的。和所有上市公司一样，“三大证券报”属第一方阵，保持和这类媒体天生“战略伙伴”关系，张海、李友纵然埋头工作也要细心做好证券报的外联工作。这也是比较让人放心的媒体品种。

无孔不入、海量信息的财经类媒体，是上市公司极欲插手但无从下手的地方。在泥沙俱下的时代，代表新生力量的新媒体，最大的性格特征就是“翻手为云，覆手为雨”。有人当着张海的面说，我们不想拿你们怎么样，就是想让你们的投机成本高一些罢了。张海听之，觉得可以引为同道中人。

对“巨无霸”级的区域媒体，上市公司避之不及。每一次亮相、每一句说辞、每一个推心置腹似的访谈都是“豪情作秀”。掘地三尺，前世今生，机关重重。

吴征的学历风波一度让他无地自容。而凯地人士，经不起推敲的身世一概羞涩而过。

为什么说

凯地从一开始深得其法，而后，从健力宝开始，说的太多，加上有时失忆，各种版本难圆其说。此时的主动权开始丧失了。

操纵媒体为了当前双重利益：一是重组题材；二是股价。前者有张海，后者有顾维军。

媒体当然知道自己的命运。记者也知道自己是件“武器”。

在健力宝签完转让协议之后，张海说，李经纬将出任董事局主席，这成了报纸头条；张海再说，李经纬病了，这还是头条；张海最后说……还是头条吗？当然。

李友和谢宁选择了暂时沉默。张海比他们年轻，他还输得起。

媒体的成熟呢？如果它拒绝成熟呢？有时候，操纵媒体的难度不会亚于操纵股市。

（本文根据作者2005年9月22日讲课录音整理，经过本人删改）

王玉德 |《21世纪经济报道》产经与商业版块主任

新闻逻辑与商业逻辑

新闻报道的划分标准多种多样，产生的报道种类也多种多样。但是，不管多么复杂，按照篇幅来看，只有短新闻和深度报道两大类品种。而按照上面所说的六个“W”的标准，是可以产生拆分和组合效果的，这就是其逻辑所在、规律所在。

一、一个前提

我们报纸名为《21世纪经济报道》，核心词是“经济”和“报道”。既然叫“经济”，说明它是一份关于商业的报纸，因此，我们有一个核心定义叫“商业报纸的领导者”；“报道”说明我们是做新闻的，我们是一张新闻纸，所以我们报纸的价值观是“新闻创造价值”。从这个角度理解，我们做经济新闻，必须要将新闻与商业结合起来，做商业领域的新闻，因此，今天我要讲的题目是“商业逻辑和新闻逻辑”。

西方财经媒体定义版面和我们报纸不同，我们报纸版面的划分方法体现了从计划经济到市场经济转型期的特征。即版面基本上按照计划经济时代纵向产业区分来切分，为了照顾市场经济的概念，又加入了一些横向切分的版面。诸如政经、产经、财经和金融等版面，可以看出是纵向切分的，这带有典型的计划经济的色彩；还有一些版面，譬如管理、财富（原有）和研究等等，又体现了横向切分的特征。

与我们不同，《经济观察报》的版面基本是横向切分的：市场、公司、商业评论等；英国《金融时报》和《华尔街日报》中文版的栏目切分也是横向的，分为经济、商业、公司和市场等。划分方法的不同体现了国家经济发展阶段的不同，西方是成熟的市场经济，而中国是转型期的市场经济。在西方，财经类媒体中只有两个概念是最核心的：一是经济（Economic），一是商业(Business)。经济是指通用的经济学概念，相对宏观一些；

商业是指微观的具体的商业活动。

举个例子，我们的产经与商业版，其概念从广义上说，即指Business，如果按照真正Business的概念理解，应该指所有进行商品交换的或者所有进行商业活动的经济现象。从这一意义上说，现有版面中IT版是一个具体的产业版面，也是指商业活动的。如果这样划分，银行从事的是不是商业？它是服务业。所以说，我们的版面切分基本还是依据计划经济，实施了纵向切分，而一些比较重要领域则单列版面，如汽车、地产。这是我们研究中国的市场经济，或者说研究《21世纪经济报道》的采编风格首先应该明白的一个前提。

二、商业逻辑

研究商业报道，应该研究商业的逻辑，也就是说，应该关注商业最原始状态和最基本的元素。我们知道，商业的核心是商品交换。这其中有两个最原始的要素：一是商品，二是交换。正是基于这两个核心要素，我们说，商业是制造商品（有形或者无形商品）并且进行商品交换所形成的产业。

在这样的基本概念之下，我们可以展开商业逻辑和商业规律的探讨。

我认为主要有如下三大方面问题值得关注：首先，我们应该关注商品生产制造的过程；其次我们应该关注商品从原材料到终端消费者的流通过程；第三，我们要关注商品的制造者——公司的基本运作规律。

先看前两个方面。我们讲，一件商品在诞生之前，要经过产业投资、技术研发、产品设计，之后要采购原材料，原材料经过物流运输到达车间生产，车间生产出来的才是商品；商品诞生之后，要进行仓储、物流配送到达分销网点，之后是消费者购买成为消费品。这样一些过程中间，每一个环节上都是有规律可循的，譬如研发导致投入，商品销售产生利润，这中间是有因果关系的。核心技术越高端，其产品才越有市场竞争力，产生的利润才越有保障。但是，在某一阶段，譬如大家熟悉的影碟机行业，是研发VCD还是DVD，还是EVD？这就有一定的市场需求和产品研发生产的规律必须考虑。而这些“一定”之规律，也就构成了商业逻辑。

再看第三个方面。我们都知道，在市场经济的环境下，生产和销售商品的主体是公司，而众多生产同类商品的公司及其支持系统构成了产业，那么公司是怎么构成的？公司的日常运营是怎样的？公司起伏和产业兴衰之间的关系是怎样的？这些问题也会构成规律，管理学的大多数问题就是研究这方面问题的。

通过这些年来的实践，我觉得研究商业逻辑，要把握住如下几个核心概念：

1.三个链条——产业链、供应链、价值链

如果把相关公司，如上游、中游和下游联系起来看，应该是同产业类的公司结成一个群体，即产业链；从产品制造讲，从原材料到终端消费者手中，形成了一个供应链；在公司的运作中，每一个环节之间都会产生成本和收益，成本和收益的差价看作利润，每一个环节的利润联系起来，顺次形成一个链条，即构成价值链。

下面举典型的生产制造公司来分析。新希望集团最早起家的产业是饲料，后来又做金融，下游又做了流通领域，如一些零售产业。从产业构成来看，新希望集团主业是做饲料的，上游投资了证券、银行等行业，是做金融的；下游投资了一个商业零售公司，叫乐客多。这三类公司，核心领域是饲料，上游是提供资金支持的金融，下游是提供销售终端的零售。这三类公司对新希望集团来讲，形成了一个产业链。

再分析价格链环节，生产一吨饲料需要多少原材料？原材料是怎么生产的？成本是多少？流通价格是多少？到新希望消费者手中价格是多少？这结成一个链条。在新希望的环节中，研发成本、办公成本、仓储物流成本……每一环节成本的降低都带来利润的提高。在流通环节，从新希望的生产工厂到零售商的仓库，再到卖场、超市的柜台，再到消费者手中，会形成一个价格，即每两个环节之间，会有一个成本和产出的差别，而每一个环节成本的降低带来的都是整个链条上利润的提高。所有的企业经营都是为了使每一个环节尽量降低成本，形成多个利润中心，从而提高整体价格，每一个环节环环相扣，这就形成了价值链。

再讲供应链，也叫供需链。商品生产制造的基本环节是：原材料供应、产品的研发设计、生产加工、仓储物流、终端销售，每两个环节之间基本都是一对供求关系。从原材料到生产制造，原材料是供给，生产制造是需求；从生产制造到仓储物流，生产制造是供给，仓储物流是需求；从物流到终端销售，前者是供给，后者是需求。这一系列供给和需求构成的链条就成为供应链。

2.一个概念——公司治理

除了以上几个基本概念外，做产业或商业新闻还需关心商业活动的基本主体，即公司，应该研究一个公司如何构成、运作。一般来讲，我们经常会遇到这样的案例，即很多实际的控制人组合起来构建一个公司，这个公司的股东构成、产业布局会形成一系列复杂的运作，甚至会形成一个担保圈、家族公司等形式。但我们只要把握住一些基本脉络之后，这些问题就可以理清了。

投资者最原始的状态是自然人，其个人旗下会控制多少资产，资产之间有何关联，投资人的企业追求产生投资的冲动，他会对此公司进行一些设计，如需要怎样的股东构成、核心业务、非核心业务等。在产业板块中，核心业务和非核心业务发展得比较窄的时候，会采取扩张的措施；若发展较为庞杂，会采取收缩的措施，GE 韦尔奇最常用的办法就是减法。但是我们现在看到，中国大多数民营企业采用的都是扩张的办法，如王均瑶，做牛奶的却去做机场。相反，中国大多数大型国有企业都要做瘦身运动，中远集团、招商局集团和中粮，分别都有房地产，去年中央就剥离了五个大型企业的房地产产业，要求其出售。这是由于过度扩张导致利润中心不明显。这是在统一的国家战略的安排下，进行的企业战略的收缩。所有的这些问题，都牵涉到公司治理。

在我们的新闻操作领域，我认为，值得关注的话题主要有如下几点：一是股东与股权关系，譬如公司是怎样的所有制属性？公司的董事会是如何构成的？公司战略是怎样的？组织结构和人事构成是怎样的？核心产业和非核心产业的构成？市场策略与财务政策是怎样的？弄清楚了这一系列问题，也就能够比较清晰地把握一个公司。进而，将领导型的公司之间进行对比，构成行业格局。最后，产业公司的群体走向，构成了产业走向。

对于一个产业来讲，把握住了领导型的公司的格局和动向，也就把握住了这个产业的走向；而具体的产品、市场和营销等等具体细节，也会在公司的具体行为中具体体现。因此，做产业新闻的一个窍门是，抓住行业领导型公司的事件性案例，以点带面。如果说商业有逻辑，我认为，牢牢把握公司治理、产业链、供应链和价值链这几个核心概念，也就找到了产业新闻的基本脉络。

三、新闻逻辑

1.对新闻定义的理解

新闻有很多定义，最经典的定义是新近发生的事实的报道。如果从下定义的角度看，新闻是报道。是什么样的报道？是事实的报道。是什么样的事实的报道？是新近发生的事实的报道。这个定义之所以经典，就是它可以一层层地剥离出新闻的核心特征，能够很方便地掌握它。

新闻是“报道”。如果一个事件发生了却没有被报道，没有被采用口头或书面的形式传播，就不是新闻。即处于自发、天然的状态的事件不是新闻。

新闻是“事实”的报道。必须是事实，然后我们才能报道，然后才叫新闻，这决定了新闻的一个很重要的特征，即必须要具备客观性、真实性和准确性。

新闻是“新近发生”的事实的报道。这决定了新闻是有时效性的。一条新闻现阶段重要，上推三年可能不重要，当然，下推三年也可能不再重要。所以有个说法，新闻是易碎产品，是机遇产品，是组合产品。

关于新闻的时效性，如果按照西方语言的时态讲，新闻是即将发生、正在发生或已经发生的事实的报道。这意味着，一条新闻最佳的状态是正在发生而你在现场报道，譬如在“9·11”事件中，你的摄像机镜头正对着正在坍塌的世贸中心大楼。新闻的时效性与新闻价值成正比。越在现场亲临发生，其新闻价值越大；越远离现场，新闻价值越小。所以最好的新闻是正在发生而你在亲身记录。

2.新闻基本逻辑与拆分

新闻是对新近发生的事实的报道，我们这里讲的“新近发生的事实”，可以理解为“事件”。既然是事件，这就有时间、地点、人物、起因、经过和结果这6个基本要素。大家联想一下，我们在学习新闻的基本要素的时候，往往会谈到“5W”或者“6W”的基本概念。5个“W”就是Who（何人）、What（何事）、When（何时）、Where（何地）、Why（何故）；6个“W”就是再增加一个How（怎样）。对比这两组概念，我们发现，对于一个事件的描述，无外乎这些要素。按照中文的语言习惯，我们选择第一组概念来讲解：时间、地点、人物、起因、经过和结果。

也就是这些基本概念，将其进行灵活的拆分或者组合，就构成了一篇事件新闻的基本逻辑链条。

从拆分的角度看，在处理突发事件新闻的时候，可以选择上述六要素中的任意一点作为报道对象。也就是说，如果仅仅知道事件的经过，可以选择报道What；如果事件的人物主体特别突出，就可以选择重点报道Who；其余的选择以此类推。这是选择了事件新闻中的单一要素进行的报道。

从组合的角度看，在上述六个要素中，可以选择任意两者或者两者以上进行组合，譬如将起因（Why）、经过（What）、结果（How）组合，就构成了一个完整的事件报道；将起因（Why）、经过（What）组合，就构成了一个背景报道。

由于这种拆分和组合，我们变换一个角度来看，就产生了新闻体裁的差别。在传统的新闻学概念中，对于体裁一般的分类只有三种——消息、通讯和特写。从篇幅来看，前一类被称为短新闻，后两类被称为深度报道；其中，特写类的报道能切分出调查性报道、解释性报道和预测性报道等题材。

短新闻按照刚才基本要素分析，指对六个要素中单独一个“W”进行解释的报道。一个事件发生了，我们首先要照顾到事件是一个什么样的人的事件，可以单独写成消息；时间有什么特点，可以单独写成消息；起因、背景、目前现状、将来如何都可写成消息。每一个环节对于短新闻或消息的写作都是可以单独拆分的。最经典的短新闻或消息的例子是伊拉克战争中，美国某通讯社所写：“凌晨几点几分，萨达姆在他的老家蒂克里特镇被抓，这条消息是驻伊美军司令部某某提供的。”这是最简单的消息，只有50字，就是一个最基本的事件，回答怎么了。按照“5W”分析，可以拆分为：谁为萨达姆，可以单独写人物；什么地点，为藏身地窖，可以突出报道；什么背景，可以成为新闻；被抓后会怎么样，也可写一条短新闻。所以短新闻是对一个综合事件单个要素的报道。也就是说，是我们上面所说的，对六个“W”单体拆分的结果。

那么，所谓的深度报道是什么，是多个要素组合后进行全面分析和报道的形式。基本报道对象主体是事件，事件目前现状如何要搞清楚。可以开门见山介绍当时现状，随即想知道背景，自然会介入到背景的报道中。即第一部分为正在发生的事件怎么样了。第二部分是为什么会这样，随后读者自然会关心在这样的情况下会造成什么样的影响，即将来如何。也就是说把六个基本要素组合在一起后形成三大块，即现状、原因和未来三部分，这是一则深度报道的基本构架。类似的案例有很多，近期成功的深度报道中，有一则关于优尼科的报道：第一部分为“竞购进行时”，是正在发生的事实；第二部分为“中海油遇到优尼科的亚洲资产”，即讲它为什么做这个并购；第三部分为“优尼科董事会正在受到美国的压力”，指并购案将向什么方向发展。这是典型的深度报道三段论，即起因、经过和结果顺序打乱后的安排。这就是基本深度报道的结构。也就是说，是对六个“W”进行组合产生的结果。

新闻报道的划分标准多种多样，产生的报道种类也多种多样。但是，不管多么复杂，按照篇幅来看，只有短新闻和深度报道两大类品种。而按照上面所说的六个“W”的标准，是可以产生拆分和组合效果的，这就是其逻辑所在、规律所在。

（本文根据作者2005年8月18日讲课录音整理，经过本人删改）

谭昊 曾任《21世纪经济报道》头版负责人 现任《理财周报》副主编

好稿之道：器质与气质

一篇好文章要有三个气：第一是正气，你的方向要是正义、良知，给人积极向上的力量；第二，要有灵气，就是逻辑的跳跃，灵气往往体现在逻辑的断裂上；第三，江湖气，商场如战场，是江湖，江湖有两个特质，一个叫“卧虎藏龙”，一个是“快意恩仇”。

器质和气质是一篇好文章不可缺少的两大要素，我主要从骨和神两个角度，谈谈如何完成一篇好的稿子。

一个样本：《百名博士郑州从政试验》

首先，我们一起来分析一篇文章《百名博士郑州从政试验》，这篇文章结构简单，是典型的1+3模式，即导语、博士书记“博士计”、“空降兵团”的文化缺失、博士做官的成本四个部分。

导语的特点很突出，开头新颖，能抓住人。“办公室的电话不停响起，主人不在。”这种现场感是调查性报道必须要体现的要素。接下来王鹏、聂震、童丽萍三个人物出场，以点带出面，为后文的百名博士出场顺利过渡。“燥热的空气中，每个人都怀着不同的心事。”事实上，我们并不倡导大家总写天气，但是此刻的描写恰到好处，因为后文的不同心事马上接上来，自然过渡。

第一小节：博士书记“博士计”——先交代缘起，即为何会有百名博士入郑州。“郑州市2000多名处级以上干部中，全日制本科学历的不到1/3，博士学历的加上他本人在内也只有3人。”用数据来说话，郑州市引入博士的原因不言自明。写作中，应该突出人物个性化的语言，“我很明确地讲，只要是博士，不管他学什么专业，我都要”，“变革是政府生存并获得活力之必需”，这样的语言既符合李克作为市委书记的身份，又具有生动的人物特征。

第二小节："空降兵团"的文化缺失——通过一个小故事"五顾清华挖王鹏"入手渐入主题，并开始点出矛盾，一方面吸引博士要有各方面待遇；另一方面，引起当地官员的不满。大家注意记者进行了多处采访，有基层官员，有组织部官员，还有李克本人。李克面对着一个很大的风险，但是他还要坚持这么做，这里引用了新华社报道中的一句话，"可能有政治风险，但是大趋势是对的，不会出大问题"。李克为什么这样自信呢？对于官场来说，他有点过于自信。李克有一套自己的逻辑，对这部分，记者抓住了一个新概念——"too big to die"，李克正在用一种"大者不死（too big to die）"的技术手段来弱化这种风险。"如果引进五名，其中有二三名不行，就会给那些反对者把柄，说你看吧，早就说过博士当官不行吧！现在一下子引进几十名，即使有一些不行，也会有大批表现不错，那就不会有什么风险了。"这个概念的提出也是很有意思的。

第三小节：博士做官的成本——站在博士的立场来考虑问题，看看他们是怎么想的。前面写得很好，但是还有一点缺失，就是反映这个事件的视角不是文章的主体，博士是这个事件的主体，有112名博士到了郑州，这个时候他们有什么样的想法，面对这种困境，他们是面临的一个什么样的状况，这个时候他就拿出一个专门的小节叫做"博士做官的成本"，来探讨这个问题。首先，大家注意他引用的语言，他引用了一个博士的话："你威胁到别人的位子，就会有麻烦等着你"，大家可以想一想，在采访中如何捕捉这种个性化的比较鲜明的语言，如果你捕捉不到，怎么样把它加工出来，不能违背采访对象说话的原意，但不是每个采访对象说的话都是这么鲜明，让人记得住的，它是蕴含在很平淡的程式里面。你怎么样通过你的笔，把意思表现得很有张力。

接下来该文又引用了一个数据，文中一共引用了两组数据，这是第二次。新华社出面组织的一个调查，对"博士是官场中的'弱势群体'"的说法，10名博士中有1人认为"完全不是这样"，4人选择了"符合真实感受"，另有5人在空格处填写了自己的意见："绝大部分如此"，"这是一次'破冰'"，"不能突出自己，否则就更加孤立"。

李克把博士们找过来显然是希望他们做事情的，但是博士的担心是我突出自己了，更加孤立，反而事情干不成了。其实这就隐含了一个矛盾，这个矛盾在下文有交待。接下来他又引用了一个采访，就是一个重新回到郑州大学校园的博士，这个显然是比较有代表意义的，他是通过博士到官场，又从官场到学校，这个过程中，他肯定会遭遇到一些什么，但是文中可能也不方便展开，他自己可能也不太愿意谈，不很好说，就用"自己不适合当官"，不适合当官这句话背后是有很多深意的。很多时候文章给人的想象空间，就在于这种比较有深意的话，有一些是不能够点明的。

接下来又引用了聂胜的一句话，也就是文章开头的一句话，他分为三个层次——第一批，最早来的一批，已经开始接受这个现状，要在这里生存下去，并且还要发展，不再发牢骚；第二批的牢骚比较少；第三批就是刚来的，可能正在发牢骚。事实上这是和前面相呼应的，从博士到官员的转变，就是逐渐地磨去自己的棱角，那么就是牢骚越来越少，越来越适应这个环境。从某种意义上说，博士从政的最大成本就在于，一个悖论，可以称为博士悖论——李克引博的目的是希望借助博士的知识结构来重塑官场的一个秩序，但是博士们为了干事情，为了融入这个环境，为了求得自保甚至发展，必须改变自己，甚至说看到问题他也不发言，满足于背后的利益交换。这个悖论有没有很好的解决办法呢？这不是这篇文章所能解决的问题，但他接下来说了李克试图控制这种变化，并引导另外一种平衡，稳定、高效、知识型人才密集。

最后记者点出了一个希望，也是李克的一句话，“我现在最大的希望是，社会各方面给这些博士们时间，让他们转变，不要急功近利，不要求全责备。”

当文章提出了问题，一步一步地通过采访、通过调查、通过数据把读者引到了这样一个博士的悖论，文章显然是解决不了这样的问题的，这个问题是无解的。应该怎样面对呢？只能是寻求一种微妙的平衡。所以他用李克试图控制这种变化作为结尾，让各种利益得到平衡，既能通过引博推动郑州的发展，现在已经带来一些改变；另一方面，又可以在博士及其他一些群体中求得一种稳定。

整篇文章不长，3000多字，选择这样一篇文章给大家做样本，是因为这篇文章有几个特点，首先一个就是，要素比较全，阅读很流畅。这一点对于我们报社来说是非常需要的，我们的大部分文章都有阅读障碍，看了一段两段就不想往下看了，以后大家一定要注意这一点，你写文章到底是写给谁看的，不是写给自己看的，也不是写给编委看的，而是写给读者看的。

好稿“八器”

下面我们逐一来看一篇好文章需要什么样的要素，我在这里总结为“八器”，即八个基本要素。

第一个基本要素是逻辑。这个不用多说，只是大家要注意几点：第一，逻辑要简单明了，不要拐弯抹角；第二，在新闻报道中，逻辑要尽量显化，如果隐藏得太深，读者很可能挖掘不出来；第三，要注意一些小技巧，比如前后呼应，比如漂亮的过渡。

第二个基本要素是采访。注意在采访过程中一定要善于引导采访对象，要捕捉鲜活的、个性化的语言。把采访记录整理出来，不是直接堆到文章里就行了，而是要经过加工的。加工是有技巧的，采访的原意用得好，整个文章就很好看。

这还涉及到直接引语和间接引语的搭配，我们看刚才讲的博士这篇文章，他把很长的大段采访都切碎了。使用最经典的话，有时候用间接引语，有时候用直接引语。采访的剪裁，一定要舍得砍，采访下来会有很多的料，一定要舍得把旁枝末节砍掉。另外，对于文章中采访对象的话一定是非他说不可的，如果你自己能够说清楚，就不要让他来说了，因为采访是一个文章的精点，对于新闻稿件来说。

我可以举2002年的一个例子，我曾经采访过中科案在北京三天的庭审，当时选择性地录，都录了10个小时的磁带，全听一遍你就感受到，很多话他说得很精彩、很经典，但是你要找到他最经典的话。大家以后在大量的采访后也会遇到这样的问题，一定要把采访对象最亮点的话说出来，其它的要用你自己的话简洁地说出来。各位要慢慢体会，“有舍才会有得”，舍不掉的结果要么是很乱，要么是很啰嗦。

采访的时候要敏锐，事先要想好你需要什么东西，想不好的时候要随机应变。如果你不善于问问题的话，和采访对象聊两个小时，也没什么东西可写。你要善于引导他，不要被他所引导。遇到很厉害的人，他会引导你，话题从很远地方来，然后又绕到很远的地方去，你好像听到了些什么，回去一听又什么都没有。你要善于引导采访对象，甚至要善于打断他，重新开始你的话题。当然，开始的时候，你可以和他聊天气、身边的问题等他感兴趣的话题，不一定要开门见山，因为有时候这并不是一个很好的开头。但最终要引入正题，不能让他跑掉，否则就会是失败的采访。

第三个要素是数据。数据对于经济报道来说是一个不可或缺的要素，用得好的话，一个数据比一大段文字更有说服力，它是一个很好的论据。运用数据的时候，有几点要注意：（1）不要太生硬，不要大段大段地用数据，这样影响阅读的欲望，比如霍金的《时间简史》，出版之前别人劝他说，“你每在书中加一个公式，销量就会减少一半”。同样的道理，报道中的数据太多太生硬，别人阅读的概率也会下降很多。（2）在必要的时候可以配上图表，比如饼状图、柱状图、曲线图等等，用来配合数据的说明。（3）数据尽量多用相对值，便于理解。比如，GDP说增长了9%，就比说增长了几千亿更好，因为后者会让人不知道是什么样的概念。百分比的数据能够一目了然。（4）很长的数据要进行加工，比如一个八位的数据，读者还要去数，我们就要尽量把它简化成亿或者千万这样的单位。数据使用上可以运用比喻或者比拟的手法，比如50%可以写成“好比一个苹果烂掉了一半”，这样生动的比喻可以增强数据的理解力。

第四个要素是平衡。写作时怎样做到滴水不漏，让当事人、让任何人挑不出毛病来。我们为什么要平衡呢？平衡的本质和我们追求正义和公正是相同的，要让各方都有说话的机会，不能得到你的采访我就帮你写，即使有人拒绝了你的采访，你也要通过其他渠道去了解。我们做记者需要有这样一个前提假设：“作为一个记者，你永远不能了解全部的真相，你只能尽量去接近它，在这个接近的过程中可能是有误判的，或者有信息的遗漏，这时候我们应避免自以为是。”对一个事情关注久了，会认为比其他人都更了解，其实往往并不是这样，你所接受到的信息，一般都是采访对象愿意给你的，他还有一大堆不愿意和你说的东西你是不知道的。你有了无法了解全部的前提假设，下笔才会做到谨慎。

从消极的意义来说，平衡是在保护自己，避免打官司。我们报社已经出过太多这样的例子了。大家在写作的时候要注意把自己的观点，尤其是自己的判断统统拿掉。

如何做到平衡呢？一是，在采访过程中，你不能被采访对象的情绪带入，要学会抽离，在适当的时候要学会把自己的角色抽离出来。另外，采访的对象要多样化，你今天这一方是义愤填膺的，明天到另外一方他也很有道理，这样你自然而然就有一个平衡的把握了，但是如果你只是找愿意说的，好采访的对象，这个时候往往就会被他引导，甚至被欺骗，文章写出来就很难客观。在运用采访的时候也要多样化，让各方都有表达的机会。关于博士这篇文章，它对于平衡的把握还是非常好的，各方的采访都有，博士本身的、组织部的、当地官员的，有李克的采访，还有专家的评述，各方面都做到之后，你自然就觉得这文章不偏，看起来很"正"，就具备公信力。

看另外一篇文章《飞来的尚福林》。事情的背景是中国股市一直没有起色，前任证监会主席周小川下台，尚福林上台。文中涉及到比较高层的人物，平衡上的把握就更加重要了，你写得太好，别人认为你是溜须拍马；你写得太差，肯定会有风险。文中对新上任的尚福林和卸任的周小川都有一些评述，比如，"飞来的尚福林，这是朱镕基总理对40出头的尚福林的夸赞"，引用当时朱镕基的话，是一个非常大的赞誉了。"聪明、稳健、谦和，有业内人士对尚福林如此评价"。这篇文章除了平衡的技巧，还有很多方面值得学习，大家有空的时候可以拿来看一看，包括他的很有新意的开头，对概念的制造，对人物交接这种敏感问题的报道写得非常到位的。人物报道是最难写的，但是写好了会很好看。

《飞来的尚福林》一文的结构是这样的，分成三个小节。第一个小节对尚福林过去的功绩总结和评价，在农行的时候，在证监会时等等，引用了一些其他人的评价。第二个小节是对周小川，他当时调到央行做行长，对他在证监会任内所做的一个评价，其实这个东西是比较难把握的，因为当时普遍，尤其股民，对周小川的意见很大。你如果把周小川写得太好，可能很多人看了不乐意，不好不坏，要比较客观。第三个部分写的是尚福林在任上所面临的一些挑战。这就是文章大概的线条。它前头对尚福林的赞扬"飞来的尚福林"和"聪明、稳健、谦和"，在后面要如何平衡？很简单，一句话——"尚福林是一个实干派，他和经济学界的接触可能还有待观察，他在理论上、经济学家方面是否有足够的资源，理论造诣有人士认为还需要观察"。文章统统写他好，但是点上这么一句话，味道就不一样了。在写周小川的同时，作者也注意到了这一点。

最后一点就是，"让别人去说"。这是指作为记者，不要用自己的口来说，尤其是对人物的评价、对事件的评价。你可以运用你的编辑技巧，其实你在运用采访语言的时候就是在运用编辑技巧了。很多人都和你说了很多话，这个时候你选择了谁的，这就是你的编辑技巧。敏感的话要让别人去说，自己去说，就会惹麻烦，别人说就没关系。

第五个要素是开头。开头的重要性不必多言，一个糟糕的开头必然让被阅读的概率下降一半，开头的任务就是抓住读者。常用的开头有以下几点：

（1）引用采访对象的比较精彩的个性化的语言开头，比如这篇《百科药业背后几只手》，百科药业是当年很有名的庄股，这篇文章是有人爆料。我们看一下开头："朱耀民与肖建华比，朱是黑，肖是白。"这就是典型的运用采访对象的一句话的开头，这个开头一下子把你抓住了，把这两个非常有名的人物比喻成一黑一白。那么这句话是不是采访对象真的说过呢？原话可能不一定，但是他这么一加工，就显得很抓人。

（2）以现场的气氛为开头，前不久的一篇头版的稿子，《一个镇财政的"民主恳谈"试验》，我们看一下，"和尚、尼姑、道士，外加190个百姓——新河镇十四届人大五次会议的列席旁听代表有193个人——在镇政府的报告厅里，正式人大代表只有90个。"和尚、尼姑、道士其实在193个人中只有三个，但却是最有特点的三个人，这说明民主恳谈，出家人也要民主，你一看这文章，也就有了阅读的欲望。这就是现场开头的运用。这篇文章大家值得一读，开头写得好，通篇文章都很有意思。

（3）以人物开头，抓住一个人物，以他来开头也会很好。例如《洋浦十二年：起点再见起点》，这篇稿子是放在海南专题里面的，是一个很静态的东西，写海南洋浦12年的历程。怎样把静态的东西写活，他就抓住了一个人物，12年前到洋浦的时候他是新华社的记者，提着包就来了，12年后他成了一个不成功的商人，但是他见证了洋浦的起起落落。他就从这个人来切入，这时候这篇静态的稿子就写得很鲜明。除了这个外，我们常见的还有引用名著来开头，比如经典小说、谚语、古人的话、诗词。例如《段永基史玉柱"黄金搭档"四通电子脑白金谁送大礼?》，写卖掉脑白金的事情。看一下这个开头，"一个坏，两个好，……对汤姆克鲁斯说"，这是引用了一个电影的台词，接下来的几句话也很有味道，"段永基更能体会其中的深情，……温热而年轻的手……小兄弟，雪中送炭"，这样的开头一下子就把人抓住了，当时我印象最深的就是"温热而年轻的手"，所以大家写文章的时候怎么样出彩，很有意思。

第六个要素就是故事。大家都知道圈钱，圈钱就是去华尔街讲故事。圈钱和圈读者是一样的，你要让读者喜欢你的文章，就要有故事，光有逻辑没有故事，这种文章不吸引人。怎么运用故事？比如《百名博士郑州从政试验》这篇文章，其中就有一个小故事，就是我们提到的"五顾清华挖王鹏"的故事，三段话把一个小故事就交待清楚，放在这里就很好看，而且也发挥了作用，说明引才的急迫。但是故事怎么得来呢？在采访的过程中间，要有这个概念，要去找故事，要有这个意识，你在采访过程中跟周围的人交流，你要去问他细节问他故事，这时候你去整理，一个、两个，你文章就很好看了。要用心去挖掘，才会有故事。其实每件事情都是有故事的，看采访对象有没有意识到把故事透露给你，他没有意识到，你要意识到，你要去挖掘它，这个人是怎么来的，这个事是怎么样的，前因后果，用这种方法去挖掘。

第七个因素是细节。说到细节的魔力，让我想到了德隆的那篇文章，一个是开头，“采访德隆董事局主席唐万里，他晚到了40分钟”，晚到这是一个细节，没有寒暄，问题还没有结束，有人从门缝里张望，他说我有事，说罢他就起身走了，采访戛然而止。“有人从门缝里张望”，这也是细节，他通过细节把采访的那种紧张的气氛烘托出来了。在采访的时候要用心去挖掘细节，有些细节不是你能看到的，是你问出来的。面对面采访，你可以观察这个人物的细节，叼什么烟斗之类的。有了细节文章就好看，所以采访的过程不单要听、还要看，还要问。

第八个因素是概念。这个不强求，如果一篇文章有可以提炼的概念，你把它提出来。这样给读者新鲜感，是给你文章加分的一个很重要的因素。像这篇文章提到一个“大而不死”，就是一个概念性的东西，并不是他的原创，但是他很巧妙地运用到这里，也许是采访对象说的，也许甚至不是他说的，是作者自己归纳的，这个时候概念的运用就是文章的亮点。这是文章局部的概念，还有文章整体的概念。这涉及到对文章的包装，怎样把文章包装出一个概念。

我们总结一下，一篇文章的八个要素：逻辑、采访、数据、平衡、开头、故事、细节、概念，这是按重要顺序排列的。这是我认为的作为一篇好稿，构成文章实体部分的几个比较重要的要素。好稿也好，特稿也好，是能够给自己建立口碑、树立品牌的。

器与气

有两个“Qi”字，一个“器”，另一个“气”。什么是气？中国的古人也喜欢研究这个，我个人理解，就是形而上和形而下的区别，气肯定是无形的东西，你可以说一呼一吸谓之气，但是它是超越逻辑的，它是在逻辑之上的。在逻辑之下，你可以谋篇布局，行文摆字，但是一个文章怎样体现出一种气质，就像一个人的气质一样，它也是看不到、摸不着，但是你可以感受得到。甚至你对一个人的第一印象就是这个人的气质怎么样。文章也是这样，怎样通过有形的文字把无形的气质表现出来。这两个“Qi”的关系，简单来讲，一个是有形的东西，一个是无形的东西，但这是一篇文章的灵魂所在。好比一个人，一个人如果没有气就是一具尸体，但是有气他就活了。肉体就是器质层面的东西，就是一个用具是一个有形之物，但是加上了无形之气，就活了。一篇文章也要活，气是很关键的东西。

一篇文章至少要有三个气。第一是正气。你的方向要是正义、良知，给人积极向上的力量。就像《南方周末》的那篇著名的新年寄语，“让无力者有力，让悲观者前行”，有很积极的推动力。我们文章并不都是歌功颂德的稿子，有的时候是揭黑的，是暴露内幕的，有些时候是写人家的悲惨际遇的，这时候你从什么角度去写，就决定了文章的气质。你可能写出来就是很消极，让人家觉得前途一片灰暗，也可以写的推动它前行，怎么样去突围，怎么样去破局。文章的正气就是要有一种积极的推动力，即使在写负面的黑幕、内幕，也要有一种向上生长的力量在里面。如果看了之后让人想自杀，再好的文章，气也是负面的。

第二，好的文章要有灵气。大家平常经常说，经常听，但是很难用有形的语言来概括。“这是新年的第一天。这是我们与你见面的第777次。祝愿阳光打在你的脸上。”这是一个经典名句，它的跳跃感很强，前面两句有逻辑，突然跳到祝愿阳光打到你的脸上。文章的逻辑是不能跳的，你必须越简单越清晰越好，但是文章的语句，尤其是出彩的东西，它是需要跳的。这个跳跃是什么？就是一个逻辑的跳跃。局部可以有逻辑的跳跃，可以不连贯。灵气往往体现在逻辑的断裂上。“段永基最能体会其中深情。此时他正握住一只温热而年轻的手。”这也是一个很突兀的句子，突然就来了，有点像神来之笔，也是和逻辑无关的。做一个买卖，段永基真的去握手吗？这个场景可能是想象出来的，但是成为整个文章最出彩的一句话。我们试图去归纳如何写出有灵气的东西，那是很片面的探索性的东西。这需要大家慢慢去积累，古人说，功夫在诗外，好的东西不是在作品本身。要善于找到事物之间隐形的联系。还有一个诗词的运用，百科药业的文章，中间用到苏东坡的句子，“从时下的情形来看，在整个朱耀民过程中……事如春梦了无痕”，禅诗表达一种意境，就是你过了就忘，点在这里就非常贴切，给人印象深刻。对于诗词的运用，大家平时多积累一下。

还有一个就是视角，要写出跳跃性的东西，必须要有一个独特的视角。柳传志说自己在做决策的时候希望能“跳出画面来看画”，我们在写文章的时候也需要这样一个角度，如果你在局中、逻辑中你怎么跳呢？没法跳。有超然的视角你才能跳得起来。

第二，好文章还需要江湖气。因为我们与报道，大部分时间都和冲突有关系，商场如战场，是一个江湖。江湖气也是很难说清楚的东西。江湖有两个特质，一个叫“卧虎藏龙”，对人物的个性化描述，就像我们刚才那句开头“朱耀民与肖建华比，朱是黑，肖是白”，很简单的一句话，江湖味道就出来了。以前还有一篇稿子，开头就是“出来混，迟早是要还的”，就是这种江湖味道，整个文章就鲜活起来。江湖气的第二个特质是“快意恩仇”，对于冲突和感情，无非是一个恩一个仇主导人行为的，比如那个温热的手，段永基的小兄弟，就是江湖味道。

这就是“三气”。

最后的总结是“文以载道”。文字工作者要通过有形的东西表达一个无形的东西给读者，怎么让有形的东西去影响读这篇文章的人，所谓的“八器与三气”是第一个阶段的东西，刚开始写作的时候，你甚至可以对比文章需要哪些要素，我怎么样去找全它，成为一篇好文章。到了第二阶段，所谓“无招胜有招”，运用之妙存乎一心，我已经忘记你什么鬼要素。到了第三阶段，就是老子说的，道可道，非常道。你文章就是写得好，别人问你文章为什么写得好，你却说不上来，因为你觉得说出来都不是你想说的，这时候就浑然天成了，就像陆游说的“文章本天成，妙手偶得之”，这是最高境界了。

（本文根据作者2005年10月24日讲课录音整理，经过本人删改）

丁秀洪 曾任《21世纪经济报道》新闻总监 现任网易华南总监

新闻写作二十忌

一些关键性论点和个性化的语言，采用间接引语容易让人产生误会，要尽量避免。比如，“我是流氓我怕谁”这样的话，我相信只有周宏一能讲；而“我们都不是菜鸟”这样的言论，就只有手机狂人万明坚才会说得如此嚣张。新闻报道尽管不似文学作品要求的那样刻画人，但个性化语言的使用无疑可以增色不少。

什么是好新闻？对于一份市场化报纸而言，好看的新闻就是好新闻。如何在专业性和好看之间找到平衡？如何在调查性报道和速度之前找到平衡？下面就谈谈新闻写作中应该注意或者说“忌讳”的地方。

一、消息源不清楚

整个文章应尽量做到每一句话都有据可查，不要有漏洞。凡有匿名信源，必在后面注明，并讲清楚匿名之原因；切忌不交代消息源，直接大段大段地写，感觉像记者本人在布道一般。有些记者通常习惯用“消息人士”和“知情人士”来模糊掉消息来源，事实上这样的“深喉”最可怕，因为貌似真实，如果编辑稍微懈怠，就可能带来严重后果，因此我们强调编辑一定要清楚这些“深喉”的真实身份，记者有义务向编辑坦白交代。

但在竞争越来越激烈的情况下，匿名消息有其天然的存在土壤。如何处理匿名消息源或不太确切的消息源？我们的要求是：（1）多方求证；（2）索性似是而非，这是日报的惯常操作，所谓春秋笔法，尽管不严谨，但在新闻拼抢越来越激烈的时候，不妨用之。

二、主观意见太多，缺少客观调查

很多时候记者会忍不住跳出来表达自己的观点，从而被别人抓到小辫子。实际上，写作本身就是一个取舍的过程，一篇再客观的文章它也会有作者的倾向在里面。关键是看记者写的时候如何筛选材料——你不喜欢的观点你可以不听不写，但你不能为了表达你的观点而写，除非你自己署名写评论；更忌讳的是，为了表达作者自己的观点而杜撰采访对象的观点，甚至杜撰直接引语。

三、现场感欠缺

现场感可以说是调查性报道的“点睛之笔”，但通常我们的记者不愿意去现场，而且很多记者不晓得怎么看现场。

《财经》杂志在调查格林柯尔的时候，为了了解清楚其出口的真实情况究竟有没有吹嘘得那么惊人，甚至派人在天津格林柯尔的工厂门口守候，最终得出的数据让采访对象心服口服。

记者的稿件中所描述的东西，一定要是亲自看见的或者亲耳听见的，不要有瞎想的东西，否则很容易授人以柄。

比如：去过华禹光谷的人应该都不会忘记这个画面——公司花园广场的中央矗立着一尊硕大的石牛，在石牛的下方赫然写着四个大字：牛气冲天。然而，这个昔日牛气冲天号称“中国第一光谷”的华禹光谷如今却前途未卜。（《中国第一光谷沉浮记》，2004年12月2日）而文章原文却是一段现场描写：一进沈阳华禹光谷的大门……尽管很有现场感，但作者署名的时候却是“上海报道”，读者一看就知道你在造假。还有类似坐在北京的办公室里写纽约的事情，写得活灵活现……这样的案例举不胜举，解决的办法是用别人描述，就像电视台经常的连线一样。

四、历史资料堆积

通常而言，在对一个事件的历史进行追溯时，应尽量做到言简意赅，三言两语即可。

举个例子，原文538个字，纯历史性文字382字。

怎样在不伤及这张城市“名片”的前提下，让高交会形成一套自主造血的良性体系，而又不至于降低高交会作为“科技第一展”的规格——这成为一个深圳有关部门一直思考的难题。

高交会对于深圳市之“重”，有一段可以追溯的历史：1990年代初，国内很流行所谓的“文化搭台，经贸唱戏”，深圳也搭了一个文化台，就是“荔枝节”，但是到了1990

年代末期，“荔枝节”已经不能跟上深圳经济发展的步伐，1998年前后，顺应当时深圳的科技初兴之风，深圳市决定将原来已难以为继的荔枝节加以改造，举办一场高科技的展览或交易会。

这个想法得到了广东省及国家有关部门的支持。在多方探讨之后，交易会被定位为与当时的广交会、厦门投资贸易洽谈会同等级别的“国家级”交易展会，定名为“中国国际高新技术成果交易会”。最初确定由当时的科技部、国家外经贸部、国家教育部、中国科学院“三部一院”与深圳市政府共同主办，每年秋天在深圳举行。此后历经多年，主办单位最终增加到了商务部、发改委、科技部、信产部、教育部、人事部、国家知识产权局、中国科学院、中国工程院九大部委与深圳市联合主办的头号国家级科技盛会。

按照当时的深圳市政府的设想，通过高交会，促进“资本与成果的联姻”，从而达到“技术成果交易与风险投资相结合，高新技术成果交易与高新技术产品展示相结合”的目的。

修改之后为216字，纯历史性文字仅71字。

怎样在不伤及这张城市“名片”的前提下，让高交会形成一套自主造血的良性体系，而又不至于降低高交会作为“科技第一展”的规格——这成为深圳有关部门一直思考的难题。

高交会是由商务部、发改委、科技部、信产部、教育部、人事部、国家知识产权局、中国科学院、中国工程院九大部委与深圳市联合主办的头号国家级科技盛会。按照当时深圳市政府的设想，通过高交会，促进“资本与成果的联姻”，让高交会成为未来深圳高科技项目、人才和资金的平台，形成一套完整的产业路径。

对已发生的事实可以用陈述句，但是要求有可证明的消息来源。比如根据财报等公开资料，一定要写明出处，严谨是报纸权威性的基础。

五、错误使用直接引语

关键性论点、展示个性的语言一定要用直接引语。但直接引语一定要精炼，切切不可大篇幅直接引用（泰戈尔的《沉船》和《戈拉》以及俄国著名作家尼·奥斯特洛夫斯基的《钢铁是怎么炼成的》，里面冗长的直接引语，读来几乎令人窒息）。

而一些关键性论点和个性化的语言，如果采用间接引语就容易让人产生误会，所以要尽量避免。比如，“我是流氓我怕谁”这样的话，我相信只有周宏一能讲；但“你小孩究竟玩的是哪款游戏”这样的话，则只有网易的丁磊才能想得到；而“我们都不是菜鸟”这样的言论，就只有手机狂人万明坚才会说得如此嚣张。

新闻报道尽管不似文学作品要求的那样刻画人，但个性化语言的使用无疑可以增色不少。

六、随意揣摩采访对象的心理

经常有文章开头说“某某看上去心情不错”，或者“看着什么什么茁壮成长，某某内心乐开了花”。这样的文学笔法没有错，但我们是做新闻，既然你无法亲眼看到或者听到，就最好不要写。除非用引语，让他告诉你当时的心情怎么样。比如湖南卫视采访超女的妈妈，诸如“看着你的女儿被PK是什么感觉呀”之类就可以。

七、乱用结论性语言，缺少摆事实

这表面似乎与文章一定要有核心观点的要求相矛盾，其实不然，所谓“公道自在人心”，记者不就是摆足事实吗？结论让读者自己去得出岂不最省心。

但出现一些结论性语言也往往难以避免，这时候可以采用一种操作技巧：要么是显而易见的结论，直接得出即可；一旦观点出来，马上要有事实来论证这个观点，如果没有，我通常认为那就是记者瞎猜，可以删除。

八、废话、套话、官话太多

一些喊口号的语言过多，正确的废话太多，其实没有传递可用的信息，如果是可有可无，删除之；记者则应尽量避免这些空洞的语言。

九、制造概念，滥用概念，想当然的报道

想当然的推测性报道，如没有事实佐证，一定要删除，尤其是在做负面报道的时候，否则会惹不少麻烦。

通常而言，制造概念、滥用概念是由于记者不了解情况，或者对采访对象的解释似是而非，甚至不准确，最终可能生搬硬套。

所以，我们提倡，记者一定要把一件事情吃透再来写文章。即便是非常枯燥的技术文章，也一定要吃透，用更大众化的语言方式来表达。

为什么很多人批评报纸“专业的人不看，因为觉得肤浅；不专业的人也不看，因为看不懂”？这样的角色无疑是尴尬的，媒体本身存在就是在制造不对称的同时解决信息不对称的，如此只能是完全制造不对称。

还有就是一些技术性报道，记者往往做一段时间就生怕被别人说成“不懂行”，所以文章中就夹杂各种各样的专业名词。须知，记者就是记者，不是专业人士，也不是业内人士，我们的职责是报道新闻，而不是写技术论文。

十、行文句式复杂、啰嗦

切忌长句、复句太多，读者摸不着边际，自然也就没有达到报道的目的。

比如，“至于为何……的问题”——实在太长，完全可以肢解成几句话，读者看起来也会轻松很多。

另外，短句短段在最终排版出来的视觉效果上也会更加舒朗。在信息爆炸的时代，大家自然是挑着舒服的看。

十一、段落转折下整段楼梯、生硬

在很多文章中，我们会看到“事实上”、“尽管如此”、“值得注意的是”、“耐人寻味的是”和“在此之前”等词语，很多时候这些词语本身并没有实际意义，不过是起到一个承上启下的转折之用，但却有利于调节文章行文语气。

而很多不甚成熟的表述方式也随时可见。比如通篇都是“但是”、“而”和“所以”等生硬的转折词。

更有甚者，根本不注意行文韵律，也不使用连接词，直接下整段楼梯，从而导致段落连接出现了分叉，上下文不连贯。

十二、用词不推敲，很容易给读者造成歧义

有些记者喜欢造词，尽管可以起到丰富汉语词汇的伟大作用，但最忌弄巧成拙，反倒给自己惹来麻烦。

这里，尤其要注意的是一些“反语”的应用。很多记者往往高估采访对象的语言水平，以为别人都能理解自己饱含深意的“反语”，结果采访对象往往不买账，最后惹来纠纷。这点尤其在标题制作的时候会经常碰到。

比如，经常说某个公司走出低谷，业绩大幅增长，我们很容易用“凤凰涅槃”、“起死回生”或者“浴火重生”之类的词语，但采访对象通常是不愿意承认“死亡”事实的，本来一个正面文章却很容易带来负面效应。

还有很多记者编辑喜欢用引号来表达自己的真实意图，这实际上也非常危险。

十三、行文逻辑混乱

事实上，很多时候逻辑美是可以掩盖一篇文章的很多缺陷的。我常常坚持，记者采访的时候要动脑筋，写文章的时候讲逻辑，至于文字是否优美，并不一定重要，只要能把一件事情或者一个新闻事件的整个全貌有逻辑地表达出来，实在不能出彩就索性交给编辑来善后。

什么是有逻辑的文章？比如前面讲到的上下文衔接其实也是逻辑的一部分。我这里强调的是文章的结构逻辑，不管是用倒金字塔的新华体还是从细微着手的华尔街体，必须按照“是什么——为什么——怎么样——有无其他竞争对手比较——现在和将来会怎么办”的逻

辑来打腹稿或者写提纲，这样在行文的时候就胸中明了，亦可达到下笔千里的效果。

在结构逻辑上，记者通常会犯两个毛病：一是没有逻辑，想到哪儿写到哪儿；二是先果后因，常常自己制造理由。

十四、论点过多，散乱

通常而言，记者采访的东西是千头万绪的，这个时候就需要做一些梳理，从纷繁复杂的资料或者采访记录中搜索主线。找出这个主线之后，在组织材料和谋篇布局上都要围绕这个主线展开。记者通常会犯的错误是：

（1）找不到主线或者不知道哪个是主线。结果写文章的时候就变成了“大杂烩”，什么都写到了，但看完了却没有重点，没有核心观点，或者也可以说什么都没写到。尤其是在后期取标题的时候，让人感到困难，不晓得作者要表达什么，标题自然也就无从下手。

（2）最常见的矛盾是两条线并行。这说明记者不懂取舍。事实上，企业经营很多时候都是有内在关联的，每个看似不相干的举动，其实往往藕断丝连。

切记！一篇文章只能有一个论点，但一个论点一定需要有多重论据，从不同的角度为论点充分服务，论证的方式可以参照上面的逻辑。

十五、思路打不开，就事论事；或者思路太开，天马行空

如果记者对问题的思考太少，延展性思维不够，编辑就应当在稿件中发现亮点，并帮助记者思考，提供方向。

但这里又有个大忌讳——盲目上纲上线。我曾经改过一篇写招商银行的文章，内容主要是写中小股东投票反对招行增发的事情，核心观点也落脚到这个地方，但这部分内容只有2000字多一点，但记者的文章却写了4000多字，后面部分皆大规模上纲上线，甚至放到了银行业改革的大背景下请来一堆专家分析。一个鲜活的故事差点被淹没。

事实上，我也认为这一事件是有可以拔高的空间的，但我个人觉得记者拔错了方向。小股东投票反对一家上市公司的增发方案，在当时大股东说了算的情势下，分明体现的是证券市场的一个新现象，跟银行业整体改革实在差之甚远，如果从证券市场变革的角度探讨，也许顺理成章。

最后我在改的时候，果断地把后面1000多字拔高的文字删除了，就只保留了故事本身，创了当时“彻底调查”栏目最短文章的纪录。

十六、假设大胆，求证粗心

没有求证、无法求证的东西坚决不写，原则是大胆假设，小心求证；即便要写，为

了规避风险，在行文中可以策略性地把求证过程写出来。

十七、写作方法缺乏创新

可多样，倒金字塔或是设置悬念都可以，但是一定要遵守逻辑。

十八、破坏文字的美感与内在韵律

注意文字的工整与对称之美，语言是有美感的，尽量地寻找这种感觉。

十九、表述业余，缺乏专业性

数据、名称、职务或图表在第一次出现的时候必须要有详细的说明，以后可以用简称，避免重复。

二十、被公关公司或者公关部门牵着鼻子走

这一点一定要注意，独立思考、独立报道是一个报社或记者获得尊严的基础。

（本文根据作者2005年10月13日讲课录音整理，经过本人删改）

让政策性报道兼具深度和阅读快感

在中国这样一个由政府主导经济发展的国度，一项政策的出台、官员的一次讲话，就可能对整个行业甚至国家经济产生现实或潜在的巨大影响。对记者而言，参与到类似事件中，似乎更接近于新闻人一贯的理想——跻身于重大历史事件，并从某种程度上影响社会，影响历史。

与其他报道类型相比，政策性报道的路数是比较独特、多元的。公司新闻比较容易找准采访渠道，只要摸清事实，可以做得形象生动，易于设计情节，情感上可以痛快、尖锐、富有节奏感；调查性报道的魅力在于采访千回百转，每一柳暗花明处都是快感，挖掘、分析、盘点，一篇大制作出炉，轰轰烈烈；突发性新闻抓住关键事实，点到即止便是好稿。政策性报道呢，受内容所限，忌讳剑拔弩张，追求不偏不倚，受政策所及范围的影响，采访渠道比较宽泛，需小心找准目标，又忌"以点代面"，十分考验记者对行业的熟悉程度。多数时候，它被归类于解释性报道，但有时候，它又兼具调查性报道和突发性报道的特质，要解释到位，就得深入挖掘，遇上时间紧迫，必须迅速成稿。

那么政策性报道的魅力在什么地方呢？我想，令人兴奋的可能是这三个字——"影响力"。引导读者理解政策，引导读者去发现他身边即将发生的变化，从中发掘价值、规避风险。阐释的过程中，记者也在暗中施展了自己的影响力。

在中国这样一个由政府主导经济发展的国度，一项政策的出台、官员的一次讲话，就可能对整个行业甚至国家经济产生现实或潜在的巨大影响。对记者而言，参与到类似事件中，似乎更接近于新闻人一贯的理想——跻身于重大历史事件，并从某种程度上影响社会，影响历史。因此，记者必须成为对政策最敏感的那类人，随时把握政策的最新动向，及时向读者传达最新信息，对我们的读者来说，这些信息就是财富，就是企业命运。

我所理解的政策性报道大致可以分为三类，一是对已出台政策的报道，二是对未出台政策的报道，三是政府部门组织或参与的会议报道。不同类型的政策性报道，所需的工夫略有差异，但基本的做法大同小异。概括来讲，我想有这么三个基本一致的地方：

一是“做功课”。这里所谓的“做功课”，即认真研读政策条款（或高级官员的重要讲话），不是浏览，而是逐字逐句地精读，分析和研究哪些是相对关键和重要的条款，哪些是跟过去不一样的新提法，有时细微之处其实有大文章。当然，要有比较，可能还需进一步阅读过去相关的法律法规。

我想用自己亲历的一次报道来做些补充。2003年12月，《中国银行业监督管理法》（简称《银监法》）颁布，这部法与早先出台的《人民银行法》、《商业银行法》共同构成中国银行业规范发展的法律框架，重要性毋庸多说。为了把这个框架的脉络较为清晰地展现给读者，我花了差不多一个月时间，将三部法律逐条逐条地细读，互相比较，其间还十分艰难曲折地暗访了银监会培训《银监法》的内部会议，从中了解到部委间权力分割的诸多细节，使报道增添了一些政策背后的精彩。

第二步，试着探求政策出台的背景和原因，寻找新闻点。有时政府部门在出台一项新政策新规定的时候，会有所谓的“答记者问”，给出相关的背景信息，这些信息可能是全面的，但半抱琵琶含糊其词，也很有可能只是一些冠冕堂皇的说辞，真正的缘由另有答案。有时连这样的解释也没有，或者政策尚未出炉，就更需要记者去追问。这时，最好的途径当然是向相关部门咨询、试探。如果政府部门三缄其口，那就要借助于业界人士了。这一步的关键是厘清脉络，去芜取真，为下一步采访提供思路。

第三步，在追溯政策背景的时候，我们往往会感觉到，那些曲折隐讳的解释里，其实大有文章，好戏在后头。这时候就可以倾注精力采访业界人士，最好能采访不同企业的多个资深人士。一项政策的出台，通常是因为业界有非常强烈的需求和呼声，由于政策法规的缺位，实务界可能已经出了不少乱子，或行业发展受到严重桎梏。其间常常有争斗、纠纷、抱怨、无奈的破产、扭曲的发迹……采访业界人士就是要从他们嘴里掏出几个有意思、有代表性的故事来，这些故事也恰恰是一篇优秀的政策性报道的血肉。此外，也可采访一两位在那个领域比较权威的学者、律师、中介机构人士，他们从不同角度补充的信息，往往能够向我们呈现比较真实、全面的事实。

政策性报道的写法多种多样，糟糕的写法只有一种，那就是不动脑子，就政策写政策，跳不出政策的框框，文章里充斥着政策的原文，看不见任何鲜活的东西，死板生硬让人不忍卒读。记者在采写过程中用了几分力，报道就会呈现出相应的面貌，这是一点也做不了假的。

下面，我就三类报道的各自特点谈一些自己的体会。

一、新出台政策怎么写?

记者对某个新闻题材的价值判断，是激发内心采访热情的源头，也是选择采写方式的出发点。一部新出台的政策法规，通常核心价值在于即将对某个行业可预见地产生规范、拨正、限制或激励作用，这种影响力有可能是巨大而深远的。因此，优秀的政策性报道首先是大气的，这个大气体现在记者运用自己的知识和经验积累，把单个的政策放在广阔的历史背景下去理解，这个历史背景包括与之相关的政策、行业的历史沿革，同时，由于不同行业、不同地域和国家之间越来越紧密的互动，还要把眼光放到在国家经济乃至全球经济的范围内去把握。在视野拓宽之后，记者有了更为开阔的胸襟和更加准确的判断，行文气势自然胜人一筹。不言而喻，每一篇报道都是有立场和倾向的，在准确判断的基础上，记者应当信心十足地得出自己的结论——强势的语言伴随顺畅的逻辑会更容易打动乃至说服你的读者。

一方面记者需要高屋建瓴、全面客观地审视报道主体的方方面面，另一方面，优秀的政策性报道还应生动、好读、易懂。政策条文通常抽象、凝练，读起来如同行走于戈壁滩，比较吃力、乏味，好记者则给读者营造一条充满乐趣的花草小径，在不乏愉悦的阅读过程中就理解了政策的含义，了解他所处行业的环境将会发生什么变化，揣摩企业的上下游伙伴、国际交易对手可能怎样反应。因此，记者要在彻底消化政策内容的基础上，用平实、自然、形象的语言加以解析，并加入适当的事例进一步阐发。具体的事例几乎是随时都可使出来的"法宝"，那些富有现场感、充满人物哀喜悲欢的句子，无论放在文章开头，还是穿插在文中，都是非常漂亮、引人入胜的。归结起来讲，一篇好的政策性报道应是一道既营养又美味的好菜，兼具深度和阅读快感。

我曾经有过这样一次尝试。2004年12月，美国国会通过了《本土投资法》，给予美国企业一项特别的税收优惠：只要一年内将2003年之前入账、仍置于海外的利润汇回美国，所得税税率可由原来的35%降至5.25%。大洋彼岸的一项法案迅速波及到中国，引得不少媒体疾呼，该法案将诱使美国企业于2005年汇回大约3000亿到4000亿美元的利润，必然减少在中国的投资，甚至引发中国经济的"寒流"。

这个案例的典型意义在于，政策本身的影响力跨度很大，而且需要记者在铺天盖地的意见潮流中，通过自己的采访明辨真伪，做出独立判断。

我的第一反应还是先了解《本土投资法》本身：先仔细阅读了法案，然后通过采访学者和查找资料探询法案出台的真实背景。原来美国国会的本意不是要美国企业都回到国内，而是为增加国内投资，缓解就业压力。那么关键的一点就是，企业究竟怎样反应？采访对象无疑是跨国企业。为此，我采访了企业方面的代表——通用电气GE亚太区税务总监、博士伦公司亚太区财务副总裁等人，采访了中介机构的专业人士——普华永道中国业务主席和负责税务服务的大中华区主管、合伙人等。他们的意见汇总起来就是，该法案的刺激是有限的，何况有多种避税办法，美国企业决不会因为税收问题放弃中国这样充满美好前景的重要市场。情况已经比较明朗，我又进一步分析，人们的恐慌可能缘于美国投资对中国经济的巨大影响，那么美国投资在中国外商直接投资总量中究竟占多大比重呢？通过对权威部门的查询，我发现这个数字仅仅是10%。基本事实廓清了，我的立场也坚定鲜明起来，并根据舆论热点、读者兴趣和本身逻辑安排文章结构，写成《美国本土投资法的有限诱惑力》这篇文章，受到一些读者的好评。

该文是一篇跨度较大、综合性较强的报道，结合了当时中国外商直接投资对贸易的贡献度、国际收支平衡、人民币汇率受压的情况，结合了美国扩张性财政政策、巨额贸易逆差和经常项目赤字、美元不断贬值等信息。充裕的背景和充分的采访给予了报道坚实的内核，开头一个在美国常见的领取失业救济金的场景增添了报道的亲近感。不过，这篇报道也让我明白了，追求事实真相是永无止境的，因为此后有读者提示我，还应结合当时中国积极酝酿内资企业和外资企业所得税税率“两税合一”的争论，因为“两税合一”可能提高外资企业的所得税税率，与美国的该法案相比，实际是作用力相同的另一股力量。

二、怎么写还没出台的政策？

身为《21世纪经济报道》的记者，非常重要的一项技能就是采写尚未出台的政策。但此类报道也是有一定难度，很考验记者的专业精神和把握风险的能力：没面世的政策，信息相对封闭，主体内容了解的渠道极少；政策制定、修改期间比较敏感，内情人士不愿意发表评论，采访不易；国家政策法规牵涉的面广，影响难以估量，如发布错误的政策信息，或提前披露较为机密的信息，通过媒体这个“扩音器”的扩散，就可能引发市场波动，甚至给企业、国家造成损失，记者自身自然也脱不了干系。

因此，在采写还没公开的政策时，必须慎之又慎。采访中力求一词一句的准确，并多方求证。凡涉及国家保密条款的不可轻举妄动，对尚未正式定稿的政策，不可妄加定论，需十分注意报道的语气，多使用“可能”、“也许”等缓冲风险的词语。在交代政策来源时，也可使用“有人建议”、“某人希望这样设计”之类的提法。

我曾经三次撰写有关《存款保险条例》的报道，由于存款保险制度将和银行监管、人民银行的再贷款救助三方共同构筑中国金融稳定安全体系，事关重大。我在采访过程中非常小心，决不轻易相信一个外围人士一知半解的揣测，先是找到制定政策的有关部门进行咨询，然后通过他们的指点阅读了人民银行存款保险课题组的报告，了解了人民银行掌握的情况和态度。其后，我通过他人的帮助采访了一位曾经参与条例设计的人士，他了解许多内情，但他参与设计的条款已经不是最新的了。经过孜孜不倦的追访，我终于找到人民银行专司存款保险的部门负责人，并与其多次交流，由于长期的追踪采访，该负责人不禁盛赞我已是专家了。

那次，我针对业界关注度高、争议大的几个问题，把报道的重心放在构建存款保险制度的几个关键点上，提纲挈领地进行讨论，尽量让文章有条不紊地把看似繁杂的内容涵盖进去，每一个小标题都是一个话题。同时，为了让普通读者也能看懂，我尽量把制度与百姓生活相联系的地方摆出来，简洁地给读者解释清楚。

三、怎样写会议？

不少有经验的记者喜欢“跑会”，而且专跑政府部门召开的或其他机构召开但有高级官员出席的会议，因为许多政策信息都会从会上、从官员的讨论和演讲中透露出来。实际上，现在有一种倾向，官员越来越把各种会议当成发表意见甚至是发布非正式官方文件的重要场所。譬如，2005年11月某一天，银监会副主席唐双宁在欧洲货币杂志召开的“中国金融”会议上发表演讲，提出中国银行业引入外资的四个原则和五个标准，其实正是银监会总结近年来银行业引入外国投资者的经验教训，对日后引资发表的指导意见，话题的重要性和关注度都非常高。

处理会议上透露出的政策信息，只能择其要点、亮点来写，摒弃空话、套话、过时话。当然，记者需对政策涉及的行业非常了解，知道最近这个领域热度最高的话题是什么，才能判断什么是有价值的，什么是冗余信息。

会议报道最忌讳写成演讲稿“选登”。记者首先要充分消化会议内容，再围绕几个新闻点，采访几位参会人士和业内人士，把不懂的地方弄清楚，把抽象的内容变具体，把肤浅的认识变深刻。最后，再按照易于理解的逻辑，用符合人们阅读习惯而非文件式的语言写出来。

中国道路,全球价值

国际部操作理念及其方法

2002年入《21世纪经济报道》做新闻之后，我对国际新闻还没有特别的概念。今天依稀记得，作为记者对国际时政的关注，起源于2003年美军对伊拉克展开“斩首”行动。有一幅电视画面至今印象深刻：美军的导弹划破夜空，曳出长长的弧光，然后轰隆隆闷响。画面外，央视的主持人有些激动地喊道：打起来了！

彼时的国人和媒体业者只是作壁上观，隐隐中有点隔岸观火的心绪。8年后，当我管理着报社的国际部门时，局面已经有了天翻地覆的变化。比如说近期的利比亚内战。大部分国人都是事后才知道，在遥远的非洲北部，居然有3万多中国人在那打工，有188多亿人民币资产陷入了战争风险。同样是战争，中国的利益存在与8年前已不可同日而语。读者和记者再也无法在一边看热闹，而是要关注同胞的安危，各条线记者还要盯住相关国内上市公司受到的影响。

其实更多的非洲国家，早已“潜伏”了无数中国工人，2007年杭萧钢构的安哥拉大单引发资本市场震动，足见中国利益已经深深插入非洲。其利益之深广，可能连外交部门自己都有点准备不足。我所知道的是，安哥拉，一个大多数中国人不知其具体位置的欠发达国家，如今工作生活着的中国人就有30万之巨！

这是今天我们所面对的世界。入世10年之后，中国早已不是今日世界的一个“他者”，而是实实在在融入了全球经济的大循环之中。更重要的是，中国外交政策虽依然走“韬光养晦”的老路子，但中国企业早已成为“远征军”，大力开辟外需市场。在2008年美国经济引擎熄火之后，中国在非洲和拉美的投资，颇有与美国分庭抗礼的趋势。这是三千年未有之大变局，也是为历史写底稿的记者们无法拒绝的新闻诱惑。所以，中国最顶尖的专业财经类报纸，必须外派记者去海外长驻。具体到这个部门的起源，则可以回溯到2007年夏天。当时我在广州值班，其间与沈颢聊天，谈起次年改版为日报，需要更多国际新闻。

从行业竞争角度来看，财经日报的内容竞争，以往更多靠调查报道。出自南方报业，《21世纪经济报道》自是执牛耳者。但财经新闻的监管尺度，日报操作时间的限制，以及后来者的不懈追赶，已经让21在这块的竞争优势不再明显。

如果深度上的比较优势无法体现，则可以在广度上动动脑筋——那就让记者走得再远些吧。于是，2008年春天，年轻的记者出门远行美利坚。当时，我是这样激励年轻人的，你是中国市场化媒体第一个外派长驻的记者，你能做到什么程度，就代表着市场化媒体的高度。

很快，经济过热的担忧在雷曼风波时来了个急转弯。国内决策机构未能及时把握住货币政策的方向盘，而我们年轻的记者在那个月写了20篇稿！

当然，一份财经媒体的国际新闻应该如何做，我们依然是摸着石头过河。毕竟在此之前，我们都没有国际报道的经验。美国也不可能天天有雷曼倒闭这种级别的大新闻。

不久之后，我趁在北京出差的机会，去《财经》杂志的办公室当面请教胡舒立。她曾在美国游学，也是做国际新闻（《工人日报》）出身。她给我提了外派记者的三个层次——

第一个层次属于显摆，主要是个形式，告诉读者我们在国外有记者了，但没有太多实质内容；

第二个层次是发回国际报道，但都是以编译为主，她认为中国外派出去的记者在国外都是边缘化的，类似于美国华文报纸在美国的地位，主流报道肯定做不过美国媒体；

第三个层次是派好记者出去，能够写出一些好的报道来，但篇数会很少。《纽约时报》、《华尔街日报》都是派最好的记者出国，可每年只写很少的精品。

但在实际操作中，《21世纪经济报道》的外派记者与上述三种层次都有区别。21从一开始就将国际部视作长期战略，胡舒立也羡慕沈颢能够大手笔投入资源，所以前两个层次肯定远远不够。而到第三个层次，在报社现有的经济条件下，还不太可能让记者一年只写几篇稿件。在这个时间点上，中国的财经媒体应该怎么做？事实上，胡舒立本人也在头疼同样的问题。

处在这个时间点上，国际新闻环境和以往完全不同。首先，网络的兴起让信息不再是稀缺产品，而是过剩产品，我们能够提供什么样的差异化产品；其次，我们的报道对象并不熟悉《21世纪经济报道》，如何才能撬开这些外国大佬的嘴巴；再者，国际时政报道仍然相对敏感，国家利益所系，相关报道的尺度很难突破新华社的口径。

当时我们就已经打算做减法，而主编刘洲伟定下的基调是“中国道路，全球价值”。基本划定国际部只需关注两类国际报道：一类是中国国际化的路径，以及与中国利益（国家、企业）直接相关的题材；另一类是事件本身反映了普世价值，对现实中国的制度、价值观有直接影响的重大国际事件，比如说最近的中东民主浪潮、日本大地震等等。

事实上，从形而下和形而上两个维度中，国际部由此找到了自己清晰的观察坐标。而这两个维度与中国或明或暗的关系，意味着读者和受访者都有兴趣与《21世纪经济报道》发生关系——作为一份提供中文内容的报纸，我们在这个阶段的受众决定了我们的坐标。

不过，问题依然没有全部解决。最大的问题是时差。时空割裂为管理沟通上带来的问题还好说，更大问题是时效无法保证。美国突发的事件，等到报纸上摊已经过去了36小时，网络早就铺天盖地。这就意味着，在新闻内容的呈现上，我们需要以趋势性报道、深度访谈、独家报道为主。2011年，《全球商业观察》双周刊的创办为国际深度报道提供了更大的空间。

在观察坐标和产品形态确定的情况下，具体的新闻选题就比较清晰。出于财经媒体的特质，我们的主要选题可划为四大类，分别是：大国外交、贸易与能源、宏观经济、资本市场。或可更简单概括为时政与金融。要完成这些领域的深度报道，记者必须有专业背景或相应的逻辑思辨能力。

三年一代记者。当初出门远行的记者逐渐成熟，也成为中国驻外记者中的标杆。2009年哥本哈根会议，中国成为主角之一，而那一次我们也创纪录地派出了5名记者去丹麦。中国的媒体势必会紧随中国利益的触角，无远弗届。

事实上，我们的步伐已经遍及五大洲。一拨又一拨的年轻人，不断用他们的汗水在浇灌这一新兴的报道领域。

我还记得他们的名字：罗小军、李艳霞、汪洋、吴晓鹏、熊敏、师琰、王康、王国秦、李关云、袁雪、万相辛、韩杨、周馨怡、花馨、昝春燕、李景、叶慧珏、江玮、陆振华、侯坤、于盟……

特稿：调查如何彻底

10年间，《21世纪经济报道》发展迅速，已由周报而周二刊、周三刊，直至2008年改版为一份日报。除了南方报业集团固有的锐气之外，这份报纸还有一种特质在10年间始终没有褪色，就是它的“深度”。

在如今的《21世纪经济报道》上，人们依然可以看到长达8000字的深度报道，整张报纸也继续“以深度为纲”。这对一份日报来说，有些不可思议。但“21”式深度报道已经形成固定套路和鲜明风格，这份报纸的发行量和影响力已足以说明，人们需要这样的深度报道。

一、定义深度

2000年，《南方周末》如日中天。曾经见证了《南方周末》鼎盛时期的沈颢和刘洲伟已经在琢磨创办一份新的周刊。

沈、刘二人当时分别司职《南方周末》要闻部和经济部主任。他们拿到了《广东价格报》的刊号，经过2000年年底的试操练，很快于2001年1月1日正式发行了《21世纪经济报道》。

这份报纸的成功来得很快，第一年即告盈利，是一个不小的奇迹。除了市场定位非常精准之外，其新闻产品的成熟也是居功至伟。事实上，《21世纪经济报道》从创刊至今，其新闻报道模式就备受追捧，模仿者甚众，以至成为一种财经深度报道的范本。

财经报道当时还是一个新鲜事物，学界有许多人研究过《21世纪经济报道》的报道模式，而在内部，《21世纪经济报道》也有总结。

一份《21世纪经济报道》早年的内部培训资料上是这样定义的：

“简单地说，新闻性是新闻的核心，最好的新闻不能缺少独家披露的、真实的事件。而事件要有博弈，精彩的博弈是商业新闻的特征，包括‘自己’博弈（如企业内部斗争、经营者与投资者斗争等）和‘对外’博弈。博弈背后的价值在于商业理性，即每一个领域的规律与趋势。”

在实际的操作过程中，《21世纪经济报道》的深度又体现在两个方面。

一方面是对事实的挖掘。所谓“深度成就深度”，对待商业事件，《21世纪经济报道》的记者秉承南方报系的调查特长，对事件的调查也是第一追求。

另一方面就是专业的深度，表现为“商业逻辑”。这样的逻辑对《21世纪经济报道》的记者来说，是区别于其他报纸的关键。

《21世纪经济报道》主编刘洲伟也是最重视这个“商业逻辑”。他曾经对采访他的记者说过：

“我们的编辑方针就是以深度报道为纲，报纸本身不是要解决发生了什么事情，不是解决‘What’这个“W”的问题，而是应该解决‘Why’，为什么的问题，发生事情的背后的逻辑什么，它的制度安排是什么样的，是不是包含了制度本身上的缺陷，以及它对我们读者的启发是什么。我们希望我们的记者在做每篇稿子的时候都要想清楚这一问题，而不仅仅报道了一个事情就OK了，如果只是简单地以故事逻辑讲一个故事，讲一个新闻，对于报纸来说是远远不够的。我们把这种新闻叫‘半吊子’新闻，或者说是‘碎片化的新闻’，我们坚决地杜绝这种东西。”

显然，对于一个记者来说，他必须能够在第一时间尽量深入报道事件，同时又能对整个事件做合适的解读，这对记者的要求是相当高的。

由于财经媒体对专业性的要求，《21世纪经济报道》内非新闻专业的记者几乎占了一半，而即便是非经济专业的记者，如出自新闻系、中文系、历史系的记者，也往往有经济学二专的背景。除此之外，《21世纪经济报道》的内部培训多半是财经专业的培训，知名的企业家、学者常常会到《21世纪经济报道》的办公室给记者讲座。

由于存在着对事实和逻辑的双重要求，《21世纪经济报道》的记者已经习惯了用经济学视角去研判社会公共事件，进而还原背后的利益博弈。

以利益博弈的角度来还原真实世界，是财经类记者的基本视角，这也恰恰是当今中国改革的现实映射。《21世纪经济报道》的创刊初衷之一，正是因为中国已经进入了“千年未有之变局”，即经济改革驱动整个社会变革。这能够解释为什么财经类媒体往往更能够抓住许多重大公共事件的话语权。

在实际的案例中，2006年震动海内外的“上海社保案”系列正是对《21世纪经济报道》调查能力和专业水平的一次检验。在长达一个多月的连续报道过程中，海内外媒体一直在第一时间大量转载《21世纪经济报道》的报道，事发地上海“洛阳纸贵”，举国震动。

二、“上海社保案”报道出炉始末

2006年7月末，随着上海社保局局长祝均一被双规，一场10年一遇的反腐大戏正式开场。

事实上，上海社保案的系列新闻调查，是在一场迷雾中徐徐展开的。不确定的因素至少有两个：第一，中央调查社保案的真正意图当时并不清晰；第二，新闻媒体可报道的空间也不明确。

《21世纪经济报道》的记者和编辑，就是在这样不确定的因素中，开始了一场漫长的新闻长跑。

7月下旬，上海社保局局长祝均一被双规的消息逐渐在上海滩流传开来。虽说祝均一只是一位厅局级官员，但我们判断，此案显然跟其他厅局级贪案不可同日而语。

首先，上海滩已多年没有局级官员因经济问题下课；其次，双规祝均一的是中纪委而非上海市纪委，显示此案颇不寻常；其三，祝执掌的社保局多年来并不为人所关注，不知会牵出什么经济问题。

即便记者能够调查出祝的经济问题，领导还需要考虑的是，如何规避“异地监督”的风险。毕竟我们是广东省的报纸，而调查一个上海市局级官员的腐败案显然需要冒一定风险，更何况此案在当时看来就已显得颇为复杂。

背后关系摸不清楚，如何敢贸然出手？

最终，7月22日，《21世纪经济报道》头版头条刊出了长篇调查报道，标题是《上海社保基金“违规投资”疑云》。

这篇报道在导语中即点出“祝均一被中纪委双规”的关键信息，但其后的数千字完全围绕上海社保基金运作来写，并没有写祝均一如何腐败。

这样的新闻操作方式取决于以下几个因素：第一，时间极其有限，记者尚未查清并核实祝均一的腐败情节；第二，详细报道个人腐败有“异地监督”的嫌疑，不如改变方向调查制度问题，对事不对人，能够规避“异地监督”的风险；第三，着重剖析制度漏洞也是本报的特长，事实上社保资金监管一直都有漏洞。

在该报道中，尽管指出社保基金有违规入市之嫌，但也道出地方社保支付缺口所导致的投资冲动。总体来说，是一个更偏向挖掘制度漏洞的深度报道，而非时政新闻。

同一期报纸还及时报道了上海富豪张荣坤协助调查的新闻。报道民营企业家的违规，相比之下就少了“异地监督”的风险，关于张荣坤个人的报道就相对详细一些。

这两篇报道在周六问世，在当时尚未引发大规模的震动，只被视作民企违规的一个案例。

但我此前对张所在的上海公路业有所了解，在采访中早已知道张的背景，所以对张

"出事"非常震惊。

尽管这是真正的新闻记者都渴望参与的新闻，然而考虑到新闻"纪律"，显然不可逞匹夫之勇。

第一篇报道规避了相当多风险，但考虑到案件可能背景很深，在形势并不明朗的情形下，我们还是选择了观望一下。这一观望，就引发了其后戏剧性的波折。

在当时的形势下，从新闻实际操作角度来说，唯一可以深挖的是张荣坤。张本人并非政府官员，不会有"异地监督"之嫌。只是按照我们的经验，这种案子可能很快就会出禁令。

尽管可能出现禁令，但记者还是继续在搜集资料，调查证据。事情相对比较顺利，毕竟作为一份专业的经济类报纸，做富豪调查是我们驾轻就熟的一类题材。然而，禁令在第二周就到了。

禁令本身，大致只针对社保问题，写张荣坤未必就违反纪律。但此案确实特殊，因而编辑部就继续观望。虽然外电已有相当多针对张荣坤的报道，但在我们看来，他们的报道还只是浮在表面。

就这样过了近两周，眼看对张荣坤的调查即将永远封存，孰料峰回路转——上海电气集团又出事了。

8月7日星期一，报社多位记者得知上海电气集团副总裁韩国璋已于上周被中纪委双规。根据我们了解的情况，此案与张荣坤不无关系。

上海电气是香港上市公司，透明度应该很高，更没有异地监督之嫌。但在获得官方确认之前，考虑到案件之特殊性，已经写好的报道还是压了一期。

就在一两天之间，官方公布了消息，而我们在此日将已准备多时的稿件发了出去。尽管在时间上落后于一些证券类的日报，但因为操作时间长，内容也是最详细的。

诸多媒体的聚焦让我们失去了做独家新闻的机会，但也显示张荣坤案已没有那么敏感，可以放手一做了。

在接下来的几期报纸中，我们每期都有关于上海社保案的大幅独家报道，上海社保案的报道进入了高潮。

《21世纪经济报道》早已习惯对利益链条进行切割，因此可以调查的方向有很多。在当时，我们所能想到的方向包括：张荣坤的身世之谜、张荣坤的发家轨迹、上海电气利益输送、社保资金违规入市情况、相关企业如何善后、社保资金管理制度反思等。

等8月中旬上海电气董事长王成明出事的时候，我们已经提前数日铺开了记者网络。

上海特稿部、政经组、金融组、财经组各个条线上的记者，甚至包括驻香港站记者，都利用原有的资源展开调查，显示出一个全国性大报强大的资源优势。

其中特稿组记者，立即赶赴张荣坤的苏州老家，详细勾画这一隐形富豪的最初面目，并在次日就发回了报道。

留在上海的特稿记者则盯住随时可能出现的新情况，因为此时的上海滩已是山雨欲来风满楼，记者们每天交流的信息都是“听说谁谁谁也被双规了”。

政经组记者去了上海电气集团，同时利用私人关系与张荣坤的律师和手下交流，并与办案人员接触。

金融和财经组利用强大的资源优势，将社保资金的运作手法调查得非常专业、详实。同时已经开始采访相关企业重组事宜。

香港站记者则在香港第一时间专访到风暴中心的上海电气新掌门人。

北京站的记者不失时机地采访了专家和部委官员，对社保资金的管理提出反思。

就这样，一组组调查扎实、反思有力的报道，以每期数篇的规模出了数期。海内外媒体纷纷跟进，分别在报纸或网站的显要版面转载。

至8月25日下午，有消息传来，宝山区长秦裕被双规。此时，我们已经掌握了相当多材料，知道此人的分量——陈良宇10年的秘书、案发前刚调至宝山。

由于官方的新华社晚上11点就已披露此消息，因此我们可以及时地在次日做深度报道。第二天，仅仅半天时间，一篇调查报道就告出炉。

关心上海社保案的读者大多知道秦裕的身份，上海社保案的指向已经相当清晰，我们的报道至此达到了一个高潮。

一名办案人员评价我们的系列报道，“及时、准确、深入”，而这也正是我们报道之初所设立的目标。

几天后，上海市委办公厅主任孙路一落马。借着写他的名义，把许多与陈良宇案有关的信息隐晦地写入了报道。

至此，一场规模和级别都空前的连续性调查报道基本收场。其中震撼程度可谓十年一遇，难得的是，《21世纪经济报道》的记者几乎一路领先，一路独家。

十面埋伏过，孤独感不赤裸

江月何年初照人——如此看来，时光竟已悄然走过五年。

2006年5月，中国政府公布“汉芯系列”属造假行为，并宣布解除陈进的各项职务，这也是中国国家政府第一次公开承认造假行为。

汉芯造假系列调查报道是我进入南方报业后第二年的一次系列调查报道；在这之后几年中，我采访过很多人，又做过一些调查报道；甚至又跑到了远在美国的硅谷一呆两年，但无论岁月如何变迁，无论我的laptop经过多少次遗失/破损/崩溃，当年的一份调查笔记我一直保存着。

我想，这段写于2006年的长达5000多字的记录，也是21世纪经济报道这个大集体教给我的第一份精神礼物。这是一个“天真有可能战胜世故”的故事，我想它背后应该还包含有更多的东西：勇敢、信念、坚韧，相信自己以及互联网所带来的最大程度的可能性。

因为这个调查报道，我获得过很多荣誉，但我内心真的从未觉得我有做过什么，如果有，也是一个记者最为朴素的本分，正如我所从事的这份媒体绝大部分的记者那样；还有一句话我也想写在这里：

正如我曾在“2006年青年新闻奖最佳调查报道大奖”北京领奖台上说过的——如果历史会记住这段故事，那么有一个人同样不应该被忘记，那就是：其时同样在承担着诸多风险的举报人。

以下写于2006年：

在整个“‘汉芯’一案”的调查过程中，感触最深的是：我们也犹如亲历故事会，新的矛盾和线索不断出现。

因此，这一系列报道已不是一个事件性的新闻报道，在局势随时可能变化的情况下，新闻报道本身可能带来力量博弈的变化，从而影响形势的发展变化。

而“十面埋伏过，孤独感不赤裸”，互联网的应用起到了很大作用——它提供了“汉芯”内部神秘人以匿名的方式（对他们相对安全）与我们接触和交流提供线索的途径；同时，互联网将中国与世界联系起来，使陈进在美国的履历和行踪袒露无遗。

但始终困惑我们的是——据陈进身边的多位人士称，他在回国前确实想成就一番大事，但为何在如此短促的时间内选择了另一条“成功”捷径，中国的科研环境是如何为他提供了足够的空间，以及为何谎言迟迟不能揭穿，始终是一个值得思考的问题。

“年末第一案”

1月20日，当新浪曝出“‘汉芯一号’的造假传闻”时，中国距离“哗然”尚远。当日中午，陈进在手机那边的口气坚决，我亦相当轻松地与他相约——将采访他“辟谣”的时间定在1月21日下午。

但此后两天，陈进一再表示希望我们的报道能再延后，同时我的多个电话被其用各种理由拒绝。虽然同为情绪忐忑，但与陈进的“再三拒绝”不同，网络举报人是希望公开信息的那一方。然在其有生命安全隐患的时刻，造成我们之间最大的距离仍是——“个人对媒体的信任度”。

从1月22日的下午开始，举报人始终未接我的手机，如此反复之后，直到当日晚上11时，手机出现了他们的回复，但语气狐疑——“如果我告诉你，你敢写么？”

我得到了回应，十分惊喜，因为在即将进入事件的门口，当一方“缺席”，那么与之博弈的另一方是无论如何必须抓住的线索，因为只有这样，才有可能随着对事情的深入了解揭开全局。也就在这个时候，《21世纪经济报道》IT的版面负责人丁秀洪给我打来电话。在听我说完情况后，他向我要了举报人的手机，时间再一次停顿。

半个小时后，丁秀洪给我电话——“今天晚上采访”。为最大程度地争取举报人的信任，我决定用原来的手机采访，但这使录音显得十分困难。

在这样的时间和语境下，提问的清晰性是相当重要的。如果“陈进”在第一期稿子中缺席，什么是该事件最为关键和具有决定意义的逻辑联结点？比如——“举报人与陈进的关系，事情的简单始末，以及鉴定芯片真假的方式”。

“我们的通话是被监听的。”在一开始，举报人告诉我：“我们谈话尽量简洁。”直到1月23日凌晨1时30分，我结束了这个采访。在通话的最后时刻，我提出了双方见面的要求。举报人沉默片刻，回答说：“我先看到报纸再说吧。”

动笔的同时，我心里十分沉重——如果事情属于诽谤，那么一个举报人能把“造假”情况描述得如此详细和具体是相当让人匪夷所思的。

1月23日，陈进的手机转为无人接听。23日中午时分，已初步做完稿子的我来到交大微电子学院，希望能遇到陈进，但与《第一财经日报》的记者王如晨一起被陈进的助手栾先生礼貌地挡在其外，并言年初开学后，交大会为此做一次公开反驳的新闻发布会。

下午3时，我听到《第一财经日报》和《东方早报》封杀“汉芯报道”的消息，想起1月22日听到《每日经济新闻》的封杀消息。至此，陈进态度转变的原因已值得怀疑，我也开始真正意识到这个事情的重要性。

“深喉”现身与“未名空间”

1月23日，因为接到国务院监管网络单位的通知——包括新浪、搜狐、TOM等国内网站同时删除了“汉芯”举报内容，并禁止转载任何其他媒体关于汉芯涉嫌造假一事的调查和报道。

与此同时，《21世纪经济报道》的第一篇“汉芯报道”也已出炉，但鲜见网络转载，我在自己博客上贴出了这篇报道，朋友keso看到后，也在donews上进行了转载。当时，我只希望让信息有顺畅公布的渠道，并未想到后来的更多事情。

而在这样的情况下，举报人终于同意见面。我们始终坚持见面的一个原因是，即使有举报内容，但从法律来看，网络上的相关信息并不能作为“证据”，而媒体同样有风险；另一个原因是，我们希望拿到书面的东西，在保证证据的同时，尽可能弱化风险。

1月24日凌晨，我来到电话中约好的地点，对方在白色车中向我示意，为保证安全和隐秘，我们每谈话20分钟，车就往前行驶一段路。

这或许是举报人最危险的一段时间，因为——局势尚未明朗，而信息发布的渠道正在被堵塞，因此谈判中最为关键的，是必须让他明白，与尚未被封杀的主流媒体保持密切接触，是保证其生命安全的一个重要方式，而时值2006年春节即将来临，这是任何新闻最容易被冲淡和被公众遗忘的时间。

在举报人接电话的时候，我在口袋里偷偷打开录音笔，但是被他机警地阻止了。令人失望的是，除了可以摄影和记录一份资料的文字内容外，他同样对是否能提供这份书面“证据”犹豫不决。

我不知道这是否是我与他亲见的唯一一次机会，为了增加说服力，我偷偷给丁秀洪和《21世纪经济报道》上海站的编委王云帆发了短信，他们在第一时间与举报人通了电话，举报人最终把这份材料递到了我手里。

1月25日，第二篇“汉芯报道”出炉，这是旧历年《21世纪经济报道》的最后一期报纸。随后，春节来临。

至此，事情的关键落在这份“证据”中提到的ENSOC公司身份上，因为举报人说这是陈进个人在美国注册的皮包公司，但How to testify it?

因为我同时是跑互联网条线的，所以第一个想到的是去Google maps查询这个地址，很快发现那个地方是一片居民住宅，这与举报人提供的信息相符，但我担心Google maps会存在系统更新问题，如何证实这一信息？我陷入了困顿，因为互联网上没有这个“高科技”公司的任何信息（本身十分可疑），而即使如雅虎的“yellow page”也无法查出ENSOC的电话号码。

我在美国的表姐向我提议可以去“未名空间”寻求帮助，我想起了以前朋友曾和我说过——这个海外留学生集中地潜藏了许多“怪人”。据说曾有人因为抱怨了老婆一句，就有另外的人把他的姓名、地址、工作单位及他爱人的名字、工作单位，甚至是他前女友的照片全部罗列。

我深信，任何一个人在有限的时间内要进行详实的深入调查，能量也是有限的，这也再一次证明第二代互联网的精华在于“分享”——如果你的心理能接受这个前提，就可能获得很多意想不到的帮助。

于是，我在发布求助信息的同时留下了我的即时通讯工具MSN、Skype和Google Talk，我原来设想希望美国的留学生能帮我拍一张这个地址是私人住宅的照片，但情形超越了我的期望。

在中国的新年伊始，大量留学生向我提供了类似中国“114”的美国“411”号码网，甚至帮我找出了陈进导师Jacob　Abraham的联系方式。

与此同时，关于陈进是否具备在DSP设计领域的能力问题，除了在官方网站寻找陈进的个人信息外，我开始用Google的blog搜索收集关于他个人求学经历和业内人士对他能力的讨论以及观点，包括陈进在美国的博士论文地址，而这一篇毕业论文正说明了陈进的求学方向在测试（test），而非DSP设计。

2月16日晚6时，我与举报人进行了第二次见面，和我一起去的还有王云帆。举报人告诉我们，国务院调查组已经飞临上海，他们正在协助调查，并称调查组内部已基本确认“汉芯一号”造假属实。

当日晚8时，我来到调查组成员下榻的“富豪环球东亚酒店”，酒店前台证实确有一批由上海市政府统一安排、从北京过来的专家。

2月18日，《21世纪经济报道》的第三篇“汉芯报道”《陈进与jin　chen的对敲游戏》出炉，文章罗列和质疑了陈进的能量以及与ENSOC公司相关的信息，如该公司地址是陈进在美国读书时其师弟Robin　Liu的私人住宅等。

2月19日，当我起床，我从博客的后台意外发现当日浏览量已超过5000。原来“未名空间”的人贴出了我博客的URL，并从我的博客内搜集和转载了我从开始涉入这个题目的调查和报道的所有博客心得。

这是互联网“天下大同”梦想的一个后遗症——如果你能接受分享，那么你也必须接受灾难，和我的报道一起暴露的是我的私人信息。但既已如此，我在博客上也增加了我的私人联系方式，希望能进一步取得更多线索。

很快，这个博客地址被贴到了天涯，然后被各个博客者像大饼一样互相贴。随后，我的博客和即时通讯工具出现了各种千奇百怪的人。他们中有的是为了来骂我，有的是纯粹好奇，有的是行业中人，他们给我提供了IC领域的专业技术支持，还有的是关心母校的交大学生。

而随着时间的推移和报道的深入，一些真正与“汉芯”有涉的核心人士也成为了我MSN的神秘人士。

陈进的策略

也许与作家一样，记者在调查和写作时也可能成为一个疯子，我开始天天梦见陈进和举报人，更多时候是失眠，真切体会到“饭不沾匙、睡如翻饼”的滋味。

虽然交大始终拒绝采访，但我们一直保持与交大内部的信息联系，以进一步获得陈进的消息。当时，学校内部纷纷传言，陈进已被“免职”（交大的内部处理），已被没收护照，但行动还自由。而最让人痛苦的是——国务院的调查结果还未公布。

2月24日早上10时，我接到了一个重要电话，对方告诉我陈进23日已秘密飞往深圳。我立刻给丁秀洪打电话，丁秀洪和王云帆的第一反应是——可以立刻先发一个短消息。

于是，我们按照陈进喜欢住的酒店习惯，搜索了所有深圳酒店，但无果。还有什么方式可以证实他已经飞往深圳呢？只有航班记录。

当日的事情也很曲折，我开始查2月23日到24日飞往深圳的所有航班，一共有南航、东航、国航，还有上航。向每个工作人员说明为何要打这个电话的时间成本是巨大也是有风险的，尤其是这么复杂的一个事件，于是我说，我有一个好朋友飞到深圳后就失踪了，我很着急。

当日下午，我终于在上航找到了一个信息，一个叫“陈进”的人在23日下午4时10分飞去了深圳，但是订票并不通过上航，而是通过一个售票中心走的。这时候的问题是，必须证明这个人就是交大的陈进，但售票中心的接线员拒绝提供客人的私人信息。

这个世界充满了戏剧性，当我决定再打电话直接告诉对方我是记者并在追踪“汉芯一事”时，售票中心的另一个接线员对我说，他看过我们的报道，也十分希望帮忙，但他表示，他这里也没有身份证号码，因为这个客人确实没有提供身份证，而我可以做的就是再给他们系统下面的一个售票分支打电话，因为那个地方是直接出票的地方。

我立刻拨打电话，并和接电话的人周旋了十分钟，最后，对方突然冒出了一句——上海交大是我们的老客户，此次售票没有记录身份证十分正常。我在电话里惊叫："上海交大?"我附近的同事听到，都同样惊奇而兴奋地望向我。于是，这个重要的送票地址浮现出来。

同时，交大微电子学院的陈进助手表示，陈进仍在上班，但今天没来，也没有任何公派任务。此前，我已从陈进身边的人士获悉，所有客户之间的事情，陈进并不出面，他有专门的团队负责这些事情，陈进平时通常只见领导，陈进公干的可能性很小。

另外，我们从秘密的官方内部信息获得，陈进已被限制出境，但常识告诉我们，假设其通过深圳走香港，仍不排除用假护照。

这个时候，是24日下午3点20分，我给丁秀洪打电话，表示已确认陈进飞往深圳，但这个文章有风险，因为也有可能陈进是为私人原因飞深圳。

丁秀洪说："也许我们应该'兵行险招'，以前是写他的过去，现在跟踪他的最新行踪，希望能激将其出来说话，期待他会有什么样的反弹。"

而就在2月25日凌晨，戏剧性的一幕再次发生，与ENSOC一事有关的"Robin Liu"突然加了我的Google Talk。

这个nick name为"Robin Liu"的人的情绪变化是有趣的，他先是愤怒，情绪激动地指责我，但是当我问关于ENSOC公司的详细信息时，他态度冷淡回答简洁。

"Robin Liu"是一个基督教徒，在我们20分钟的聊天信息中，我能基本确认这是一个"true"的"Robin Liu"。此后，2月28日凌晨，我们又进行了一次聊天。

与此同一时间，《21世纪经济报道》的第四篇"汉芯报道"——《陈进被限制出境?》出炉。我也未曾想到的是，丁秀洪的想法取得了印证，文章刊发后，陈进通过中间人与《21世纪经济报道》北京站取得联系，表示希望能安排采访，但具体时间，言等其电话。

这无疑是一个激动人心的消息：从新闻完整性角度，自不必说；而在面对面的对话中，陈进将如何针对细节一一作答?

但另一方面，我们也想到一个问题，即陈进在事隔这么久突然表示愿意说话，他会说些什么？而且，形势是否在发生变化？此后，陈进的手机在沉默良久后也意外接通，这些都增加了我们的困惑。

2月25日晚上，我MSN上的神秘人士告诉我，26日早上陈进和上海市某领导将出现在上海硅知识产权交易中心的搬迁仪式上，陈进是上海硅知识产权交易中心CEO。

一个让人高兴的消息是，左志坚和姚峰加入了这个调查行列。2月26日早上10时，上海滂沱大雨，我和左志坚睡眼朦胧地来到了闵行的硅知识产权交易中心，并看到一位上海市领导和陈进等人一同走出。

临行前，某领导拍着陈进的肩膀高调表示，“要注意身体”。余华“在细雨中呼喊”，我和左志坚在细雨中困惑。此后，我打陈进手机，左志坚通过他办公室外的毛玻璃，可以看到陈进面无表情看我们的电话，但并未接。再此后，我们被安排在一间办公室，无果等候两个多小时。

2月27日下午4时，我在办公室里接到了一个恐吓电话。对方说——“你盯住他，我就盯住你”，对方的情绪十分激动。

3月2日，《21世纪经济报道》第五篇“汉芯报道”——《陈进的私人档案》刊发，事情又发生了改变，一边陈进再无与我们联系的消息，他的手机复又恢复沉默。

至此，我们仍不明白究竟是陈进一贯的性格又试探了我们一次，还是形势再次发生变化。那几天的压力是巨大的，而两会即将召开，广州的编辑部也有大量争论，但编辑部一再对我们强调——只要尊重事实，一定支持。

作为“商人”的陈进与磨芯片的“民工”

此后，我们请律师朋友从工商局调出关于陈进六个公司的内档和外档资料已陆续到了。很快，《21世纪经济报道》的第六篇“汉芯报道”——《陈进背后的六个公司》出炉，陈进实际上是这六个公司的实际控股人。

同时，因为这个事情的影响力，一个报社同事的朋友，也是“国际反洗钱”的行业人士与我们取得了联系，帮助我们一起看这些工商资料里的细节。

但上面的形势让我们十分困惑，而考虑到要找到其中一个铁证，可能唯一的方式就是找磨芯片的当事人“民工”，如此看来，此前网易用“戏拟”形式做的大幅报道——《寻找民工》是颇有前瞻性的。但考虑到付出成本和收益很可能非常不匹配，我们内部对这个调查方向也有很多争议。

我原本坚定的信心同样被举报人的一个观点否决，他表示，他们和调查组曾经寻找过两年前磨芯片的民工，因为民工流动性很大，一直未果。

3月5日凌晨，我和左志坚在办公室。突然，左志坚MSN上的一位神秘人士告诉左志坚：“确实有必要寻找民工，而‘民工头’原来与陈进关系不错，且‘民工头’和陈进正在打官司。”

于是，登录上海法院的网站——2006年3月，上海市闵行区人民法院确有一起与“汉芯系”有关的诉讼，被告为上海汉芯通讯科技有限公司，原告为上海瀚基建筑装饰工程有限公司(下称“上海瀚基”)。

当我们打通这个公司的电话后，员工回答，老总不在，我们留下的联系方式，也一直未能收到其回复。

3月6日，《21世纪经济报道》第七篇“汉芯”报道——《汉芯造假案即将水落石出 神秘工程公司现身》出炉，而事情再一次发生了戏剧性的情节。

3月6日，举报人给我打了一个电话，言这个公司的老总即为他本人，但因为他已经以“人证”身份向国务院调查组担保，所以，我们尊重他的意思没再继续做相关稿子。

在整个事件的调查过程中，有一个深刻的体会是，不仅发达的互联网会透露一切秘密；当时势一到，人气也会如“多米诺”，兵败如山倒，四面皆楚歌。

3月7日深夜，我、左志坚和姚峰本来计划在办公室熬通宵，因为还打算详细梳理陈进财富游戏并做一个相关稿子。就在此时，一名曾是“汉芯”团队的核心人士表示可以到我们报社来。我们非常激动，报社尚留的几个其它同事也和我们一样充满激动。

5分钟后，左志坚和姚峰从楼下接回一个人，可是因为激动没问清楚，接回来了一位与我们要找的人“同姓但不同名”的先生，而真正的S先生还在楼下，我们全部笑开了。

很快，因为核心人士的出现，3月9日，《21世纪经济报道》的第八篇“汉芯报道”出台——《汉芯成员爆料：陈进与台湾芯片公司的秘密交易》。

3月12日，《21世纪经济报道》的第九篇“汉芯报道”——《陈进的财富游戏》出炉。

有一个问题始终困扰我们——即据陈进身边的多位人士称，他在回国前确实想成就一番大事，但为何陈进在如此短促的时间内选择了另一条“成功”捷径，中国的科研环境如何为他提供了足够的空间，以及为何谎言迟迟不能揭穿，始终是一个值得思考的问题。

罗小军 《21世纪经济报道》国际版主任

引领与超越　中国与世界2.0

《21世纪经济报道》的新闻全球化志业与实践

传统（财经）媒体当前共同的忙碌是什么？恐怕是忙着搞全媒体：上日报、上周刊、上杂志、上电台、上电视、上网站、上微博等社会化媒体、上移动终端……

这是中国财经媒体忙碌的一个侧面。中国财经媒体竞争发展趋势，小结一下有三个方向：载体和形态的转变，向新媒体、全媒体发展；内容紧跟中国与世界经济及其互动趋势而改变，商业新闻的引进来和走出去；开发新闻衍生产品，比如会务、数据、智库、社交（媒体）平台及其衍生电子商务等。

如果，全媒体是当前媒体竞争的一个横向趋势，即十八般武艺一样也不能少，上演全武行，这是媒体形态的发展趋势；那么，无论是新媒体还是传统媒体、全媒体或自媒体，媒体竞争，还是内容为王。因此，另一个更大的纵向时代趋势更加不容忽视，它决定了财经媒体内容的时代重点，这是媒体的核心竞争力的核心体现。

作为中国人，作为中国媒体人，作为中国财经媒体人，或者作为中国财经媒体的国际新闻业务同事，你所能被砸中的最大的发展机遇是什么？换句话说，通向远景的最好方向在哪里？

俗话说，时势造英雄。我们面临的时势是什么？作为21世纪经济报道的一员，这是我们时刻在有意无意追问自己的一个恒久思考。

我们可以从《21世纪经济报道》的新闻全球化志业、视野、战略及产品结构中洞察一二。《21世纪经济报道》创立及其走过的十年，不仅见证了中国的成长，也见证了世界的变化，十年来，《21世纪经济报道》与中国和世界一道成长。

一、中国与世界进入2.0时代

我们所处的世界，我们所处的时代，在我们观察看来，正在发生着两大变化：

一是过去30多年或者过去10年来，最大的时势是：中国经济参与和融入到世界经济，中国经济开始起飞。现在中国融入到世界经济的过程还在继续，这一过程的主要特征是中国分享世界的机会。反映在媒体业的机会，即随着中国经济起飞，专业财经媒体在商业实践上成为可能，并进而在海外派出采编力量，把世界的商业资讯引入到国内用户（读者）和客户眼前，接着是经营业务的走出去。

二是近年来，中国融入世界经济有了质变，中国经济从参与世界、分享世界机会，转换为：中国经济的崛起给世界经济带来了新机遇，世界开始分享中国的机会，并成为当前时势一大特征，且越来越凸显。简而言之，分享商业中国是当前世界经济的最大机会，也是最新的机会。反映在媒体业的机会，即将中国的商业资讯和信息向外传播，从用户分享中国商业机会中分享媒体（人）的成长机会。

这两个变化本来是互动进行的，但由于被简单化为单向运动，在不同时间段其互动性是不对称的。我们将第二个变化发生和进行的阶段称之为中国与世界互动的2.0时代。实际上从第一个变化开始，从中国开始寻求参与世界经济之时，世界已经开始在分享中国，但这一阶段主要是相对少数的敢冒高风险的资本家所为，在互动中，中国因不对称性所面临的脆弱性更多，即对外界的依赖性相对较多；及至近年，中国经济总量相对崛起，分享中国才真正具有世界的意义，成为普通人的机会，在互动中，中国的不对称性减少而脆弱性也相对减少，并表现出一定的吸附力，世界上不少人来中国寻找其梦想。这体现在两个方面：其一，世界上越来越多的人能够通过直接参与中国本土经济事务而获得发展机会；其二，中国经济参与世界经济的能力提高，对世界经济贡献增加，从而让世界上越来越多的人能够直接在其本土分享中国经济成长（推动其母国经济发展而带来的）机会。这一阶段，第一个特征大大加强，第二个特征尤其新鲜给力。第二个变化阶段，中国能够给世界的发展带来更多机会，中国也因此更加自信。

第一个变化是过去30多年，尤其是过去10多年来中国人和中国财经媒体人所经历的最大的机遇，不管你抓住或否，《21世纪经济报道》的创立抓住了这个机会，21世纪传媒股份有限公司的前身——广东二十一世纪环球经济报社（《21世纪经济报道》是其旗下品牌产品）这一名称本身就标明了其志业。

二、2.0时代大势三特征

尽管中国经济崛起的过程正在进行，但世界经济进入分享商业中国的阶段，把握当前最新的时势机遇，必须明辨第二阶段大趋势的主要特征。

基于中国庞大的13亿人口基数和人均收入的提高，即将迈入人均约4000-13000美元的中等收入阶段的中国对世界的含义是不言而喻的，世界对中国市场的任何趋势的有效把握都可能意味着巨大商机。

中国经济崛起这一过程对于世界的机遇，世界当然会关注；这一机遇，目前至少可以从三个逐渐提升的层次寻找，而市场化财经媒体的内容生产的机会也蕴藏其中，《21世纪经济报道》的内容生产正沿着这条道路前行。

（一）中国正从生产大国转向消费大国，从制造大国转向市场大国。

十二五规划纲要提出了建设市场大国的设想，多年来中国也一直在推进扩大内需战略；同时随着中国经济崛起，中国购买和中国需求在世界经济中的地位凸显：诸如中国成为全球第一汽车消费大国、全球最给力奢侈品消费国，中国经济外交中吸引眼球的大单采购。关注中国消费潮流与市场趋势信息，市场大有需求。反映在新闻资讯和媒体产业中，奢侈品类，消费生活类资讯（媒体）大展宏图，大有空间，方兴未艾。

（二）中国正从产业大国转向资本大国，从实业大国转向金融大国。

中国大概是当前世界第二大制造大国，也是当前第二大贸易实体，但相对而言还是一个金融弱国。世界经济中，中国金融资本的相对崛起是在2008年后的新鲜事情。中国金融市场以银行业为主，2000年中国工商银行跻入世界银行资产1000强的第十名，2001年中国内地有14家银行进入前1000强，2010年则达到84家；证券市场而言，2010年中国是全球最大的IPO市场，并在这几年来连创全球最大单只IPO。更深一层而言，至少从1992年中国一直是净资本输出国，到2005年，中国国外投资（ODI）的收益已经超过外国投资（FDI）在中国所赚取的收益，2011年中国的ODI将超过FDI，成为净直接投资输出国，在世界经济中，中国日益成为一个资本国度。中国不仅本土金融业市场具有广阔的空间等待开发，而且对外金融直接投资刚刚起步，伦敦金融城更是年年来华力邀中国金融资本，好些新兴市场国家发行人民币债券。反映在新闻内容生产趋势上，理财类、投资类资讯日益崛起，对这类资讯的把握，即揭示了市场趋势的同时也引领着市场前行。

（三）中国的世界化已经迈开数步，世界的中国化刚刚开始。

19世纪中叶以来中国开始大规模学习西方，30多年前的改革开放重新启动了中国的世界化进程，中国从制度到技术开始学习世界领先经济体，比如学了部分市场经济制度。2007年起，超过美国，中国成为全球经济增长第一引擎，更多的增长机会将来自中国，2010年超过日本成为全球第二大经济实体。3–5年内，中国将成为全球最大的奢侈品消费市场；中国十二五规划纲要筹谋建设世界大市场；同时，中国致力于扩大进口计划，中国商务部部长陈德铭表示，未来5年中国进口将翻番，10年后中国的进口将超过现在的全球贸易总和。如今物质文明时代，市场终归是买方市场。全球市场的话语权将因此转移。

世界的中国化刚刚起步，世界将越来越关注中国，了解中国的需求大增，而中国也将引领消费潮流和市场趋势。媒体而言，FT中文网，华尔街日报中文网，路透中文网，先后崛起，世界领先财经媒体中国化，一则抢夺中国本土媒体市场，二则抢夺中国财经资讯贩卖回母国，中国本土财经媒体市场进一步被细分、切分。但同时，世界的中国化另一个需求是中国本土财经市场媒体的世界化，世界的中国化将借力于中国市场类财经媒体的世界化，输出中国财经信息，帮助世界了解中国，这是中国市场化财经媒体的一个大机会，现在是你走出去的时候，先行一步，可能成为先烈，也可能占据先行优势。

三、21世纪的新闻全球化的历史与现在

事实上，我们可以观察到《21世纪经济报道》对前沿资讯的提供，一直在捕捉上述中国与世界互动2.0时代的商业信息和趋势，并与世界分享。

《21世纪经济报道》的十年进程，记录着中国与世界互动的进程，并与中国和世界一道成长。

2001年《21世纪经济报道》创刊词《我们的梦想就是国家的梦想》如此描述其追求：怀抱梦想，我们将与加入WTO后的中国一起成长；民富国强，我们的梦想就是你的梦想，我们的梦想就是国家的梦想。

《21世纪经济报道》的全球化志业在一拨拨新闻人的努力下坚实迈进，梦想一步步走进现实。归纳起来，《21世纪经济报道》的新闻全球化，从版面呈现上，遵从两条路线两条腿走路。一条道路是整张报纸各个版块的视野全球化，一条道路是专辟国际新闻版面。

创立于2001年的《21世纪经济报道》，即以新闻全球化为志业，创始之初的法人实体广东二十一世纪环球经济报社的名称，直书此意，这正是现今21世纪传媒总裁沈颢及其三位共同创始人刘洲伟、陈东阳、李戎的志业。《21世纪经济报道》甫一开始，即对跨国公司和国际时政新闻给予相当关注，其全球视野渗透在各个产品、各个版块的具体新闻业务中。

2004年独立的的4个版面《国际观察》问世，是《21世纪经济报道》首次以独立版面专门关注国际新闻，其时不仅中国经济之于世界经济的火候未到，人力资源也尚未准备好，海外记者走特约的低成本路线，这局限了内容的生产。尔后，国际新闻版面调整、转战到政经版块第8版《中国与世界》，但同样处于专职记者最多时期两个、平常只有一个的状态。2005年《21世纪经济报道》开始培育国际化采编专才——与广东外语外贸大学等合作办新闻班。

2007年初，主编刘洲伟代表《21世纪经济报道》对外界公开提出“中国道路，全球价值”的全球化理念。从此，《21世纪经济报道》的新闻全球化战略与视野有了更为中国化也是更加世界化的表述。更加中国化，因为“中国道路”，更加世界化，则因为“全球价值”，在这里开始更为清晰地把中国与世界的互动描绘出来，《21世纪经济报

道》的内容生产更精确地锁定于中国的发展、世界的变化以及中国与世界的互动。2007年下半年，报社培养的一批多语种十多名财经新闻班学生毕业，走上一线记者岗位，分配到各个专业版块，《21世纪经济报道》的全球视野在人力资源层面从此有了初步保障，从而给整张报纸启动了全球化的复眼，《21世纪经济报道》的新闻全球化战略再迈出坚实一步。

2008年初，《21世纪经济报道》高层决定从战略上推进新闻全球化进程，并以第一版块为抓手，把政经版块的《中国与世界》版面转移到第一版块第3版，更名“世界观”，实为观世界，并在头版配备国际新闻编辑和保持每天大致一条国际新闻的策略，以突出《21世纪经济报道》的全球化道路。2008年年初，一份全新的国际新闻规划出台，下半年，专事国际新闻的国际新闻部成立，在新闻班专才之外逐渐发展到目前十名左右专职国际新闻记者，其中过半数派驻海外，一改海外特约的尴尬路线，成为《21世纪经济报道》新闻全球化的又一次突破。2008年下半年，国际新闻专辟两个半版面，报道国际时政和全球市场，这一年美国次贷危机爆发，《21世纪经济报道》已经站在全球新闻现场。随着形势发展，中国资本日益成为全球市场的新生力量，放眼看世界的需求增多，2011年1月《21世纪经济报道》推出《全球商业观察》双周刊4个版面，并归属在国际新闻部下面具体操作。2011年1月，《21世纪经济报道》以双周杂志的形式在美国发行，口号是“分享商业中国”，重点而有选择性地面对境外市场输出《21世纪经济报道》的商业信息。

至此，《21世纪经济报道》的国际新闻业务逐具格局。

四、国际新闻业务结构、品质与方法论

作为21世纪传媒旗下第一个也是最具影响力的品牌产品，目前《21世纪经济报道》已经建立了相对成熟的全球化视野。

从产品功能而言，《21世纪经济报道》目前国际新闻业务，已经形成如下层次和结构：

（一）全球商业新闻资讯“引进来”。

这一方向的细分资讯服务包括：日报各版块的国际新闻资讯；日报第一版块（1、3、4版面）的专门国际新闻资讯；《全球商业观察》双周刊。由于其发行市场的特点，这部分国际新闻资讯主要是“引进来”，把国际新闻资讯中中国利益（国家、企业、公民）相关的资讯从国外事件现场引入、与中国境内的读者“分享世界”，这正是“中国与世界互动1.0时代”的鲜明内涵，也是“中国道路，全球价值”的内在含义之一，即与读者“分享世界”、分享“全球价值”（记录和探索“中国道路”的功能主要落在其他版面），随着中国日益参与到全球事务中来，中国境内市场对这方面的资讯需求只会越

来越强劲。

（二）中国商业新闻资讯的“走出去”。

这一方面的细分资讯服务包括：21世纪传媒参与合作的《21世纪经济报道》，采用繁体中文形式，主要把《21世纪经济报道》提供的新闻资讯传播到中国境外；21世纪英文网站（http://en.21cbh.com/）把主要来自于《21世纪经济报道》提供的中国商业资讯用英文进行全球传播。这正是“中国与世界2.0时代”全球商业资讯市场的新鲜需求，是全球读者分享中国的“全球价值”的体现，也是《21世纪经济报道》的“中国道路，全球价值”理念追求之一。

（三）《21世纪经济报道》的新闻全球化。

这一方面的细分资讯服务尚在萌芽中，是前面两个阶段的进一步升级。未来《21世纪经济报道》有可能全球发行，为全球细分市场的读者提供细分的全球资讯：中国版、亚洲版、欧洲版、北美版、拉美版、非洲版；法语版、西班牙语版、俄文版、韩文版、日文版。这与“中国与世界2.0”时代第三个特征吻合，随着中国与世界一道成长，那时候的《21世纪经济报道》将立足全球并通过商业资讯来提供“全球价值”，那时其理念可能是“世界道路，全球价值”。

从产品形态而言，《21世纪经济报道》的国际新闻形成了日报、周刊、杂志的形态，并初步具备了以全球视野提供新闻资讯、数据产品以及解决方案等衍生产品的能力框架。

《21世纪经济报道》目前的国际新闻报道方法论大致可以分为：时政报道以政治经济学为分析工具，包括政治过程分析、比较制度观察等工具；世界市场报道以国际经济学和开放金融学为工具；全球商业观察版面以立足中国资本、服务全球投资决策为鲜明的新闻价值导向，融合了前面两类工具。此外，在一些特定选题的观察中，也运用社会学的工具对国际社会进行观察。

《21世纪经济报道》在全球新闻采编布局上，除境内，境外已在纽约、华盛顿、硅谷、伦敦、布鲁塞尔、约翰内斯堡、新加坡、香港等地派驻记者。

《21世纪经济报道》的新闻全球化志业和“中国道路，全球价值”理念有很多优秀的新闻实践案例。方法论上，全球市场的趋势报道、事件报道相对清晰，择其中比较熟悉的两例偏时政选题，一则为理念，一则为工具，略加解剖，抛砖引玉。

五、案例1　发展新伦理：增长的正义——世界经济论坛新领军者年会2010报道

作为世界经济论坛（新领军者年会，即夏季达沃斯）的合作伙伴，《21世纪经济报道》除了在瑞士达沃斯现场合作报道冬季论坛外，还在夏季达沃斯现场合作报道。2010年，《21世纪经济报道》第二年为夏季达沃斯论坛制作120页的官方会刊和24个版面的

专题系列报道。2010年夏季达沃斯论坛主题为“可持续增长”，《21世纪经济报道》群策群力做了一番研究工夫后，明确作为中国领先财经媒体、在全球化语境下，应对可持续发展理念进行时代的拓展和引领。经过副主编刘晖、王云帆一起反复研讨，主编刘洲伟最后将专题理念名称定为《发展新伦理：增长的正义》，并向全球发起倡议《以制度正义推动可持续发展》。（2010年夏季达沃斯专题报道：http://special.21cbh.com/2010%5Fdavos/）

《21世纪经济报道》在其主张的“发展新伦理”中旗帜鲜明地提出：必须对当前的可持续增长的理念进行更新，目前的可持续发展理念远远不够，可持续增长必须具有相容性，即不仅顾及代际之间的持续发展，更要关注同代不同群体之间的发展相容，必须是帕累托次优的，并将个体的增长对总体而言是帕累托次优的界定为正义的增长，这一新的发展伦理包含了传统的可持续发展理念。又新增加了相容发展的新倡议和新内涵。

以此为思想指导，我们将“发展新伦理：增长的正义”在三个层面展开：反思全球金融危机与重建世界经济治理层面；一国国内经济治理层面；微观企业主体的道德风险层面。

倡议书《以制度正义推动可持续发展》还指出美国次贷危机发生的关键问题在于亚当斯密描述的“经济人理性”的极端发挥，是对“自由”的滥用，面向社会发行的高杠杆金融产品是一种权利义务不对等的安排，本身是非正义的，以致于全球社会都在这场危机中受到了美国金融机构带来的伤害，更是非正义的，因为全球绝大多数的无辜人群伤不起。全球经济治理重建必须从制度上抓起，以制度正义推进可持续发展。

会刊和倡议书发表3天后，9月17日，国家主席胡锦涛在APEC首脑峰会上高声倡导“包容性发展”，《21世纪经济报道》的报道牢牢把握和观察到中国发展的时代脉搏。

会刊、倡议书和系列报道还指出，企业的食品不安全问题是不道德的，企业通过此来实现增长是非正义的。企业慈善并不是一种恩赐，更多的时候是一种应尽的社会责任，是企业对给社会带来的社会成本超越企业生产成本部分的必须补偿，而时下不少慈善徒有慈善之名，呼吁企业应以对社会补偿的心态和姿态来正视其社会责任。诸如发生道德风险的华尔街金融机构，这些金融机构的治理结构都必须循此建立起制度的正义，否则只会损人利已，绑架全球经济；又诸如，企业对生态环境等的损害、企业制造的各种毒食品、毒害他人的产品等。

对于所有这些问题和其建设性思考，《21世纪经济报道》在倡议中一边呼吁企业必须有道德，一边进一步呼吁要建立制度，以制度正义来推动可持续发展，因为企业本身是逐利的，难以自我约束。要实现可持续发展，必须推行发展新伦理，以制度正义来推进可持续发展，制度是否正义的判断是制度本身以及其改进必须是帕累托次优的，作为公众能够问责的只有公共权力，公共权力因公众认同而合法而存在，其存在是因为其是公共利益的守护神。为此，基于上述诸多不可持续的发展的问题存在以及要切实推进可持续发展的要求，我们必须对作为守夜人的公共权力问责，公共权力必须进一步清晰界定产权，保护产权，便利交易，降低交易成本，对破坏行为进行惩戒。因为夜晚睡觉、不作为或不积极作为的公共权力只会纵容强盗；模糊的产权界定，只会引发争夺甚至内斗，弱者伤不起，成为丛林世界。这些倡议，无论是在中国当下，还是在世界当下，都有现实的紧迫性，您懂的。

策划之时，并没有事前理念的预设，只沉浸于对时势的研讨，而今事后翻阅《21世纪经济报道》的创刊词方才顿悟，原来公平公正是这份报纸一直的追求，2001年的创刊词如此书道："2001年1月1日，21世纪第一缕曙光吐露之时，《21世纪经济报道》诞生。它立足理性，在理性的基础上追求公开、公平、公正。""作为媒体，我们难以逃离社会责任感，我们难以脱离理性判断。我们将一如既往地对中国经济和社会深层次变化保持深刻的关注。'新闻创造价值'，是我们的理想，我们希望我们的新闻能给你提供最大化的效益，我们希望我们的新闻能给你提供前瞻性的认识。一切据于未来，一切据于未来的梦想。"

是的，我们必须有梦想，这是必须的。

六、案例2　博鳌亚洲论坛

博鳌亚洲论坛是另一案例。致力于提供"前瞻性的认识"是《21世纪经济报道》的追求。国际时政新闻报道与国内政经新闻报道，本质上没有太大区别，都遵循利益表达、利益整合、政策形成、利益分配、政策反馈——利益再表达，这样一个六个环节螺旋发展的循环。这样一个政治经济过程，适合于国际时政新闻报道，也适合于博鳌亚洲论坛这样的论坛会议的报道，因为博鳌亚洲论坛本身已经成为一个时政事件、一个政经舞台。

国际事务中各种会议和论坛，是利益表达和整合的场所。《21世纪经济报道》遵循国际社会中利益表达、利益整合的政治经济过程，报道时注意：会前关注各国企业、社会和各国政府的利益表达，这种表达还包括正式大会前的各种筹备会议、小组会议，专家研究小组的研究工作、前期新闻发布会、企业界会议等。在会议现场，代表各自利益诉求的政府部门之间的外交博弈的集中表现为利益整合，再到国际社会公共政策的出台——协议、共同声明等共同文件，共同文件的利益分配结果，以及利益主体企业和社会对这一分配结果的反馈——论坛上以及此后企业的意见。这是一个完整的政治经济过程。

2009年《21世纪经济报道》将主概念界定为"全球治理失灵，区域自治突围"，反映了亚洲人民和企业界的诉求，探寻亚洲从金融危机中率先突围的可能，精准描绘了全球经济治理机制中美国大股东陷落后的区域经济治理突围的大方向。诸如中日韩外汇储备池，中国东盟基金以及企业界、政界、学界的努力等等。2010年《21世纪经济报道》理念为"一个新亚洲"，危机之后，政商及各界探索一个新的亚洲。危机后，原来不可能的水平分工的亚洲内贸成为可能，亚洲正成为未来中产阶级的集中地，亚洲日益成为全球商业竞争的高地。政商学界诸多信息，和各界青年领袖的愿景，给读者呈现了一个新亚洲的部分图景，因为未来是青年的，新青年设想一个新亚洲，一曲《青春博鳌》靓丽登场。

2011年，《21世纪经济报道》的博鳌亚洲论坛十周年系列报道，21世纪传媒执行总裁刘洲伟、《21世纪经济报道》执行主编刘晖多次专门指导，经过集体研讨后，我们提出当下全球商业经济的一个观察角度——《新世界交响：新兴市场的崛起》，并分为三个子专题报道：金砖国家集团的崛起；寻找亚洲信仰，建设新亚洲；全球资本新国度中国。此次报道，有新媒体部门同事参与共同报道，在呈现上更为多元、立体和饱满。（博鳌亚洲论坛2011年专题：http://special.21cbh.com/2011%5Fboao/）

4月6日博鳌亚洲论坛召开新闻发布会，《21世纪经济报道》推出《周文重：亚洲要走自己的一体化道路》，既是对论坛的一个新闻发布，也是一次利益整合前的利益表达。在此之前，金砖国家的智库会议召开，也是一次利益表达与聚合。

4月12日，会议前夕，推出《博鳌十年：新兴市场与亚洲协奏全球善治》一文，回顾博鳌亚洲论坛的历史与功能，理解论坛作为一个舞台主要功能在于寻找共同信仰与价值，提出此次《21世纪经济报道》的旨在探寻新兴市场和亚洲国家的共同信仰与价值诉求。

4月14日，金砖国家五国首脑峰会召开前夕，我们推出"金砖国家集团崛起"概念专题，观察金砖国家作为新兴市场的代表，在G20这个大舞台上与发达国家代表G7国家集团的过招，发出新兴市场的诉求——《求同存异　金砖五国成色渐足》。报道采访了部分国家的大使与企业界领袖，就其利益诉求进行了报道，起到了利益整合前夕的沟通作用，描绘了金砖国家机制化的障碍与需要，内部分歧以及合作改善商业环境的努力，促进经贸与投资便利化的安排，为商业决策提供战略视野。当晚，金砖国家三亚峰会发表《三亚宣言》，集体呼吁本币结算以及机制化的货币互换，宣言里面的很多设想都与事前的采访相吻合，这并不是说《21世纪经济报道》有多牛逼，而是注意运用方法论，能相对比较准确地观察到趋势。

4月15日，在博鳌亚洲论坛开幕式前，我们制作了《寻找亚洲信仰》的专题报道，开幕式结束后，当天根据领导人演讲配发《亚洲信仰我们的世界观》网文，理解到各国元首们畅谈的包容性发展具有国内和区域两个层面含义：必须有你的发展也有我的发展，允许你说话也允许我说话，是一个包容的经济和社会；必须是一个自由的亚洲，必须反对贸易保护主义和金融保护主义。这些主张也与事前的采访和策划方向一致。会议结束当天，我们还专访了博鳌亚洲论坛秘书长周文重，并撰写《周文重：亚洲一体化是一个长远的目标》。当天的报道面市时，开幕式还没有召开，报道以企业的诉求表达和观察为主。

《21世纪经济报道》国际新闻的理念与执行中已经有了对“中国与世界2.0时代”的把握，事前规划好了“全球资本市场新国度中国”子专题，认为当前包容性发展是一个重大的问题，即中国作为全球资本市场的一个新来者，如何参与全球资本市场，并与之包容性地发展。

在国际时政新闻的报道中，我们遵循政治经济过程的规律，寻求通过领先一步的报道策略，反映各种主体的诉求，促进求同存异和利益聚合。

当4月15日胡锦涛在开幕式做包容性发展的演讲、宣布十二五时期要加大中国“走出去”、鼓励各种所有制的资本走出去的时候，我们已经胸有成竹，《海外投资：东方不亮西方亮》捕捉了鼓励各种所有制资本走出去的信息，鼓励对新兴市场投资的信息；以黑石集团为代表的欧美投资机构以及本土投资机构联想弘毅共同探讨《中国PE市场迎来最后的狂欢》、《PE在中国前景依然乐观》，《戴相龙：人民币国际化不能唱衰美元和欧元》谈到中国本土资本市场、资本走出去、人民币国际化中的心态和理性策略，第一时间传递了政策动向与业界权威观察：目前中国钱多，鼓励中国资本走出去，而且各种资本走出去都受到鼓励，但中国资本还很嫩，能力有限，其走出去的最初途径可能是与国际资本合作。全球领先的投资机构黑石集团、红杉资本与联想弘毅资本等汇聚一堂，头脑风暴，并对政治领导人的发言作出反馈时，《21世纪经济报道》正在现场，与我们的读者分享他们的智慧，与读者分享业界对一项国际公共政策的分配效果的反馈。

(本文为2011年2月杭州《21世纪经济报道》第一版块(头版、特稿、国际)精英年会上的交流演讲基础上扩展整理而成，纯属于个人对《21世纪经济报道》理念与发展的有限理解和观察。)

代波 《21世纪经济报道》编委

编辑三宗“最”

一名主动的编辑需要对未来报道活动进行规划和设计。这种规划和设计不是凭空产生的，而是组合、分析信息和选择、决策的结果。一旦发现值得进行新闻报道策划的重要新闻线索以后，策划者首先要围绕这一线索广泛收集各类信息。这些信息主要包括：报道客体的信息、报道接受者的信息、报道竞争者的信息。

让我们先看一遍《21世纪经济报道》的新闻稿的生产过程：

◆新闻事件发生

◆新闻源提供新闻线索，记者发现选题，申报选题，与编辑讨论开始执行选题

◆记者采访、写作出稿件，传输到编辑部（同时备份在新闻中心）

◆文字编辑与记者沟通修改稿件，制作标题

◆图片编辑选配图片

◆责任编辑将图片设计安排在版面中，版面设计负责最后版面的排版，送校对

◆编委看样，主编清样

◆制版印刷

◆报纸出版

◆发行到读者手中

在这样一个基本流程中，除去后面印刷发行后，几乎每一个环节都离不开编辑的参与。

现在的报业竞争可谓惨烈，出版的品种越来越多，报纸也进入一个厚报时代，动辄就是上百版，而读者的选择余地越来越大，并且越来越挑剔。在这样的态势下，对于一个报纸的编辑而言，如何生产出读者愿意阅读的产品，成为衡量一个编辑称职与否的最终标杆。要在这样的竞争中脱颖而出，对于报纸编辑，为读者提供个性化服务成为报纸

竞争的主要策略。

随着报纸市场日益细分、竞争不断加剧，能够“适者生存”的只能是那些确立了差异化竞争优势、能够提供独特资讯服务的报纸产品。这样，对个性化服务的追求，就成了不少报纸主要的竞争策略。

表现之一：采取“分众化”读者定位。把特定人群锁定为目标读者（往往是既有文化又有购买力的“都市白领”或“办公室人群”），根据目标读者群的信息需求和阅读爱好，“量身定做”提供新闻和资讯服务。

表现之二：重视品牌个性的确定。强调报纸的独立性，独家采访、独立报道、独特视角。即使是报道同一题材，也要与其他报纸或同类报纸拉开距离，形成反差，表现个性，以求在报纸产品林林总总的市场上独树一帜，与众不同。

应该说，《21世纪经济报道》作为财经报纸的领跑者就是基本具备这样的能力，而取得现在的成绩，接下来需要做的是强化这种优势和风格，一路领跑。

广义上讲，一名报纸编辑工作的内容就包括策划、编稿和组版三部分。策划指报纸的整体设计和新闻报道的策划与组织；编稿指分析与选择稿件、修改稿件和制作标题；组版指配置版的内容和设计报纸版面。《21世纪经济报道》有专门的美编负责版面方面的设计和美化，因此只就编辑工作的策划和组稿谈一下我所理解的编辑三宗“最”。

一宗“最”——最具有新闻敏感性和好奇心，有无穷无尽的“为什么”准备投向任何一个新闻事件。

此宗“最”看上去是一个伪命题，好像人人都具有好奇心，并不仅仅专门针对于编辑而言。非也，如果把对事件的好奇心和新闻敏感结合起来，就是一个伟大的问题了，这就体现出一个编辑最基本的工作——选题的选择，这将是我们接下来所有工作的根本。

新闻敏感是指新闻工作者敏锐地发现新闻和对新闻所具有的价值迅速做出判断的能力。没有新闻敏感性，就当不了新闻工作者；没有较强的新闻敏感性，就不能成为出色的新闻工作者。新闻敏感是人们好奇心的自然延续，只不过加入了新闻工作的本职要求——鉴别选择这样的好奇心是否具有新闻，是否可以成为新闻报道的素材，是否符合新闻报道的基本要求并具备刊发的条件。

编辑作为受传者，与普通读者接受传播是有区别的。这种区别在于，编辑所接受的信息未经选择和加工，真伪优劣并存，而且数量更多，涉及面更广，编辑获取信息的途径和方式也更加多样、复杂。

获取信息是编辑决策的前提。大到编辑方针的确定、报纸的设计，小到一篇稿件的处理，都是以编辑掌握的信息为参考和依据的。编辑不能用一成不变的眼光看待变化无穷的外部信息世界，更不能闭门造车，主观行事，必须时时刻刻追逐最新的信息。这些信息主要有：(1) 社会信息，包括时事信息、经济信息、文化信息、社会生活信息等等。这类信息是新闻传播的主要内容，它构成报纸版面的主体。(2) 专业信息，即一个编辑所负责版面主要报道的那些行业和企业的专门的新闻，要随时掌握，并不断更新，了解本专业的最新动态。(3) 来自读者的信息。读者是报纸的服务对象，只有了解他们的需要和愿望，才能使传播有效地进行。接受读者的信息，可以通过阅读读者来信、接受读者来电来访去获取；也可以主动出击，进行大规模的读者调查；还可以“微服私访”，上门调查等等。

信息能力的大小取决于编辑的社会活动能力和新闻敏感。这就要求报纸编辑深入生活，做社会活动家，广交朋友；同时，又要求编辑时时刻刻当有心人，不放过任何有价值的线索。

获取信息，满足好奇心之后，编辑要做的就是鉴别选择。鉴别能力指的是报纸编辑迅速、准确地判断新闻事件的报道价值的能力。报纸编辑每天接受的信息是大量的，作为把关者，他在由记者（作者）到编辑的一级传播与从编辑到读者的二级传播之间，如同一个“过滤网”，把适合于读者的新闻信息筛选出来加以传播。这就要求编辑要有鉴别能力。他应能鉴别信息是否真实、全面、准确地反映了客观事物的原貌；鉴别新闻是否为读者所欲知，甚至能预测新闻报道的社会效果；还要鉴别发布新闻的时机是否合适，等等。

鉴别能力是编辑基本修养与工作经验的综合体现。一般说来，理论修养、知识修养和职业道德修养越高的编辑，越具备对新闻信息的鉴别能力。长年从事编辑工作的人，由于阅历广、见识多、经验丰富，这种鉴别能力也要较缺少经验的编辑强。

新闻传播讲求时效性，对编辑的鉴别能力有特殊的要求：一是迅速，二是准确。如果优柔寡断，就会贻误良机，使新闻价值受损；如果一味抢速度而不加慎重考虑，又往往会造成不良影响。

二宗“最”——最具有组织性及对事件进程以及事件的洞察力，并愿意随时根据事件进程修正自己的判断，发出正确的编辑信息。

主动的编辑自己找题目，主动找作者，主动根据宣传需要安排版面；被动的编辑就只是被动地应付，作者来什么登什么。前者是积极的，后者是消极的。作为一个主动编辑就有对未来报道活动的规划和设计。这种规划和设计不是凭空产生的，而是组合、分析信息和选择、决策的结果。一旦发现值得进行新闻报道策划的重要新闻线索，策划者首先要围绕这一线索广泛收集各类信息。这些信息主要包括：报道客体的信息、报道接受者的信息、报道竞争者的信息。

收集与分析有关信息，一方面是为了对选题作进一步的推敲，必要时做出修正和调整，另一方面还为了确定报道效果目标。报道效果目标是报道者根据报道策划前期所掌握的信息，在对新闻报道可能取得的社会效果的预测的基础上所希求达到的目标。报道方案的设计将围绕实现这一目标来进行。

在这个过程中需要具备以下三个方面的能力。

一是整合信息能力。编辑要对选定的信息进行多角度、多层面、多元素的整合，对新闻实行“规模供给”；二是评点信息能力。报纸编辑有责任在提供事实的同时，也提供价值判断，对信息进行评点；三是策划新闻报道活动的能力。为此，编辑应增强四个意识：本地意识，注意新闻与本地的关系，事件给本地带来的影响等；解释意识，善于发掘新闻背后的意义，变平面单一式新闻为纵向立体式新闻；连续意识，从多角度、多层面、多形式组织连续报道，充分实现新闻价值；回复意识，通过推出新闻综述的报道，对信息进行回望，帮助受众对新闻信息进行梳理。

报道规模是报道的时间、空间与人力三方面因素组合的概念，即报道在报纸上持续进行多少时间、占据多大版面空间和多少栏目配置、动用多少采编力量。报道进程是指报道全过程中时段的分割和安排，规定报道分多少阶段进行、何时开头、何时推进与扩展、何时结束，以及各阶段之间如何转接。这些方面需要编辑具备非常强的组织能力。

报道思路是设计报道方案所依循的思考途径，报道思路的形成有一个由酝酿期向明朗期过渡的过程。

在报道实施过程中适时地修正方案，需要建立信息反馈机制，主动地、全面地、及时地接受各方面的信息。策划者要接受的信息反馈主要包括：报道者的反馈、报道对象的反馈、有关部门和主管单位的反馈、读者的反馈。不过，我们在强调编辑尽可能发挥其主观能动性的同时，还必须要明白编辑的主动性发挥是有限度的。如果不把握好这个“度”，就有可能走入某种误区。在选题协调、报道思路的把握上，编辑应树立正确的角色意识，不能因为自己掌握着稿件的最初选择权，就可以凭自己的好恶来决定稿件取舍；不能以为自己对稿件有修改权，就可以想当然、随心所欲地处理稿子；不能以为自己可以策划版面、组织稿件，就可以对别人指手画脚瞎指挥。这种主动性发挥过“度”的表现，不仅不利于提高报纸质量，反而有可能带来好稿遗漏、修改出错、工作不协调等弊病，造成不必要的损失甚至危害。

在组织稿件的过程中，切不可因时间和版面空，而忽视新闻事件的准确性，在尽可能的范围内多渠道核实新闻的准确性。在新闻报道中，由于突发事件的现场往往比较混乱，消息来源众多，甚至会出现相互矛盾的信息，记者如果不加以辨别，就会造成新闻内容失实。而解决这一问题的方法，除了向权威信息源获取消息外，还可以通过多种渠道对消息进行相互印证，从而确保新闻的准确性。要避免出现突发事件报道失实的情况，最重要的一点是记者必须亲自赶到现场。在我们所刊发的稿件中，有不少新闻是报料新闻，然而在实际操作中，许多报料的人往往只是知道事情的部分内容，却无法准确、全面地了解事件，由于在事件中的利益关系等原因，他们所提供的信息往往会带有一定的夸大成分或隐瞒某些事实，因此记者在获取新闻线索后，一定要到达现场进行采访而不能只听报料人一个人讲或者一味依赖报料材料就发稿。在到达现场后，记者应该及时找到事件的当事人或目击者，需强调的是，由于种种客观因素和当事人主观的目的性，他们所说的情况也未必是准确的。记者应该将多方面的信息进行综合印证，通过自己的经验对事件的真实情况作出判断，并尽量向权威信息源进行核实。

此外，编辑在组稿的过程中，可以更好地申请报社实行的报道项目制，这样可以集合全报社的力量做好一组报道。报道项目制由负责采写的记者与负责版面的编辑两类人组成，他们一同策划报道选题，设计报道内容和形式。特别策划的报道在一些报社是作为项目管理来运行的。设计编辑在所有的日常报道与特殊项目中都有发言权，而且要为下面的记者编辑提供指导意见。他还特别谈到特殊项目的策划与运行通常会以人数更多的团队来操作，如一个策划性的深度报道，团队成员通常会包括记者、项目编辑、设计编辑、文字编辑、图片编辑、美工、编委等，他们要一同研究确定报道方案，设计版面编排，再根据版面需要，分工去获取各类材料，做成各类“零部件”，最后组拼到一起。这种团队操作方法与过去传统采编流程中版面设计滞后、记者采摄时不知道版面需要，编辑排版时只能“就米下锅”不同，它使报道策划与版面设计结合在一起，使每一个工种一开始就明确地为最终的版面成果而努力，每个人都少走弯路，整个采编流程得到了优化。

这样的操作方式，使报道效果更好，也使报纸内容与版面形式能更好地统一，质量得到提高。另外，由于设计编辑本身是团队成员之一，他既懂新闻也懂设计，是所有版面的监控者，因此能够保证在增强报道效果与保持版面风格之间找到平衡。(1) 尊重事实。编辑对于新闻事实的了解不如亲身到实地采访的记者和作者，因此在改稿涉及到事实问题时，要向记者和作者了解情况，或与作者一起修改。(2) 尊重作者。编辑改稿的目的，是为了让稿件锦上添花，不是为了把所有的稿件都变成一个模样、一种味道，因此要尊重作者的风格。尊重作者，还包括在与作者协商修改稿件或约请作者自己改稿时，要充分听取作者的意见和建议，不独断专行。(3) 修改稿件务必慎重细致，不能在修改过程中出现新的错误。对于自己一时拿不准的问题，或自己不太明白的知识，要向行家请教。

三宗“最”——最具有文字把控力和对新闻产品的理解力，用普通读者的心态对待任何一篇准备刊发的稿件。在改稿的时候，编辑一定要从普通读者的心态出发，修改出一篇让读者有兴趣读，并且读得懂的报道。因为《21世纪经济报道》今年已经是一周三刊了，版面的优化和篇幅的构成将更加精简。从具体操作上说，主要将是对以往长稿件的压缩。

首先应注意对于新闻导语的压缩，要使导语以最简练的语言把最重要的新闻事实或观点概括出来，把次要的、可有可无的内容删去或者移到后面正文中说。其次是对新闻背景材料的压缩。新闻的背景材料运用应少而精，不宜长篇大论；要尽量使背景材料巧妙地穿插在报道中，显得灵活、自然。

其次是对新闻中引用的数字的压缩。一是删去不说明问题的或可有可无的数字，保留的数字应该少而精。二是注意删去不准确的数字，所用的数字都应是查有实据、准确无误的。三是要把保留下来的数字用活用好，如用演算、转换、形象化等方法使数字用得生动并能说明问题。

另外，几篇类似稿件的合并也将在今后频繁运用。

合并的基本要求是，被合并的若干篇稿件的材料都与一个共同的主题相关，或者能从它们中间提炼出一个共同的主题，然后根据这个主题在每一篇稿件中选择可用的材料，重新组织改写。因此，定题与选材，是合并的两个关键。一方面要会概括，即从不同中找出共同点；一方面需要提炼，即要会在相似的内容中选择最有代表性、最能说明问题的典型事例，而不重复使用相类似的材料。

随着报纸出版节奏的加快，做一些连续性的报道成为我们稿件的一个重要手段，原来一周可以写出的长篇的深度报道，在出报节奏加快后，将不得不要求将其按照时间的先后在出报周期内做连续性报道。

新闻易碎，时效性对新闻来说是至关重要的。而新闻的连续性报道可以根据时间的推移，事件的进展，在每一个出报周期给予最及时的报道，可以封住其他媒体跟进报道的角度，从而取得报道上的优势。

在对待新闻连载上，一方认为节奏紧张的现代生活可能造成对新闻连载阅读的断裂，尤其是对那些流动的读者而言；而另一方则认为新闻连载其连续性可以使读者欲罢不能，从而对报纸的兴趣得到纵向延续。

因此在这个报道形式上，形式只有在内容精彩的情况下才能起到锦上添花的作用，相反如果形式精巧而内容乏味，即使当时能吸引读者的视线，最后也会让其大失所望，从而降低对整个报纸的期望值。其次，从“受关注度”的角度来说，我们已经进入了一个信息过剩而注意力稀缺的时代，媒体以争夺人的注意力而求得生存。新闻本身才是我们关注的焦点，形式只不过是为了更好地服务我们新闻本身。如果我们有独家的好料当然可以用专版的形式，将其捂熟再释放。

（本文根据作者2005年10月26日讲课录音整理，经过本人删改）

香港，那些做“财经狗仔”的日子

在香港做财经记者，一做就是三年多，苦乐自然不少。作为一个开放度十分之高的金融中心，“资本圣地”的名号香港其实是当之无愧，于是也滋生了我们这样一群特殊的“财经狗仔”。

“狗仔队”的威名向来让娱乐明星爱恨交加，“财经狗仔”也一样，只不过我们“骚扰”的对象是那些或光鲜、或诡谲、或充满智慧而又让平常人捉摸不透的财经明星们。在香港做新闻，肯定与内地不同，这一点显而易见。如果一定要概括的话，我想“狗仔”的精神可能是最贴切的形容词之一。

“狗仔”绝对不是贬义词，虽然这其中泛着很多外人不知的辛酸。

首先，“狗仔”没“地位”可能是很多人的第一感，也对也不对。当然我们承认，在内地做记者，尤其是严肃大报的记者，的确是有相当地位的。这里的地位意义不言自明，是喉舌，也是真实的监督力量，有时还是宣传的必由之路，这种说不清的身份角色也赋予了内地记者某些特殊性，那就是：你走到哪里，采访对象大都有些毕恭毕敬，即便不是发自内心，至少表面上也相当客气。香港就有些不同，这里的新闻，大都是“抢”来的，是“跟”出来的，多少有点“歪门邪道”的意思。

就好比，某一要人讲完话不接受采访，转身从隔离的贵宾通道走了，怎么办？若是“资深财经狗仔”的话，一定会想的是，这条贵宾通道的终点在哪？该重要人物的接送车会停在什么位置？他一会将会乘坐哪一部电梯下楼？如果这些你都能料想到的话，那么恭喜，即使你可能没办法跟他搭一部电梯下楼——可以搭当然最好，要知道在一部电梯那么狭小的空间里，四目相对，他也实在没办法不回答你几个问题，除非他的意志足够坚定——也很可能你可以提前跑楼梯，然后在他出电梯门的时候“堵”住他，又或者你可以在他终于松了一口气要上车离开的一刹那，“杀”到他面前，强行采访一两个关键问题，也很有可能因此收获颇丰。

“财经狗仔”的地位和没地位都体现在这一个斗智斗勇的过程里了，包括我们的幸福和失落。设想一下，要采访要人，作为记者你肯定也要提前装扮得尽量光鲜一点，既是对采访对象的尊重，也可以给自己壮胆。如果你像我一样是女生，那么你大多会穿着高跟鞋，一路不失姿态地小跑去“追”，如果很不幸强行采访未遂，又搞得灰头土脸满身疲惫的话，你可能会觉得有些委屈，觉得自己很没地位，像一条尾巴一样被甩掉了；但如果你有所获的话，尽管看上去你抢得很狼狈，采访对象可能也觉得你有点烦，但真正好的采访对象其实也会尊重你，甚至被你感动的。正是这点感动，可以被我们这样的“财经狗仔”，作为一种无形“地位”，拿来聊以自慰。与重要采访对象对话，其实也是一种精神大餐。的确。

上面的例子，只是众多缩影之一。

选择在香港做财经记者，是一种幸运，也是一种不幸。这里的资讯量十分之大，大到可以让你在其中迷失，有一种找不到方向的茫然；这里的新闻线索千头万缕，你又可以完全顺藤摸到大瓜。香港的速度也像资讯流动的速度一样，快得有些让人喘不过气，所以，在香港做记者要很勤奋，要有很强的抗击打能力，当然，也要习惯并忍受香港人奇怪的、中英文夹杂的表达方式，还有口音各异、不那么地道的英文。这是从内地记者变身香港“财经狗仔”的必修课之一。

我很能体会第一批被21“扔”到香港做记者的开站元老们的辛勤和快乐，因为我多少也重复了他们曾走过的路。作为一份内地财经媒体的驻港记者，我们需要不断地用力发声，才能引起香港财经界的注意；我们需要不断用深入客观的报道，来证明我们值得被信任、被理解；我们需要一次一次不懈重复：“你好，我们是《21世纪经济报道》的香港站记者……”

有一个地点必须被提到：大家乐。对我们来说，与其定义它为香港一间成功的中式快餐连锁店和上市公司，不如说，它几乎就是我们的流动饭堂。我很感谢港岛几乎无处不在的“大家乐”，它让我们“狗仔”一路小跑辛苦一天之后，能吃上一顿标准规范、干净利落的港式快餐，价廉物美。它曾经让我们又爱又恨，但每次想起来，我都不得不承认，能把程序繁复的中餐做得如此标准化，并不容易。

其实，新闻也一样，无论情节多么曲折，干净利落而又不失标准的报道，一定不会错。

我曾为伊狂

序曲：八年之痒

跟入职本报一年的有志青年一起吃饭，他为近来同事频繁出走、报纸质量不稳定忧心忡忡，愁眉苦脸，一遍又一遍地问："怎么会这样呢？你不担心吗？"我专心地对付着手里的炸鸡腿："你现在跟21还在热恋期，所以容易苦恼，我跟21是8年的老夫老妻，见怪不怪了。"我还有一句潜台词没说，21是典型的铁打的营盘流水的兵，新老面孔换了一茬又一茬，老板还淡定着你急什么急？

8年了，热恋的情人也变成左手牵右手的麻木了。所以我特别理解那些辞别了21的老同事，他们忍受不了激情逝去后的平淡，或接受不了年复一年同一模式的劳动，出去寻找"第二春"了。

而留守在此的人们，却不得不忍受他们离去后的平淡、焦灼和痛苦。原来辛辛苦苦跟高端采访对象建立起来的关系随之飘走，你会不时发现，在报纸上说话的根本就是些上不了台面不靠谱的家伙；他们把耕耘多年积累下来的、对行业的洞察力也带走了，以至于优秀选题的发掘比之过去难上加难；与采访单位的联系也要重新建立，一些心直口快的人直接抱怨说："你们的记者怎么走马灯似地换啊？"

可不论你我怎样纠结，出走的人们依旧决绝，新人仍旧带着狂热的梦想一拨接着一拨涌进报社的大门，令我想起当年的自己，想起许巍的一首歌：

青春的岁月/我们身不由己/只因这胸中/燃烧的梦想/青春的岁月/放浪的生涯/就任这

时光/奔腾如流水/体会这狂野/体会孤独/体会这欢乐/爱恨离别……

成都：初识21

2002年12月8日，因一则西祠胡同的招聘帖子，我来到《21世纪经济报道》的成都新闻中心见习。当时我还是四川大学新闻系研究生三年级的学生，对经济金融一窍不通。同学们艳羡我得到一个好机会，同时也对我能否胜任财经记者的重任好奇无比。

记得我看的第一本经济金融类书籍是时任央行行长戴相龙主编的《领导干部金融知识读本》，不是我妄想做领导干部，实在因为这是最浅显的金融类读本。4年后，当我为写一部银行改革方面的书在天津与戴相龙（时任天津市市长）促膝长谈、举杯共饮后，他居然送给我一套同样的书，世易时移，不免感慨万千，是21帮我搭起了天梯，还是我的野心和狂热把我带到了那里?

或许是因为年轻，也可能是在学校憋得太久，那年头真是激情泛滥，恨不得天天熬夜写大稿，为一个小选题也愿意出差。若是编辑布置一个大选题，那就激动得茶饭不思了，编辑指哪打哪，没有条件创造条件也要上。

彼时21刚创办两年，江湖声名远不及今日，在成都这种偏僻的大城市还没什么影响力，成都站的兄弟姐妹们无一例外成了兼职的品牌推销员，采访前要先把报纸的来龙去脉介绍一番，回答诸如“你们是不是电视台的一档节目”、“你们跟《21世纪英文报》是不是一家”这类莫名其妙的问题。有时候为了省事或博取亲切感，我们干脆说自己是《南方日报》或《南方周末》的。

成都没有给我做拼命三郎的机会，这个号称“西南第一商贸重镇”的城市，在全国的经济盘子里只能算配角，这块土壤生长出来的新闻也就只能在21的金融版上博得一个边角位置。彼时银行业改革已在暗流涌动蓬勃欲发之际，孙铭、韩瑞芸在北京抛出一篇又一篇重磅文章，正迅速成长为行业内最好的金融记者，而我还在这旮旯里为寻找选题而苦恼！此地绝非英雄久留之地！

2003年10月，在编辑部的启发和支持下，我向报社递交了调动到上海的申请，康庄、代波、刘晖几位领导都痛快地应允了，刘总刘洲伟大笔一挥，本大侠转战上海了！

21体制之自由、宽松，所予人成长空间之广阔无垠，莫过于此！

上海：我为21狂

2003年《巴塞尔新资本协议》进行了全球范围内的第三次征求意见，对发展中国家银行的资本要求大幅提高，可能影响国内银行业的竞争地位。来到陌生的上海，见到陌生的同事，迎面而来的就是这个更陌生的选题。刚接手时，我连“巴塞尔新资本协议”几个字都说不溜。

我拨通了对此颇有研究的巴曙松的电话，那时他还是一个喜欢在各大媒体撰文的所谓媒体经济学家，但他懒得跟我废话："你对这个问题了解多少？去看我写的书吧。"

当天夜里9点多，行侠仗义的徐可强陪我从江西路辗转到徐家汇的一家书店买到了那本书（那会我真正是出门两眼黑），通宵通读，加上其他采访，终于在早晨8点完成了那篇2000字的报道，并把文章发给了巴曙松。巴同志对一个外行在极短时间内写成这样一篇专业性极强且可读性还不差的文章予以了高度评价。不久前我百度了这篇文章，发现检索到的第一篇就是巴曙松所在的"博士咖啡"网站转载的，阅读次数1300次。

上海新闻中心有那么一拨人，过着极其简单又充满激情的生活。每天从早到晚，不是在写作，就是在采访，或者去采访的路上。我想起那一张张脸——付晖、左志坚、杜艳、历志钢、陈恳、徐可强、康健、姚峰……说实话这些脸有时看起来很年轻，有时却因为持续的焦虑或熬更守夜变得黯淡苍白。不过没关系，只要有选题，他们就会重新冲动起来，本能地分泌更多的荷尔蒙，开始下一场战斗。

还有一些老将如杨瑞法、廖新军、马斌，他们神出鬼没，一不小心就扔出一颗原子弹，把那些乱七八糟的公司和耀武扬威的政府部门炸得七零八落、磕头求饶。

有着男人名字的马斌，其实是一个极其温柔的女生，说话不紧不慢，做起选题来却生猛无比。时常有业内人士自告奋勇报上线索来，她再循迹掘地三尺，把很多重大新闻掀了个底儿朝天。渐渐地，她也成了一大"消息源"，有事儿业内人士都爱找她打听。马斌一时风头无两，成为最牛掰的保险记者。

2003年，中国银行业新一轮惊心动魄的改革开始了。4月，监管体系发生重大变革，银行业的监管职能从人民银行独立出来，成立了银监会；10月，中共十六届三中全会确立了国有商业银行进行股份制改造的方向，改革试点确立为中国银行和建设银行；12月30日，国务院动用450亿美元外汇储备向两家银行进行注资。金融记者的春天来了！

整个金融组进入了高度亢奋状态。北京新闻中心的孙铭、韩瑞芸、李振华等人，钻进了监管部门、商业银行的办公室，拿到一个又一个独家猛料。这厢我跟陈恳、徐可强猛攻交通银行，2003年到2004年间，交通银行与汇丰银行展开了一轮又一轮引资谈判拉锯战，其间还不合时宜地爆发了一系列关于交行的丑闻——不良贷款造假案、代理信托计划受害者静坐投诉、德隆系崩溃累及数亿元授信、受农凯系违规事件牵连等等。这些有着历史意义的事件无一不在21得到最快、最深入、最犀利的呈现。

从交行千辛万苦引入汇丰为战略投资者，到成为国内第一家到香港上市的银行，21引领了媒体报道的绝对优势。因为金融组当时采取了两条线并进的策略：作为明线，我幸运地赢得了交行董事长的信任，拿到了很多一手的信息，并获得多次独家专访其董事长的机会；作为暗线，陈恳通过其交行的"线人"得到了许多最新消息，连交行的人都不得不感叹，"怎么你们比我们内部的人知道的还多？"

那个为新闻理想疯魔的年头，差点以为自己无所不能，但有一次栽倒的经历让我对自己的幼稚记忆深刻。银监会成立后开始制定《银监法》，为接近这部关系着中国金融业发展的大法，快速详尽地向读者披露该法的制定进程，我打算在银监会召开法案研讨会时偷偷溜进去，谁知因我前晚跟某省银监局的几位处长聊天时不小心透露了此念头，竟被告密了！结果可想而知，我不仅没能迈进会场半步，还差点连累了那个给我提供消息的银监局朋友。

上海新闻中心寄居在江西路解放日报大厦时有一个著名的“资深堂”，那是一个隔开的小办公室，有点神秘有点酷，因为报社有一个不成文的规则，资深记者才能入座。2004年下半年，我终于搬进了资深堂，与杨瑞法、李明伟等资深人士为伍，那激动啊……

我与采访对象不得不说的故事

做记者，说到底是做人，是做与人打交道的学问。回想跨入21的这8年，有几位朋友的故事不得不提，也有几个混蛋的劣迹不得不录。

朋友之一是周忠明，原江苏银监局局长、山东银监局局长。他是我敬爱的师长和朋友，也是我所认识的全世界最好的采访对象。他博学多识、正直清廉，理论深透而实践经验丰富，对很多经济金融现象有深刻的认识和鲜明的观点，说是“出口成章”也毫不夸张。更难得的是，他能够精准地拿捏与媒体交道的分寸，既令人有所教益和收获，适度表达自己的观点，又不至于因为披露过多信息而给自己带来麻烦。他总是彬彬有礼，温和耐心，礼貌周全，令人如沐春风。我和陈昆才以及21其他记者采访过他多少次，冒冒失失地打电话请教过多少次？已经数不清啦！

另一位朋友是蒋超良。我们的缘分始于2004年6月。那年5月下旬，蒋超良从湖北省副省长调任交行董事长，陈恳第一时间确认了消息，我通宵达旦写了一篇文章报道此事，并手写了一封信，希望在合适的时候与他见面。没过多久，蒋的秘书——一个非常英俊的小伙给我打来电话：“董事长想见见你。”

我在上海陆家嘴交行总行大楼的47层见到了老蒋。说实话，那铺着红地毯的大长走廊、华丽的会议室、曲里拐弯才能抵达的阔大办公室，一人独占整层楼的霸气，还真的有点震慑我。呵呵，我只是一个毕业不到一年的小记者而已。见面的过程中，我倾尽全力故作稳重、故作老成，临走时，老蒋还是忍不住说了一句：“我看过吴小姐的文章，以为你至少四十多岁了，没想到这么年轻。”

老蒋精明强悍又直率坦荡，跟我开诚布公地交流了引资、上市的很多敏感问题。为了不给对方造成压力，我自作聪明把打开的录音机放在了包里。但没想到，万万没想到的是——在我们交谈正酣的关键时刻，这只录音机“啪嗒”一声把我出卖了……这件事给我的一个深刻教训是，如果你学不来007就别去当间谍，否则在完成任务之前就先被自己糗死了。

两年后，我在北京跟老蒋通了一个长长的电话，决定为交通银行写一本改革史，尽可能忠实地记录下其深化股份制改革、引进战略投资者、赴港上市的全部曲折，将这轮金融改革中的喧嚣、痛苦、挣扎与自救深深地投影到文字中去。得益于老蒋的鼎力支持，我和王海明在交行吃住两个星期，从老态龙钟的交行筹办人，一直采访到现任的高管和中层，还拜访了原交行行长戴相龙、王明权等关键人物，取得大量的一手材料，包括一些不为人知的细节。

特别珍贵的是，老蒋给予我们很大的写作自由度，对内容基本不加干涉（除了将他个人经历那部分删掉了一大半）。不眠不休地写了大半年，终于在2007年由中国金融出版社出版了这本书，也算对自己4年多的金融报道有了一个阶段性的总结和交代。老蒋，谢谢你！

这世道，有贵人，必有恶人。有一次，为采写某银行增资扩股的选题，我费尽周折找到了某著名券商的项目负责人。他热情地邀请本姑娘吃晚饭，饭后热情地送我回家，到楼下后我拒绝了其送进门的要求。第二天采访便碰壁了，对方在电话里说："小吴，你这个人很不随和啊……"

另外一次，采访对象约我在某宾馆房间见面，说有重要的材料交给我。此人就是本地人，办公室也在本地，干嘛要约到宾馆呢？我叮嘱同事徐可强千万别关机，"如果我叫你就来救我！"然后毅然决然去了宾馆。在房间里，我紧张得脸部僵硬，说话故意保持冷冷的语调，不一会就扯开话题要走。该男士见状很不高兴："本来我有些很有价值的材料要交给你的，看你这样算了吧。"

回报社后告诉同事，同事们无不义愤填膺地说，这些人简直吃了豹子胆，居然敢打21女记者的主意，就不怕吃不了兜着走！？

后来听说还有其他女记者有类似遭遇，具体情形嘛，呃……就看她们肯不肯写咯。

《21世纪经济报道》编委 冯启若

经济大势与财经新闻叙述策略的互动关系

在这种情况下如何让我们的国有企业或本土企业认识全球事务和全球经济，我们怎么在全球范围内展开竞争，这对整个民族、国家和工商业来说都是一个重要的课题。而中国的媒体在这种历史时期同样要开始转变，这个转变就是胸怀全世界，并说服全国人民认真地去思考我们在全世界中的位置。

所谓的经济大势与新闻叙述策略的关系，无外乎是表达这个世界。因为我们的本职工作就是来观察这个世界，并力图捕捉和表达这个世界。何以表达这个世界？用语言。言为何物？言为心生。如果强调言为心生的话，那邓小平为什么提出“一个中心，两个基本点”和四项基本原则？江泽民为什么提“三个代表”？为什么胡锦涛同志上台后第一件事就是直奔西柏坡，重提“两个务必”？对此，我们都要仔细思考，我党的几代领袖在他们说这些话的背后到底意味着什么？

在知道言为心生以后，我们还要知道另一句话——得意而忘言。言后面是有意的；另外我们还要听弦外之音。

我们说风，什么叫风呢？毛主席说“移风易俗”，其实是指风气。这个风是很关键的，我们说看大势，实际上观察的是“风”。看经济大势，实际上是看这二十年来发生的一系列变化。如果我们以五年为期，看每一届政府的作为，大家会慢慢感受到每一届政府都会有它的风格。

当我们说风，并且力求去表达天地万物的时候，我们可以用中国赋比兴的方式来观察它们。一年有春夏秋冬四季，四季用什么来发言呢？用风。春风是“吹面不寒杨柳风”，自地面倾斜而上；夏风是烘烘而来；秋风是秋高风爽，自上而下；冬天是刮地而起。这是自然界的语言。

那么人世间的语言是什么呢？这个世界就是比较奇怪，没本事的说话多，有本事的说话少。我们做新闻工作的，最没本事，天天说话，但是人微言轻。扯远了。

事实上财经新闻媒体还是个新生事物，《21世纪经济报道》号称中国财经报纸的领导者也不过五年。我们谈经济大势与新闻叙述策略，首先要研究的是，什么力量催生了财经新闻媒体？如果我们说我们处在一个经济世界就应该有财经新闻媒体，这是错的。经济世界时刻都存在，但以前为什么没有出现？到了2000年之后传媒领域内风生水起，基本上是围绕财经媒体来展开投资。在新闻界身价最高、人力资源最稀缺的是财经新闻记者。那么是什么力量使对财经新闻记者的需求大增，使这个市场一夜之间接受了财经新闻媒体？是什么力量使我们这个时代所谓的精英人物、主流文化以及官方意志认为财经新闻媒体在未来是最主要的产品形态？这是我们要回答的第一个问题。

第二个问题是财经新闻媒体出现以后它的历史演变如何完成。

第三个问题是财经新闻媒体当前面临的最大问题，机遇和挑战何在？

“财经新闻媒体并不是由来已久，而是一夜间催生出来的。”这个判断实际上隐含着骂人的东西。为什么呢？实际上，20世纪80年代中国就已经有一份经济媒体了，叫《经济日报》(除此之外，还有《经济参考报》)。但是我为什么认为它不是财经媒体？答案很简单，因为它带有很浓厚的官方意志，他们的文章都是上谕。那么在那个时代为什么会出现这种上谕式的经济媒体呢？在我们改革开放的初期，实际上不是在争论经济利益上的冲突，而是在讨论意识形态。我们一般把改革开放的时间定义在1978年，认为是邓小平同志开创了一个新时代，开创了改革开放的道路。邓小平同志上台之后坚持两点：第一改革，第二开放。改革从农村入手，解决农村问题；开放就是打开国门，吸引外资。他改革的方式与宋代王安石和明代张居正非常相似。当时党内的政治斗争和意识形态斗争非常激烈。当时他提出“实践是检验真理的唯一标准”，但这个东西很难说，因为实践有成功的，也有不成功的，这就有一个“路”的问题。那怎么办呢？他又提出一个“不管是白猫还是黑猫，抓住老鼠就是好猫”。这是一种典型的机会主义者的措施，是毛泽东同志在井冈山时期用的措施。在那个时代不会存在什么交易行为，这是削弱政府对经济行为的管制，不断放松的措施。而中央政府为天下松绑的策略和措施，为《经济日报》等御用媒体提供了一个说明和解释上谕的机会，它和商业领域没什么关系。所以，从1978年到90年代前期是没有什么经济新闻的。

经济新闻存在的前提是市场必须有需求，当读者阅读经济新闻时他就要获得一些资讯和政策解读，从而做出趋利避害的选择。那经济新闻存在的基础的技术变化是什么时候出现的呢？我觉得改革开放这个话说得有点含糊不清。改革开放其实有前改革开放期和后改革开放期之分，两个差别非常大，而后者是1998年出现的。1998年是改革开放以来最明显的分水岭，那时，中国从一个短缺时代进入到一个过剩时代。这是一个非常激烈的转折点，正是因为这个转折点才迎来了财经新闻媒体的时代。

什么叫短缺经济？短缺经济就是你去买衣服买不着。到了1998年进入过剩时代，大多数工业商业，货都堆在仓库里卖不出去，这就意味着整个经济行为被中止了。打个比方就是身体里的血液凝固了，那叫僵尸。当时的中国经济不能说是僵尸，但的确是“半身不遂”。这种半身不遂从仓库里出发一直传达到金融机构。企业进行投资行为，它的资金来自于银行，而银行靠利息收益，而货堆在仓库里卖不出去，银行就血本无归。所以当时第一个反映出去的就是金融机构的问题。第二个，国家运行靠什么？靠财政收入。1998年中央政府的财政收入寥寥无几，相应地在各项公共服务措施上也停滞不前。出现了这些问题如何解决呢？这就是第三个问题。如果你是企业主，货堆在仓库卖不出去，你会选择什么方式解决？非常简单——清工——不再生产。清工导致的后果就是下岗工人增加，而下岗工人的增加意味着社会不稳定因素增加。所以不仅是金融机构出了问题，中央财政出了问题，而且我们社会基础也出现了土崩之势。

也就是从那个时候，国内的主流媒体开始出现了新浪潮。也正是那个时候的国企改革刺激了财经媒体的崛起。《中国经营报》顺势完成了中国财经媒体的第一波浪潮。它在1998年的时候开始发力，当时它还处于亏损；一年后就开始盈利了，尽管盈利不是很多；到了2000年的时候，它的广告收入已经达到了7000多万。它靠的是什么呢？《中国经营报》从1998年开始，它主要做的就是传播营销知识。大家都知道，短缺时代的生产制造商是不需要谈论如何卖东西的，他只要生产出来确定能够卖出去，可是在过剩时代你必须考虑怎么样去卖东西，所以那时才会出现品牌推广和渠道建设等营销意识。而《中国经营报》迎合了这种需求，主要做的也就是传播营销知识。而构成营销策略的一个很大的部分就是价格战，当时国民的收入不高，对价格的波动很敏感。如果《中国经营报》得益于对营销策略的宣传的话，那么另一支力量就是《南方周末·新经济》的崛起——当时它写了大量的家电行业价格战的文章。

当时我们怎么来表达营销问题？怎么来表达价格战的问题？我们的语言叙述策略是什么？在此之前，《经济日报》的表达就是典型的官方语言，是我党在延安时期就遗留下来的语言系统。如果说《南方周末·新经济》有开创之功的话，我认为它为当时寻找到了一种新的语言风格——江湖语言，这种语言来源于武侠小说。为什么这种武侠小说式的江湖语言在当时可以大行其道呢？其实还有一个背景。敢于发动价格战冲击整个市场经济基础的主要是民营企业。而民营企业与媒体打交道采用的策略就是江湖义气。这种文体大概流行了两年的时间（事实上，现在本报的很多文章也仍留有当时的痕迹）。

到了2001年，文风发生了重要的转变。那时，用武侠小说式的语言来叙述现代企业制度已显得非常乏力、不准确，或者飘浮不定。这个时候，一个新媒体——《财经》杂志腾空而起。它对中国财经媒体最大的贡献在于它引来了相当完善、相对纯粹的经济学语言来表达经济学事件。从那个时候开始，我们开始意识到什么是现代企业制度，构成这些制度的基本变量何在，构成完善的公司治理结构的内涵和外延，改革的策略和方式何在等等。大家如果看过《财经》杂志的文章，会发现它不太讲究语言，它的语言缺乏变化却很扎实。

那时，国企改革提出“抓大放小”的口号。抓大是国家继续控制大型企业，放小说得难听点就是放弃。如何放弃？就是卖掉，一个是卖给内部人，一个是卖给外部人，这就产生一个交易机会。当事人如何评估这种交易机会？他需要掌握尽可能多的资讯。另一方面，中央政府为了解困国企而转战资本市场后，大批国企莫名其妙地上市了，大批老百姓也莫名其妙地炒股了。而炒股必须获得一些政策信息和行业信息，而《财经》杂志的出现满足了他们的需求。

接着，《21世纪经济报道》也应运而生，与加入WTO的中国一起成长，迅速占据了财经媒体行业领导者地位。这段历史想必各位都很熟悉了，在此不再赘述。

随后，财经媒体在2003年得到了一个巩固提高。这个巩固提高是哪件经济大事起到主要作用呢？在我看来有两点：第一，之前对资本市场的定位已经出现了大的问题，本来是希望由资本市场来为国企解困的，结果国企不仅没有解困，反而把老百姓也拖进去了，多少人血本无归。这个时候媒体自不待言，它要反思资本市场的种种问题。为什么这个时候媒体对资本市场进行反思，而官方是一种默许甚至是高度配合的姿态呢？是因为到了那个时候，中国出现了一个好转的迹象：（1）我们在这几年里吸引外资呈现一种加速度的态势，资金来源发生一些变化；（2）历经几年的改革，尤其是财政体系改革，中央政府的财政收入持续获得好转；（3）金融机构那几年获得休养生息的机会。

财经媒体成长的第二个促动力是中国加入WTO。加入WTO对中国意味着我们的开放到此完成了一个终结，以后就谈不上什么开放了，我们将处于一个全球化的经济合约。在这个合约里，我们将会按步骤来完成开放。我们将来融入世界经济，也让世界经济融入中国。所以从2003年我们对开放已经不怎么谈了，因为我们已经开放了。

那么，在这种情况下如何让我们的国有企业或本土企业认识全球事务和全球经济，我们怎么在全球范围内展开竞争，这对整个民族、国家和工商业来说都是一个重要的课题。而中国的媒体在这种历史时期同样要开始转变，这个转变就是胸怀全世界，并说服全国人民认真地去思考我们在全世界中的位置。

当代的中国媒体在中国加入WTO以后的确需要完成这个重大的转变。现在全球经济摩擦开始明显增多，这个摩擦一出现，媒体如何表达就变得非常关键。比如，学术界和媒体在出现中欧摩擦、中美摩擦和中日摩擦的时候，有意无意地鼓动民族主义情绪，我个人对此深表不安。我们如何清醒地冷静地与全球的各个经济体和平共处？——能够像胡锦涛所说的“和平崛起”。任何一个大国的崛起都会剧烈改变全球的格局。那么中国的崛起是不是会剧烈改变全球的格局呢？这一方面看我们的外部环境，一方面看我们怎么应对，这两点也进一步催生了财经媒体的市场经济。

那么财经媒体在这一波的表达方式是什么呢？很遗憾，我自己也没有找到合适的表达方式。在这一阶段，无论是《财经》杂志、《21世纪经济报道》，还是《经济观察报》都表现不佳，我们似乎都不太清楚如何来表达这个世界。外部环境在过去几年里已经发生了巨大的变化，因此我们必须要调整我们的叙述策略和选择题材的策略，否则我们就会刻舟求剑。

刚刚讲了这么多，回顾了过去，我们再展望一下未来。我得恭喜诸位到本报来工作，因为这里会融入我们这个时代最壮丽的篇章，即经济改革，在新闻界观察中国的改革大业，观察这个民族怎么复兴，的确是令人心神荡漾。我个人坚定不移地认为中国肯定会崛起，中国的传统文化肯定会复兴，为什么？因为我们的兴起的确已经不可扼制，经济基础决定上层建筑，经济基础同样可能改变全球势力。

有两点会构成未来财经媒体的支撑点：第一，2008年奥运会。奥运会是一个体育项目，它也同时是一个政治问题和经济问题。在奥运会前期，广告的投放量会呈爆炸式增长，而奥运会的广告投放基本上都是全球的品牌投放。如果《21世纪经济报道》继续保持眼前的市场影响力和竞争力，肯定是会获得诸多收益的。第二，我们现在的资本市场在搞全球通。大家不要小看这一点，这会深刻地改变我们的生活方式，深刻地改变企业的公司治理结构，也会深刻地改变传媒。在资本市场全球通以后，小股东可以表达自己的声音。他如何表达他的声音呢，机关报不会帮他表达声音的，他只有找我们这样的媒体。所以在未来的几年里，我们这些媒体就热闹了，公司新闻层出不穷。

这两点会保证我们在未来的几年的生活会比较滋润。我们可以站在21世纪报系的这17楼和18楼笑看全球风云激荡。

（本文根据作者2005年9月12日讲课录音整理，未经本人删改）

我的过客，我的版

2002年3月的一天，有事从北京去佛山。傍晚，顺道在广州见了符定伟。

在广州大道五羊新城路口的一个小酒吧喝啤酒，嚼花生米。他说着自己总结的产经七大选题标准：大公司大新闻、重大人事变动、市场竞争、经典营销案例……还说了21和经观的报道差异。

决定来21之前，我一直在给经观的汽车版特约写稿。当时经观的产经编辑曹圣明是从21跳槽去的，手下只有一个记者。当时我在《中国消费者报》跑IT和汽车，很悠闲，但缺收入和价值认同。

最后曹圣明却推荐我来21，他认为21提倡的硬新闻会走更远。当时是经观最鼎盛的时候，因为不刻意追求一手新闻，更多是话题性的策划，和21形成了差异化，行业影响力上并不逊色21。我个人判断：可能是21和经观都是周刊的缘故，在时效性和信息量上，21当时还不能体现出足够的优势。2003年开始试验周二刊、周三刊后，21和经观的差距开始拉开了。

当时的21产经部人手不少，但是汽车和地产缺人。4月份决定辞职来21，辞职前，前报社副主编找我谈话，大意是：年轻人不能脑子过热，市场化媒体不好混。当时《南方周末》正如日中天，南方报业名声在外，还是辞了。

符定伟对记者基本属于放养。一般是每周四晚上7点准时电话，简单问两句选题，给你有选题通过的假象。第二天交完稿，接到的电话通常是“再改改”，哪儿哪儿不行。这种状态持续了两个月。直到有一天，发完一篇《国内多家企业仿冒金杯》的稿子，符定伟在电话里说，“可以了！这期发头条了，王长春说你文字不错”。

就这样转正了。

放养的日子没过几天，符定伟调去了头版，副主任李波扶正。李波干活很认真，什么事也喜欢较真。稿子不行，选题汇报不清楚，就是一通“态度不端正”之类的训话。最痛苦的是他夜不能寐，经常半夜两点打电话，跟你讨论业务。

后来知道，当年的李波一年如一日，每周五做完版就连夜坐10小时长途大巴，被老婆从广州召回南宁。有人说，对老婆好的人对下属都比较不厉害，我没亲口问过他。但是被他折磨的那大半年，业务能力确实是提高很快。一方面是自己适应了，另一方面也是管教的结果。

2002年底，为扩版周二刊做准备，报社开始大规模招记者，也有不少记者离开。人多了，报纸还是一周一期，上稿更难了，稿费下降得厉害，编辑和记者之间的干群关系空前紧张。11月底，为了安抚民心，李波从广州来北京。这是我第一次见到李波，这个黑瘦的小个子，很难让我与电话里的他对上号。

2003年SARS期间，报社集中主要力量做SARS的系列报道，版面紧张，发稿突然困难了，而且许多企业和单位放假，找不到人采访。一篇《夏利巨亏7亿》的稿子被发回来改了七遍，补充采访加修改，折腾了三个礼拜。事后夏日在评报会上拿出稿子说，“打通了产经和财经两个领域”，也算欣慰。

当年的评报会远比今天的评报会热闹。北京站16个记者，一评就是两个小时，开始基本是群众斗群众。张旭经常挂嘴上的是“我做的是最牛逼的国际化新闻”，引来郭开森反讥，留着长发的马腾看了，在一旁笑。

有时候，就某一篇稿子好坏，能吵得脸红脖子粗，最后夏日、刘冬出来劝架才收场。这种氛围让许多新记者受益匪浅，随着记者规模增加，后来的评报会已经没有了业务争论。

当时钓鱼台大酒店，一到周四、周五，总有通宵写稿的，一帮单身男青年，基本是网上闲逛，看电视，打游戏机，玩到12点开始写稿，写不下去了，问酒店前台要浴巾、拖鞋、牙刷，开始洗澡。洗完再写或者直接在窗台上、衣帽间的桌子上睡觉。

直到某日，朱宇严肃地宣布：“宽带经常出问题，以后禁止晚上在办公室浏览黄色网站。”按照虎哥王玉虎的调查，当时21记者写一篇稿子，平均费时7小时。许多时候，时间是花在想角度，遣词造句和喝茶，焦躁以及各种形式的放松中的。譬如一帮男人凑在一起，谈论谈论汪若涵如何妖娆，有味道。

因为打分高，记者写稿有动力。郭开森当年一篇《联想欲入主中科健》奖励一万元，不知道是真还是假，到现在还有人惦记着。

2002年底，报社开始大规模招人，为周二刊做准备。人多了，突然感觉上稿难了，有时候半个月发不了一篇稿子。主编刘洲伟到北京开会称：“我们以前是行霸道，现在要行王道了。”

报道思路出现了调整，开始执行新闻标准化。以往带有浓烈记者个人风格的稿件，开始少了，这对记者和编辑都是一次考验，体系竞争力被强化，有人感到个人价值开始下降。

写稿、采访是痛苦的。办公室三天两头接到投诉、律师函，让大家不爽和不安。不过听听“神人”张旭讲他如何痛斥信产部和投行的故事，也就心安了。出现报道纠纷，战略上要重视被报道对象，战术上要藐视他们，估计就是这么来的。

到21后第一次遭遇纠纷的，是上汽收购通用大宇的系列报道。上汽和通用签约前一周，《上汽收购大宇意在山东》的稿子刊发，一周后，由于第二篇稿子涉及部分商业秘密，公关总监给刘洲伟打电话质问，有个性的刘洲伟没等对方说完就挂了电话。

几天后在北京办公室的电梯里，陈东阳总经理说，上海通用为此停了下半年广告，直到第二年才恢复。

2003年6月份，报社在广州开办内部培训班，记者脱产上课半年，其间领月工资4000元。记者干累了，抱着去广州玩玩的心态就报名去了广州。快活地度过了一年半。

那时候的刘洲伟、陈东阳，还没有现在这么忙。周末经常去刘洲伟住的丽江花园打篮球，刘洲伟坦克般迈着大步，带球突破上篮，基本没人敢拦。每周六，跟着经营部门去天河体育中心踢球，陈东阳和李戎也经常参加。有时候还去打羽毛球。

白天上课，晚上不是在办公室上网就是打游戏，到处晃。跟着陈习龙去过杨箕村旁边10元门票外送一听可乐的舞厅，跟打工仔、打工妹一起high；沿江路的酒吧几乎被泡遍，报社周围20元的足疗三天两头去泡。

有时凌晨三点跑到石牌东吃生蚝。周末爬白云山，夜览广州城也是保留节目。当时白云山是广州车震族的乐园，媒体报道的每周山上要清理多少套套之类的话题，是我们爬山的佐料。

某晚，陈虎带着一彪人去了华侨新村的枕木酒吧，因为李戎说木子美经常在这玩。去了，李丽正在接受一家境外电视台拍片，一起坐了一个多小时。我提前走了，后来听说张峰喝多了直扑李丽，被挡了回来。

刚到广州第一天，IT版主任陈虎和李波请吃饭，李波就预言："你们这一来，不知道有多少姑娘要遭殃。"这话后来应该被许多人印证过吧？

很快半年培训结束，我留在广州做了编辑。从杨箕村的杂货店花60元买了张钢丝床（没睡俩月散架），在张逸之的屋里跟另一同事加铺蹭房。当时张逸之很少回来住。直到成立"汽车周刊"回到北京。

做过编辑的记者，才真正知道怎么写稿，这句话是这个时候才真正理解的。因为改过别人的稿子，才知道优点和缺点在哪里，而记者看自己的文字是体会不到的。

记得，当时刘洲伟天天强调的是文章的"商业逻辑"，大逻辑、中逻辑和小逻辑的关系。而沈颢的判断标准是，四流记者用笔记，三流记者用嘴问，二流记者用眼睛看，一流记者用脑思考。做编辑后，我开始大刀阔斧地改稿子，该砍掉的文字坚决砍掉，文本不统一的坚决重写。李波的理论是，写稿就跟看戏一样，你锣敲半天不出人，观众肯定没耐心看，要跑。所以把许多开头第一段不交代时间、地点、人物的文字基本都删掉了。

21创刊前两年，21自由的新闻文风经常受到同行赞许，"树欲静而风不止"，"魔鬼藏于细节里”之类的开篇文字，经常被后来的记者写在文章里。现在这些都是累赘，需要砍掉。这时候，编辑经常被记者投诉乱改稿。编辑主导还是记者主导的争论，一度在报社出现。

为了打发周末时间，2003年冬天去深圳找张文强玩。当时张在华南汽车圈很有名，其对沃尔沃渠道纠纷的报道影响很大。张文强带着我去华强北逛，当时60块钱买的大浴巾现在还用着，质量很好。

那次发现，丘慧慧俨然是深圳站大姐大，周斌和张文强跟在后面屁颠屁颠。在酒吧，丘慧慧让周斌去给一个陌生女人敬酒，周斌做着鬼脸就去了。跟现在微博上一身正气、文字严肃的周斌判若两人。

后来张文强几次跳槽并不如意，现在北京自己创业，已经走上正轨。由于女人缘好，现在他的动向，尤其是情感，一直是圈中女记者、女公关关心的话题。

2004年初，报社创办汽车版，意外地让我来负责。分管编委是夏日，编辑是甜妞宋怡。宋怡完全是小女子心态，很小资，此前在北京商业版做记者，当时跟文艺青年，后来的3G门户网总经理张向东谈恋爱。我们一批人从北京去了广州。

由于在21历练多年，宋怡工作利落，心态也好，还经常跟男士抢着埋单。偶尔抱怨某人两句，最后还给对方找补回来，觉得自己小心眼了。喜欢晚上关着灯，点上蜡烛轮流讲段子和故事的感觉。

因为觉得对工作没有激情了，两年后宋怡辞职，在家玩了大半年，整天跟朋友和要好的同事吃饭、旅游。后来广州许多有特色的馆子都是她带我去的。

海兰、薛凌是创刊时加入的元老，加上后来的张策、吴琼、俞凌琳、何芳，汽车版此后就一直阴盛阳衰。

当时和分管领导夏日商量后，达成共识：汽车周刊在产经基础上加强人物报道，是体现财经媒体行业话语权优势的一个捷径。因为报社汽车广告增长迅猛，客户的高端资源是需要牢牢控制住的。

事后证明，这个定位是准确的。年底我们首次举行了年度商务车评选和年度汽车人物评选，2005年上海车展前夜的颁奖典礼上，胡茂元、安庆衡等都来了。当时也是报社最高规格的市场活动。

后来《第一财经日报》完全模仿了这两项评选，但是至今未做出影响力。这一方面是，21在报道质量上的严格把关，一方面跟市场部姜岚能力强密不可分。虽然期间管理上也出现过矛盾和部门冲突，那两年还是很有干劲，不像现在。

随着报社汽车广告规模越来越大，汽车版跟广告部的摩擦也隔三差五出现，记者私下抱怨不可避免。

记者成长都很快，后来由于种种原因，流失了好几名优秀的记者，但是他们的发展都很不错，也算欣慰。

自己创业回归的付辉，就不用多描述了，行业没有人不知道学者付老师。

海兰是第二批报社采编培训的成员，在广州她认识了文艺范儿的柯志雄。后来她去了凤凰网，筹建汽车频道并做出了影响力，现在已经是汽车圈里数一数二的女强人，前景和空间已经完全超越我等。

原来在专业机构工作的吴琼，有扎实的财经专业背景，她的到来让汽车版的财经视野得到了很大补充。这是至今仍要感谢她的。2005年上汽收购罗孚的一系列报道，完全领先同行。后来她因为这一特长，被《上海证券报》挖走了。

薛凌性格好，文字好，因为男朋友在上海，去了《中国经营报》上海站；性格温和的胡旭辉，后来去了工作节奏更轻松的《中欧商业评论》，以便兼顾自家在上海的珍珠生意。

俞凌琳是胡旭辉介绍，从《每日经济新闻》来到《21世纪经济报道》。来之前，就有企业打电话向我打听确切消息，在上海汽车圈，俞以挖料手快著称，是许多企业提防的主要对象。21需要的就是这样的人。虽然当时她在文字和思考深度上还有提升空间，但是性格优势，让她积累了很多行业资源：她有时会邀请一些行业的朋友去老家无锡玩，沟通上很站在对方角度阐述意见。后来华东很多重要的独家新闻都是她报道的。比如上汽收购南汽、吉利转型等等。

何芳人漂亮，采访认真，英文好，这些都是一个好记者具备的先天条件，凭借语言的优势，她在中国汽车产业国际化的报道过程中，确立了自己的行业地位。

2008年夏日转去筹备《理财周报》，王云帆开始分管汽车版。李波事无巨细，夏日完全信任放手，王云帆的管理介于两者之间，重要的是，在新闻产品规划他有自己的长远想法。

此时邓林奕休完产假回来上班，王云帆把小邓挖到了汽车版。不得不承认王云帆眼睛毒——女编辑是21的稀缺资源，相对于男编辑，女编辑相对稳定，而且当妈的女编辑更稳定。

更主要的是，小邓是第一批创业的元老，十年来，广州编辑部人来人往，只有她和另两朵金花——卢爱芳、李艳霞一直在坚守。

在原来两个市场活动基础上，王云帆敦促成立了汽车研究院，高端俱乐部的建设也在逐步实施。随着退出采访第一线，生活逐渐平淡，但是比以前更累了。

报社的队伍也在不断壮大，从周二刊到周三刊，到现在的周五刊，部门记者也在不断流动，写稿挣稿费，不稳定的收入让记者，尤其是男记者流失严重。从刚、史宝华两位成熟的记者，都已过三十，家庭的压力在慢慢增加，没有稳定的环境或成长空间，被同行挖走是早晚的事。

记者职业生涯，本来就是一个瓶颈接着一个瓶颈的过程。这几年，纸媒记者的价值和归属感，在网络的冲击下，变得越来越脆弱。面对职业瓶颈，每个人都有自己的选择。

《21世纪经济报道》金融版记者 刘振盛

新闻的文本如何“性感”

在门户网站大行其道、互联网的渗透率不断上升的背景下，我个人认为，纸媒的新闻产品只能通过提高报道的深度（体现为独家）以及作品的文本写作（体现为可读）来继续吸引读者的青睐。

对深度报道的追求一向是《21世纪经济报道》的宗旨，在此按下暂且不谈，只说说文本写作方面。本人从实习到2008年下半年正式加入报社以来，也经历了《21世纪经济报道》从周三刊向日报迈进的全过程，所以深刻体会到由于出报频率加快，记者和编辑的工作量剧增而导致新闻的文本写作水平不如以往。

记得刚刚到报社实习时，那时还是周三刊阶段。带教老师一直都强调文本写作的可读性，譬如如何包装新闻标题的概念，使其更为“性感”；再例如怎样写导语以及段落与段落之间的逻辑如何承接、文字该如何润色，同时还要求读透《华尔街日报是如何讲故事的》这本新闻教材。

记得当时有很多同事为了起一个“性感”的标题，冥思苦想半天；有的虽然采访技巧并不是很好，但优秀的文本同样让读者记忆犹新。

现在回过头看，以前的新闻作品，其文本写作水平确实比目前的状况要好，现在略举几个例子说明。

标题部分：《狂牛一个都没错过　“霸王”锁定下个目标》（王小明）、《太保人保深圳火拼　车险再祭价格屠刀》（王小明）、《9700万元“逼死”天津德利得　北海港唇亡齿寒》（张友）、《重庆、万州花开两朵　中国人寿图谋全国性银行》（张友）。这些标题的共同特点是，用的动词或成语都相当吸引人，让读者有想一睹为快的感觉。

导语部分：“这是一辆奥拓，不大的空间里挤了6个人。除了驾驶员和副驾驶，后排上坐着是两男两女。他们谁要挪动一下，都必须经过漫长的折腾。

这是在回家的路上。小小的奥拓在空旷的高速路上奔跑。速度仪的指针慢慢指向80、85……100。

这是5月13日的凌晨。在刚刚过去的昨天，一场7.8级的地震从四川汶川出发，几乎在一瞬间震动了北京、上海、重庆……惊动了大半个中国。”（徐恺）

这一导语的特点是用讲故事的方式，将新闻人物以及事件、环境等融合在一起，构造了一幅栩栩如生的画面。

试想如果读者花钱购买一份报纸，却读不到高水平的文章，抑或是文章读起来很费力，谁还会再次掏腰包购买？

我觉得可以从两个方面入手提高文章的写作水平：首先，作者本人应该多找找以往优秀记者的稿件，多读多揣摩写作手法，报社也应该将年度的优秀作品结集出版，供内部学习；其次，在每周的评报会上，大家对优秀作品的点评除了采访技巧、关注角度外，其实也可以多讨论文本写作方面的内容。

▲ 2008年赈灾义卖

地产的话语权

胡润在2010年“胡润内地百富榜”里说，房地产是话语权最大的行业。

按照我个人的理解，所谓“话语权最大”，可能与三个因素有关：第一，房地产是最近10年来社会关注度最高的行业；第二，房地产是最近10年来积累财富最迅猛，也是盛产富豪最多的行业；第三，房地产界的著名商人或者说著名的地产商，是表达话语或者被表达话语最多的行业。

看到这里，很多人会自然地联想到一个人：任志强。

如果严格按体制内的退休年龄规定，2011年3月，60周岁的任志强就应该从北京华远集团总经理的位置上退休。我能够感觉到老任内心的感叹：这是一个残酷的年龄线。因为任志强是如此精力充沛，我想他再干5年、8年是没有问题的。但是，他不退，早已盯上华远集团总经理这个位子的其他人，就会焦躁，甚至愤怒。为和谐计，还是退吧。

我曾经设想过没有任志强声音的地产商，该会是多么寂寞。我们已经习惯于他超过80分贝的大嗓门，他不肯妥协到偏执的争论，他洋洋洒洒的演讲、博客和不眠不休的微博。他离开后的地产舞台，将留下一个无法填补的空洞。

我愿意替报社臆想，任志强作为公众人物的正式崛起，是自2001年盛暑的博鳌房地产论坛始。这是《21世纪经济报道》每年一届的房地产论坛的开始。符定伟、梅波和我像鸟雀衔泥砌起的这个小巢，因为没有向国家工商局注册，商标被那个为报社打工的广告公司窃取。我们后来只好另起炉灶。这且不提。

21世纪博鳌房地产论坛（或者是易名后的博鳌·21世纪房地产论坛）开创了一个至

今仍被广泛拷贝的对话形式：中国地产六方会谈。哪六方？你随便想。我们不过是抄袭了朝鲜半岛六方会谈的概念，其实是不是6个人都从来没有严格遵守过。

自从有了这个对话环节，我印象中，10年的论坛，任志强从未缺席过。在此，未经授权的我仍必须代表21世纪房地产论坛组委会向他致以崇高的敬意。任志强犀利大胆而又言辞凿凿（他的演讲充塞了各种数据）的声音，就传遍了大江南北。我愿意相信，复制21世纪房地产论坛形式的各类论坛，许多听众是冲着任志强三个字去的，没有任志强在场的论坛是不热闹的。而老任，似乎也很享受这种众星捧月般的感觉，哪怕是被扔鞋也丝毫不减他的蓬勃热情。

任志强曾经在文章中为自己辩护说，他的年薪还没有演讲费高。早年，他是在香港上市的华远地产（现改名为华润置地）的董事长，年薪700万。这是他自己暴露的。跟“华润”分手几年后，他终于把自己的新华远地产也借壳上市，给自己定的年薪仍然是700万。但是，任志强争辩说：北京市国资委实际发给他的年薪不足董事会所定年薪的十分之一。而只要他愿意，一年365天，他可以300天奔走于演讲台，所以他的演讲费收入确实不低。

21是个穷报社，原本请地产商演讲都是不给演讲费的，能省则省。但几年后的某一天，我收到一个短信：演讲费呢？是任志强发来的。有关博鳌论坛的演讲费。其实，运作几年后，邀请任志强都是组委会工作人员跟他秘书联系，无需我出面。但是，演讲费的事他还是要跟我说。我赶紧跟组委会秘书长说：多少无所谓，但要尊重老任的劳动。

虽然21开启了一种传之四海的论坛形式，但非要说完全是21托举了老任，恐怕也有点自大之嫌，这正如说21和其他媒体被任志强所代表的地产商利用是极度夸张一样。任志强、潘石屹之需要媒体，正如媒体之需要任、潘。北京新闻中心邀请老任作过一次正式的讲座（培训），但我们没有发表过他一篇署名文章。

任志强的话语强势，能否视为房地产在中国社会话语权的代表？他多年来一直叫嚣房价会上涨，而房价也确实在上涨，虽然他几乎都说对了，但人们仍感觉不舒服。正如有3套房子的人也站起来骂房价太高一样，政治正确，但感觉别扭。我们之中的大部分人，不得不将大部分财富换成一套房子，心生恨意，可又无可奈何。房地产之于整个社会，或如房贷之于房奴，离开它不行，爱上它是断无可能。那就让它们尽情表演吧。

任志强曾经跟我们记者说，他退休后准备去办幼儿园。看看北京幼儿园外排大队报名的家长，这倒是有先见之明。但想起任志强可能在地产界洒下的空白，有一次我还是忍不住对他说：你退休后，我来做你的经纪人吧，全国巡回演讲。他睁大眼睛瞪着我，哼了一声，没说什么。我后来想，老任是不是在心里说：我凭什么要把演讲费的20%分给你?

也许这只是我的杞人忧天。没有体制内职务的束缚，老任将会干得更欢。想说什么就说什么，想去哪里演讲就去哪里演讲，真正是“任我行”。不过，任志强从不认为他是在传播地产话语霸权，他说：我是在承担行业责任，社会责任。

与“先进生产力”们共勉

相比起21众多元老级资深同事来说，我属于那种“不明真相”的围观群众。

例如看到前辈们喝酒必谈业务，且在喝倒之前，还能对某篇稿子的分析框架解读得头头是道，我才知道新闻醉人，无酒不欢；或是听说这些人经常三更半夜打电话讨论业务，我才发现精力充沛的体现，是24小时都在探讨新闻的逻辑，操作的理念。此外，还有不时传出来的各种复杂离奇的新八卦旧回忆，让我觉得21的人和生活都有一种喜感和戏剧性，充分显示了这群人多元的思维和高智商低情商。

的确，不是身在其中，怎能理解他们对新闻的爱与恨以及由此衍生出来的复杂情绪。相比当年步履维艰的开拓者，我们这些后来者错过了太多精彩的故事。

不过，围观久了，多少也会日久生情。这四年来，我就是看着这些人醉过骂过，酒醒来后还是忘我地工作，领悟到做新闻的真谛就是“我不下地狱谁下地狱”。这个行当太多难啃的骨头，但是，如果不是因为热爱，也不会有这样的快意恩仇。我也因此改变，调整自己的“旁观者”身份，努力寻找所谓的主人翁精神。而后，也早已习惯了骂完报社，骂完行业，再乖乖地干活，如此反复。

一

我进入21是2007年。没有亲身经历21早年的凶猛，却也算在它步伐依然矫健的时候跟了上来。这些年给我印象最深的就是这个群体的鲜活，虽然传统媒体已现腐朽之气，但他们的确在这样的氛围下奋力奔跑。

当年我来报社面试，如今产经版副主任、当年管理版的编辑鲍辉春，在广州那简陋的办公室里给我拉了张椅子，问起我写的那篇广东医疗阳光采购的调查稿，造成这些问题的原因到底是什么。虽说当时的我做了一些所谓的调查稿，但是在后来的日子，我才逐渐明白当时更多的是把采访到的信息堆成稿子，而非用21人最看重的“逻辑”来把问题解释清楚。因此，在我印象里留下更多的是破碎的信息，使得鄙人在当时这名头发还不算是太少（此后油光可鉴）的编辑面前，甚至表达不清这个事情的来龙去脉，更别说分析其核心问题。这位老师听不下去直接打断，接着，利索归纳出一二三个要点，我万把字的文章架构一下清晰起来。

那一天，给我留下深刻印象的，还有现在管理版的主任黄晨霞，当时她穿着一条学生装束的碎花半截裙，却站得腰板挺直，对着电话那头字字珠玑，一副三分钟不用换气的架势，让我觉得这里的记者很有派头。往后，我经常遇到这些语气来势汹汹，却能三言两语直达中心的神人，我困惑他们是不是在大学的辩论队里都经过了良好的训练，还是因为21的逻辑训练，让他们如此强大。

在此之前，我曾在新东方学校工作过。尊敬的俞敏洪校长一直给大家灌输着要让自己变得优秀，就要“与优秀的人在一起”。我就是秉承这个理念怎么都想挤入21，回想起来我能在这拨有着精英情结，喜欢问出身（例如你的毕业院校、学历和专业）的团队里活下来，也真是碰了运气。

21是个有狼性的团队，要生存下来，除了自己的努力，更多的还有良师益友的指点。上述这两位神仙，后来就当了我的领导，我的加入也给他们带来了一段痛苦的磨合期。他们给我的评价是有激情，但我自知言外之意是逻辑欠奉，专业知识不足，但我依然抱着阿Q精神，在坎坷的知识框架重塑中前行。

进入21之前，我在前面一家报社也算混到了资深，自以为采访的基本功算是扎实，文笔也算了得。但是过来之后，在这两位编辑的压榨下，颠覆了我对自身的评价体系，屡次的修改让我低到尘埃去。对于一个文字工作者来说，听到例如“逻辑混乱”、“主题不鲜明”等评语，都是对自尊和自信的挑战。但如果你不是天资聪颖，那在这里生存的哲学就是要勤奋加脸皮厚，刻薄的评语，权当浮云吧。

后来自己也当上了编辑，转换了思维去看选题和稿子，感觉思路更为开阔，逻辑感也稍有提升。但是，如果论己投入的心思，相比前两者的苛刻精神，实在差上一大截。我还记得有一次问黄晨霞，为什么字字斟酌，反复打磨？她回答得很简洁：因为21的标准放在那。我想，这些早期的21人，也许早就被21的价值观洗刷过，而且自然而然地把它们贯彻到自己的工作当中，标准与工作原则，已经不可分割。

二

历经四年，当时的管理版开始转为快公司版，而后又重新回归。从捕捉创业型公司的商业模式，到研究大公司的起承转合，我在这几年的倒腾中，重新学习新闻的方法论，以及训练自己的逻辑思维。虽然说如今不是成果丰硕，但相比此前的稚嫩，算是有了交待。而版块里的每个人，也在这样的合作当中友情渐深，相比其他版块流动的频繁，我们有点“不思进取”的意味，却因为实在是喜欢小团队的氛围。

除了业务探讨，我们版块喜欢切磋牌艺，我一直认为打拖拉机是最直接体现一个人逻辑思维是否强大的工具，因此，我特别特别欣赏本版的陈晓平，这位人大经济学硕士，甩牌时的阔气，或者拖拉机抠底的豪气，都让我们觉得他的大脑就像一台奔腾的计算机，用来做文字工作，实在是太浪费空间了。而黄晨霞一出手，也让你觉得女生的算术也可以精密到这个程度，实在令人汗颜。此外，刚离开贵报不久投奔那该死的互联网公司的张天阔，就是由一名懵懵懂懂的女生成长为拖拉机高手，全拜周末以业务讨论之名实则拖拉机切磋的演练所赐。而北大新闻系毕业的美女徐丹，也曾经是我们这个拖拉机团队的一员，只可惜也是因为有更好的选择而去了金融业，放弃了她多年的新闻梦想。不过，如今还有李海强、黄锴等坚守岗位，加上新来的佛教爱好者陈洁，本版又有了另一番清新气息。

有的时候我会觉得，团队的力量更甚于个体的力量。就是因为这里有太多的榜样和楷模，会让你觉得外面的世界不如这里精彩。除了本版之外，南方新闻中心的同仁们，也各有各的特点，例如十年如一日勤奋工作的主任丘慧慧，手抱满月的儿子敲键盘写稿；儿子都上高中但每天仍然乐呵呵采访写稿的朱益民老师；为复兴中华文化而成为写赋达人的贾玉宝老师……都是这个大团体里面可圈可点的人物。就是因为这些神人，这份报纸才如此鲜活。

我一直觉得做新闻的人要有点理想主义。因为挣不到大钱，工资上涨的速度基本赶不上CPI，只能在工作之余，寻觅打拖拉机这样的小爱好或是与这些神仙们神侃寻得短暂的快乐。这些年来，因为与这群白衣飘飘的居士们共处，分散了我对贫富概念的注意力。每每有世俗的念头，都会不自觉地被这群朝夕相处的同事们的激情所掩盖。

但是，如今21一晃已经十年，这份报纸也有了疲态。领导们都说传统媒体转型之时其实也充满着各种机会，不必太过悲观。但是眼看着老妈的退休工资已经超过了我的税后工资，实在让这个做女儿的无法否认媒体行业的不争气，让尽孝心的目标迟迟看不到曙光。

记得在微博上看到一句颇为经典的话——“传统媒体是最先进的生产力和最落后的生产关系的结合体”。不得不称赞其总结之精辟。而这些“最先进的生产力”们能否继续先进下去，光有激情并不足矣，而这次的十周年纪念系列里各位神仙都洋洋洒洒记录了众多的回忆，也对未来作了展望，也许对于如何修复落后的生产关系，能带来某些启发。因此，待读之，待求解。

《21世纪经济报道》低碳版副主任 ▌王世玲

“公共政策”新闻炼金术

“朱幼棣（前国务院研究室社会司司长）出了本关于医改的书，我们在观点上取得了部分的一致。”深冬的夜里11点，响起的手机声尤为警醒，家里人抱怨这般时候的骚扰。而电话那头说话者却异常兴奋。

尽管新医改已实施一年半，但仍有医药界人士在耐心地“说服”我“相信”其观点。这位深夜电话者是一位国药系统的“医改”人士，其在半年的时间内连续约我见面聊、电话聊、网聊。约见的主题永远是“推销”其医改话题，而谈的过程则不变地成为了辩论。

在经济改革全面铺开并基本成型后，中国进入了一个社会建设周期。社会公共政策重建成为极为迫切的民众需求。也是执政者维持政治合法性的着手点之一。而中国的媒体界也从此进入了公共政策的传播欢宴中。

2005年，这场欢宴从卫生领域开演。令人意外的是，舆论监管部门表现出前所未有的“开放”与“宽容”（几乎从未收到过“舆论引导”指南或禁令）。如此天赐良机，作为公共政策重构开篇的新医改政策报道中，媒体的作用不仅是报道政策结果，而是深度地参与了整个决策过程，包括直击利益群体们的或明或暗的利益诉求及博弈。

作为一份有“担当”的媒体，《21世纪经济报道》在第一时间加入了这场中国“公共政策”新闻创世纪的竞赛中，并逐渐掌握了舆论的话语权，最终成为引导者。

政治学的公共政策理论有一个经典模型——“伊斯顿模型”。即个人或团体提出“要求”给“政治体系”，做出决定输出，在社会环境中造成“后果”后，又反馈给“政治系统”。而中间的决策，即被称作决策“黑箱”。这一用词意味着承认存在着许多难以观察到的行为。这就又回到了权力的定义问题。许多权力的运作过程是以隐蔽的方式进行的，权力运作的成功可能也正是依靠这一点。

揭示“权力以隐蔽的方式运作”在公共政策的制定过程中的脉络，正是我们成为该领域报道的引导者的原因，也是我们参与政策决策过程的力量。

实际上，“这是政治参与的一个实验场。”——2009年4月，新医改方案公布后，总结性报道《医改的智囊们》的编者按（本报政经总监汪生科写）给出了精准的总结。

中国医改问题上的全民发言，尤其是精英学者们不断争议、讨论，成为抹不去的社会记忆。除了专家，媒体更是这场政治实验场里的重要一员。对新闻业而言，是幸事。

医改、教改、住房保障、环境、食品安全、社保、交通、城市治理……中国将迎来公共政策重建的高潮。媒体也将迎来“公共品”报道的黄金十年。

期待，我们的力量更强大。

一场新闻的盛宴

新医改方案在政府部门内部“酝酿”尚未亮相时，在一个论坛上，卫生部政策法规司的官员的演讲内容，披露了卫生部的观点，即借鉴“英国模式”。接着，卫生部高官连续发表观点，宣布新医改将以“政府主导”为基本方针。

所谓“英国模式”简单来说，就是免费医疗，而且由政府全额埋单。这一模式中国人听起来是那么的熟悉。看病不要钱，显然会受到民众认同。大概是这个原因，卫生部的官员们想当然地觉得，自己制定的医改方案肯定会获得通过。

但这种主张隐含了一条操作路径，即医疗机构办成事业单位性质，政府财政投入办医院。而有了这笔办医院的钱，卫生部门的审批权力自然会扩张。当然，这种逻辑，并不会在官方语境中出现，以“恢复公益性”而掩之。

按政策制定惯例，这种隐藏着部门利益诉求的政策，不会征求公众意见就会出台。恰巧，涉及卫生体制的部门并不单是卫生部，还有发改委（医药定价权、医院基建审批权）、人保部（医保基金使用）、财政部（政府财政投入审核）、药监局（药品监管）。单纯代表卫生部利益诉求的“英国模式”，自然不会得到其他部委的认同。

“英国模式”思路被媒体披露后，引发激烈争议。各路专家纷纷在媒体上登场，赞同者事后被总结称为“计划派”，反对者被称作“市场派”。

这一阶段，本报的报道已成为观点交锋的主场。市场派代表北师大教授顾昕、北大教授刘国恩和计划派代表北大教授李玲，分别作为访谈对象，全方位展开论战。

什么是医疗卫生的公益性？公益性是否等于政府直接办医院？收支两条线是否能解决看病贵？药品是否有必要由政府直接生产，配送？……从理论到操作措施，本报做出了近2万字的关于争议的报道。

同时，各类媒体也以各种报道形式跟进。其中，北大周其仁开始在《经济观察报》开设医改评论专栏，以40篇文章耐心地论证了一个观点：目前医疗状况不是已市场化，而是市场化的程度严重不足。

后来的事实证明，媒体对医改讨论的全面展现和介入，直接影响到了决策。2006年9月，卫生部的“英国模式”思路已经调整为“英德美混合模式”（德国模式被称作“市场派”的专家认可）。本报对此也进行了独家报道分析。

这种影响推动医改政策制定进入更广泛的空间——全民公开参与。也就是在2007年的“两会”，当大多数人预判方案会出台时，却得到意外的消息——委托6家研究机构，分别制定医改方案，以备方案制定者参考。

这意味着，卫生部想关着门制定医改新政是不可能了。此后，本报对6家（后增加到8家）的医改方案进行了一系列独家报道，新医改修订的新动态基本上是本报最先披露，并引发和参与到具体方案内容的大争论中。其中，对部委掩藏在背后的博弈，也独家给予披露。

事实上，2008年10月14日，新医改方案意见征求稿公布时，已经能欣慰地看到，之前媒体的“掺和”起到了很大作用。卫生部单方的“政府主导”掩盖下的“计划”色彩淡去了很多，增加了更多市场化改革思路。

但这份所谓向全社会征求意见的方案，貌似专业但表达晦涩，前后矛盾。其实，利益真正隐藏在前后观点矛盾的“迷雾”中。

在“征求意见”的当期，本报连续出了六期《新医改衡平策》（即新医改辩论），一辩基本药物迷雾，二辩“市场药”与“公立医”矛盾，三辩公立医院改革缓行，四辩药品定价机制难题，五辩社会资本办医困境，六辩直呈部委间意见纷争。

本报以系统性和专业性的报道，再次引发了舆论跟进。

2009年3月15日，我获得线人独家爆料，即新医改方案修订后最终要公布的版本。相比征求意见稿，修订版修改了130处。线人给的方案版本上仔细标出了和之前版本对比的修订的内容。

3月17日《铺设市场化　新医改方案定稿有望本周公布》在本报刊登，一时间成为各大网站转载的头条。从最终稿内容看，之前争议比较大的改革举措也得到了重新修订。如基本药物制度在定价、采购、配送、使用等环节的政策措施有所调整；公立医院改革明晰了“政事分开、管办分开”的原则；多元化办医写入公立医院改革试点要求中等。

而这些争议，正是包括本报在内的一些媒体通过报道，“参与”讨论的结果。

2010年“两会”期间，在全国医疗界政协委员、人大代表的场外讨论会上（某医药杂志每年组织），中国医药商业协会副会长王锦霞很激动地跟我换名片，“因为你的稿，新医改方案整整晚出台一个月（3月18推到了4月14日），你‘搅黄了’他们（卫生部）。”

公共政策的媒体切口

2007年9月，复旦大学一位传播学博士找到我，想以中国新医改方案制定的全民讨论、媒体参与、政府职能等角度为博士论文内容。不知道后来她的论文最后的结论如何，但显然，学界也关注到新医改和传媒的关系现象。

或许，这并不是舆论影响决策的第一次。但却是难得的一次样本事件。

可能是公共政策涉及范围广、利益纠葛复杂，再加上卫生体制在世界范围内，没有完美的或者达成共识的制度框架。因此，媒体监管部门保持了缄默。事后看，医改政策的制定过程，为媒体打开了难得的“机会窗口”——利用利益群体间意见的激烈纷争，找到参与决策的切口。

在中国现有体制下，政策制定掌握在官方手中（包括部委、官方背景研究机构、部委下属的各种事业单位）。而官方们也习惯性地关上门，在小范围内“酝酿”。

所幸，这一次，大门裂开了缝隙。

由于医改涉及领域广泛，改革层面上包括药品流通体制改革（药品政府定价、生产、配送、招标采购、质量监管等）、医保制度改革（医保城乡统筹、医保支付、医保经办方式、报销水平、基金沉淀）、卫生体制改革（医院运行机制、薪酬考核、卫生监管、疾控等公共卫生、农村卫生、特殊范畴如妇幼、精神病等）。

改革的宏观架构上，还要厘清的理论层面有：卫生筹资体制（个人支付？社会支付？还是政府支付?）、卫生资源配置（区域卫生规划、医院设立审批制度、三级卫生服务体系衔接）、卫生总费用控制（控制手段不同路径：英国模式与德国模式）。

甚至还包括医务人员学科教育、培训、社会救助、计生体系。

要重构这么一个庞大的理论体系和操作体系，势必要带来利益重组和调整（利益群体：政府部门、药企、医院、公众）。尤其是部门利益（多达16个）。而“大门的缝隙”就沿着这些利益纷争撕裂开。

比如，医改方案制定过程中，人保部和卫生部博弈最为激烈。卫生部“赞成”的英国模式，等于要废除了医疗保险模式，而医疗保险的“主管”权在人保部。之前，医保在人保部并不属于业务核心（业务核心是就业、养老保险、公务员管理等）。因此，最初人保部并不在意什么英国模式。

但在相关专家的提醒和呼吁下，同时国务院高层领导对医改的重视程度提高后，人保部逐渐意识到“争权”的必要性。

而财政部尽管不直接主管“医”，但由于卫生部提出的“英国模式”，会涉及到大量的财政投入。事后看，财政部也不甘心卫生部方案里蕴含着的、财政出钱“养医院”思路。

作为参与公共政策制定的重要一员，此时媒体最有价值的就是发现这里博弈、冲突、碰撞，并昭告天下。

如2007年3月22日，《财政部力推购买医疗服务　公立医院不等于公益性》的独家报道，点明了财政部与卫生部的不同思路。

2008年11月5日，《医改第六辩：人保部提出基本药物制度操作新思路》在本报刊出，展示了“卫生部和人保部在基本药物制度上的激烈交锋”。

正是这样的切口，相比网络和广播电视，纸媒获得了难以取代的竞争优势。相比商业故事（如某企业的兴衰成败），或某个突发事件，公共政策的“利益博弈”很难直接呈现在电视媒体上。因为这是无法用“镜头”采集到的。通常，它们都隐藏在各种专业术语或官方语境的深处，唯有文字能表现。

其次，因为公共政策如医改是一系列颇为复杂、略带专业的改革内容，网络媒体通常在消息传播上快速，但难以在挖掘深度和逻辑分析上，给出梳理。

“圣徒”能否有价值判断？

“媒体的责任是尽量客观地展现各方观点，而不能有倾向性。”文中开头的那位国药人士，跟我多次地提出。在他的判断里，包括我在内的一些媒体人士，在此番新医改报道中，都具有明显的倾向性，从而最终引导了舆论，影响了决策。

媒体和记者是否可以把自己的价值观带入报道？这类话题在传播理论上，大概还在争论中，尤其在新闻原教旨主义者眼里，是个永久的议题。

“瞧，那些新闻的圣徒。对于一个新闻工作者来说，沉湎于新闻的无限可能性是危险的，但也是必需的。”“新闻究竟是用来做什么的？”——在《21世纪经济报道》的创始人那里，这样的命题早在创刊的年代，就以诗性的语言提出。

从2005年到2010年，持续6年的新医改等公共政策报道后，回头看，最终证实了21世纪创始人的判断，“因为这个工作的实质决定了，唯有尝试才能生存，才能解恨。而无限的可能性，正贴在尝试者的额头上，只有不停地敲击地面，才能把它刻在地上。”

价值判断肯定有——目标公平、手段竞争、尊重市场规律、反对借“公益性”旗帜回归“计划”——所谓市场化的媒体都自觉的、不自觉的站到了一起。

其实，这场“政治实验场”也包括媒体之间的博弈。是带有不同价值观的（当然，有些党报党刊不需要有价值观，是“喉舌”。）媒体的交锋。

如每隔一段时间，中国第一大通讯社就会代表政府部门发布医改“好消息”，如基本药物制度实施后，药价下降多少等等。而接着另一些媒体会报道相反的消息。如本报刊发的《基本药物“零差价”，暗含医院“回扣”高至六成》、《药价虚高蔓延至基层》等。

而正是有一定的价值判断，我在写新医改方案修订版出台时，特意强调了这句话——“引人注意的是，修改稿把竞争、市场机制等要素添加在公立医院改革、基本药物制度、医保管理制度、基层社区医疗等多处改革环节中。”

因为，这份长达13000字的，专业词汇遍布的，读起来晦涩难懂的改革方案，是各方观点和利益交锋、博弈、讨论，最终“捏合”的结果。“竞争”和“计划”皆有，且互为矛盾。在实践中，利益部门非常有可能“暗度陈仓”，只挑“计划”来做。所以，我写的报道中，有意识地强调“市场机制”也是改革的核心要素。

交锋甚至在一个媒体的内部。

北大光华管理学院教授刘国恩和北大教授李玲，都是因医改而红起来的学者。二人被舆论封为“市场派”和“政府派”的代表人物。前期，两人在不同的场合激烈争论过。到后期，几乎走到了“老死不相往来”的地步，即两人不同时出现在一个会议上。

在新医改方案公布后，各媒体都争相邀请专家解读方案。一个有趣的事情发生在CCTV。李玲受邀参加CCTV新闻频道，刘国恩受邀参加CCTV经济频道。两人在央视的大厅竟不约而见。据现场目击者称，李玲看到刘国恩时，是“昂着头”的，感觉是受邀新闻频道的优越感。

“她（李玲）是官方安排我们必须去采访的，而您是我们主动约的采访。我们更支持您。”录完节目，CCTV经济频道送刘国恩出门的工作人员对刘“会意”地说。

中国的“公共政策”报道已经度过了喧哗的5年，但还刚开始。对记者，这是个需要耐得住寂寞的领域。它不是像“揭黑”、事故、案件、商业斗争等报道那样，可以一稿成名。

“政策”报道领域是一种静态演进。政策背后的利益者们隐藏在灰暗处，以各式各样的装扮掩饰着自己，需要记者去观察、揣摩、体会、分辨，才能找到一把合适的“刀子”，挖出“政策新闻”的本质与价值。

新闻“贫矿”中成长的发稿机器

早在北大读书的时候，虽然对经济学一知半解，但是每周一期的《21世纪经济报道》和《经济观察报》是我必买的报纸。当时感觉经观的可读性更强，而《21世纪经济报道》的专业性更强，尤其基金、财经、金融等版面的文章，如果没有一定的专业知识，要想完全读懂难度不小。

当时并没有想到自己有朝一日会成为21众多采编人员的一员，虽然当时已经基本确定要做记者。2003年1月我与南方报业集团签约，在结束北大最后7个月荒废的日子后，只身一人来到陌生的广州，自己本科和研究生学的分别是社会学和国际关系，却阴差阳错地被分配到《南方都市报》经济新闻部，还没搞清楚经济新闻怎么写，我就因为年轻气盛离开南都，来到了《南方日报》经济新闻中心。

其实，自己很庆幸当初不是直接从集团分配到《21世纪经济报道》，因为对于新人来讲，21的生存环境似乎有些恶劣。在《南方日报》完成了行业资源的积累后，2005年9月我来到当时主管产业的编委冯启若的办公室，并且与当时产经版主任王玉德进行了交流，好在当时恰好有编制也有位置。

说实话，《21世纪经济报道》是我一直向往但是没有自信能够胜任的地方，虽然有着自己的资源积累，但是对于21的新闻报道风格以及故事性、矛盾性的要求，我当时没有底。之所以从《南方日报》离开，一方面是因为党报过于死板的风格，另外当时觉得日报的节奏让人太累，每天写稿的日子难以忍受，当时为周二刊的《21世纪经济报道》我认为是比较合适的选择。

放弃了去《南方周末》经济部的机会，在一个多月里以特约记者身份报道了“海信收购科龙”等家电行业的热点事件后，2005年11月初我正式办理了入职手续，当时感觉《21世纪经济报道》的日子太舒服了，每周写两篇稿每月就有近万元的收入。然而好景不长，随着2006年《21世纪经济报道》改版为周三刊，我写稿的节奏就变成了“隔日体”。

在日报时形成的写稿习惯、良好的行业资源积累以及写稿速度快，我很快适应了21“二生三”的升级，当时基本上是每天都在寻找新的选题。不过，对于我来说，仍然痛苦不少：一是在家电行业报道时间已较长，自身的惰性滋长，寻求深度差异化新闻的动力在减弱；二是家电口记者的整体水平偏低，我很轻松就能突出自己；三是家电行业过于成熟，已经不再像以前是个“新闻富矿”，一个没有多少斗志的记者在“贫矿”中寻求新闻，其结果可想而知。虽然，我也写了包括黄宏生案件、广电网络整体转换和整合、电器连锁“美苏大战”、国美收购永乐和大中等一系列有影响力的行业和产业报道，但在报社每年的年度晋级中却每次都差一点。

有时有些遗憾也有些不服气，不过作为报社中发稿数量比较多的记者，我始终寻求自己的提升。2008年报社再次改为“准日报”（一周五期），进入了很多新同事，采编队伍空前壮大，仍然感觉自己的压力前所未有，似乎报社发稿的永远是那几个人，最多的一个月我发的稿件数量居然达到了28篇。

当然因为每月要还7000元的房贷，我必须要多写稿，呵呵。随着年龄的增长，我这两年也觉得这样有些力不从心了，但是，周边的同事在不断离开，报社暂停了招聘新人的计划，2010年又有两位主力记者生小孩休产假，我跟几位IT版的新同事被逼到了绝境。还好有“三网融合”、国美内战这样多年未遇的大好题材，我终于又在多年后从21找到了一些新的新闻热情和感觉。

报社一直在发展，并在向“全媒体”进军，个人感觉记者也应该朝全媒体的方向发展。其实，现在记者去现场采访，回来只做一篇深度报道的模式是有些浪费的，我觉得完全可以在第一时间发网稿、微博、手机报稿，甚至在现场进行视频连线采访，回来沉淀后再做深度报道，甚至在一段时间积累后为杂志写更长篇的深度报道。当然，这样对记者的要求更高。只要报社营业收入增加的同时，对记者的工作给予相应的回报，我相信记者就会有动力。

前几天，在微博上看到彭博去年利润达到了60亿美元，在平面媒体生存压力越来越大的背景下，我觉得要突出财经媒体的差异化报道，前一阵采访曹国伟，他似乎一直在唱衰平面媒体，呼吁大家都转投其门下。我个人感觉，21如果能够成功上市，并完成全媒体布局，依靠自身新闻特点依然有很大生存空间。

过去几年中，有门户网站邀请我加盟，也有家电企业邀请去做公关总监，我一直没有离开21，就是依然看好报社和平面媒体的转型前景，同时也希望能继续在这里提高自己，希望这份报纸能等来成为《22世纪经济报道》的那一天，呵呵！

《21世纪经济报道》政经版资深记者 马晖

我与李显龙：一个关于爱马仕领带的故事

一

故事，要从一条爱马仕的领带说起。

去年8月间，我从领导口中得知，自己将被空投至马来半岛南端的花园城市国家新加坡，完成专访该国总理李显龙的重头任务。

乍一听到这消息，我这平日埋头国内政经报道的非驻外记者，大脑里立马弹出对话框：“怎么办?”

作为一名“生在红旗下、长在春风里”的70后，组织的信任意味着什么，自己还是很清楚的。于是，我暗下决心要排除万难，为国争光，为报社十周年大庆献礼。

回家就把这事跟老婆说了，我再三强调，“是要跟人家总理面对面”。平日里一贯叽叽喳喳的婆娘，此时却笑而不语。几天后，她有点神秘地拿出一个长方形的小盒子，递到我手里来，说“打开看看”。

掀开盒盖，挪开一层衬纸，一块淡蓝色、泛着幽光、布满小花纹的长条布豁然出现。依照惯例，我仔细端详一番，正准备字斟句酌地夸奖这件“爱的礼物”时，一个标着外文的价签滑落出来——“Hermes”、“RMB1400”——感觉血液开始往自己脑袋上涌。

“戴着它，去采访李显龙，弄个好稿子回来。”婆娘拍了下我的肩膀。

二

公元2010年9月20日，晨5时许，北京首都国际机场，揣着1400元的宇宙超豪华顶尖无敌男性爱马仕领带一条以及惴惴不安心一颗，我奔新加坡而去。

飞机轰鸣声响起，望着窗外的浮云，我小声念叨着“李显龙、争光、争光、李显龙……”

此处插播一条广告：2010年，中新两国建交20周年。鉴于《21世纪经济报道》在中国的巨大影响力以及贵报对中新多领域合作的深入报道，新加坡驻华大使馆主动提出，与报社合作“中新建交20年”专题报道。为此，贵报派出两人采访小组，赴新进行为期一周的采访。采访对象涵盖新方政、产、学多位重量级人物，包括新加坡国家总理李显龙、国家发展部副常任秘书郑锦宝、人力部兼贸工部政务部长李奕贤、贸工部政务次长陈振泉、南洋理工大学校长徐冠林以及裕廊集团助理总裁陈定光等。

“您提交的这份采访提纲有几个问题，需要再改一下。”邻座漂亮女孩转身对我说。

怎么这么眼熟，这不是新加坡外交部的某某某吗？我迅速调整了一下小情绪，冲她挤出个谄媚的笑，“还要改？”

她点头。

我崩溃。

上飞机前的一个月里，我就干了一档子事——做人肉靶子。

那阵子，新加坡方面的电话、电子邮件，就跟集束炸弹一样，嗖嗖飞，有驻华使馆的、外交部的、总理府的，中英文轮换着来。

采访提纲也是改了修、修了改，尤其是总理专访那个，光自己就改过5版。本以为如今上了飞机就万事大吉，哪曾想到人家又追到飞机上来了，好命苦啊……

“先生，请问要不要冰淇淋？”容貌姣好的新航空姐，把我从噩梦中拉回到现实。扭头看邻座，却是一位戴眼镜的大叔，睡得正香甜。

OMG，原来是自己穿越了！

三

下午三点，飞机抵达新加坡樟宜国际机场，战斗正式打响。

此前曾来新参加过一次国际记者培训，算是熟门熟路，自己摸到了新加坡外交部预订的宾馆——Robertson Quay Hotel。宾馆位置不错，紧挨着新加坡河，离著名景点克拉克码头也不远，就是房间小点，单人间不到10平方米，转个身都困难。

幸好，宾馆楼下有个大游泳池，几个洋妞成天穿着清凉三点式在池子边晒太阳。我想，这应该是节俭的新加坡朋友特意安排的“福利”吧。

当日无话。

转天一早，不到6点，我就从床上爬起来了，睡不着。原因很简单，上午要采访新加坡总理李显龙，采访时间是11：30，给45分钟。

匆匆吃过早餐之后，我回房间拿出采访提纲再看一遍，试着估计了一下每个问题需要的问答时间，觉得时间可能不够用，马上跟同事商量，重新调整了提纲框架，保证重点问题，抽出几个问题作备选。在新提纲中，我们聚焦中新双边关系、东盟区域合作新局、新加坡政府治理经验以及中新合作热点这4大领域，准备了10个问题，留了3个作备用。

9点刚过，新加坡工作人员打来电话，再一次核对了采访细节，比如会不会带摄影记者，进出总统府的具体路线，采访的时间长度等等，末了说了一句，“穿长袖衬衣即可”。

10点整，我和同事出宾馆门打车，不过一刻钟的功夫，就到了新加坡总统府Istana（马来语“宫殿”的意思）的后门。经过安检后，在门口的椅子上坐着等，周围都是挎枪晃来晃去的警卫。不一会，一辆丰田公务车缓缓开来，车上坐着新加坡总理新闻秘书陈怀亮先生以及新闻、通讯及艺术部的一位女助理司长，他们开车将我们直接送到总统府办公楼前。

办公楼坐落在半山腰，通体白色，周围环绕着南洋绿色植物，景色极佳。我们被带到二楼走廊尽头的等待室，陈先生嘱咐先在这儿稍事休息，“总理还有点事情要处理”。女司长帮我们要了两杯水，我们就坐在那里等待召见。

趁着这个空隙，我打量了一下这间等待室：进门处摆着一张椭圆形的木制小长桌，使用时间应该挺长的，桌面上甚至还有几道划痕。一侧墙壁上挂着一幅紫藤葡萄图，落款写着“中国政协主席李瑞环”。后跟陈怀亮先生确认，的确是李的笔墨，据说李瑞环跟李光耀、李显龙父子两代都熟悉，这幅画就是他亲笔画了赠送的。10分钟后，有侍卫进来点头示意，我们就跟随陈来到一扇大门前。侍卫推门，李显龙出现在门里。

四

第一印象，高！一米八五左右的样子，在新加坡绝对属大个子。第二印象，亲和力强，我们刚进门他就迎了上来，握手，连声“你们好”，中文发音标准。第三印象，低调随意，穿一件普通的夹克，内里是白色衬衫，并没有打领带。

宾主落座，稍事寒暄，我们就直奔主题，毕竟时间紧、任务重。

依照拟定的采访提纲，我和同事连续抛出了10个问题。李显龙的回答思路清晰、张弛有度。

李显龙对于中国国情的熟悉，尤其令我吃惊。在采访中，他主动提到了那个时段中国国内被炒得最热的几个话题，比如高铁建设、暴力拆迁、产业升级，并根据新加坡的发展经验给出了中肯的建议。很明显，在接受采访之前，他是做足了功课的。

直到把备选的3个问题也拿出来问过，打光了准备的所有炮弹后，我才合上了笔记本，结束了这场专访。起身告辞之际，看到对面墙上的闹钟，时针已指向12点45分，比原计划多出了整整半小时。“你们提交的提纲很详尽，刚才有些问题总理也很感兴趣。”送我们下楼的陈怀亮先生笑着说。

回国后，这组由5篇稿件组成的“中新建交20年”系列报道陆续刊发。其中，专访李显龙总理的稿子自然是重头戏。作为那期报纸的头版头条，11000多字，通栏大标题：“独家专访新加坡总理李显龙：未来跟中国城市的合作，应由新加坡私人企业带头”，够分量！

稿子刊发后，国内多家媒体纷纷转载；新加坡国内最知名的华文媒体《联合早报》也分两期在其重要版面摘要刊发。除了媒体的关注，国内一些地方政府也闻风而动，包括武汉、郑州在内的一些地方官员辗转找到我，探听有没有跟新方合作的可能。

新加坡总理府相关人士在看到这篇稿件后，也专门写来邮件。邮件里有一句话，我很受用：“总理看过了稿件，对您的报道感到很满意。”

这封邮件，算是我收到的、最惬意的一封发自新加坡朋友的“集束炸弹”。

五

战斗结束，硝烟散去。

我仔细叠着那条伴我这趟异国征程的爱马仕领带，打算把它放回原来的盒子里。当它即将消失于视线之际，我突然想起自己钟爱的一部影片中那个叫阿甘的傻瓜说过的一句话：

“My mama always said: Life is like a box of chocolates, you never know what you're gonna get.”（我老妈总说，生活就像一盒巧克力，你永远不知道下一颗会是什么味道。）

比照这个牛逼哄哄的句式，自己过去七年的记者生涯，不也像这条领带，当你下次再系上它的时候，又不知道会发生些什么。

动荡与未知，或许是记者这个职业能够带给一个对世界充满好奇心的年轻人最好的礼物。

即便这个年轻人，现在已不再年轻……

老兵不死，老兵只是换了战场

浅谈传统媒体与新媒体的融合

本文定义的传统媒体，主要是指平面纸媒；而新媒体，则是以新浪和东方财富为代表的门户网站，微博作为新生事物，其盈利模式尚未确定，暂时不加以比较。

2011年3月，我被21世纪报系任命为“21世纪网”总编助理，主要负责21世纪网的内容建设。

在这几年来，传统媒体似乎正在走向日薄西山，而新媒体的来势如此凶猛，以至于传统平面媒体引发了一场又一场关于生存危机的讨论。这个讨论当中，不少曾经的同行投奔了互联网，“到新媒体去，那里是一片广阔的天地”。

在这样喧嚣的潮流中，我这个在平面媒体奋斗了十一年的新闻老兵，终于在21世纪报系全媒体愿景的感召下，加入了新媒体的队伍。

新旧的对接

新媒体和传统媒体，区别是什么?

为了回答这个问题，我走访了国内各大门户以及财经网站，一圈交流下来过后，得出的结论让我自己都觉得惊讶，那就是：传统媒体不旧、新媒体不新。

为何这么说。

一个简单的例子：新浪是新媒体的代表，我们来看看一组数据的对比。

公司名称	新浪	东方财富	21世纪报系
营业收入	4.026亿美元	1.8亿人民币	6亿人民币
广告	2.908亿美元	9130万人民币	4亿–5亿人民币
其他收入	1.118亿美元	8799万人民币	1亿–2亿人民币
广告收入占营收比重	72.23%	50%	66%–83%

从这组数据中，你能分辨出新媒体在营收上和传统媒体有区别吗？

新浪4.026亿美元的营业收入中，广告占了70%以上，东方财富广告占50%，剩余收入来自软件销售收入，21世纪经济报道，广告收入占80%左右，其他是各类活动收入。

在营收上，传统媒体和新媒体区别不大，因此可以说，新媒体在商业模式上没有本质的创新。

实际上，新浪作为所谓新媒体，它的广告营收是2.9亿美元，按照人民币兑美元6.5:1计算，折合人民币18.85亿。

新浪的稿件资源囊括了全国近千家传统媒体的资源，如果按照1000家这个数字计算的话，每家传统媒体为新浪换取的广告收入是180万人民币。

如果按照500家媒体来计算，每家媒体贡献收入大约377万元，按照100家计算，每家媒体贡献广告收入1885万人民币。

这和21世纪经济报道单张纸媒的差距还是比较大的。

新旧媒体的区别

传统媒体和新媒体一个重大的差别，在于两种媒体的内容生成体系上。

1.传统媒体的内容生成流程：

记者——编辑——版面主任——编委——值班副主编

2.新媒体的内容生成流程分为两部分，一部分是新媒体主动生成，一部分是用户生成。

（1）主动生成的内容流程：

传统媒体供稿——网络编辑上稿改标题——发布——频道总监监管——网站总编监管

（2）用户生成的内容流程：

用户发帖——论坛/博客发表——管理员删帖/推荐

其中能够带来收入的，主要是网站主动生成的内容，博客和论坛迄今找不到盈利模式。

从这两个对比中，我们发现一个有趣的现象，那就是传统媒体作为新浪的供稿源，它起到了一个审核、确认稿件事实的作用。

如果把传统媒体这个环节拿掉，以新浪每天的海量信息，需要多少道关卡去审核，才能满足其内容生产需求？

这将是一个惊人的数字，是任何一个商业公司都很难承受的。

所以，新媒体对新闻资源的依赖，导致它们离不开传统媒体。

当然，新媒体和传统媒体相比，一个重要的优势，是用户习惯，但是用户习惯的是它们提供了足够多的，准确度很高的信息，一旦缺少了这个，用户的习惯将会发生改变。

有人会说，不精确的内容也会产生价值，比如东方财富网的股吧。

但是东方财富网的股吧，它如何产生现金流？这还是一个伪命题，它带来的流量，更多是被折合到网站主动生产的内容中，变成广告，也就是说，垃圾要产生价值，仍然离不开主动的内容制造。

还有一个指标，也很有意思，那就是采编人员这块在公司总人数中的比重。从人员构成上来说，传统媒体技术人员很少，东方财富一半的销售收入来自软件，因此其技术人员居多。

新浪需要技术人员来维持网站的运营以及技术更新。但是其内容采编人员所占比例大约在千人左右。

这是什么概念，一个1000人组成的采编团队，他们的原创内容算不算多？他们完全依靠自创,能否满足网站的海量需求？

在新浪这个近千人的队伍，都投入在各个新闻栏目、论坛、活动专题等维护工作之中。

新媒体，可以看成是一个流水线生产的工厂，依靠大量的人力，来进行栏目、论坛、专题的维护，而维护的过程要求，与工厂无异，它要求，所有的内容产品必须在几点之前提交完成、文章的题目多少个字、图片多少像素……这些标准化的工作，传统媒体基本上是无力去进行的，因为需要人力物力的大量投入。

公司名称	新浪	东方财富	21世纪报系
公司总人数	2500人	632人	1000人
内容采编人员	700人(不含论坛、邮箱、房产、汽车)	112人	400人
技术人员	100人	175人	
市场营销人员	不详	262人	400人
采编人员占总人数比例	28%	17%	40%

然而，恰恰是由于流水线生产的特性，它必然遏制原创内容的生产，一方面是薪资平衡的考虑，另一方面则是，由于它的海量信息，导致了原创内容如果不是非常优异，很难在海量信息中脱颖而出。既然边际贡献不大，自然不会产生大投入的冲动。

这是目前新媒体自身面临的困局。

总结

像新浪这样的门户网站，短时间内很难有人可以取代，但是传统媒体的出路，在于差异化竞争，即注重内容的生产模式，从流水线生产转向自身擅长的领域——原创性的内容生产，并且一定程度上对原创性的内容生产进行保护。

同时，传统媒体需要借鉴和学习新媒体的推广思路，从细处着手，不断延伸，注重吸引读者中的高端人群，使得信息的到达率更加有效。

如果非要做一个比喻的话，目前的新媒体，提供的是信息的海洋，读者可以在里面自由游泳，但是不擅长水性的读者，很容易被淹没。

而对于那些时间宝贵的读者来说，传统媒体在进军新媒体时，应该把自己定义为信息的高峰，让这些人，逃离资讯的海洋，登上信息的高峰，如此方能有胜出的可能性。

时尚只是浮云

在新闻行业摸爬滚打了5年后，本人揣着仅剩的一些新闻理想迈入了《21世纪经济报道》的大门，时值报社从一周三期转为日报（一周5期）的“多事之秋”。当时这个部门只有新闻总监董明洁和我两个人，最忙的时候我们一周只睡十几个小时。从无到有的四个版面，经历了确认版面、栏目等定性定量的一系列复杂工作后，终于在2007年11月像模像样地“晋升”为报纸的一部分。

很多人认为，做高端消费行业的报道，应该是电影《时尚女魔头》中描写的那样：库房里存放着所有时尚大牌的新季服饰、随意试穿；每天的工作除了和名人吃饭聊天，便是打扮得漂漂亮亮参加各种酒会；每年除了几次轻松的国外度假，还有几次华丽丽坐在时装周T台的前几排的机会——但是，那是W杂志或者VOGUE时尚编辑们的生活，不是我们的。

毫不惭愧地说，从最初被定为时尚记者，到涉足设计条线，最后被定为我们这个版块的封面版报道编辑及旅游编辑——我可以算得上是最理解本部门各版操作流程的员工了。但无论是负责哪个版块，“生活家”版编辑的工作可不是想象中的那么轻松。因为立足于《21世纪经济报道》这份以行业深喉报道而著称的财经媒体平台，我们对高端消费行业的报道，可不会如时尚杂志般“风花雪月”。我们是国内第一家对奢侈品牌提出“去伪存真——打假活动”的媒体。在此之前，可没有什么媒体敢对Chanel或者Montblanc公开作出负面报道！同时，我们也是最先关注真正的高端生活方式的媒体，例如我们在3年前便开始报道“中国私人飞机飞不上天”的问题，而在去年这个话题才因为相关制度的放开而被各媒体关注。现在，我们还是第一家持续公开报道高端旅游行业，如五星级酒店弊病的生活方式类媒体。

当然，做这样的报道是要得罪人的，一边被通知要被登上“某大牌”的“黑名单”，一边还要扛住来自同事关于“要求苛刻”的投诉——作为生活方式头版编辑的我，常常在想，这样的生活真是“操着卖白粉的心，挣着卖白菜的钱”。仅有收入，除了还房贷，还要辛苦攒下，用于购置些时尚行头，以免在那些“充当时尚交际花”的场合，太丢报社的颜面。

在21世纪经济报道工作已经三年多，放弃了很多，也得到了很多。在来到这份报纸工作之前，我每周有两至三晚花费在4LIVE或MAO（做现场音乐的酒吧），每年用一两个月的时间作为义工参与拯救非物质文化遗产——这样的生活方式自我毕业之后持续了四年多。朋友们常常问我：“为了这样的工作放弃自己的生活方式，值得吗？”说实话，这个问题，我思考了三年多也没有答案。因为绝大部分时间被工作占据，现在我的朋友越来越少。过去他们常常称我“孙不靠”——那是“孙不靠谱”的简称，但是他们现在都认为我比以前更成熟，更懂得思考，更“靠谱”了。我且把这当做《21世纪经济报道》对我历练和教育的结果吧。有进步，总是好事嘛！

在过去4年《21世纪经济报道》“生活家”版的成长历程中，我们这群编辑是带着南方报业记者的信念，披着茶花女的华丽外表，行走在高端消费行业的新闻工作者。

政经新闻纸的粘性

众人都说新媒体，我要说政经新闻本身就是新媒体，因为它本身就是新的——如果按21的历程来纪年的话，2004年正式开设政经版，中国政经新闻史也才8年呢。

搁在前几年，“政经版是做什么的”是每一个做政经新闻的人当头第一问。政经新闻是什么，边界在哪，都是不清晰的。现在，这个问题已经无人问起了，估计是以为摆在他们面前的有四个格子，往里填就是了。这四个格子，除了版头外，分别是宏观、区域和公共品。

为什么是这四个格子，不解释。粗线条来说，宏观和区域，分别是自上而下和自下而上，代表了本报的两大传统操作路径；公共品是单列的。

一个版块之所以能够成立，或者说要描述一个版块，至少得有三个要件，独立的报道对象、产品形态和分析工具。

至少就报道对象来说，21政经版已经分离出了国际版、低碳版、国家经济地理版，肯定还会有新的版面分离出来。

当然有人会不同意，说中国的政经新闻时代远未到来——在西方，政治变革已经终结，政治运行进入程式化，已经无庸赘言；在中国，政治生活的最终形态是什么，远未有定论，甚至还没讨论呢，洛阳纸贵并非不可能。

形式受制于内容，传播工具的革命，是否也要跟传播内容相适配？抑或是政经新闻的多重属性，让政经新闻纸有了粘性？

21政经新闻的断代史

在谈政经纸的粘性之前，先梳理下21政经新闻的断代史。

1.跟国家对表

在老一代报人奠定的政经新闻气质下，从2005年开始，21政经逐渐以国务院、执政党的议程作为自己的报道重点。比如第一次将国务院常务会议的议题，作为报道题材。处江湖之远，跟庙堂对表，释放出浓郁的家国情怀。这份报纸也正式切入到国家政治生活的中心。由增量领域进入存量领域。

北京新闻中心启动“部委攻略”，加上之前起家的“区域攻略”，21政经最核心竞争力在于对时局精准把握，并能自上而下、自下而上两条路径相互印证。

2.黄金一代

随后有了政经版的08一代（2008年、2009年前后），他们是21政经新闻的“黄金一代”。既处庙堂之上，又怀江湖之远，贵在独立而不边缘。21的政经大报格局乃成。

为什么称为“黄金一代”？2008年度记者晋升名额人数占报社1/3不说，从版面表现力看，全年共拿下30多个月度优秀稿件，同样是三分天下有其一。这在一张报纸里是不寻常的。

为什么能有08一代？除了21传统的突破能力之外，一个重要秘笈就是“快半拍”——当同类媒体意识到某一题材的重要性时，我们已经连续写了好几篇了；当同类媒体动手还停留在信息表面上的时候，我们已经深入新闻的核心层面逐一讨论了。快半拍，来源于对选题的准确预判，引领媒体同行。

本报的医改报道，阐释了这种“快半拍”的节奏感。

2006年9月23日，本报推出《医改小组成员详解新方案：新模式为英德美混合物》报道，被各大网站放置头条并为其他媒体引用和跟进。这是2005年7月，国研中心抛出“医改不成功”报告持续近一年大讨论后，对酝酿中的新医改方案的媒体首次披露。

此后，有关新医改方案的最新消息，基本都由本报垄断。如《医改新方案正加快酝酿　6套备选方案4月底上交》、《医改迈出实质性一步　全民医保试点方案破题在即》、《医改协调小组有望升格　可能由副总理任组长》、《铺色市场化　新医改方案定稿有望本周公布》、《新医改配套方案下月或亮相　基本药物目录瘦身》等。

“快半拍”，也就能够使我们有机会“慢下来”，慢下来观察权力在公共政策制定过程中隐蔽的运作方式。比如，《财政部力推购买医疗服务　公立医院不等于公益性》点明了财政部与卫生部的不同思路；《人保部提出基本药物制度操作新思路》展示了卫生部和人保部在基本药物制度上的激烈交锋。

总的来说，当政策尚在酝酿过程中，我们就能拿到信息提前释放；政策正式出台时，同类媒体尚在报道政策本身的消息稿时，我们因为已经有足够时间准备，表现的则是政策出台背后的博弈，出台后的影响落地的点等等。

经过多年的经营，21也赢得了不少高官粉丝，从部院阁老，到地方大员，21成为他们的办公读物。越是经济发达地区，越是开放部门，越是21的Fans。

3.价值化时代

第三个重要节点在2010年。2010年对21政经有划时代的意义。经过多年新闻专业主义的积累，政经版进入价值时代。从这一年开始，一些地方大员主动找到21，借21这个平台提升他们的竞争力，比如重庆黄奇帆、唐山赵勇、浦东徐麟、无锡西安日照等等。

这是不是政经记者要过上好日子了？因为21十年耕耘，就属政经记者过的最清苦。政府机关采访最难，而再难采访的还是要采——比起财经金融产经记者，政经记者除了死做记者，别无退出通道。

也许部分得益于此，21政经相对较好地保持了代际传承问题。在新闻专业主义的路上一路前行。

公共品报道的道与术

政经新闻纸的黏性，固然是因为报道对象本身的神魅因素，这个去魅的过程有多长，粘性就有多长。在一个长程的去魅化的过程中，新闻纸也是在天堂与地狱，在针尖与麦芒。既是艺术，也是科学，需要有能推广能应用之守则。

21政经的这几年，摸索出了一些相对完善的套路，其中公共品报道思路，是我们的独创，拥有自主知识产权。

所谓公共品，目前阶段主要是教育、医疗、社保三大公共品建设问题。这些问题足够重要，但很多是些七零八落的民生选题，放在版上拉拉杂杂，十分有碍卖相。我们的策略是，做公共品报道，不注重公共品本身，而做公共品的形成机制。内容本身，或许是都市报的选题；21的长项，还是做制度。

考察公共品的形成机制，即考察各个利益主体如何博弈，各种力量如何影响公共品政策的最终走向。我们判断，公共品建设，涉及到众人之事，不单纯的是个民生问题，实质上是个政治问题，可以理解为政改操练之演习场。

其背后的逻辑理路是，在一个民主社会，政治共同体只能是动态平衡。我们已经有了不同的利益主体——通过前30年的物质财富的增长，催生出不同的利益主体，但现在这些利益主体如何进入政治权力中心？如何进行政治上的利益表达？如何博弈影响公共品的政策走向？

这些利益群体，需要一些“触媒”，即需要一些有力的介质，借以进入政治权力中心（人大政协是其中一个方面），成为政治上的利益主体。

这是公共品版面的精神魂魄的东西。在实操上，不空喊口号，通过一个个的个案，推动中国进步。通过具体事例来展现利益博弈，交换不同利益群体的意见，主张对话。

我们欢迎不同的利益人群在公共品版上做有效的政治表达，公共品版就是他们的平台。

21医改的报道，则比较好地践行了这一思路。2009年4月，讨论了4年之久的国务院医改方案终于公布，21在4月13日推出《医改中的智囊们》深度报道。医改4年的旅程，我们没有再对具体的医改方案做讨论，而是以参与医改制定的智囊们的博弈为主线，来贯通医改方案的整个形成过程。

写作之前，编辑跟记者进行了一次正式的书面沟通。

编辑写给记者："因为医改，迅速产生了一批智囊，大家都热烈地参与其中（这就是政治参与）。政府部门也陆续进入这个讨论场。在一次又一次的互动中，智囊们和不同的政府部门互相寻求认同，互相甄别，最后智囊们总能找到自己的'靠山'，不同的政府部门总能找到自己的'代言人'。"

这个稿子很有写头，建议写这些智囊们是如何参与医改讨论，实际上是他们在不断地影响医改思路。这些智囊们思路的演变、交锋、启发、博弈，实际上也是三年医改思路的演变博弈。"

记者回复编辑："梳理了5个节点性的事件，主线还是观点争议，方案思路流变。智囊们穿插，不能以智囊表达为主线，怕有误差。"

随后就有了《医改中的智囊们》深度稿子的正式推出。自称从来看不懂医改的政经版编委符定伟，说是看懂了一篇医改的稿子。

随后的教改、《社保法》也依法秘制。

政经版致力于公共品的报道，实质上是想通过群体博弈来推动博弈机制的创设，最根本的是推动中国更多民主制度的再造——民主不在高处，就在当下，就在生活中。

利益博弈机制的创设，是当前乃至今后相当长一段时期政经版立版之魂。政经版诸多题材的选取和报道角度，最终诉求都是为了推进利益博弈机制的创设，推动中国更多民主制度的新生。

政治发展的红利来了吗？

2011年4月17日，《21世纪经济报道》在浦东挂牌成立了浦东采访中心。这是应采访对象一再邀请，结合我们的采编"下沉"战略，21世纪政经迈出的有价值的一步，也是21这样的市场化媒体在跟政府良性互动中迈出的重要一步。

这是微博上一个媒体同行针对此事件的评论：

"21总是走在同行的前面。媒体的商业模式在变，如果不能参与到政府与企业的运行中去，就不得不退出市场；但要参与，必须主流，主流新闻，主流观点，影响主流人群。影响有影响力的人，不是一句空话。与政府合作，影响政府动作甚至决策，才是政经高端媒体的必由之路。”

诚如斯言，要影响主流人群，就必须厕身其中先。

行文至此，先说一个人——英国18世纪政治学家柏克。柏克虽然是当时英国政治的活跃人物，一生却满足于服侍出生高门的辉格党人；才干虽胜于他们，却甘于做属吏。柏克认为，个人的才干，远不如出身更有益于宪政，有益于自由。

当然我们无意于做柏克，但要破局只有先入局，只有清楚“局”中人是如何想的，才能对“局”中人做出拆解和批判。在新闻报道的政治风险防范上，也相对能搞准政治“红线”。

《21世纪经济报道》运行8年，紧跟其后也出现了一些财经商业媒体群。本报的一些原有操作手段，都陆续被这些媒体复制并放大。形式可以复制，但在核心资源上，后来者短期内难以期企。我们现在回过头来“俯视”这些媒体，总是给人感觉徒有其形空有其神之感。对核心新闻信息停留在只言片语或者语焉不详——因为他们无法深入核心，拿不到核心信息。

一份报纸要甩开其他同类媒体，甩开网络，就要决战高端，定位逐渐上移，将那些易获得的信息甩给其他媒体，我们从事那些难获得的、含金量高的信息，做精英刊物，让后来者或者面向大众的网络觉得“高处不胜寒”，成为少数寡头玩的游戏。

纵向提升，这可能是《21世纪经济报道》未来发展的路径之一。如果走纵向提升这条道路的话，这需要本报拥有高端资源。资源积累工作变得更加自觉。

因应这一战略，政经版在2010年在区域版正式推出《官员访谈录》栏目，市长书记等地方大员，均是这个栏目的主要访谈对象。它的最终理想，是要做成中国官员数据库，开发中国官员的“红海”资源。

应该说，21的多年经营，在政府资源的拓展上，已经到了一个临界点。以前是我们去找官员，现在官员开始找我们。我们需要听懂体制内语言，“体制内也要熟悉体制外的语言。”浦东新闻处处长跟我们交流时说。

为什么浦东新区政府那么在乎21呢？一个主要原因，缘于2010年11月份8个版的《浦东新信号》专题。据浦东方面官员反映，报纸出来后，浦东主政官员陆续接到上海市政府层面的领导（原浦东老领导）、湖北省省长、浙江省省长的反馈，说浦东的这8个版的专题做得不错。

得到正向的反馈后，浦东满世界找那期专题的报纸。并将这8个版的专题，装订成杂志的形式，招商会谈时，分送给客人。

政府官员倒空了杯子，开放他们的语言体系，21先一步卡位，这就是中国政治发展的红利吗？

在思考中国政治问题时，会有人拿来与18世纪法国大革命相类比。法国大革命的内在张力是开放第三等级参政问题；现时的中国，其实也存在一个新兴势力的政治参与的问题。

也正是第三等级的参与，产生了法国哲学的繁荣。

法国17世纪封建王朝开放文学，让对王朝政府歌功颂德，由此导致了彼时法国文学的繁荣；等颂歌唱完了，人们就要开始辩论是非了，于是继17世纪的文学家之后就兴起了18世纪的哲学家。

历史穿越到现在的中国，公共舆论也在逐渐兴起。有时候，公共舆论比新兴势力，率先一步进行了政治参与。我们是否可以预见，一个舆论治国的时代正在形成呢？

政经版相比其他版块，有许多“产业升级”的工作可做——我们的报道领域逐渐由增量进入存量，从不同方向朝这个国家的核心逼近。政经版更多地扮演了报纸定位上移的先锋。《21世纪经济报道》也由一份商业报纸逐渐向一份政经大报迈进。

在向政治大报迈进的过程中，对我们的采编队伍提出了前所未有的挑战，我们面临的形势比以往复杂很多——以往，我们完全“在野”，草根式的批判简单而又纯粹；现在，我们逐步深入到国家生活的核心，同时社会影响力又在日益扩大，在复杂的信息面前，如何保持独立之报格不致于迷失方向？在各个利益主体博弈面前，我们取一个怎样的价值表达？以一个什么样的立场出现在公共事务中？在公众面前我们的形象标识是什么，其面貌是否清晰？我们又是在为谁服务，争取什么样的人成为我们的盟友？

特别是随着改革进位式的变化，对一张政治大报来说，媒体的价值立场，会逐渐超过媒体报道的事实本身。

以上诸多问题的答案，首先在于我们能获取充分的信息，特别是权力决策层的核心信息，促成他们和公众的互动。作为我们报道者本身，则需要谦逊、平和、多元的心态，平视而不带偏见，尊重在位者，倾听在野者，入局再破局，迎接中国政治发展的红利。

“国务院会议”与“部委攻略”

“卫生部和11个部委组成医改方案制定小组，目前争议最大为公立医院改革”（王世玲）；

“我下周跟审计署到四川调查赈灾物资和资金使用情况”（贾海峰）；

“财政部准备在中部省份推增值税改革”（孙雷）；

“发改委将批几个新的综合配套改革试点，成渝要做城乡统筹综改试点，难点还在土地改革”（王世玲）；

“教育部去江苏调研座谈教改规划”（马晖）；

“国家统计局明天发布10月经济数据，CPI4.4%，创今年新高，通胀加剧”（定军）；

“南水北调中线工程，我想到汉江调查，汉江流域可能消失”（李明三）

……

这是我们政经选题会的现场。

有点像国务院会议？

一群年轻人，围坐论国事，指点江山，一些学者奉本报为“国家主人”的报纸，这在政经最有印证。

让我来细数这些意气风发的同仁们。

王世玲老师，高级记者，美女，做医改报道无出其右，《医改七辩》系列依然流传，而这位北大哲学系的研究生当年在21是从实习生做起的。

她做事极为认真，当年跑卫生部、发改委、环保部，攻无不克，样样出彩。我至今清晰记得，汶川地震，她在震区做防疫报道，几次去重灾区绵竹、汉旺、绵阳等地反复调查，跟卫生部官员核实，深夜还与我讨论报道方式。

世玲有一回做发改委司局长换岗——《国家发改委14名司局长轮岗 陈德铭张茅确

定分工》，独家消息，事实清晰，分析到位，而发改委内部还未公开通报此事，以至于发改委官员中午在食堂吃饭，还拿着本报讨论此事。

那个几乎同时跟薄熙来（时任商务部部长）到商务部赴任的，是跑商务部的滕晓萌。

滕晓萌老师，古灵精怪，两大特点，过目不忘，过耳不忘，采访无需录音，出手成章，是当年跑商务部记者中的"一姐"；现在她转战基金江湖，还不忘提醒基金经理们要有理想，做政经留下的优良传统啊。

晓萌老师还有锲而不舍的"八卦"精神。有个真实故事，当年商务部出郭京毅腐败案，一众媒体到处打探真相。晓萌脱颖而出，因与商务部良好人脉，斩获不少独家信息，更获案中关键举报人郭京毅同学兼合伙人张玉栋情人"青睐"，得核心猛料，由此在本报头版频频发力，做《商务部第一案：郭京毅双规事件调查》系列报道数篇，好评如潮。

年龄不大、头发不多的气质男马晖，被公认长着一张最政经的脸，北大才子。马晖老师做教育报道，以为教育改革鼓与呼为己任，上曾采访教育部长袁贵仁两次，下至各地调查，对话无数大学中学校长，评析教改纲要，俨然教育专家一名，还受邀频频去各地评估教育改革成果，参与《教育蓝皮书》写作，不久将著作等身。

我们与马晖老师经常这样对话：成都这回教评怎么样？马晖老师的大稿小小推进了中国的教育改革，尽管前路还很艰辛。

手里永远拿着一个大笔记本的是定军，他的本本是21一奇，本上记满当月召开的各种重要会议，叹为观止。他跑国家统计局，有次我跟他一起去统计局"挨训"。虽然我们去挨训，但统计局某处长依然惊讶不已，定军老师居然比她还熟悉局内的大小官员，职能分野。

定军老师做宏观，有几篇特稿，以"一叶知秋"著名。比如，《六零部队》，写人口红利渐消退，农村60岁以上老人成为农业大军，社会向老龄化变迁过渡；比如，《"拾荒盛世"的没落》写废品收购，尤其是废铜铁收购的萧条，折射2008年金融危机下的经济转向。细微处见世界，难得。

北京政经的高度止于贾海峰，我说的是身高，海峰老师80后，身高1米8以上，海峰很勤快，出手也快，他跑的部门多，审计署、国土部、住建部。他写审计，土地改革，房地产调控，对各类政策那是门儿清。2010年初，三亚炒房甚嚣尘上，他是最早的见证者和书写者，一篇三亚炒房稿永流传。

雷叔，孙雷也，跑财政部，做财政，财税改革。我深刻记得，2004年，分税制改革十年，雷叔在政经版做系列报道数篇，大声疾呼分税制该改改了，那时，21还是周二刊，记者上稿并不容易，而雷叔的稿子给的好大篇幅啊，可惜，6年过去了，分税制依然难动，而2010年的税收创纪录超7万亿。

我深刻记得，财政部衙门深如海，雷叔不容易，挨训，替同事挨训，那是多了去，但雷叔执著啊，他曾自费去海南参加该部的工作会议，他做财政报道自成一家。

雷叔的另一绝，21的人都知道：歌王，在北大上学时就自组乐队，担纲主唱，雷叔唱歌的气场磁场与巨星不相上下，政经女生应该都同意我的观点。一度，雷叔还动了去酒吧兼职驻唱的念想，我们都认为可以试试，可以贴补稿费嘛。

而所有这一切的发端始于本报2004年定下的“部委攻略”，刘洲伟总编和金城老师定下攻略大计，说明宗旨，攻略成，政经版块就有支撑。这颗种子，经年培育，渐渐开花结果。

我于2004年一加入21，就受命担负“部委攻略”大任。

这项工作并不容易，对于21这样一份报纸，它要给公众独立客观的分析报道，希望推进垄断部门的改革，推进决策程序更公开透明等等，这些使命，使得一些部门避之不及。

所谓功夫不负有心人，我与政经的同仁们一个部门一个部门，一个司局一个司局去对接，经过长时间的反复沟通磨合，现在大部分部委与21建立了有效的联系机制。

而我们的报道也由此有了权威的信源，更具深度和广度，不会游离于决策层之外。而在2008年21进入日报周期以来，“部委攻略”的布点，为日报提供了重要的日常的国家要闻。

更为重要的是，在近几年教改、医改等重大改革出台前后，我们因为有了充分的准备，所以更能切中肯綮，给出独立的连续的报道分析，推进了改革的市场化方向。

十年一台阶，2010年21创办十周年，2011年“部委攻略”将再启动，中国的改革进入深水区，我们的攻略将随之调整，重点攻坚、社会改革、能源改革、铁路改革、水利改革、政府改革等等。

同时幸有一批新人加盟，耿雁冰、王秀强、胡雅君、刘涌、郭一信、孙春芳等，“部委攻略”重装再发。

目光向下的找寻

国家经济地理与21的新价值时代

从2001到2010,《21世纪经济报道》的十年,也是中国的“国家十年”。而对“国家经济地理”这样一个“目光向下”、深度考察中国区域政经命题版块的分析,或许可以从两个“交锋”出现开始。

首先,在新世纪的第一个十年中,由于国内包括《21世纪经济报道》在内的一批市场化媒体的勃兴,地方政府和市场化媒体之间正面交锋的事件,有越来越频繁的趋势,而且,由于网络媒体的出现,这种交锋或将持续增多。

是中国地方政府的官员更趋保守和霸道了吗?因为职业原因,在自己过去将近六年的政经记者经历中,从北京、上海、广州、深圳等一线城市的官员,一直到中国最为贫困地区的县委书记、县长乃至乡长甚至村长,我见过无数,深入交谈的也数不胜数。在这样的过程中,我的深切感受是,尽管一线城市和发达地区的官员素质相对较高,落后地区官员的素质相对较低。但这六年间,无论是对发达地区的官员而言,还是落后地区的官员而言,他们面对媒体和舆论的态度都在趋向于开明,也更多采取公开手段对抗媒体和舆论的批评(当然,记者遭遇人身攻击的事情依然很多),比如,召开新闻发布会进行有利于自己的情况说明,或者找专业的公关公司进行危机公关等。地方政府和媒体的交锋变得公开、专业、克制的趋势应该说基本成立。

2009年,在媒体和舆论对当年河南省的粮食产量存在虚报的背景下,我采访了河南省许昌市下属的一个乡的乡长,这个乡长很坦率地告诉我,考虑到要给明后年甚至以后几年的粮食增长留出增长空间,他们乡并没有将实际的粮食产量报上去,而是有所保留。此外,因为之前对农民按土地数量征收相关税费,所以,最终上报给县里的土地数量并没有实际耕作的土地多,如果将这些土地生产的粮食计算在内,实际的粮食产量将更高。

这位乡长并非孤例。舆论和媒体用十年的时间,基本上完成了对地方政府官员秉持开放和讨论之态度面对公众的意识启蒙。

其次，在媒体和地方政府的交锋变得公开和频繁发生的同时，中央政府以及代表中央政府的所谓中央媒体与地方政府之间的交锋也在公开化地频繁发生。而且，可以想见，如果始于20世纪90年代中期的财税体制不能发生实质性改变，进而使得地方上获得更多的财权和与事权相匹配的腾挪空间的话，这种交锋的趋势不会停止，且会愈演愈烈。

“央地交锋”的另一个背景是，在我国经历了30年的高速经济增长后，这种增长在区域和城乡之间已经表现为高度的不均衡，所以，高度集权化的决策体系势必面临挑战。

而对于新时期“央地冲突”的诠释，具体来说，将牵涉到我国下一个30年，经济发展的地方原动力能否进一步发挥；宏观地讲，将直接牵涉到中国下一个30年，从经济体制改革到行政体制改革乃至社会治理方面的改革的路径设计问题——我们不应该忽视，在基层中国，那些与国家改革有着最直接的利益相关的个体，他们之间朴素的组织原则的创新，或许包含了对中国道路的暗示。

正是在上述双重背景之下，或许让我们对中国主流市场化媒体的新的价值时代的来临充满期待。而且，这个时候，让我们来讨论《21世纪经济报道》以及“国家经济地理”版所应该秉持以及可以秉持的价值（包括商业价值和公共价值）追寻，也许会有一个新的图景。

首先是基于市场化媒体的商业价值空间拓展角度来看。中国专业化的财经媒体经过10年的成长，因为记者和编辑们对专业财经知识的掌握和对公司共同渠道的建立，“宏观经济和微观经济的报道已经是财经媒体们的拿手好戏，但中观经济，无论是产业经济和区域经济，则常令人颇费踌躇，实难以鞭辟入里、沁人心脾，总易于大言炎炎、轻描淡写，“把武术做成了体操”（金城语）。

在“国家经济地理”出世之初，我们对“经济地理”的定位，简单地说就是将目光投向区域经济报道，复杂一点儿的话，那就是：对“产业、技术、智力、资本、资源等各种要素在空间分布状态，以及行政力（主要是城市或区域的一个或多个地方政府）对其施加影响的方式及过程”的深入研究和有趣报道。换言之，经济地理的主要报道对象是：区域经济（战略、概念或事件）、城市竞争力、产业（技术、生态）地理、地方政经生态。

很容易理解，在这一定位之下，能否成功的关键就是，我们的记者编辑们能否与“行政力”的主导者——地方主要政府官员进行公开、坦诚、深入的对话和交流，也就是要解决报道的“入场”问题。

这样的沟通在之前似乎是很难实现的，以至于媒体很多的报道只能停留在“用有点遥远的理想主义对复杂的现实进行批判”的水平上。但是，在完成了地方政府官员面对媒体秉持开放和讨论的态度之启蒙以后，这种讨论变得可能。而且，《21世纪经济报道》作为中国商业媒体的领导者，经过10年的专业化媒体的品牌塑造，也确实赢得了更多高端、理性、开明的地方主政官员的认可和信赖，我们有理由、有信心打破横亘于中国区域经济报道中的沟通藩篱，发现并表达全球化背景下中国区域经济发展的真实逻辑和趋势。这在“国家经济地理”之前操作的重庆、成都、唐山、西安等专题中都体现得很充分。

在我们看来，作为一个严肃性的大报，我们的报道不能仅仅用尖锐的批判从外围完成一场个性化的批判狂欢，而应该尽可能做到，不让内行人看了发笑，不让操作者们哂曰：这帮傻孩子。

当然，除了坦诚坦率的沟通之外，对于很多地方的主政官员来讲，对于所处区域和城市的品牌的营销意识也空前觉醒，对于他们而言，在进行城市营销过程中，除了通过电视、网络等完成口号化的宣传之外，像《21世纪经济报道》这样的专业财经媒体平台，其背后的深度观察能力和对精英人群的精准达到，也成为这些开明的地方主政官员的选择。

很多时候，对于区域和城市的表达，不仅仅是说了什么的问题，更重要的可能是谁在说。从市场需求角度来讲，无论是地方发展的操盘者还是掌握产业和资本的大佬们，他们都需要看到真实的经济地理分布，以及这种分布变迁的逻辑和趋势，而最有可能完成对这种逻辑和趋势的深度诠释和解析，并给出“可信赖的预期”的，可能就是专业化的财经媒体了。

而《21世纪经济报道》以其10年专业财经媒体的品牌积累，其对包括区域经济变迁逻辑和趋势在内的诠释、分析和判断，是可以对真实的经济地理演进产生导引作用的。所以，这一报道产品的市场空间不言而喻。

而谁又能否认，已经崛起的市场化媒体不能成为地方主政官员发表其独特政见的平台呢?

“国家经济地理”的诞生，是《21世纪经济报道》新十年“地方攻略”的最直接践行者之一。亦当代表《21世纪经济报道》对于中国道路找寻的一个基本判断——中国的道路的寻找无法忽视发生在国内的转型试验。

“中国道路，全球价值”。考虑到中国改革的新阶段，《21世纪经济报道》作为一张严肃性大报，在发现和表述“中国道路”的过程中，理应试图完成一场路径再造。在过往百年的中国道路找寻中，国内精英更多地将目光投向西方，试图在西方发达国家中寻找中国这个东方国家达到良治的思想和制度渊源。沿着旧地图，找不到新大陆。中国道路最终还是要基于中国之发展现实和特殊的族群心性来寻找，这就要求我们，在中国发展改革的关键期，中国精英们一方面不应放弃对西方的借鉴，同时，更应目光向下，在“基层中国”找到这个国家条文化的制度建构以外的治理和转型实践，完成对“中央即正义”的基于工具理性和意识形态理性的双重反思。

这就是“国家经济地理”：既有最前沿的区域和城市市场价值兑现的样本考察，又包含了对国家道路探寻的轨迹和理想。

2011，“国家经济地理”和《21世纪经济报道》一起，已经在路上。

区域报道：无法停留

2003年10月加盟《21世纪经济报道》，2008年接手“区域版”，对于我来说，这是一个重大的转折。以往，由于常在一线奔波，眼光经常更加关注局部问题；现在，则开始用全球化视野，国家战略高度，去观察区域报道的价值。

本报开辟“区域版”，可以说在所有的报纸中，首开先河。一路走来，本报区域报道，也显示了其凝聚地方资源，记录区域利益博弈的价值。

当然，此前也有不少争议，比如，区域报道是否太“碎片化”，是否太“区域化”。这种争议从来没有停止过。不过，经过不断的调整和聚焦，本报的区域报道，开始全面走向专业化道路，并找到了解决上述疑难的有力武器。

这种调整，首先体现在，“区域版”开始不断花大力气研发自己的“核心产品”。如，根据宏观大势所推出的“‘十二五’新观察”系列报道、“西部新引擎”系列报道、“环渤海重型化”系列报道、“新城市化运动”、“官员访谈录”，等等。

常规性的重大区域报道，地方重大新闻的调查性报道，再加上围绕重大热点的策划性的报道，“区域版”的这张由三点所织成的网格化报道模式，基本上解决了“碎片化”——这个一张日报化财经报纸所可能遭遇的首要棘手难题。

欣慰的是，像其他专业版块一样，“区域版”同样坚持市场化导向和标准化导向，逐渐赢得了目标读者的肯定。有不少读者来电说，至少从“区域版”获得了不少投资新动向，而在不少大型咨询公司，如安邦咨询、治和咨询（中国），包括一些重要机构的研究报告、地方政府的研读样本中，本报“区域版”的新闻，更成为其采摘率很高的资讯来源。这从侧面证明了区域报道的价值。

更值得注意的是，国务院这两年一口气批了十多个国家级综改区，更给区域报道提供了巨大的空间，也使得区域报道的价值更加凸显，也把区域报道推向了新的高潮。

不过，在所有的重大新闻面前，“区域版”没有显得手足无措。“区域版”经常与各地区域记者，甚至包括海外记者，形成了良性互动，并经常以“编辑指引”的形式，与记者共同探讨一些重大的具有标杆意义或推广价值的区域样本。

比如，在2011年的全国“两会”快要召开之际，“区域版”与区域记者们结合各地实际，以及市场的需要，共同策划一些不错的报道。

如，在“区域版”编辑与“区域版”记者共同拿出的“2011年全国‘两会’‘区域版’报道提示”要求：

一、多拜访地方大员，为后两会的“官员访谈录”以及持续跟进地方区域发展做人脉积累；尤其关注明星官员；随着各地招商引资力度的加大，以及地方城市品牌推广力度的意识的加强，以后采访地方“一把手”的机会可能会更多。这种资源的积累，对于本报提升在地方的品牌资产价值，以及开拓市场，都将具有深远的意义。

二、在区域报道上，多关注已经获批的进入国家战略的区域的全国人大代表和全国政协委员的有关想法，以及呼声甚高、可能进入国家战略的区域的重要提案和议案。这将使得本报区域报道在同类报纸中牢牢掌握话语权。

三、多从宏观视野和大区域角度来审视十二五区域发展战略。如国家整体区域协调发展战略的调整；沿海地区区域发展模式的调整、经济发展模式和产业发展模式的调整、城市治理（如何解决大城市病）模式的调整；中西部地区可能获得的新一轮发展机会（如国内外产业转移大背景下中西部地区的新机会，并可能带来的一系列问题，如环境问题、土地问题，以及对沿海产业所带来的诸如劳动力紧缺等问题）。

四、多关注新一轮城市化运动尤其是已经获批的国家级综改区获批以来，在城市化发展方面的经验和困惑；并带着问题意识（非有色眼镜，更不能先入为主）去考察此间可能带来的一系列问题，如环境、土地、产业规划、区域规划、招商引资暗战，等等。

五、重大的大区域规划。如长三角规划、珠三角规划、环渤海规划等。主要做这些大区域在关键问题上的利益博弈焦点。如产业一体化、金融一体化、基础设施一体化等；西部地区的能源战略、重夺能源支配权、获得区域竞争新砝码，等等。

六、央地关系中的新博弈。如在土地、财税方面的收与放；多做案例性报道。这个指引，将会为中央和地方如何在新一轮城市化运动中保持合理的利益诉求点，提供重要参考价值。

七、最近一年来，地方重要大员基本调整到位，可以继续关注各地的新一轮发展规划，尤其是“十二五”期间各地的区域发展战略，产业规划等等；加强写“人”的报道力度。以人带事，以事写人，体现地方官员鲜明的个性化的执政思路，使文章体现专业性和可读性。

实践证明，这种探索有效避免了记者做“两会”报道的盲目性，且由于对一些区域热点，以及地方明星官员进行持续“用力”，把区域报道推向更加专业化，报道更具有连贯性，更加有效化解了“碎片化”印痕。

尽管《21世纪经济报道》的区域报道已经摸索出了一些不错的报道经验，但毋庸置疑，区域报道仍将不断根据新形势，以市场化为导向，开发出读者喜闻乐见的新产品，继续在本报政经报道中，体现出应有的支柱价值。

瞧，那些“市长粉丝”们

电话又响起。是W市宣传部王部长的声音。

“我们市长是全国人大代表，要到北京开全国‘两会’了，想就有关议案，看能否在贵报上发表发表相关言论。”王部长语气急切地说。眼看全国“两会”就要召开了，各地约采访的市长啊市委书记啊，不断打来电话。

实际上，不仅仅是在全国“两会”前后，在平时，想借助本报这个平台发表言论的地方大员，这两年也骤然多了起来。“理由很简单，就是贵报现在在市场上很有话语权。”一位中部地区的市长说，“尤其是投资者看得多，在你们这样的市场化报纸上主动发表我们的言论，就是直接向投资者表明我们开明开放的态度。”

每每有海外客商来合肥考察时，安徽省委常委、合肥市委书记孙金龙会经常告诉客人说，大陆的《21世纪经济报道》是如何如何报道合肥、评价合肥的。

而在这之前，被称为“铁腕书记”的孙金龙，出任合肥书记后，为了彻底扭转合肥“全国最大的县城”的历史形象，毅然推出了一系列举措，掀起了“大开发”、“大建设”、“大拆违”等旋风，创下了史无前例的“合肥速度”。更重要的是，这为合肥带来了前所未有的发展理念。

为了向外界传达合肥开放、开明的作风，以及在招商软、硬环境打造上的努力，在孙金龙书记的直接推动下，从市委书记、市长，以及几乎所有部门的一把手，都纷纷接受本报的专访，毫不忌讳地畅谈“合肥速度”所带来的新鲜感悟。

不过，本报资深记者孙小林没有仅仅囿于当事人的单方面说法，而是深入合肥，做了近一个多月的独立采访，推出了“合肥新观察”系列报道，引起了广泛影响，并向外界刻画了一个真实的合肥，不仅赢得了合肥各界的尊重，更将本报政经版在市场上的地位向前推进了一步。

类似这样的案例还很多。这么多年来，凭着客观、公正的办报理念，以及新锐的语言体系，严谨的逻辑风格，本报政经版逐渐凝聚了不少“市长粉丝”。

综合这几年的政经报道来看，一个鲜明的轨迹是，头几年，主动接受本报专访的沿海地区市长们比较多，而中西部地区的市长则普遍持“敬畏”态度，即使本报主动约访，也鲜有愿意接受采访者。

但这几年，在本报政经版“露面”的中西部地区的市长们，逐渐多了起来，言语也从以前的相对保守，过渡到现在的犀利、开放、客观。

清晰地记得，两年前，在上海与前来上海举行招商引资推介会的贵阳市袁周市长会餐时，当双方交换名片时，袁周市长说：“我平时爱看三份报纸，一份是《人民日报》，一份是《贵州日报》，一份是《21世纪经济报道》。”

随后，袁周市长很爽快地接受了本报记者的专访，畅谈了贵阳发展的最新理念。而亲自写下“爽爽的贵阳”之歌的贵阳市委书记李军，也在不久后接受本报记者专访，从行政体制改革、区域发展、产业发展、民生等等方面，畅谈对一个新的大贵阳的憧憬，与力推贵阳发展的信念。

本报凝聚地方大员的方法很多，但一个最基本的路径，就是从全球化视野，来考察地方政府的执政新逻辑，并推出了一系列重大的策划性报道，如广东、海南、河南、上海、浙江、江苏、重庆，等等，不少地方的省委书记、省长亲自出面接受专访，直接带动了地方官员对本报的关注度。而本报全新的新闻理念，也让这些地方大员们耳目一新，赢得了他们良好的口碑。

不仅如此，本报领导还不断在政经版推陈出新，打造凝聚这些核心“粉丝们”的拳头产品，比如，不断研发出新栏目，如地方政经观察、官员访谈录等等，更是与“粉丝们”形成了良性互动。

相信，有着本报政经团队的精诚团结、不懈努力，以及对“大政经”的不断深入理解，“新产品”会更好更快地推出，成为地方领导重要的决策参考，本报政经版所凝聚的“市长粉丝”们，也将会越来越多，越来越核心！

没有人能读到明天的《21世纪经济报道》

1月12日在杭州参加头版、国际版的会议，都是些生龙活虎的年轻记者，他们介绍了各自的采访心得，真是好极了……

一个女记者在汇报调查性新闻时，两次向参会的沈总提问：《21世纪经济报道》是否进入新媒体——确切地说建立微博？而后当沈总发言时，她又就同样的问题两次追问，在刘晖和几位主任们的多次“劝说”下，这份执著根本没有放弃的念头，而是勇往直前。

这个情形之所以让人感到有趣，是因为它散发着《21世纪经济报道》的文化：在追求结果时，完全没有畏首畏尾和等级观念，刨根问底的劲头犹如孩童。当大人遇到孩子没完没了的时候，他们会说：“你这孩子，总是打破砂锅问到底!”只不过这位记者追问的不再是知识的疑惑，而是传统的纸质媒体与新媒体如何共生共存的未来。

我们从这位年轻记者的身上看到了谁的影子？

人们会一边往前走一边向后看。今天，《21世纪经济报道》已经有10年历史的文献供我们翻阅：也就是十年前，几个有新闻理想的年轻人，同样没有畏首畏尾和等级观念，做出正确可行的决策，抓住了稍纵即逝难得的机遇，创办了这张所谓非体制内的报纸。大有“文章当自出机杼，成一家风骨，不可寄人篱下”（清·袁枚《随园诗话》）至高之境的味道。

毫无疑问，我们获得了成功。获得了国内外同行的认同：我们确立了中国最有影响力的财经类报纸的地位；我们接受了市场的检验，幼年期的孩童成功地应对了成长的挑战；我们从只有七八条枪，如今发展到近千人与年增长50%以上的销售收入。一个追求创造新闻价值的团队或者梯队前赴后继：人来了，又走了，人又来了，不断地接续，为了共同的新闻理念集合在《21世纪经济报道》麾下。

正是同仁们为了所有的“不确定”性付出了很高的代价，才有今天可能即将出现回报的机会出现。假设我们对《21世纪经济报道》的十年进行评估，人们大多没有从一种长期的角度做出评价，其间混合着太多的感情色彩。但是我却认为，十年，我们正是在中国开放与改革的背景中与中国共同成长，国家在开放中追赶超级大国，我们也正是在开放的大背景下，仅仅用了十年，毫无疑问地确立了《21世纪经济报道》在中国新闻媒体领域不可置疑的地位。

有人说，如果要惩罚一个人，最好要先让他享受10年的成功。毫无疑问，成功有些时候是一剂迷魂药。无论对国家还是公司而言，我们似乎都在遵循一个可以预料的生命周期，处在幼年的时候，我们每天都在挣扎，每天都在竭尽全力地应对不确定的世界。那样的环境如同快速流动的小溪不可能结冰一样，但是随着报纸发行量扩大和人员的增加，是我们自己发生了变化：开始把注意力从发展转移到控制上，从领导决策转移到管理运营上，从获得突破转移到巩固成果上。正是在这种情况下，我们的决策出现流程化的苗头，任命了繁杂层级管理人员，版面的固化愈加神圣不可侵犯，令人不解的是还有小官僚主义。

《21世纪经济报道》目前正在站在历史性的另一个时点上。下一个十年，《21世纪经济报道》会是什么样？当2020年中国经济实力赶超美国的时候，我们的报纸会与前十年有何不同？将发生什么变化？我们的目标是什么？我们的全球定位又是什么？不可否认，随着中国的进一步强大，我们一定会在未来的某一时刻，与我们追赶的目标《华尔街日报》齐肩。我们一定要像当年创业一样，心怀雄心壮志，义无反顾地担当传播中国价值观以及夯实中国话语权的历史重任。

当然，我们还没有来得及规划，因为当市场处于上升期的时候，规划显得毫无必要，而一旦市场陷入低迷，规划则显得毫无用处。但是，我们需要确立未来十年发展的长远目标，打算等到所有的信息都到位之后再做决定，那时恐怕太晚了。这就需要我们的决策团队“第二次创业”，再次抓住历史机遇或者机会窗口。我依然相信，对《21世纪经济报道》而言，这一切才刚刚开始，因为我们仍旧处于创业的黄金时代之中。

事实上，未来十年清晰的愿景，也一定成为《21世纪经济报道》同仁的一面旗帜，也正是或者只有这面旗帜，才能够成为凝聚团队的坚固基石以及重新点燃高昂的士气与激情。《21世纪经济报道》需要领导者用希望带领团队走向未来。

回应那位年轻的记者追问的“围脖”，在机会成本条件下，与其临渊羡鱼思想终端不如退而结网强化所提供新闻的核心竞争力。以我所见，传统媒体是干枝，提高品质是根本，最好不要吓唬自己无限放大恐惧，因为没有人能够在今天就读到明天的《21世纪经济报道》，因为没有人知道明天中国会发生什么。

希望是聆听未来之音的能力，信念是今天随音乐起舞的勇气，我们已经听到未来召唤的旋律，如果是的话，所面临的挑战就是站起身来，跳舞到明天迎接更加严峻的挑战。

编辑部的故事

我不过是想道尽原委
走远的我不追
岁月 你别催
该还的还 该给的我给
该来的我不推
岁月 你别催

The 10th
Anniversary

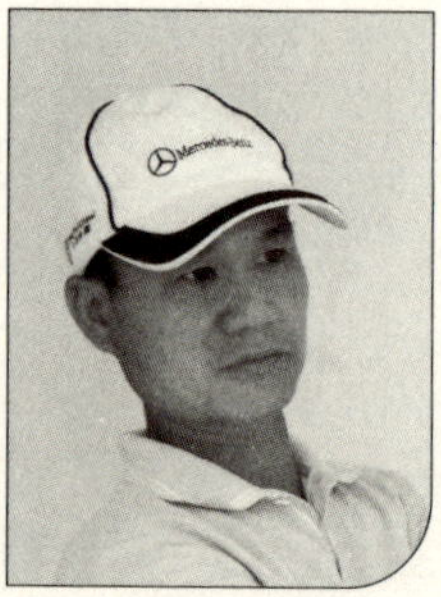

值班备忘：那些渐被遗忘的常识

关于信源交待备忘(7月14日)

本版块经常出现“据悉”、“据了解”、“据介绍”字样，这是之前“新闻是一种宣传”及“新闻传递的是事实”假设下的表述方式，这种方式，让读者无从判断信源来自何方及信源是否可靠。

信源的交待有以下方式，核心是引述最了解信息的人提供的信息，越具体越接近事实越好。

1.据某某机构某某人说；

2.据接近某某机构的某某人说；

3.据参与事件的某某人说；

4.据了解事件的某某人说；

5.据某某机构的不具名的人说；

6.据接近某某机构的不具名的人说；

7.据参与事件的不具名的人说；

8.据了解事件的不具名的人说；

9.据不具名的人说；

10.据本报了解。

关于报道中化名运用备忘（8月3日）

产经报道中，化名的使用有泛滥及不当使用之势。以下供参考及讨论：

1.化名的使用最初可能确实是不得已，比如“深喉”，但其广为国内媒体使用，则来自故事化的新闻操作方式；

2.使用化名一方面说明了记者没有找到可以正面采用的信源，另一方面极容易造成虚构信源，使得报道不可信，尤其是经济类新闻；

3.新闻报道中，信源交待原则是越具体越好，不得已情况下才使用匿名及化名；

4.新闻产品中的消息、解释性新闻中，不得使用化名；

5.新闻产品中的调查、特稿，尽量不使用化名，如确不得已使用，不要在人名第一次出现时注明化名，而是在稿子最后注明：应采访者要求，文中某某为化名。

关于记者与采访对象表述备忘（8月4日）

在记者与采访对象的表述上，有以下问题：

1.媚上，比如，某某原来计划接受本报记者20分钟采访，最后用了1个小时；

2.欺下，比如，在本报记者的强烈要求下，某某终于坐在记者面前，接受了采访；

3.自淫，比如，得知本报是权威性大报时，某某主动接受了本报采访；

4.记者与采访对象，不管在现实生活中是怎样的关系，在报道中，要呈现的是平等关系，可以简单表述为，某某接受了本报采访；

5.在极个别的新闻品类中，可以有这样的表述：某某原来计划谈10分钟，最后用了1个小时。但这种呈现要尽量避免给读者不悦之感。

6.呈现本报权威性及影响力的表述一般有：某某接受了本报独家访问，某某接受了本报专访。

关于直接引语运用备忘（8月19日）

1.“××××××××××。”多名分析员说。或者：“××××××××××。”他们一致说。两个人以上的群体说话，如能完全相同，可以改用间接引语表述为：多名分析员认为，××××××××××。或者，他们一致认为，××××××××××。

在以下情况下，可以出现两人以上群体的直接引语：

（1）表述立场，如：“同意。”他们说。

（2）表达情绪，如：“啊?”他们说。

2.“××××××××××（100字以上）。”某某人说。或者：“××××××××××（100字以上）。”某某报告说。

长引语一般是为了规避风险，达到这是某某人或某某报告说的，非记者意见。但是长引语有两个弊病：

（1）啰嗦，主要事实或意见表述不集中；

（2）阻碍阅读，尤其是超过200字的直接引语，在段落上显得更为累赘。

3.某某说：“在这件事上，黄总（黄光裕）是正确的。”直接引语内出现不完全的人名，用括号来加注。

此种表述同样不利于阅读，可表述为：某某认为在这件事上黄光裕“是正确的”。需加注的人名用陈述句的方式解决，并将关键的话语用直接引语的方式加重说明。

4.过长的直接引语可用拆分的方式来解决。（1）“××××××，”某某说，“××××××。”（2）“××××××，”某某说，××××××。

5.一般来说，能用直接引语的有以下内容：（1）重要事实；（2）有争议事实；（3）重要判断；（4）有争议性判断；（5）情绪类；（6）价值或立场。

6.直接引语的功能有：（1）可信；（2）规避风险；（3）活跃行文。

在活跃行文方面，本报许多稿子的开头都以直接引语开始。以直接引语开头要基于，引语要有吸引力，而不是什么引语都可以用，且开头类引语要简短。

7.众多无关紧要的直接引语可换成间接引语的方式使用，在陈述句中就以上第5中的6类内容加引号。

编辑十要点：

1.稿子要平衡，公正（或者貌似公正）；

2.重要的事实或者文章的主要事实要有二至三个消息来源证实；

3.重要的人名和职务，尤其是政府部门的官员，要核实；

4.数据要对照，尤其占比例分别为多少，要合起来算算，总数是否对；

5.第一次出现的人名要交待身份；

6.涉及到重要的地名，要核实；

7.人物的直接引语要核实；

8.引叙的重要报告，要让记者传一份给编辑备查；

9.引用其他媒体，要具名；

10.稿件中的匿名消息源，要向记者核实，至少要让编辑知晓。

编辑技术分类：

1.照片；

2.图表；

3.事件图解；

4.复杂人物关系提要；

5.复杂公司关系图；

6.单一公司构成图；

7.铁路公路等示意图；

8.偏僻地区或地名的示意图；

9.文章重要事实或观点提要。

21世纪的城堡

从不写过去，一些原因是美好的经历早已深埋，一些原因是棱角的一面总是让过去过去。特别是十年的跨度，哪些是珍贵的，哪些是该遗忘的，按当下的价值尺度去回味均不合适。但我也不是一个让过去都过去吧的人。念旧，是人生的一部分，是一种习惯，我亦然。

同样，在回味过去的时候，就必须牵拽“未来是什么”的话题。因为在我看来，“如果过去是大江大河，那未来是什么？是乡间的晨雾吧”。

就你我的好奇心来说，弄清下一步，弄清楚未来，甚至描绘远景成为习惯。

静下心来想一想，有时候连身边的人，甚至是身边的一个人，都难以看清，又怎能看清叫做走势的未来呢？或者是叫做未来的走势呢？

对于一个资深的男人或女人来说，人生无非就是两部分：纯美和清澈。而纯美的阶段与清澈对角而清澈的阶段总也是纯美的另一条平行线。这也是不可能用一把尺子去丈量的十年，十年的得或失，所有的，都是点滴，都是记忆的沉渣。

这十年，我们和一座城堡一起入睡。这十年，我们和这座城堡一起醒来。在这座城堡前的树下，我们经历黄昏，我们欣赏落日。这十年，我们更多地体味什么叫深夜，我们更多地体味什么是夜空。我们习惯了这座城堡，这里是理想主义者、浪漫主义者和现实主义者的聚集地。

上一年的这个时候，易北河也会静静地流淌，落日的余晖把白云蓝天映射在德累斯顿教堂的玻璃上。这条易北河把这个城堡的城市一分为二：新城和老城。人们三三两两休适地走过大桥，一切浸染在夕阳下。

在欧罗巴，人们也许用几百年雕琢一座教堂，用一生建造一座城堡。而在我们身边，一年或两年就可建造一座摩天大楼。他们过于迷恋历史，还是我们的步伐过快地追求现代化，飞速地远离过往？

当一对又一对银发老人经过身边，不紧不慢，我才明白，人生真的不以拥有的多少来充实，而是伴着时光的流淌。我真切地明白，每一年就是一条河流，犹如面前的在历史书中闪现的易北河。

而十年，整整的3650天，是人生的一大段，即使我们不像村上春树那样的细致，也会想到，从一个十年到另一个十年应该用某种方式过渡。在雅典，从夏天到秋天的转换，那个城堡免费让年轻人享用一轮明月，用这样一种表达方式纪念时光的一次更替。

有时候畅想，像《杯酒人生》中的迈尔斯那样，或者像《云中漫步》中的主人公那样，在秋天，找片葡萄园，在那个地方发呆，或经历另一条轨道上的人生。

我们仍驻守在这个我希望的城堡。但它现在仍像一座城市，繁华而喧闹，充满欲望，不像一座城堡，离叫做教堂的距离更远。

或者说，也许下一个十年再写些文字的话，标题叫做“21世纪教堂”，但如果失去了信仰，建座教堂又何用呢？

再不回忆，大家都老了

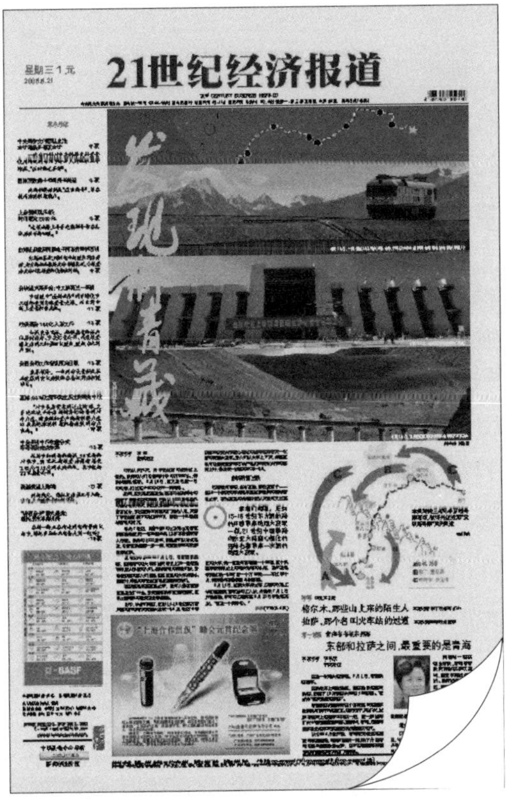
星期三 1元

21世纪经济报道

发现青藏

格尔木，那些山上来的陌生人

拉萨，那个名叫火车站的灶道

东部和拉萨之间，最重要的是青海

很久很久以后，我都无法从那个角色中抽离出来。

曾经有那么一段时间，我固执地认为，21世纪经济报道会是我最后一份工作。当有一天，我再也跑不动新闻编不了版面的时候，我就会开着我的车，从长城的这头开到那头。那会是一种从巨大的压力中摆脱出来后的快感。

后来，我知道，永远不要说永远，正如我理解的最后，永远都成不了最后。

决定离开的那天早上，我躲在自己的工位里抽了一包烟。在北京记者站，我的工位在最角落里，“珍爱生命，远离老板”，这是我选择这个工位的唯一理由。

也不知道是什么时候开始，我再也不喜欢去跟老板们混在一起了。他们，很远。他们做的事情，说的话，离我们都很远。

而我，也不再具有那种试图探听一切并混进组织核心的那种动力。似乎都无所谓了。再也不是当年那个鲜衣怒马的少年郎了。

我决定离开。

事实上，做出这个决定并不困难，难的是如何跟洲伟去说这个决定。但我不得不告诉他。跟徐万国大致说了一遍预设的说辞后，我最终发了一个短信，“刘老师，我想和你谈谈”。

我最终没有勇气去打那个电话。

那天下午，洲伟还是来得很晚。我敲门进去，一如往常地大咧咧地坐在他最舒服的椅子上，从他的烟盒里面摸出一根烟。洲伟也跟以前一样，摸出火机帮我点上。

不知道多少次了，我从来没有觉得，这个坐在我面前的精神一点都不好的男人是我的领导。我习惯于冲他大喊大叫，遇到委屈的时候就夺门而出，甚至会摔掉他的电话。

我经常跟别人说，洲伟越来越胖，而且越来越没有时间概念，我会当着很多人的面，毫不顾忌地开洲伟的一切玩笑，偶尔，甚至会让他难堪。有人这样形容我——肆无忌惮。

但洲伟一般都是这么跟别人说，杨磊的脾气，还是没有多大改进，他还是那个小孩儿。

我都记不清楚当时是怎么遇到刘洲伟了。是在海南，那时候我还在另外一个报社，交换了名片之后，他问我，要不要采访胡润？我没吭声。

大约知道我没什么兴趣，他拉过来一个干瘦干瘦的人说，那你跟他聊聊。那个长得像越共的人，叫符定伟。他拒掉了我递给他的烟，很得瑟地说，我只抽万宝路。

接下来的印象就是，他像砍树一样的把我放倒在酒桌上。醉得一塌糊涂。他跟我说他的梦想，说要成立一个伟大的公司，叫“宝岛控股”，然后把海南岛私有化，然后煞有其事地给我安排了一个比较显赫的职务。但是前提是，“你得先写几个稿子吧”。

这是一个入伙的邀约。后来很多人跟我说起跟符定伟的第一次交往时，都会提到说，丫拉我去喝酒……如此反复，直到兵强马壮。

我开始学习像21的老记者一样写稿子。那个时候，21如日中天。无数人想来这里，而这里的人梦想着游走四方，写一个又一个牛逼的稿子，干掉一个又一个牛逼的企业。

大碗喝酒，大口吃肉。

那一年我22岁。成名的念头灼烧着我。我想跟他们一样。于是，我开始在网吧里给符定伟报选题，找稿子写，并试图学会他们那种叙事的风格。

当我写到第三篇稿子的时候，王玉德给了我一个电话，先讨论了五分钟究竟哪个大学的女生更漂亮之后，他说，符定伟说你能干出漂亮活，来搞吧。

第二天，我买了一张火车票，从云南去了重庆。21终于决定要在重庆设立记者站了，而这，意味着我终于有了机会进入这个报社。

一直以来，我都觉得我是一个运气比较好的人。这样子说或许不太合适。但我到了重庆之后没多久，“非典”来了。

那时候，我已经整整一个月都没有稿子可写。

在这个巨大的城市，我一个人都不认识，没有任何资源。我住在一个名叫达美城市花园的小区里，就在新华日报社旧址的后面。每天，我都从那个黑色的楼下穿过，仰望着这个曾经显赫一时的新闻地标。但是，我还是没有选题。甚至，都没有人跟我说话。

有几天，我买报纸的时候，都是分批次去买，为的就是能跟卖报纸的人多说几句话。

也就是这个时候，符定伟的电话来了，他说，涪陵有个女孩子，从北京打工返乡，已经确诊为“非典”案例，你去写写。

后来我才知道，那是在非典期间，唯一一个由见习记者写出来的头版头条。符定伟四处向人显摆，看，他挑的人，多么的牛逼。重点，他真的很年轻啊，大有可为。

后来，我能明显感觉到，一些资源在向我倾斜，广州那些残酷的编辑们也会时不时地骚扰我一下，给我派一些有可能上头版或者做大的稿子。当有一天，一个编辑因为我手机关机找不到人而冲我破口大骂时，我心内暗爽，兄弟这下子开始有地位了。

我不知道符定伟是不是后悔过把我弄进报社的这个决定，但是他很快领教到了我的肆无忌惮和厚颜无耻。我开始向他谈条件，要求做更牛逼的东西，写更好的新闻。他一般都说，呵呵，那就做吧。

我开始顺风顺水，居然就成了传说中的资深记者。而那时候我的口头禅已经开始在报社流传，“稿都写不好，怎么能泡到妞呢”——这种虚妄的感觉膨胀到后来，最终成就了符定伟所谓的“十大恨”——在重庆的火锅店里，我喝醉之后，站在桌子上，指着符定伟说，你有十点不如我，第一，你比我丑……如此云云。

那时候，我已经到了机动部。这是一个几乎没有正经人的队伍，依旧是符定伟带领。我们整宿整宿地泡在酒桌上，但通常人都聚不齐，因为总是有人在外地出差。我们给自己找了一个队歌，崔健的《假行僧》，每天都叫嚣着要从南走到北，喝最烈的酒，泡最美的妞，写最好的财经报道。我们之间最大的共识是，疯狂工作，疯狂娱乐。

也就是那个时候，曾经的诗人现在的徐和尚开始显示出自己在阅历上的丰厚实力。他住在我的下铺，曾经有那么一段时间，丫每天早上八点都会准时念经——每天选择《圣经》的一篇朗诵。当我愤恨地对之表示抗议时，他总是摸着自己的秃头很无辜地说，《圣经》让我平静。

但是，他通常都不平静。在每一个并肩作战的场合，在每一个打击别人稿件的场合，他都跟我在一起。我们一起喝酒骂娘，一起死性不改。某次他看到别人的一篇烂稿子时，深夜打电话给我说，“老子简直有从24楼跳下去的冲动”，而我，毫不客气地怂恿他，应该先把那个羞辱了21旗帜的人打死，然后再决定是否跳楼。

就这样子一年又一年。我们终于散了。

他回到了重庆，去做他的记者站站长。我来到北京，做我的特稿部主任。符定伟高升，做了一个不知所谓的主编助理。

我们再也回不到以前了。那时候我们有大把的时间凑在一起，说工作，说生活，还有喝酒。而后来，我们很久都不会通一个电话，往往都是在酒后，骂骂各自的记者，互相攻击一下对方。心情好的时候，也会相互表扬一下。

我们终于被那个叫组织的东西搞成了一群所谓的干部。之间也会变得越来越客气。当涉及对方领域的时候，还是会谦让一下。

当每个人说的话不能完全代表他自己，往往会被理解为代表自己的部门时，客气在所难免。我们都在老去。不是年龄，而是心态。

每当这种不好的感觉出现时，我总会想起2004年年底的海南年会。醉乎乎的徐和尚冲上台去，高喊“我爱你们”，全场癫狂。

但后来，我们连喝酒都聚不齐人了。新来的人会有自己的圈子，老人们自然也有自己的事情，大家没有什么交集。

当工作纯粹变成了一个工作时，感情上的疏离就不可避免了。这种感觉非常糟糕。更糟糕的是，我们都已经适应。

现在想起来，这或许就是领导们说的组织升级。我们已经再也不是野蛮生长的时代了，我们有了五六百个同事，拥有了越来越多不知道干什么用的制度，也有更加臃肿庞大的管理架构，最终，我们不知道我们是什么了。

有些时候，我们也会讨论，21世纪经济报道是什么样的一个组织？我们拥有什么的价值观和企业文化？但通常，这些讨论没有答案。有人说，21的企业文化就是这些一个个的老人，他们怎么做事，怎么为人；也有人说，那个时代已经过去，我们需要一个更清晰的现代企业架构。

大老板说，你们要学会作为一个企业的员工生存。这让我们很不爽。不管在什么时候，我们都没有觉得这是一个企业。它是我们种下的树，我们要让它疯狂成长，最终改变某些生态。但企业，意味着利润，意味着投入和回报的对比，意味着更细的管理和更没有人情味的制度。这让人伤心。这几乎是21这几年最大的困惑。严格来说，我们用了最笨的方法实现了最初的组织升级，用最痛的手法实现了架构的调整。它最终，变得谁也不认识了。

或许这么说不太公平，但对我个人来说，我突然发现，我们一直赖以凝聚人的东西，越来越少了。大家开始关心收入，关心职务，关心之前我们从来就没有关心过的事物。而我们彼此之间，终于客气起来了。

那时候，老板们也开始忙起来了。他们出没的场合，已经不是我们习惯的那个场合。

采编的人开始抱怨自己弱势，在报社没有获得应有的尊重。我们开始纠结于“是有好新闻才会有更多的广告投放，抑或是相反”，我们也开始内耗，因为一些很小的事情，发酵于细节，影响于业务。

2009年的时候，我开始接管头版，那是符定伟之前做过的位置。说老实话，我几乎没有见过超过预期的稿件，我开始困惑于自己的职业方向是否正确——尤其是看到那些明明没有资格呈现但又因为缺稿不得不呈现于头版的稿件。我无比羡慕符定伟时代的头版，那几杆老枪，总是让人惊喜。而现在，我们已经习惯于按部就班。

不止一次，我撞开刘洲伟的屋门，将记者原稿扔在他桌子上，让他看看我们现在都在处理什么稿子——他总是很无奈地笑笑，打电话给记者所属的部门主任，之后或许会有改变，但过几天又回复到常态。直到后来，我也学会习惯。

也就是这时候，我最痛恨的一个词语开始出现，“体制”——说老实话，我不知道这个词语在21的组织里应该怎么解释，但它能带来的结果我很清楚。任何的事情，只要回到“体制”二字，意味着，在我们这个体系内，这个问题将会永远无解。

更要命的是，它的概念开始被无限扩大，并放置于所有语境之中。此也体制，彼也体制，谁也没辙。只不过，似乎没有人意识到，这个组织正在发生变化。或者说，可能已经意识到了，但是无力或者不想改变，我所看到的结果是，体制意味着一切。

我们真的成了一个企业。当然也有人更加恶毒地说，这是一个“地方国企”。

但这确实曾经是我最热爱的地方。我最好的八年都在这里。我曾经跟人吹嘘，如果有一天，我离开这里，肯定不是我出了问题，而是这个组织出了问题。旁人哄堂大笑。

最终，我还是决定离开。

那个下午，在洲伟办公室，我们沉默了很久。洲伟先开口，说他已经知道我要说什么了。他了解我。

此后的两天，我穿梭于各个办公室，去处理交接上的事情。我们现在已经越来越庞大了。2002年我进入报社的时候，只签了一张单子就算是入职。而我离开时，我先后需要有八个人在我的离职单上签字，然后才能拿到报社的离职证明。

最好的时光就这么过去。那天晚上，我做完我最后一个版，在办公室待到两点钟。全部的灯都关掉了，就我面前的烟头一闪一灭。我待在那里，看着已经签过的大样，看着稿子被挂在网站上。

屋里就我一个人，很安静。

烟灭。人去。八年了，我终于带着骄傲，昂首离去。很早以前，我曾经说过，假如我离开，我一定会在我这个职业的最顶点大摇大摆离开。

我想我做到了。

几个月后，我们又一次聚在一起喝酒。有符定伟、徐和尚、洲伟、刘晖。我又一次喝醉，又一次站在桌上。我说，我爱你们每一个人，但是，我真的不爱这个组织了。

有人鼓掌，有人叹息。就这么过去了。

21断代史：圣徒的黄昏

好奇，还是好奇，耐心对2004年，重新打量，重新体味，那些尘封的充满激荡甚至改变21历史演进方式的细节，一一浮现。

人之所愿，天之不腱。

这是2008年3月第二个星期的周末，晚上。尽管三月的北京仍然凄清，甚至乍暖还寒，但是此刻，位于京郊的一处名为九华山庄的地方，一栋别墅里，一场炒地皮正酣战中。看来这是一场通宵达旦的欢乐。

海德格尔说，我们要诗意地生活在这个地球上。对于那个夜晚，通宵欢乐的几个人来说，他们更加丰富注解了海德格尔的这句话。他们更愿意在生活的表层行走，但这并不妨碍他们与生俱来的使命感：让财经新闻更加通透和充满张力，让你所看到的一堆数字或者一些似是而非的经济学名词充满温情。

酣战是对一场持续紧张运动在结束那一刻的自我慰劳。对于《21世纪经济报道》来说，这场运动，与其说是检视，更是一次爆发。这张中国最具影响力的财经报纸，刚刚完成了一次蜕变：从周三刊变成日报。一年一度的全国两会，年年岁岁花相似的两会，给刚刚变成日报后的21一次绝佳的从彩排到上演一气呵成的演练机会，但又何尝不是挑战：缺乏活力的财经媒体，在这个经济崛起30年的大国，仍然到处都是。多乎哉，21和21人并不想忝列其中。

在相当长的时间中，对于中国能否支撑一张主流市场化财经日报，大家充满疑虑。就在2003年21刚刚从周刊变成周二刊的时候，内容和水准上出现了巨大的裂痕，市场对此作出了激烈的反应。经常，这是一场悖论：如果不扩张，就不能有规模效应，就不能容纳和招致更多人才，最后有随时被市场边缘化的风险；但扩张的风险也如此明显，甚至触目惊心。小是很美，但为何大家都要争大做强呢?

顺应周二刊的扩张策略，一个看上去理所当然的举措是，举办财经记者培训班，谁也没有预测到，这个被称为黄埔一期的培训班，走出了几位日后对21乃至对中国财经新闻影响深远的人物。这是21十年历史中，最为正确的一件事情之一。只是这一事件的意义，在缺乏历史厚重感的21，被严重低估和忽略了。

时间已经过了凌晨1点，酣战的一方，似乎有些凝重，因为另一方已经打到了J。刘洲伟蹙眉凝神，陷入庄重思虑中。即使是长期在21工作的同事，也很少见到主编这样深情肃穆的样子，与其翩翩君子的豪放风格大为不同。一场娱乐的酣战突然变成一次欢快的智力游戏。

对于每个21人来说，他们正在进行的正是一场洞察中国转型的智力行动。在行动中，他们之所以表现出跟其他媒体的不同特质，源于心中都有一座教堂，都怀揣自由精神。任何一座教堂，都有一个传教士，给大家做弥撒，也给大家传递福音。没有人怀疑刘洲伟承担的这个角色。当很多人都在询问“何以21的采编管理层保持如此稳定”的问题时，作为主编，他担负这一维稳的职责。如果重新翻阅曾经在21洛阳纸贵的内部刊物《学习园地》，在那里，你可以看到这样一篇文章：《上善若水》。是的，每个在21工作过的人，都发现或者感受，这是一个充满善意的文化。对于深受21文化熏陶和浸染的人来说，需要寻找21锐利的精神源流，没有比“上善若水”来得更加贴切。上善若水，是对办公室政治充满警惕和拒绝，这一精神源流，奠定了21十年发展的稳定基因，使得新闻成为一种信仰在这里成为可能。一个经常被内部人讲述的细节是：在21，主编可以不喜欢哪个人，但一点都不妨碍这个人的业务晋升。在21，招一个好的人，很难；但要开掉一个人，则更难。作为笑话流传的细节，是一种包容文化，是对每个人尽可能的呵护，若无上善若水之精神源流，难以想象。

凌晨一点半，刘氏的深思熟虑明显奏效。打J的一方，终于被他J回去了。至此高潮迭起，欢乐无边。欢乐，何尝不是这个中国领先的财经媒体的气质？那些十年前参与创刊的人士，总是津津乐道回忆，做完版之后，大家呼啸而去，把酒通宵达旦，畅谈中国的前途和世界大势。他们很快把握住了这个机会。2001年底，中国加入WTO成功。他们推出了中国第一份100个版的大型特别报道：龙腾世界。红色的字体，腾挪的龙，张扬而充满对未来的想象。

很奇怪，所有关于21的欢乐回忆，都是在创刊的前五年中产生。最近那次被反复提及和渲染的还是在2004年底，海南三亚。但对我们这些历史细节的爱好者来说，这次嘉年华的背后，或许隐藏了某些不愿为外人道的因素。如果仅仅是一次公司的娱乐活动，那显然低估了这帮试图改变中国的精英的认知。

好奇，还是好奇，耐心对2004年，重新打量，重新体味，那些尘封的充满激荡甚至改变21历史演进方式的细节，一一浮现。

这一年，先是发生了一场广泛的罢工事件；然后那份号称要将21打回世纪初的《第一财经日报》创刊，对21进行地毯式挖人；最后才是12月底在海南三亚的嘉年华。

虽然采访了诸多罢工事件的当事人，但随即出现了罗生门，每个人对罢工的来龙去脉、过程和个人在其中的作用，充满选择性地记忆，甚至混乱、掩饰。

几乎可以笃定的是，要求加薪是这次罢工事件的起源。但可惜，未能如众多历史事件那样，找到罢工事件的导火索。基本的过程是这样：很多记者接到了通知，要求不要写稿子，他们也照做了，因为当时的薪水，没有人是满意的。

是谁领导和组织了这次中国新闻史上史无前例的运动？有多种说法。也如同众多历史事件一样，有些人走在了历史的前台，但有些有力人士在幕后。一个回忆的细节道出了这次事件的性质：在北京的一次讨论罢工的闭门会议上，那些老资格的人去要求一个新人起草罢工声明。很明显，每个人都想改变现状，但没有人愿意负责。另一个细节，也勾勒出了罢工事件的玄机：当许多人停止发稿支持罢工的时候，也有些人则趁机暗中发力，取悦当局。

这些细节的准确性毋庸置疑，但如何评价，则充满无力。如那些暗中发力的人士中，有些日后受到重用。之所以评价充满暧昧，是因为他们日后的业务表现让21重新获得市场尊重，让21继续拥有最高影响力。从这个意义上说，罢工改变了21的历史演进进程。

罢工事件的结果是令人满意的。两大成果，一是普通记者的底薪提升了；二是记者可以享受带薪休假一周。新记者对这条看不太懂。简单说：当你获得了年假一周资格后，相当于报社额外再给你发一周的工资，工资以你前三个月的平均薪水计算。

罢工事件还有一成果，只是容易被忽视，可能是成果也未被巩固：21高层与记者编辑非常坦诚地进行了面对面交流。一个老员工回忆的细节是：在上海的交流会上，记者编辑们一一站出来表达对报社的诸多不满，老总们憋着尿听完持续几个小时的不满，充满善意。

如果说罢工事件是这家成立不到4年的已经产生很大影响力的财经媒体的内忧的话，那么，2004年，对21来说最大的忧患应该是《第一财经日报》的创刊。日后，有无数的回忆证明了这点。一个未经证实的说法是，报社甚至给一财发了份函，对其大规模的挖人事件表示抗议，由此可见当时的危机程度。但或许是天意，也或许是经历了罢工事件的洗礼，21的精神挽住了诸多骨干记者的外流。而不彻底地挖人，或者说缺乏21的精神，一财在随后的表现，只能用平庸来描述，这一描述应是恰当的。

好了，内忧摆平了，外患也过去了，是到了迎接一场狂欢的时候了。2004年12月底，在海南三亚，温暖的阳光打在21人的脸上。从流传下来的当时的照片看，欢乐，21精神气质的欢乐，重新写在他们的脸上。如果细致检视2004年，仅仅从业务这个层面看，这场狂欢实在是恰到其时。因为重要的是，经历了2003年周二刊的短暂滑坡之后，那些21的中兴人物要登场了。可以列一个清单，北京的符定伟、杨磊；上海的王云帆、汪生科、左志坚、范利祥、汪恭斌等；深圳的金城等。

符定伟这一年离开编辑岗位，在北京负责机动部。这一年他连续三个月获得调查报道大奖以及文本大奖。最著名的是关于赵新先的报道。

赵新先从办公室二楼出来，走楼梯，电灯没有打开，一团阴影罩在身上，他边走边说，“三九改变了我的命运。”

来自北京的最新消息，赵新先的接任者将出自北京，而未采纳赵一直建议的在现任集团管理层中挑选的方式。（摘引自2004年5月《赵新先谢幕》，符定伟）

这是一篇在江湖中被广泛流传的作品。很多人对这段开头激赏有加。不过这个导语的另一个隐喻和价值是：提醒财经新闻人，只有贴身接近财经人物，才算使命到达。

这一年，另一个新锐人物是汪生科。他的《全国第一站：李荣融东北调研第一站》，被评为最佳调查性和最佳解释性报道。两者得其一可谓佳作，兼而有之，应该如何描述呢？随后，汪生科几乎垄断了国内所有关于国资的重大报道。

2004年发生的最大商业性事件非德隆莫属。这年9月晋升编委的王云帆，从一张通讯录开始了他惊心动魄的德隆调查。同样这年9月晋升编委的还有金城。他关于深圳的系列调查，提升了中国政经报道的张力。

以上清单所列，自然遗漏了财经、金融和产经部门的中兴干将。恕未能一一列举之责。其实，如果可以给21断代的话，这不是一个旧时代的结束，却是一个新时代的开始，或者说是双时代并进的壮观景象。更早之前，诸如夏日、刘晖、刘东、郑小伶、马腾这些创业元老，他们在财经金融领域，为21开创了一条中国财经媒体将何所谓的道路。但自2004年之后，21中兴干将们，抓住中国政情与世界大势，为21开创了另一条财经媒体的道路：中国政经报道的新范式。经常很好奇，现在作为21主流的政经版块，为何迟到2003年才出现。

历史的回眸者不愿放弃和遗漏那些重要的事件或者人物，如田毅，如王长春。他们无疑也是21政经报道的开路者。如果翻开2003年两会期间田毅那篇大作：《温家宝渐行渐近》，你很容易喜欢上。

时间到了凌晨2点半，纸牌进入了另一个高潮：刘洲伟一方也到了J这一关。与他搭档的是杨磊，两个上善若水的河南人。这天晚上的对阵，看上去非常有意思：一方是两个河南人；另一方是两个河南女婿。如果耐心阅读，这几个人，创造并延续了中国主流财经新闻的叙事传统。

杨磊是作为一个符号出现的，因为他日后的出走，可能意味着21一个时代的终结：叙事传统的终结。他的《二环十三郎》成为财经记者的叙事上的一种幻想。这不是一个财经主流话题，其提供的叙事启示被忽视。

其实，自20世纪90年代至今，主流财经媒体朝着两个方向演进，一条是叙事的传统，另一条是揭黑的传统。叙事的传统，则是沿着两个裂缝前进的，一个裂缝是表达的张力的缺失，另一个裂缝是财经专业主义的混乱。杨磊的出走，所终结的正是让第一个裂缝无限放大。

《经济学人》主编爱默特说，财经记者要“高质量地思考、高质量地写作”；亨利·刘易斯，这位《财富》杂志的创办者说：“我可以教诗人学会会计，但是没法教会计师写文章。”

相比揭黑的传统，叙事的传统最容易被财经新闻人漠视。这个传统，如果细致考察，可能源于南方周末，确切地说是南方周末的经济部。

如果你有机会，仔细翻阅那本名为《非常原始积累》的新闻作品集，或许你可以体味：财经新闻，可以写得如此清晰易懂，而非晦涩和死气沉沉。其自觉延续了20世纪80年代以来的人文关怀、解构经济事件的能力，以易懂的呈现方式，至今仍然是叙事传统两大支柱之一。

凌晨4点，最后三张牌。是被J回去，还是继续挺进？围观的人也开始狂热起来。刘洲伟出牌的速度跟现在的北京堵车时的情景一样。深思熟虑，然后果断出牌，这是许多21人对自己主编风格的评价。

这次牌局之后不久，21即启动了最为深刻的业务变革：加强深度报道。21进入日报之后，摆在21人面前，最大的焦虑和困惑就是：是否被碎片化的新闻给击溃？这显然是一次深思熟虑的变革。在21十周年之际，回头再看这场业务变革，你可以对当下的深度报道不甚满意，但是换个角度思考：如果没有深度报道，21将会怎样？

一个结论是：如果没有深度报道机制，21的记者将被碎片化新闻裹挟，然后逐渐退化，最后丧失主流财经新闻的阵地。21也将不是21。新闻是易碎品，只有叙事而不是信息所呈现的逻辑和趋势，或令21的新闻人维持职业的恒久魅力。

深度报道的开启，一方面，弥补了表达的张力不足这一叙事传统的缺失；但另一方面则为财经专业主义，给叙事传统的另一个裂痕提供了弥合的空间。

漫长的一次牌局。要出倒数第二张牌了。J还是被J？

牌局终有胜负之时，但对于21来说，正好迎来下个10年的挑战。重温那句刊印在创刊号上的经典语句：我们的梦想就是国家的梦想。时过境迁，这句话突然变得模糊起来。这本来是一种美妙的修辞策略。但现在也可以简单这样改造：我们的梦想就是21的梦想。问题是，我们的梦想是什么呢？当他与报社的梦想产生了裂痕了之后，又将如何？

不能说没有内忧。一个创办了十年的最好的中国财经媒体，感受不到创新动力；中层充满疑惑和焦虑；采编经营的界限正被少部分人冲破；面对利益集团的部门和面对公共部门的人在精神上异化；不能说没有外患：体制内的冰河正逐渐融化，水漫金山，市场化的力量何其汹涌。世界在变，但只要21弥足珍贵的上善若水精神和欢乐气质不变，则无往而不胜。

还有哪一个地方，能让新闻成为一种信仰？这是他媒的天问，也是21的自问。

2011年3月，阳朔，春明景和，岸芷汀兰。时隔6年，21采编的盛大狂欢将在此上演。时隔六年的加薪也很给力。

凌晨四点半，底牌尽出，一片欢呼。鸟兽散，洗洗睡。

曾任《21世纪经济报道》新闻总监 现任网易华南总监 丁秀洪

我的"大学"

关于贵报的21个碎片

2003年春天，为了一个"做专业财经新闻"的梦想，我加入了21世纪经济报道。

在和刘老板（洲伟）谈工作方向时，我自信满满地表态"除了IT其他都可以胜任"。阴差阳错，简短做过"21世纪理财"、"21世纪CFO"负责人，又在金融版块稍稍过渡后，我最终却被安排担任IT版块负责人，此后虽短暂署理过产经、公司、快公司等版块业务，但主管IT和互联网领域的报道占据了我在21世纪的绝大多数工作履历。

2008年春天，为了一个互联网的梦想，我暂别了21世纪。

让一个财经新闻的爱好者找到组织，并给予平台发挥天赋；让一个IT行业的门外汉，遍访国内主流IT及互联网企业并与他们的高层面对面交流学习；让一个只会纸上谈兵的书生有机会了解了企业真相，并浅尝商业运营——这些，远不是21世纪5年青葱岁月带给我的全部。

2011年春天，21世纪迎来了十周岁生日。当刘老板提出为"21世纪十年"作文时，我立刻想到网上流传甚广的华中科大校长根叔那句经典语录，"什么是母校？就是那个你一天骂她八遍却不许别人骂她的地方"。对于众多21世纪的同仁而言，什么是贵报？就是那个你一天骂她八遍却不许别人骂她的地方。

贵报即母校！

一、贵报

1. "贵报"。不知从什么时候开始，"贵报"一词成为同事间对报社的代名词。对于外人而言，称呼"贵报"多是表达尊重的意思，但在报社内部同事之间，每谈及报社事务也言必称"贵报"，此中含义就耐人寻味了。我倾向于认为是报社开放自由环境下个体彰显独立性的表达——你爱，或者不爱，"贵报"就在那里，口口相传。

2.“不用举手”。印象中是某一年的记者节，沈老板给所有采编同事发了一个圆柱形的水晶镇纸，上书“不用举手，请直接发问”。在专业财经新闻旗帜的感召下，21世纪早期聚集了全国各地很多不同行业背景的精英，这样的管理宣言相当给力。多年以后一次老同事聚会上，谈及21世纪的管理，好几个人同时说起了这句话。

3.“与生俱来的光荣”。又是某一年的记者节，沈老板给所有采编同事发了一块长条形的水晶镇纸，上书“那些与生俱来的光荣，总有一天会全部到达”。我不知道沈老板当时在看《庄子》还是《论语》，我只记得拿到那块镇纸让我激动了很久，并在心里默记了数遍，直到如今，这句话也依然激励我忠诚于自己的理想。

4.“瞧，那些新闻的圣徒”。还是某一年的记者节吧，或者是21世纪某一特刊的刊首语中，我第一次读到了沈老板的这篇文章。“即使新闻死了，也会留下圣徒无数”，对于正“无限逼近真相”而奔波的“新闻民工”们，这句话也许是最大的褒奖。顺便说一下，即便不做记者很久，我依然觉得自己骨子里是个新闻人，从头到脚都充斥着新闻理想。

5.SLOGON变迁。21世纪每年都会推出若干个版本的平面广告用于自身推广，而每次SLOGON的选用都堪称精妙，比如“新闻创造价值”，“我们不是在选择道路，我们只是在发挥天赋”，“我们的梦想就是国家的梦想”，“摆事实，讲道理”，“与加入WTO后的中国一起成长”，“中国道路，全球价值”等句式，不断被广为传播和借鉴。

二、老板

6.酒吧。很多21世纪的人都知道沈老板喜欢泡吧，沈老板泡吧，以耐力长让人折服。我现在的老板丁磊和沈老板是同乡好友，也同样喜欢泡吧，江湖传闻在广州某酒吧一度能同时见到二位。但谈起沈老板的“泡功”，丁老板只得自愧不如，“可以连泡三个小时不说话”。别人泡吧泡的是寂寞，沈老板或许泡的是思想。

7.拖拉机与美元。印象中刘老板最喜欢的娱乐活动是打拖拉机，我在北京轮岗那一年，每个月总有那么一两次。最初打拖拉机纯属娱乐，后来就加了彩头，刘老板定的价，输家每人每局25美元，当时央行还没有搞汇率改革，25美元折合人民币差不多200元。尽管后来人民币一路升值，但彩头一直按25美元或200元人民币坚持了下来。周小川行长要知道了此事，情何以堪?

8.小伶姐姐Ⅰ。如果在开心网给小伶姐姐贴标签，我会至少写下这些词：完美主义者、新闻圣徒、金融学者、苹果粉、勤奋、身体力行、热情、外表冷酷、严谨、八卦。

9.小伶姐姐Ⅱ。当我在微博上表示准备写“21世纪的21个碎片”后，有老同事给我发信说“传闻小伶姐姐当年最不舍得骂的，有大哥你哎”。能不被小伶姐姐骂，幸甚至哉。也怀念那些被小伶姐姐骂过的兄弟，小伶姐姐是爱你们的。

10.冯老和老冯。亦师亦友、亦上级亦拍档。工作之余喝喝茶、炒炒股、练练座、听听戏，回味起来，两年的时光被拉得悠长。在没有喝酒之前，我叫他冯老，是敬佩他的才学、文章和谋略；在喝了酒之后，我叫他老冯，是感受他的激情、理想和率真。

三、编辑部

11.赶超GDP。“数据多”是21世纪早期文章的一个鲜明特征，为了提高冲击力，编辑们总把数据做到标题里。有热心读者曾做过统计，某一期的《21世纪经济报道》，把其中标题涉及的数字相加，大可抵上一年的GDP。

12.要长更要性感。据不太权威数据显示，21世纪开创了中国长新闻标题的先河，早期的新闻标题，一般字数在12字以上，多则22字。在“长”之外，刘老板对标题还有个要求——性感，这就是要赋予标题灵魂。长容易性感难，一个标题斟酌一两个小时是家常便饭。

13.消息人士。因为追求“无限接近真相”，为了获取独家消息，每个记者都有自己的线人渠道，而为了保护线人，行文时往往以“消息人士”、“知情人士”、“内部人士”等相称。这些隐藏在文章背后的“深喉”，成为21世纪众多独家猛料的绝对功臣，但也成为早期某些不准确新闻的幕后推手。

14.抢广告。对于编辑的岗位职责，不空版是基本要求，发布优质稿件是更高要求。但编辑所负责的版面若被安排上广告，选稿自由度就会大大提升。于是，广告部的同事向客户争单，编辑部的同事就到广告排期部门抢单。加上21世纪的各位老板对稿件要求高，经常会撤稿，更是加大了填版的鸭梨。

15.高产记者。新闻也有淡旺季，每年总有那么一段时间，广告不多新闻也不多，这时候高产记者的价值就出来了。高产记者通常具有两方面的素质：一是写得快，其次是舍得写。每个版块负责人手中至少要有一个高产记者，我很幸运，当时帐下有两名高产记者南北呼应，更难得的是，他们的名字都叫“继勇”。

16.拖稿。21世纪的记者分布在全国各地，编辑部和记者之间靠着电话一线牵。记者能否准时、高水准地交稿在整个编辑流程中非常关键。但偏偏就有人不靠谱，我刚到21世纪的时候，一记者答应给我提供一篇3000字左右的文章，每次打电话都积极表态正在写，临近截稿前突然说电脑坏了，然后电话也接不通了。幸亏当年笔头尚未生疏，自己临时写了篇文章顶上凑数过关。

17.迟交版。有前面的缺稿或者被拖稿，编辑接下来面临的就是迟交版处罚。做过日报的人都明白，准时上报摊的价值远远超过产品的精雕细琢。报社年年都会制定迟交版处罚，但迟交仍屡禁不止。为了让老板们签免处罚单，编辑们各施奇招，我记得最正当的理由就是和截版时间较晚的头版合作，以被抽稿或头版转版的形式延迟交版，所以头版编辑是个相当吃香的岗位。

四、号外

18.年终特刊。从2001年的“龙腾盛世”起，21世纪每年都会推出不同主题的年终特刊。而每年的这一宏大制作，都是对整个采编团队脑力尤其是体力的终极考验。做年终特刊，最难在于寻找主题，也就是读者最终看到的那短短四五个字。记得有一年的年终特刊，从10月份召开筹备会，一直到12月20日主题还没定下来，按照正常出版流程，100个版的特刊从采写到编辑到印刷出版，基本不可能赶在当年最后一日出刊了。但21日一大早，一份传真到了编辑部，是出差在外的刘老板手写的特刊主题及内容架构，接下来的一周，兄弟们硬是不分昼夜完成了这一不可能完成的任务。

19.“高级通胀”。我是以“首个且唯一的资深编辑”的荣耀Title进入21世纪的，我的直接老板是当时21世纪“首个且唯一的高级记者”郑小伶。之后的某一年，因金融行业的快速市场化，大且猛的新闻不断曝出，年底按照报社的考核制度，一下晋升了近10个高级记者。联想到前段时间谢国忠指央行超发货币导致通胀，此次事件也可以算得上21世纪的“高级通胀”。

20.编辑部前置。响应刘老板号召，2004年-2005年期间我到财经新闻竞争最前沿的北京呆了1年。当时在工体附近租了个一室一厅，月租金1300元，旁边一楼盘刚开盘，每平米售价6000多元。前段时间陪客户到工体吃饭，偶然得知附近楼盘均价每平米已过60000元，悔当初没有下手。跟我感同身受的还有刘老板。

21.新闻班。21世纪的10年就是中国财经新闻的10年，因此21世纪是较早主动启动专业财经新闻教育的媒体机构。除了与高校合办新闻班之外，21世纪还组织过一次针对内部员工的培训班，这次培训，不仅玉成了数对，也流传出借款留宿杨箕村等故事。如今杨箕已不再，这次培训达到的效果，既是空前，也只能绝后。期待下次开班再续精彩。

谨以此21篇微博体流水账，记录我眼中的10年21世纪。虽有拼凑之嫌，但仍有未尽之人事。若有错漏，皆因老年痴呆外加头脑不清，相信大家都能理解，正如刘老板所言，残酷青春已然与21世纪一起度过。

21世纪经济报道

南方日报报业集团主办 国内统一刊号：CN44-0073 邮发代号：45-118 21CN BUSINESS HERALD 创刊号 NO.1 2001.1.1 逢周一出版 本期32版 零售价2元

黄金：刑满释放（焦点·2版）
刘永好：资本撑竿跳（焦点·2版）
铁老大断臂图新生（综合·4版）
郑百文独立董事在说什么（综合·4版）
国美：苏宁太夸张（家电·6版）
三九淡出药业（药业·8版）
尴尬的手机单向收费（评论·21版）
搜狐邀宠华尔街（网络·11版）
股市十年专题（13版-16版）

发刊词

我们的梦想就是国家的梦想

第一访谈

海尔 406亿

第一家外资控股影院上海破土

柯达挥兵中国电影市场

华润 万科 并购触礁？

2000年　草创

为这份报纸起名字是在南方周末经济部的那间足够小的办公室。时维九月，序属三秋，我们隐隐听到婴儿的啼哭——我们创造了它，但十年仿佛一觉，醒来发现我们的角色只是几个保姆而已。

这一年没有特刊，出了4期试刊。夹在《南方周末》里上了街。街风冷，但《21世纪经济报道》鲜艳夺目，标题火辣，言论火热。

编辑部只占了南方日报大楼十八层的一角。第一次全体会议是站着开的。所有创业都会显得仓促，但我们的采编架构极清晰，战略与战术如胸中丘壑。这一基本框架十年来未曾大改，几成行业标准配置。

我接着在短暂的时间里组建了北京记者站。在北图的附楼里找了两个房间。第一次聚餐在旁边的紫竹院，是形瘦如竹的袁仁标订的地方，夏文革、田毅、刘冬、郭开森、王玉虎等在座，算是开伙饭。

随后组建上海站。开头是阿拉上海人老金主持站务。私募的第一个记者是杨瑞法，现退休返聘。公募的第一个记者是王云帆。

张红桥也从南周投奔21，组建深圳站。

再后来，寰区大定，海县清一。

（刘洲伟）

2001年 “9·11”，WTO，中国年

这一年演绎了“历史的吊诡”。“9·11”让整个西方将敌意转向制造恐怖的“邪恶地区”，并透支财力维持迄今尚未结束的“‘9·11’战争”。紧随其后的中国加入WTO在国际舆论场上稍显平静——但毫无疑问后者将导致中国“加速度崛起”。我们制作了两个大策划，“9·11”专题模仿了《纽约时报》，将对开的两大版用电脑做出双塔的详细结构图；WTO专题“龙腾入世”，社论叫做“龙腾的天空从此豁然开朗”。

2001年年终特刊，我直接点题：中国年。中国崛起的元年。就GDP与综合国力而言，中国开始重新走向历史舞台的中央。

（刘洲伟）

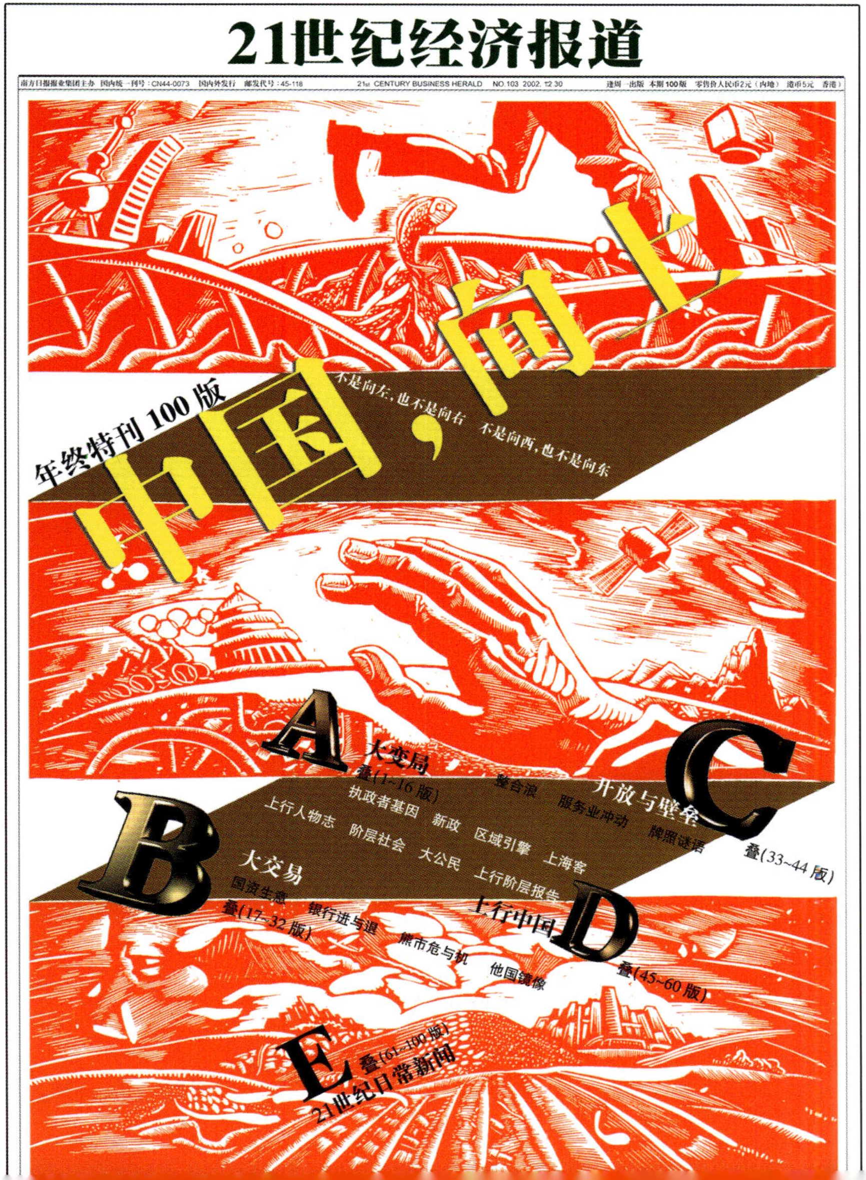

2002年　中国向上

这是21独有气质的“宏大叙事”的开篇，也是“中国系列”的价值框架的滥觞。30岁的豪情，带上一班20多岁的兄弟登上白云山，一整天的高谈阔论，舌敝唇焦，遂炮制出100大版的“中国，向上”年终特刊。从大变局，大交易到大公民，大社会，勾勒出一个上行中国：不是向左，也不向右，向上生长，这种也许带有几分野蛮的活力，才是当下“清明上河图”的基调。

找到艺术总监陈钢，他搞出了图腾式蒙太奇风格的木刻，力透纸背，甚合我意。

凉风起天末，君子意如何？找到当年策划组名单，发现大多已离职，谨向他们致意：王长春，张庭宾，李波，张旭，凌云峰，朱平豆，柳剑能，王玉德，龙希成，吴文尚，张翔，田毅，隶本忠，熊毅，李明伟。

（刘洲伟）

2003年　中国世纪

中国世纪。此概念现在已不新鲜，但在八年前大声地喊出来，还是有一点振聋发聩的意思。它好比是未来的后视镜，又像历史哲学的化石层，上一层是美国世纪，再上一层是英国世纪……现在轮到我们了。

美国世纪是《时代》杂志的创始人提出来的，足足一个世纪的光荣与梦想。新国家没有包袱。

周虽旧邦，其命维新。我们的国家包袱重，但要有勇气有担当有自信，一定可以走出“历史的三峡”。

一天之内统合100大版，写了几百个标题。付印，起身，一阵昏厥。

（刘洲伟）

2004年　中国共识

其实就是“北京共识”的另一种读法，但不是美国人的读法，是我们自己的对“中国式道路”的解释。

从破产的“莫斯科共识”，到正在经受考验的“华盛顿共识”，如今大热的“中国共识”，历史是台称重机，一切不是浮云。

关键是自觉与清醒，不畏浮云遮望眼。

这一年，《第一财经日报》创刊，挖走了我们十几个骨干。所以从某种意义上讲，一财是21的分支结构。幸亏我们培养的干部多，但现在也不经挖了，再挖就断代了。

（刘洲伟）

2005年　自主中国

对于这个策划，我就不自吹自擂了，引用当时天涯社区的一个帖子：

“从学校回家的火车上的20个小时，我完全靠一份《21世纪经济报道》年终特刊撑了过来，本以为在这种嘈杂而又孤寂的时空中，很难读下如此略带说教气的读物，但我没有失望，套用宋丹丹的话，‘相当的不错！’”

自主是对“民族主义”的更正向的延伸。“其中体现出的智慧而不偏激，开放而独立的情怀，是我这种典型的中国人所心仪的。”

我们还是站在中间，任尔东西南北风。

“自主之国”，前提应是“自主之人”。

（刘洲伟）

2006年　WTO五年后

这个策划就像标题所说的那样，检视一番。现在是WTO十年后，照例又要检视一番。

（刘洲伟）

2007年　中国道路　全球价值

这个策划的主题后来成为2008年本报的宣传口号之一。2008年开始做日报，工作日日报。

我大病一场，住了三个月医院。

（刘洲伟）

2008年　三十而立，三十而始

改革开放前30年，破而后立，解决了很多问题，留下了很多问题。于是，后30年不是“结束的开始”，是重新开始。

（刘洲伟）

2009年　后危机论

就像提出“中国世纪”一样，我们在国内媒体中第一次提出全球经济危机之后，中国可能率先走出危机阴影，必须考虑危机后的一系列问题。我们不是先知，是有一点胆色，加上一套逻辑体系。

（刘洲伟）

2010年　重新发现中国

他们是失去的十年，我们重获物质文明，权利转移，旧秩序溶解。重新打量这个世界，太阳底下还有什么新鲜事？

（刘洲伟）

2011年　改版

变化的“立体派”

中国的“根目录”

不息的“价值流”

我不是那个祥林嫂

我来

我已无数次验证过，能耐心听我絮絮叨叨讲完这故事的人，无非两种反应，要么没心没肺地“嘿嘿”一声，发现与现场氛围不符后半晌沉默，再开始扯别的；要么艰难地挤挤眉头，貌似义愤填膺要追凶，继而不了了之。我一边骂自己“你丫的真傻，真的”，一边又在听到“你为什么要来21”后条件反射式绘声绘色地讲起这个悲情故事。

我不是那个儿子被叼走后逢人就两眼发光，一把鼻涕一把泪的祥林嫂。但在接到“贵报十年感悟”任务并听闻将结集成册流芳千古后，我的泪腺瞬间膨胀，讲故事的触发条件再度被强制激活，不能自已。

一切的一切，要从2003年的那个夏天说起。

是时，由于高考语文未及格（至今仍是个谜），鄙人自云端跌入谷底，无奈蜗居中部城市一所二流大学的财经新闻系，本着破罐子破摔的原则，逃逃课，泡泡网，混到了大三。眼看着毕业临近，一位慈祥的女导师拿来了一份京沪广深媒体名单，让同学们填报暑期实习志愿。

这份名单令人眼花缭乱，在其他同学为去新华社、人民日报、CCTV勾心斗角时，我连看都没看一眼，直接勾选了21。

那时候，这是一份让年轻学生们认为有气场的报纸。作为这所财经院校中众多的21粉之一，几乎每周我都要买一份。那些惊心动魄的田野调研、揭黑调查和以知识分子口吻关乎社稷、良知的呼喊，时而春风徐徐，时而大雨瓢泼，令人振奋。但可悲的是，我的阅读止于头版和政经版，此后的版面由于术语过多，文字晦涩，枯读无果后改用来枕前催眠。

话说敲定21为实习单位后，我就开始满心欢喜地收拾行囊，志同道合的有两三个女学生。待一切就绪需确定报到时间前，女导师给了我们一个联系方法，“给他（她）打个电话就行了。”

同行的学生们推选我来打这个电话，原因是我声音洪亮，这在使用寝室破旧不堪的201电话时是最大的优势。那是一个炎热夏日的午后，我怯生生地拨通了号码，想象着020区号那头散发着油墨香的宽敞办公室，数十秒的等待后，联络人终于接通，待我以15秒介绍来意并征询报到时间后，对方丢下一句“哦，我们这里只收我们自己的实习生”就冷冷地挂断了电话。

多少年后，这一场景仍时常清晰地浮现在我眼前，如同祥林嫂在草窠寻见儿子阿毛的五脏都被吃空，手上还紧捏小篮的那一幕，现实粉碎了所有的不安与希望，挥之不去。

我已记不得对方是男是女，他是不是还说了诸如“不好意思”、“对不起”的客套话，也不记得我怎么给同行姑娘们解释的，更不记得最后有没有骂女导师不靠谱。

据在场同学事后转述，一贯温柔娴淑的我当时恶狠狠地丢了一句：“老子今后一定要进21!”继而沉默。

我确实是怒了。结局多惨啊，我们几个有志姐妹被拆散，在同学们火爆PK后的残羹冷炙中慢慢腐烂。对于我而言，去不了21，再去哪里都一样。从那以后，我也开始买那份黄色的财经报纸了。

故事讲完了。

这就是我为什么一定要来21，必须的。

我们在

2006年的春天，在五羊新城绿茵阁一场半小时面谈后，我加入了21。从蝴蝶效应理论看，那是一个成功的营销电话，如果我没打这个电话，或者我成功进入21实习，或许都不会有接下来的故事。出于留在广州的缘故，我无奈放弃了记者，选择了编辑。

这是一个极度闷骚而自恋的群体。

他们互称“老师”，这一普罗大众皆可享有的尊称被作为无等级制度的标榜。直到有一天，有人对着这群没穿衣服的皇帝们大吼“你才老师！你们全家都是老师”时，“老师”才又被赋予了更深刻的涵义。

他们每个人的桌子下，都有一双拖鞋、一张折叠床；他们爱把签到卡放在最显眼的位置，饭卡放在最不显眼的位置；爱到禁令栏看新闻，到做版室找吃的。每间办公室都有一只“垃圾基金”，废报纸高耸到坍塌是基金持有人们做梦都想看到的，这却让做卫生的阿姨极为不爽——她们免费的午餐越来越少了。

他们脑比手快，手比嘴快。一日12小时面对电脑，其中一半时间在MSN、腾讯通上聊天，键盘手不是吹的。这在某些人身上特别明显，比如“四眼凡”。

他们爱在标题中加入自己偏爱的词语，比如“色诱”之类，并小心呵护；标题要求无他，性感，性感，再性感。也有玩命的兄弟会为了争一条稿子，刀光剑影，恨不得将对方大卸八块。

他们左右逢源，亦南亦北，周而复始。早上，他们对记者们百依百顺，求爷爷告奶奶，恨不得给你洗衣做饭带孩子，为的就是那可怜的一条稿；下午，他们惴惴不安，一手忙保胎一手撒种子，为的还是那可怜的一条稿；傍晚，当记者出现稿件难产迹象后，他们又要硬着发麻的头皮，做知心姐姐语聊哥哥，晓之以理动之以情，直到成功催产；当MSN显示那可怜的一条稿成功接收的一刹那，他们顿时呼气翻身，摩拳擦掌，继而骄横暴躁，边挑毛病边骂；狗血的话，他们还会在临交版前接到被采访对象长达半小时的哭诉电话，软磨硬泡，中心意思为“求求老大你不要发稿”，上级部门的晚间禁令更是天大噩耗，撤！撤！撤！这所有的一切，都导致了一个悲催的结果——迟交版。然后，必须屁颠颠地跑去值班编委缺氧的办公室，在故纸堆里找到编委那面无血色的脸，试图眼神交汇，陪着笑，递上笔，连哄带骗，一旦对方大笔一挥，那股激动不亚于拿到了经济适用房指标。

做编辑难，做好编辑更难。

好编辑是即便昨夜把你骂得狗血淋头或是发毒誓再也不要你稿子的那个糟老头子或悍妇，每天早晨，当你睁开眼，仍热情地打来电话，突然变得很低很低，低到了尘埃里。其实，他很早就醒了，看过网上的重要新闻，第一个想到的还是你。中午，你会收到他发来问采访进展的短信，其实你在外奔波时，他也在网上疯狂地搜索着信息，为的是给你提供更多的思路。下午，接到他的电话，你凌乱地给他讲述采访内容，电话的另一头，他正在飞速记录要点，为的是给你重新梳理写作思路。你交稿后，他大骂你写得不好，没逻辑，该采的没采到，其实此时他也在自责和反思，如何才能让你快速成长。

这就是21编辑部，由一群自恋，爱YY，装着很强势的老师们构成的让人有一种莫名情结的地方。

南方报业1821房，21编辑部人丁最兴旺的办公室，人来人往，聚散离合，5年弹指间刀光剑影化作一笑。这是贵报俯视广州杨箕村与外商酒店游泳池的最佳坐标，如今杨箕即将翻身为高档CBD，而我们这些穷编辑们仍在苦苦追寻着所谓的新闻价值与心灵自由。一墙之隔，两个世界。

有人问我为了神马?

我告诉他是圆梦。不明白？我给你讲讲那年夏天长江岸边悲情电话的故事吧。

附四则博客旧文

2006-9-20　星期三(Wednesday)　晴

My office life

1821，12人，多少台戏啊。

什么时候才能改掉迟到的毛病呢?

我的米，就在打卡前一刻溜走……

什么时候才能换台好电脑呢?

我的米，又在等待破烂机器反应中，流向行政的腰包……

什么时候能没有错别字呢?

我的米，呜……

2007-4-14　星期六(Saturday)　晴

千色睡姿

春日午休时间，1821室，金融组。横7竖8，鼾声绵绵。

P姐姐。脖子上的旅行用气圈环，是她老公送的爱心礼物，南方周末遮光抗噪。

Z哥哥。全副武装，180度伸缩的折叠凳，小白熊Q毛毯，耳塞，眼罩上书“请勿打扰”。头上两部电话轮响，仍雷打不动。

2007-4-17　星期二(Tuesday)　晴

没有mission impossible

今天，我完成了一个不可能的任务——半个版放了四条稿！更有成就感D是，这还包括曹sir快2000字的文章。太佩服我自己了，真是潜力无限，空间大师！21广告兴旺带来的红利，金融版首先受惠——四个版缩水成一个。广告想换都换不走，生意好啊，记者缩呀，编辑删呐，美编挤耶……

2007-8-4　星期六(Saturday)　晴

一年

周二转正一年。

下午3时，我吸着巧克力味优酸乳，嚼着海苔，优雅地在续约合同上签字。

这些食品，是行政部准备的糖衣炮弹。

在糖分和可可的刺激下，我显得很爽快。

因为，落笔后，我就可以休假了。

这种激动，不亚于一个即将被刑满释放的囚徒，目睹阿sir开锁的那一刻。

行政部还送了这个一周年纪念。

惯例。1821的窗台上、屉子里一堆。

想问就问，不用举手，问倒为止——21的风格，一针见血。

用来压报纸，好使。

露水富贵与八脚猫

本着做百年老店的思想，我们把刚满十岁的《21世纪经济报道》看成是活力无限一少年，这么算下来，三岁出头的“LUXURY生活家”充其量不过是个眼睛还迷糊着的婴童。回想三年前一手一脚创办这个板块之初尚显懵懂的立意，在这三年的实践中渐趋清晰。眼下，这个团队已经有我、孙伶、胡颖和王瑾四员女将，而要说写“回忆录”的话，谈资还是太少太少。

有了个带“LUXURY”的名衔，我们经常被看成工作环境超好的一小撮儿。在广大主报新闻斗士奔赴四川抗震或者深入挖黑报道最前线的时候，我们却还很可耻地逗留五星酒店，或者奢侈品派对。不过也经常在酷寒的冬天晚上，饥肠辘辘地在露天发布会现场喝冷酒，在冰点天气穿着丝绸裙子应付酒会，因为这是等来自己总裁专访时间的唯一办法。

某天，一个资深同行老友感叹说，哈哈，咱们做这个“露水富贵”的差事一晃已经好些年了。何谓露水，就是露水夫妻的那个露水，有缘无分。这个说法很有意思。这个说法带着一个时尚记者应有的那么一点清醒的抽离的态度，以免像很多同行那样沦落成物质女郎。

在国外，奢侈品和时尚文化有自己的文化史，人类文明一个很重要的组成部分也正包括物质文明。所以时尚记者可以一点儿都不时髦，一点儿都不浮浅，一点儿都不自卑，可以做学问，时尚的学问。其实现在来说，我们的读者，也正开始需要这种学问。所以，当孙伶这个大眼美女、胡颖这个“颓靡女生”在“生活家”工作几年之后，却越来越朴素内敛了，她们也会攒两个月的薪水买DIOR或者PRADA的包包，但是不会很多。除了所有女生的公主梦，可能这零星的一两个包包只是代表了一种在行业之中的存在感吧，也是对本行的尊重。

现在，时尚编辑胡颖把越来越多的时间和精力花在了她业余的慈善事业上，几次入川入藏为失学儿童酬善款前后奔波；设计版编辑王瑾不仅在版面上突出设计改变世界、救助他人的案例，更计划以记者的桥梁身份，实际地去做一些连通工作，让设计师们能以自己的能力去挽救那些正在湮灭的传统文化……“生活家”团队成员越来越能够走出小我，为周边增添能量。这个，在《21CBH生活家》季刊中都有很充分的表现。

虽然，“生活家”团队每天眼见着全世界最贵最好的事物，拿着（可能是）全报社最微薄的薪水，但是，我们并不气馁。这几年，奢侈品行业广告增长喜人，团队成员们像八脚猫一样地，一边尽忠采编本职，一边在不断的争议和沟通中始终支持着广告部和市场部的工作，我们有自己的存在感。有人读《圣经》，有人参佛经，都是明证。

人生若只如初见

写一篇入社八年的感悟，这感觉就像某天清晨醒来，身边那个八年的恋人突然问起你从开始到现在的种种细节，刹那间无数过往涌上心头，有辛酸甜蜜，也有坎坷唏嘘，但是终究不离不弃，一路相伴过来了。

有人说，人生就像旅途，旅行过程中，你会搭一部列车，遇到一些人，然后再搭下一部列车，遇到另外一些人。

那么，对我来说，这个旅途显得单调了一些，我在《21世纪经济报道》这辆列车上已经呆了八年，其间，有的同行者下了车，又有新的人上了车，我却一直呆在车上。

八年前的一个夏天，现分管华南新闻中心的编委金城来到厦门，一起吃饭，他第一句话就问：你收入多少？我说3000多吧，他说，那差距太大了，我们这边做得好收入过万，过来吧。

那时候，我在一家证券报的福建记者站混着，基于众所周知的原因，很多新闻没法写，读到《21世纪经济报道》上那些犀利而生动的文字时，不禁感慨，这才是真正的财经记者应该写的东西。很不高尚地说，正是在收入和新闻理想的双重驱动下，我很快辞职，到21世纪做一个见习记者。

当时21世纪的转正体制是很残酷的，见习记者的稿件分数和转正后的记者相比，要打八折，而转正的要求是其连续两个月平均分高于报社平均分，这简直就是“第二十二条军规”，所以现在的新记者入职后，很快转正，这点还是让人深感羡慕的。我在华南新闻中心时，就有一位同事，见习了整整两年才转正，他憋着一口气，等到转正的第二个月就辞职了。更有甚者，江湖传闻，一位女记者喝醉酒后，说起她的人生理想，就是有朝一日收购《21世纪经济报道》，做了老板，于是把发行人沈颢和主编刘洲伟叫到办公室，指着老沈和老刘说：老沈，你，去做见习编辑，老刘，你去做见习记者，给你们三个月时间，转正不了走人。

这些笑谈，有些苦涩，却真真切切地反映了：一份市场化的财经媒体，它的成长是建立在多么残酷的优胜劣汰的竞争法则之上的，它的员工也需要为此付出什么样的代价。它的机制逼着你快速成长，让你又爱又恨，以至于有些同事们离开后，还建立了一个名为“21世纪下岗报道”的网站。

我在华南新闻中心呆了近四年，一线的记者生涯，其中甘苦就不说了，曾经因为写批评报道被威胁恐吓，也为了去陌生地采访，被勒索钱财，以至于后来给报社内刊写的一篇手记《人在江湖飘，谁能不挨刀》还一度被当成笑谈。

2007年左右（时间太久，记不清了），广州缺编辑，在现任副主编刘冬老师的劝说下，我到广州当了一名编辑，没想到一干就是4年，从一线转向幕后，一开始很不习惯，总是想自己赤膊上阵，为了满足这种愿望，一度在做编辑工作的我，曾经热衷于搞各种活动，当时国内首届私募基金峰会、金牌分析师评选都是在这个背景下出炉。

2009年，我开始负责财经版，从负责基金版的三四个人，五六杆枪，到接手一个多达30人的团队，其间的挑战不言而喻。

在财经报道领域，前有各家互联网门户网站海量信息集合，后有《第一财经日报》以及《每日经济新闻》等财经类媒体追赶，要突出重围，难度很大。

这期间，多亏了两位分管领导副主编刘冬以及马腾编委的支持和信任，在选题和人员安排上充分授权，而编辑部和一线记者的努力，让我想起了一句话：将士用命，上下齐心。团队的努力没有白费，我们在2010年度的财经报道中始终保持了领先地位，可谓不辱使命。

从记者的单打独斗，到指挥团队作战突出重围，其中最令我感慨的，是我们始终保持着一种简单的理念：“提供最为独立客观的报道”。财经报道和社会新闻报道的区别在于，商业行为很难单纯从道德角度进行判断，它涉及的各方都基于利益出发，因此其中关系更加错综复杂，作为财经记者，要学会在纷繁复杂的利益关系中，梳理出事实的真相，显得尤为艰难，而这些，时时刻刻都在考验我们这个团队的智慧。在这样不断的挑战中，我们的团队始终保持立场的独立性和新闻的职业操守，在面对诱惑时不为所动，这是十分难能可贵的。

人生没有多少个八年，我生命中最年轻、最有活力的八年，是在这份报纸度过，和它一起成长，并且看着它继续高歌前行，这无疑已经融化为个人生命中十分重要的一部分。

纳兰性德写道：人生若只如初见。尽管时间不能回头，但是初见时的冲动和热情，仍然会时常在已过而立之年的我内心涌动，尤其是那些新鲜的血液带着满腔热情，加入这个组织时，在他们身上，可以看到自己年少时的影子。因此，就让我们带着这份美好，一直一起往前走吧。

关于过去，关于未来

迈过了“三张”的门槛，回头写一笔“落花有意水无情”的“青春流水账”，似有千言万语，更觉只光片羽才令人留恋而惆怅。

21（贵报习惯简称）对于我是什么？对于过去，这是一面理想主义的大旗，风声猎猎；对于未来，这是一片理性主义的土壤，残酷而丰沃。

某种意义上，上面的说法也适用于21世纪第一个10年的中国与世界。于是，当这个10年落幕之时，此篇小文如同向历史的银河中抛去一个“漂流瓶”。瓶中，是我对过去10年的小结——恰如一段不可逆航程的几则日志。

之一

2001年初，北京的冬天的寒冷还能渗到人的骨子里，后海边雪后即使是下午依旧一片白茫茫。

人们享受了中国的改革红利，但是对外面的世界萌发了更多懵懂。由“复关”到“入世”，经济头脑敏锐的人们依稀觉出，时代正走到一个转折点。

1980年代沉淀下的理想主义情怀，虽经波折而终隐于市，他们出走政治的“理想国”，寄希望于已被主流领域认可的“市场化进程”，以及开始在部分精英口中谈论的“公共空间”。

市场之狂风吹倒了校园的围墙，学子们讨论课程也讨论股票，经世致用的课程总是吸引了最多的旁听者。我们都知道，走市场经济之路是80后一代的宿命，但走一条什么样的市场经济之路，却所知无多。

那时，校园里的白杨直直地矗立向天空，走过树下的铁皮报刊亭，我开始买一份报纸——绿色报头、报名长得拗口——《21世纪经济报道》，震撼于发刊词《我们的梦想就是国家的梦想》，读到“当多年的积累终于迎来跳跃的时候，我们的梦想也日渐清晰：民富国强，我们的梦想就是你的梦想，我们的梦想就是国家的梦想”时，理想主义的自信也触动了个人内心的梦想。

购买、阅读这份报纸成为了自然而然的习惯，走一条“理性的基础上追求公开、公平、公正”的市场经济之路，也由此植根、发芽。

之二

2004年深秋，在日渐浓烈的汽车尾气中，西三环的街道上落叶打着旋儿。

加入WTO三年后的中国，非但没有遇到恐惧中的阵痛，相反，多个行业产能成为全球第一的喜讯却让国人喜出望外。一些人觉得，中国非但没有被开除“球籍”，更可能达成某种影响世界的“北京共识”。在带有不自信的全民喜悦中，经济民粹主义的音调开始高了起来。SARS冲击波下，信息公开透明，公共服务提升，公民社会建设貌似迎来了初春。

舆论中，理想开始向狂想迸发，理性思考被感性热潮替代。但这并不是《南方周末》、《21世纪经济报道》、《经济观察报》等“市场化媒体”展现的景象，在那里，你读到的是对“权贵资本主义”的警惕，对“矿难直击”后的制度困局追问，对破解“民企成长天花板”的鼓与呼。

刚刚结束在《南方周末》实习的我，迎来了一个开始于晚上10点的面试，时任北京新闻中心负责人夏日老师亲自主持。结果是无奈的，但关闭的这扇门让我知道了，门外的天地有多广阔，自己的见识和积累有多欠缺。

失败的后遗症是，我明确了做市场化财经新闻的职业规划——这份回头看颇为理想主义的目标。我一直坚持走了下去，因为在这条路上，至少还有那份绿色报头、报名长得拗口的报纸可以陪伴。

之三

2007年由春到秋，见过东北的苍原，也见过山西雾蒙蒙的天。

股改后大牛市的狂热，令中国社会空气中弥漫着资产泡沫的味道。人们憧憬着接下来一年的北京奥运会，却全然没有觉察大洋彼岸那个叫CDS的蝴蝶。物质富足之下，环境恶化、食品安全成为了部分富人的忧虑，而多数普通民众依旧纠结于房子、感情等一地鸡毛和“新三座大山”（教育、医疗、社保）。社会矛盾在“和谐”的掩盖下被“维稳”，推动变革的共识终究不敌利益集团的板块凝结。

1992年后舆论自由的初春早在几年前就遇到了“倒春寒”。理想主义者们更加理性，也更加现实。因为中国这个崛起的全球巨人，在市场经济之路上步履蹒跚走出“中国模式”，主流者为之用嘴喝彩，而如《21世纪经济报道》这样自己期许成为“桅杆上的瞭望者”的媒体们，却为航向的漂移和远方莫测的冰山所忧虑。

此时，成为贵报特稿部一员的我，忘不掉长春午夜街头的焦虑与彷徨（做首个调查报道），在河津市度过中秋节的孤单与疲惫（做最后一篇发头版的特稿）。

但能用一线的调查与观察体悟着这个国家的温度——虚热；又能在这个充满了分歧却又有着一致信念的共同体中理性思考、做专业性新闻，幸莫大焉。

之四

在2010年，致未来。

借用本报创始人刘洲伟老师的创意，21世纪过去的10年，对具有5000年历史的中华民族，是一段必须记录的Big Bang（大爆炸时代）。所有国人的理念与行动，是这场大爆炸的引信；所有人的故事与成就，是这场大爆炸的焰火。

10年之前，你我走在同一条陌生的路上，加入WTO后的压力要我们回答：中国能否成为地球村的合格公民；10年之后，你我走在一条条不同方向的路上，时有荆棘与陷阱、歧路与弯道，已经成为全球第二大经济体的中国，证明了自己的实力，却也无法后退。

好在，那份绿色报头、报名长得拗口的报纸还可以陪伴你我，记录下中国这个转轨加转型的未来全球最大经济体的进步与蹉跎。

这份使命感，令我在贵报这个平台上，始终保持着危机与忧虑感，也促成了个人的成长与成熟，内心中的理想主义与理性主义走向合流。

如能像2011年本报新年社论《追寻繁荣复兴　建设公共社会》中所言，“使政府、市场、社会齐头并进，使得每个人都能够领略到生活的真正目的：不卑不亢、不独不众、不仰不俯、不颂不哀。从而呈现持续繁荣和民族复兴的含义，从而建立中国与世界的崭新关系。”那么我们的心血付出，亦可无愧于时代。

总有一种力量让我们无法放弃

转眼，在本报已经5年多了，蓦然回首，方知青春不再，一切皆在迷蒙之间。

这几天，一个刚从本报离职去了某投行的人士来电，寒暄之后循循善诱，大谈该投行的光辉历史以及更为灿烂的未来。最终我明白了，他是希望我也加入他们的团队。

这几年，身边的不在身边的同事来来去去走了好多拨，有的跳出了媒体圈子，有的还在这个江湖混。每听说某某人到了某某财大气粗的地方，甚至发了一笔不小的横财，便心有戚戚然。毕竟，我们都是俗人，都要养家糊口，而且我们也已经不再是初出茅庐的小伙子，还有更多闲情逸致、大把时间可以挥霍。

我们这群人到中年的人，更多考虑的是人生的定位，未来的归属。

平心而论，本报这个平台给予了我们很多东西，在财经媒体这个江湖上，本报还是有显著地位的。从另外的角度说，本报给予我们的物质财富，虽然距离富得流油还有相当大的距离，但是，也没有让我们比同行更差。当然，最重要的是，在本报，得到与付出，能力与位置，还是基本成正比的，因此，就我自己来说，我自认为付出不够，能力有限，因此，所得甚少也合情合理。

不过，如果横向来看，似乎我们还有其他的选择。那些离开的，发展比较好的先哲可以部分证明上述观点。当然，那些离开后如鱼得水的哥们、姐们，除了运气外，照样还要靠能力和实力。问题是，假如我们不去尝试，就永远不知道是否有那些能力。

于是，有时候我们就可以动摇，萌发过离开这个江湖，到另外一个江湖闯荡的野心。尤其是某些看似光鲜的机会主动来招手的时候，如果没有一点心动，那还是常人吗?

然而，这个野心往往很快被熄灭。

我承认，与那些毅然决然的同事相比，我缺乏某种足够的东西。但是，更加深入地想，或许是一种留恋，是一种深入骨髓的对财经、对新闻的爱好。我时常回忆起与某个产业大腕谈笑风声的时刻，与某个著名企业牛人唇枪舌战的刺激，与某个专家学者争执时的爽快，还有，可以免费出入某些高端论坛、聆听某些心慕已久的师长高论的幸福……

这种与各色人等接触的便利，这种在本报平台之上可以实现的些微愿望，以及心底那种希望仗义执言、针砭时弊的新闻理想，是激励我固守本职的最大动力。

今后，肯定还会有其他同事来了走了，我还会走到一个个人生的十字路口，我知道，我会继续作出正确的选择，但是，什么才是正确的选择呢？如果你在看我写的这些字，你能告诉我吗？

《21世纪经济报道》财经版记者 杨颖桦

夜夜夜夜

前阵春节回家途经广州转车，我让别人帮我订酒店，我说要订外商活动中心旁边的莫泰168，没有选择别的酒店。一是离我原来住的地方近，二是价钱合适，三则最重要的是离报社近，我要站在玻璃窗边，"深情"遥望对面289号大楼做版的灯光，聆听东兴北路小街上印刷厂和送报车的轰鸣声，满足一下我的怀旧情结。

就在差不多一年之前，我在广州大道中289号的那栋被称为"延安"的南方报业大楼18层做流程编辑，那时18楼灯火通明，我与报社的编辑们常常跑在做版室与办公室之间的走廊上，双方碰面之时打着犹如革命党的接头暗语："签版了吗?""又迟交了，得交迟交版单了。"

而在那间宽敞的做版室中，与做版室的姑娘与兄弟们一起，偶尔看下窗对面珠江新城日渐迷离的大楼灯光，则成了一天中最为忙碌而光彩斑驳的记忆。

果不其然，在阔别多时的广州夜幕又一次升起，南都的大LED广告牌把方圆百米的墙幕染得色彩斑斓之际，我的熟悉感便油然而生。

以前在广州，总是接近凌晨才做完版，这时，有家室的同志们便匆匆赶回家共叙天伦或者睡觉补眠，而我与我的室友南都某大龄女青年，往往开始了新的一局——宵夜聊天，从抱怨没时间没男人没机会谈恋爱开始，奇异的是，这些聊天总会以当天的报社工作结局，每当这个时候，我们总会感叹一句："你看，嫁不出去是有原因的，窗外星光满天，我们却还在聊报纸。"

南方体育的刘原曾写过一篇文章，叫《白天曾经懂得夜的黑》，写过这种情况，他说，"我被报纸的噩梦纠缠了许多年。报馆这地儿，鲜衣怒马的少年郎进去，委顿白发的中年男出来，36D的豪乳妹进去，胸前垂两只木瓜的黄脸堂客出来，那确是一个大变活人的传奇地方。”

而我从一个22岁的大姑娘开始接触这份报纸，到现在成为越来越接近30岁的老姑娘，虽然从未接近过36D的超人境界，却也开始发现婴儿肥消逝，鱼尾纹与法令纹齐飞；而报社的男编辑记者们，当然未至于呈现刘原说的白发中年男态势，却也开始陆续失守6块腹肌的完美身材。

印象最为深刻的是，最初来21实习时遇到的第一个人——我的带教老师谭昊，他把我从行政部一群实习生中领走之时，那双乌黑动人的双眼圈至今仍留在我的记忆中。卜坚老师曾经打趣说过，这是谭老师牺牲无数良宵，在十八楼眺望星空的回报。他说，忐忑中，也一度怀疑自己会不会炼成这洞穿经济新闻的黑眼圈。

我也有过这份怀疑，而数年过去后，虽然我鱼尾纹日增，也终究没有练成那双深入人心的黑眼圈，但这份与黑夜相守的机缘，却深深地留在了我的生活里。从2006年开始在这份报纸实习开始，到2009年正式入职，再到2010年来到北京转职记者，恍惚中，将近5年的时间过去，这份报纸走过了她的十周年，而我犹如在这里重新上了一次四年的大学。

在这个人生的又一次大学里面，值得记得的人与事太多，然而我最为印象深刻的却是这份报纸对于自身的一次又一次总结与反省，其中的一些已凝聚成文字，成了几本现在已经停刊的《学习园地》与一本《21世纪新闻学院教程》。

我记得我拿到的这本《21世纪新闻学院教程》，是我在2006年刚到报社实习时谭昊送给我的，当时的我正在努力啃下一份当天的《21世纪经济报道》报纸，与其中的财经术语和专业逻辑奋力搏斗，谭昊看了一下我案头装模作样放下的一本经济学原理，就把这本新闻教程拿给我，让我好好学习。

很久之后，那本经济学原理仍然束之高阁，尘封已久，而我对《21世纪经济报道》的每个语句日渐熟悉，对她的三段论操作与逻辑思维也渐渐接受，这本新闻教程却开始被我断断续续地翻起。

而最近认真重读这本书，是在我转职记者来到了北京之后。我记得搬家之时，把能够放下的重物都丢在了广州，只有这几本学习园地和新闻教程，我还是背到了北京。

在一个夜里，我又从书架上摸下了这几本书，看着熟悉的人写下的体会，于是在想，一篇文字有没有可能大于一篇文字？一些字句有没有可能历久弥新，永远没有褪色的危险？一些纪录有没有可能像人生编年史的书签，出现在每个紧要关头，总让人听出新的意味？

这样的文字我在这样的夜晚里面又重新找到了，一本300页的教程，从媒体价值到具体选题操作，三本学习园地，从初为一周三报讨论流程重组、新闻形态创新的“进化论”，到探讨前端策划、打造学习型组织的“强势编辑部”，再到步入日报之后的“去周三化”，犹如一本报社的编年史。21世纪经济报道成立于2000年，是21世纪开端的一年，从这一年起，发生的事件太多，变化太快，每年的时光都能掰成几瓣用，一年顶得上平常年份的好几年。这份报纸便应时而生，她对“时代”与“变化”的感觉极为敏锐，在每个历史的节点做出积极响应。或许，任何担任时代天线的事物都有这样的特质，比如始终努力参与，始终努力站在时代现场。

21世纪最初五年的21没能真正进入我的生活，我的21阅读史，从它的周三化开始，与每个夜晚一同进化。而在又一次翻起她的编年史的夜晚，北京秋天的凌晨1点钟，夜色苍茫，于是想到了很多个相同的夜晚，无论是在广州编辑部那些守望星光的夜里，相互间以一句“签版了”互道晚安，告别当天的生活，迎接下一个夜晚；还是来到了北京后，深夜趴在MSN上，突然有编辑跳出来讨论未来的选题方向，一种“原来你也在这里”的感觉油然而生。

刘原在那篇文章里还说了一句话，他说：“做报纸的宿命，在于你永远与黑夜毗邻，当你仰望夜空，有时看到星光，有时望见磷火。”他说：“和你一样彻夜操持新闻、一样知道过多真相的同仁们都处于疾病或亚健康中”，“最值得尊敬的是那些依然坚忍地瞭望着长夜的残寇。”

我在广州度过那个遥望289号大楼的夜晚后，曾特地跑回报社上了一趟厕所，当时报社已经进入春节休刊时期，我坐了电梯回到空无一人的18楼，径直走入女厕所故地重游。当时突然想起有一期《南方传媒研究》做的南方基因回顾专刊，里面有一篇文章写到，在整个南方报业集团熏陶过的人，就是有那么一股子劲，哪怕是天涯海角彼此也能闻到熟悉的气息，知道是一伙的，并努力聚拢在一起。当时，我的共鸣感油然而生，21那些依然坚忍地瞭望着长夜的“残寇”们，你要知道，无论是在夜里，还是在彼时彼地，我们闻到彼此的气息，就知道是一伙的。

与理想无关的日子

作为一个在工科院校接受过长达一年支离破碎的新闻学教育的青年记者，新闻理想是我在成为记者的最初一年，用来表现自己专业主义的最简单的词汇，它召之即来挥之即去，它说起来畅快说完之后也没有人去追究，它可以满足我短暂的虚荣心和对成长的渴望，它在刘洲伟的《从南方周末到21世纪》的文字中出现过，把我忽悠了很久，以至于我把位于城乡接合部，地铁出来需要坐摩的的丽江花园，当成了一个开满新闻鲜花的地方，这在我看到几位老师在那里湖边一夜宿醉之后更加深入人心。

于是，在2008年的2月，我怀着月入1万的美好理想，加入了这张阅读起来相当艰涩的报纸。在最初的青涩时刻，新闻理想像一张招摇的旗帜，给了我最初的动力。在对资本市场有一知半解之时，我勇敢开始了漫无边际的写作。

说实话我感谢21的宽松氛围，在这里一个年轻人会被赋予很多在自己看来超出能力的任务，而且也没有人去督促，当然也没有人去指导。只要你胆子足够大，你就可以任你不靠谱的新闻理想纵横驰骋，即便是出了问题，大多数情况下，报社会像一个老大哥一样，用南方报业的新闻光环，给你一些平时感受不到的温暖。

比如我就曾经招惹过后来抢录音笔一战成名的提督，确实是自己在写新闻的时候犯了一些不太专业的错误，以至于这位空降而来的提督大为光火。这个时候是21给我顶住了压力，虽然我也不知道为我顶住压力的是谁，但我会为此感激这份报纸。

后来的很多日子里，我们不住调侃“贵报”，在每个发工资的日子感叹，在每个发年终奖的日子绝望，在同事们的进进出出中麻木，这份报纸在靠着它的惯性运转，少了任何一个人，她都可以不必在乎，她都有无数傻愣傻愣的新闻青年跃跃欲试，这些青年充满向往、无知无畏，就像刚刚来到报社的我们。

其实平心而论，21世纪是我呆过的三家媒体里面，最为宽松和自由的一家，她自由得甚至有些散漫，但是当重大新闻发生的时候，我们还会是这个战场上最优秀的战士。

不管怎么说，我想对这张我工作了三年的绿色报纸说一句，十年生日快乐。她一度是我的梦想，现在则是我的生活。她电脑很破、工资不多、稿子有时候太烂，身边的对手越来越多。但我很享受在东亚大厦20楼的每个周四下午，因为，在我的左手边，有这个世界上，我最美好的一切。

记者的“关系学”

要不是五年前X报经历股东转换的阵痛，当时的我根本不会考虑《21世纪经济报道》，以下简称《21》。

在我眼里，这张报纸真是太牛了，虽然新闻够独家、深度，能够满足我的新闻理想，不过，我实在很难接受她对于任何一个成熟甚至资深的记者，提供的是一个没有底薪、不交社保的试用期。

不过最后我还是来了，在我报道了上汽要整体上市的独家新闻，被删成百字小新闻安排在X报的小边条，而主文是吉祥馄饨年赚四万后，我知道，X报已严重背离了我的新闻理想，我有些伤感决意离去……

我不喜欢没有选题的日子，无论是过去和未来，那种日子在我看来，都是灰色的，于是日子总是在寻找选题、采访、写稿中重复着，虽然看起来有些单调，但还好，在找到独家新闻后，总还能暗自欣喜一阵。

在《21》至今让我觉得最满意的报道是上汽重组南汽的系列报道。至今回忆起来，整个采访过程也颇有意思。

从上汽和南汽分别收购破产罗孚后，上南之间的整合一直备受关注。不过，由于各家都在干各的，一时之间很难看出双方整合的端倪。

后来，听说上汽和南汽分别设立了谈判小组，知道这一事情已有实质性进展。当时，非常想取得突破，于是在第一时间跑到南京，通过各种渠道找到谈判组成员，不过，在南京，吃了个“闭门羹”，谈判小组成员拒不接受采访。

同样，上汽也是一样，以保密为由不愿透露。我只能无奈地为谈判小组的成员发去一个又一个短信，不过依然没能打动他们。

采访陷入了困境中。

这是国内第一个国有汽车企业之间的整合，其整合与其说是企业行为，更应该说是一种政府行为。于是序幕就从上海市副市长胡延照秘密赴宁开始。

由于平时我比较注重积累政府资源，如国资委、发改委、经委等与汽车相关的政府部门，都有些人脉关系，所以在第一时间就得到了这一消息。

想到双方都拒绝接受我的采访，而所有的报道几乎都偏袒上汽，南汽的局面并不有利，我决定第一篇写胡延照的融冰之旅，就抓住长三角合作、突出南汽的利益，详细盘点南汽资产，写合作的双赢局面，为南汽鼓气。

果然不出所料，文章一出，我的采访也取得了突破性的进展。南汽方面在权衡后认为，“也是该找媒体帮他们说说话的时候了”，于是，专程到上海私下约见了我，并向我透露了一些内情，并约定以后有进展都会跟我沟通。

但是，上南整合毕竟是国家利益的重组，也是资源的优势互补，我想要去推动这件事，但又要避免被人利用，导致报道有失偏颇。何况，上汽那边我也希望取得进一步的进展。于是，我再次以此为契机，与上汽方面取得正面联系，直接告诉他们我已经知道了一些谈判的内情，希望他们对此作出回应，来维护上汽方面的利益。双方的说法一平衡，我的稿件成为南汽人和上汽人一致认定的最中立的稿件。

由于报道对于改变南汽当时在媒体上的弱势地位，极有好处，南汽方面的消息也源源不断，加上不断与上汽核心人物取证，使双方提供的信息相互制约，以至于在此后的报道中，我与南汽和上汽之间一直能保持直接顺畅的沟通。此后，我连续发了二十六篇关于上南合作进展的稿件，也获得了较好的口碑。

报道此事也让我更明白了记者的重要性和记者责任的神圣性，的确，作为经济类报纸，在报道过程中涉及到的都是被报道方的利益，更有甚者，利益相关方为了自己的目的故意透露一些假消息，所以我为自己制订了严格的采访标准，对任何线索首先要加以甄别，在报道过程中，更要做到客观公正。也只有这样，才能赢得被报道方的信任。

说到报道中的利益关系，突然想起一件啼笑皆非的事。由于我报道了吉利圈地圈钱的事实，李书福一直耿耿于怀，有一次在杭州，当徐锋问他初期资金困难怎么解决时，他突然发怒，说什么媒体不是公安局，没有权利问这些什么的。

当时在场的媒体都觉得李书福的素质实在太差了，并且也想到他有可能是心虚。中国的民营企业虽然销量已占了近一半，不过民营企业家和高层管理人员的素质确实是个问题。记得写华普总经理徐刚离职时，由于他确实是因为民营企业内部管理的原因离职的，我写得有点负面，而同期版面，上汽的一则人事变动则比较中立，吉利的一位高管甚至打电话给我问我是不是因为上汽给了我什么好处。后来在见我时，又说：“如果我买帝豪要给我多打点折。”我真是又好气又好笑，就回了他一句：“要不是VOLVO被你们收购了，我是准备买VOLVOXC90的。”

四枪拍案惊奇

算起来，2006年9月进入21，经过漫长而曲折的等待和努力，2007年中转正，本人在21已经快五个年头了……

写下“21世纪十年书稿”几个字，不由地想起吴晓波的那本《激荡三十年》，在“2000 曙光后的冬天”一章的开篇，便引用了沈总那句“总有一种力量让我们泪流满面”。

一次惊心动魄的“反调查”

2008年6月，国内某大型合资车企高层变动，由于这位即将卸任的前领导对经销商采取高压政策，压库现象十分严重，导致经销商怨声载道，特别是南方经销商几乎“无利可图”。

“对于这个合资企业得失的梳理，这是一个非常好的机会。”我明确告诉自己。于是，我找到培养已久的“线人”，开始了对整个事件的“暗访”。

通过大量一手采访，我对于这次人事变动所引发的、该合资企业一直以来存在的体制、管理、营销、产品等问题，做了共计4篇的系列报道。每一篇报道发出去都能得到很强烈的反馈，一汽·大众甚至做出了关于人事变动和经销商压库时间的官方声明。

比较有代表性的是，新华信的老总电话我，询问文中涉及并批判的第三方机构是不是他们，而且做了一番辩解；该合资企业公关公司一高层直接致电我，“你觉得一汽·大众还有希望吗?”

然而，正是那组系列报道，让我深刻体会到了一个大企业的风范。就在我决定继续第四篇报道的时候，我的线人义正言辞地电话我，“企业派人来了，说是有了你我的电话录音，我完了……”

线人认为我出卖了他，实际上是我遭遇了这个合资企业的反调查。后来我才知道，他们其实并没有什么录音，只是由于报道的影响力太大，暗查了我的手机号，一定要把提供内部情报的线人找出来，此后，线人受到严重惩罚，线索断掉。

如今，我时常还在反思，一个记者该如何保护自己和线人。关于此组报道的影响，一直持续到2010年，在做汽车金融的时候，我无意间联系到某金融机构的高层，我完全不认识他，但是2008年时任该合资企业广州体验中心的这位老总告诉我："我们应该是老朋友了，2008年，我接到过你的电话，但当时我实在不能多说，你的报道很好、很客观。"

曲折的瓦格纳谢幕采访

2009年1月的底特律之行，是我盼望已久的。当时正值金融危机，全球汽车的大佬——通用汽车摇摇欲坠，经过几番努力之后，我终于有机会跟随奔驰汽车参加底特律车展。

"身在曹营，心在汉"，虽然跟随奔驰，但是我的重点却是美国汽车，然而要在报道上实现这点，并不容易，因为奔驰在底特律只有两天，第一天自由活动，第二天参观底特律车展，其中包括半天的采访，然后当天下午飞往洛杉矶。

而几番努力才约到的瓦格纳的采访需要我在底特律多留一天，这遭到奔驰的反对。奔驰方面首先希望被邀请媒体的报道重点是奔驰，而且改变行程，需要我一个人从底特律飞往洛杉矶也是他们非常担心的。几番交涉之后，我胜出了，虽然自己心里也有点打鼓。

回想底特律的三天，岂止是"充实"两个字了得，因为第三天汽车版截稿，所以白天采访，晚上写稿，基本无眠。值得庆幸的是，我如约采访到了来车展之前精心寻觅和策划的人物，收获颇丰。

底特律第一天上午采访了华人商会负责人，下午采访了福特全球公关负责人许国贞；第二天，底特律车展正式开幕，上午采访了通用负责产品的副总裁罗伯特·卢兹，然后参加了美国三大汽车公司的新闻发布会，下午连续采访了包括蔡澈在内的奔驰三位高层，送走了奔驰中国媒体团之后，我在车展现场米其林媒体中心继续前两晚的写作；第三天，我上午采访了瓦格纳和比亚迪的王传福，下午必须截稿，之后与奔驰在洛杉矶汇合。

来到洛杉矶，随行的中国记者都很好奇，而且评论的版本众多，"这种受一个公司邀请，如此大规模串联采访国际车展的案例，非常少有"；"你们报社的回报到底多少？让你如此'拼命'"；"为了采访瓦格纳，你连三层的出海邮轮和精彩的冰球比赛都错过了。"

说句实话，虽然精心准备了采访提纲，但是那次采访瓦格纳的具体内容，我已经记不清了，只记得他信誓旦旦地表示“通用不会走向破产”。然而事实证明，通用不久便走向了破产保护。最具戏剧效果的是，在1月份采访他之后，这位世界汽车教父级的人物于3月正式卸任，而我有幸成为最后采访瓦格纳的汽车记者之一。

回到北京，看到与包括华盛顿特派记者王康在内一同完成的“直击底特律”的报道，我真的很感动，如同所有“直击底特律”的报道，在时效性和深度方面，我们又一次胜出了。

等待印尼官员

2009年9月，我已经怀孕三个多月，不过身体还算“硬朗”，并没有太多的不适。如果不是经验非常丰富的过来人，一般人不会发现我的特殊状况，所以我坚定不移地继续工作着，工作量没有丝毫减少。

记得那天，第一次参加中国汽车技术研究中心关于中国汽车出口的论坛，演讲台上一个滔滔不绝的印尼官员“貌似”对中国汽车出口东南亚地区有很多“真知灼见”，我立刻决定会后采访他。之前我们做了很多汽车出口的报道，但是从一个外国人的角度看中国汽车出口还是第一次。

“巧言善变、八面玲珑”，这个个头不高、不到40岁的华裔印尼人，绝对是一个“恰如其分”的政客，与中国的官员不同，他欣然接受了我的采访，但是要我等到晚上8点再联系他，以确定最终采访时间，因为他此番中国之行行程非常紧张。

虽然不能确定当天能否采访到这位印尼官员，但由于他转天就要飞回印尼，而且我家距离其入住的东方君悦酒店比较遥远，我决定就在东方君悦附近找个地方等他，这一等就是4个小时。

晚上8点，终于敲定了采访，我一边在东方君悦一层寻觅合适的采访地点，一边等待这个印尼人的到来，但是大堂的每一个角落都萦绕着嘈杂的音乐，来来往往的中外友人们操着不同国籍的语言，奋力交流着……

“跟我到楼上来吧。”印尼人迎面而来，我心里立刻打了鼓，“合适吗？一个陌生的老外。”我的眼睛依然向大堂的各个角落望去。看到我的迟疑，“楼上有商务区。”他马上补充到。

不仅如此，在9层的休息区，这位老外的夫人和女儿还等在那里，“哈，接受采访还带家属，看来他够紧张。”我倒是心花怒放。后来采访从8点半持续到10点多，估计是汽车的内容实在无聊，官员夫人和他们的女儿中途退场了，倒是我的收获很多，似乎切身感受到东南亚汽车市场的复杂、印尼政局的混乱、官商之间的“勾结”……

其中，更是体会到中国汽车出口的曲折和不易，这也让我联想到，之前我做过的一系列关于汽车出口的报道，在我写过一篇某中国自主品牌在俄罗斯遭遇“寒冬”的报道之后，那位自主品牌的公关负责人立刻找到我，意味深长地对我说：“听了他们在俄罗斯的故事，我真的哭了。”

晚上10点30分，确实感到疲惫的我，终于坐上了回家的车，“今天的采访让我重新思考关于汽车出口的报道，”我对等待已久的老公说，“我都觉得自己太敬业了哈。”

后来，采访印尼官员的报道见报了，汽研中心政策研究室主任吴松泉为此专门给我写了邮件：“你们的报道风格很特别，有深度。我看了，几乎所有的主流网站都转载了。去年宝华写的也很有深度，影响力也很大。有深度的稿件一般写起来就比较辛苦，比较花时间。对你们的敬业精神表示赞赏。”

既然谈到怀孕，这里就多说几句，因为特殊情况下的经历确实值得怀念。并不是21用人太狠了，而是那时我两个北京的同事相继离开，汽车版处于严重缺人的状态，我依稀记得自己那段时间采访了很多人，也见证了很多事件的发生，此刻，有很多镜头让我记忆犹新——

包括采访深受资金链断裂之苦的北京经销商——众义达总裁何连义的时候；主动奔赴天津论坛，为了寻找更多采访对象和采访机会穿梭于会场的时候；短短几个小时之内为头版赶制韩德胜离职特稿的时候；远赴日本参观遭遇召回危机的丰田总部的时候；在长安兼并哈飞、昌河的发布会上向中航汽车总经理抛出PSA与中航汽车后续问题的时候……以及2010年的10月，我带着一个实习记者几乎是连续一个月，每个周二下午采访完，马上截稿，上版，之后我真的生病了。

轰动“内外”的燕宝事件

2010年6月，我产后复出不久便遭遇了一次轰动“内外”的重大事件，此处的“内外”不仅指国内外的汽车圈，而且指报社内外，写到这，我必须插一句，“我们当然要有批评与自我批评的勇气。”

6月21日周一接近中午，汽车版主任徐锋告之，有线索报料宝马中国最大经销商——燕宝，因欠薪和管理混乱引发劳资纠纷，大连方面上周五罢工，北京方面销售联名“上书”。

我第一时间与线人取得联系，此人为燕宝内部人士，该人士将所有情况告诉我，包括北京方面上书的邮件、大连方面具体情况、外资McLarty家族进入之后给燕宝带来的动荡等等，由于事关重大，我请该人士帮忙联系采访以下人士：大连燕宝总经理、北京燕宝总经理、一线销售以及可以透露内情的燕宝高层，此人也积极帮我联系，但是由于大连总经理周一、二一直与资方谈判，北京总经理也赶到大连处理此事，都暂时不想接受媒体采访，因此没有采访到两位当事老总，但是线人通过与大连和北京方面沟通，提供了适时信息，而且通过线人我采访到了一位燕宝离职高层，特别对McLarty家族的背景、动机、进入燕宝之后的变革进行了深入的了解，此时已经是6月21日晚上。

后与徐锋沟通，我们认为此事是行业重点事件，初步定性为具有很强投机目的的外资进入中国汽车流通领域，由于追求利润最大化、大举扩张，从而引发的燕宝从高层换血、中层集体离职、基层动荡的案例，应该进行重点报道，只恨操作时间太短。

在6月23日周三刊登《燕宝欠薪调查：外资卡喉中国汽车流通》之后，广告部一位同事第一时间电话我，主要意思是“这个事情影响太大了，宝马把广告都停了，下期能不能不写了”。(当然，当时的我以及现在的我，完全理解他的工作。)

6月23日周三，下午，sohu的朋友告诉我，稿子被撤了，是21世纪给各大网站发通告，我陆续发现各大网站，包括我们自己的网站都把稿子撤了。

6月23日周三，晚，我收到燕宝一线销售发来的匿名邮件，后来我和他也有很多沟通，因为他是在职销售，所以不敢以真名跟我联系。6月24日，我终于联系上了燕宝一位重要高层，他也给我发了邮件，而这两个人的邮件说明，大连虽然正常运转，宝马金融的奖金虽然补发，但是燕宝风波并没有平息，还有文章可做。

6月24日周四，下午，燕宝处理危机公关的公司找到我，我正好也想采访燕宝高层，于是约了6月25日周五一早，采访燕宝CEO、香港人李佑伟。我对于李的印象很好，他做到了适度的坦诚，可惜不久也离开了燕宝。

6月28日周二中午，第二篇报道成稿后发给徐锋，徐锋认为应该再增加一些燕宝的回应，于是补充采访李佑伟，但始终没有打通电话，后公关公司的人电我，说李一直在开会，可发邮件。

下午4点，催促回复，公关公司的人因为以前就认识，直言：“你别生气，他们正在找宝马给广告施压，不想让稿子见报。”“等到五点，不回就截稿。”我说。但，经过包括王云帆老师在内，三次修改的稿子，终究没上。让我颇感有些“悲哀”的是，这件事情发展到了最后，成了报社内部的博弈。

关于燕宝事件报道的影响力，后来找上去的媒体告诉我，燕宝初期一见媒体来，就直接给cash，后来还与很多媒体进行了合作，大笔的广告费往外投，和大型门户网站的合作一笔就是1000万，而很多不入流的媒体也借此机会大赚了一笔。

最为关键的是，大量媒体特别是外电，对我们的报道进行了转载和后续报道，国外的影响力就此传播开来，德国宝马总部的高层不得不就此接受媒体的采访，需要自我批评的是，关于罢工的细节，虽然时间仓促，但是还应该进一步核实。

但是，关注后来所有的报道，我依然可以自信地说，我们的报道舍弃了更多抓人眼球的细节，专注于欠薪风波背后，外资进入汽车流通的影响，在报道的深度和广度上，无出其右者。

我为什么乐此不疲

采访中，经常有人问我："你都30多岁了，怎么还那么有激情干这行？"

是啊，从大学毕业到现在，我从事新闻行业已进入第13个年头了。很荣幸，有7年是和21一起度过。

我也时常问自己，为什么乐此不疲？

每年记者节，我都有记事的习惯。2008年的11月8日，恰好是周六。我在昆明出差，参加云南烟草业重组整合大会。

7：40　起床。认识凤凰卫视记者。

8：40　抵达昆明国贸中心参加整合大会,见证中国最大的烟草工业企业重组的历史时刻。

中午12：00　全国烟草大腕群英聚会，采访国家烟草专卖局局长姜成康，和法规司司长见面。围堵云南中烟工业公司总经理张水长、红塔集团董事长柳万东、新成立的红云红河集团董事长邱健康、总裁朱绍明。认识上海烟草集团副总经理及其他省市烟草工业公司老总，和川渝中烟总经理吴应禄约采访。

下午2：00　打车到世纪金源酒店，参加国家质检局首届品牌论坛，听北大品牌专家发言。

4：00　临时接到电话，赶到机场附近专访云南中烟工业公司重要人士。

6：00　和红云红河集团发展改革部吃饭，见集团副总，认识中国烟草杂志和东方烟草报记者及领导。

8：00　赶到云南信息报，联系有关云铜高层贪污案的有关事宜。

9：30　在堵车中赶往昆明机场。

12：30　由于飞机临时故障延期，晚点到重庆。刚到机场，接到春城晚报记者电话，"云天化集团整体上市方案出台"。

凌晨1：00　　到家，疲惫到没有时间写记者节的感想。

确实，记者是个辛苦活。但另一个画面，让我找到了坚持下去的些许缘由。

也是在云南，一次国内最大烟草集团成立的新闻发布会。晚餐上，身旁的大姐接到我名片时，激动地说："终于找到你了！"随后，便掏出手机给她的朋友打电话，说："真巧，你推荐我认识的人就坐在我身边！"

她向我解释，她的这位朋友其实是做房地产的，因为知道她跑烟草行业，就把我写过的烟草报道全部打印出来送给她，希望她有一天能认识我。

这位大姐是《消费与市场》杂志的烟草品牌总监。

很惊讶，很感动，更不安。没想到我也有"粉丝"了，但在言谈间，接下来我更多的是向她讨教，她做烟草10年了，而我当时才做两年。

作为区域记者，由于所跑优势产业烟草、有色金属都在云南，我常去，一度被同行们笑称"那里是你工作的主场"。记得刚开始，我每次去云南，都会背很多报纸上飞机，到了一一发给采访对象。

支撑着我的，恰恰就是这种付出辛劳之后的价值认同感。

转型

来21之前，我在重庆商报当了6年的编辑、记者。做了3年的社会新闻记者，转到经济部后，我主要从事房地产、规划等地方记者认为"很吃香"的口儿。

但发展的瓶颈让我喘不过气来。记得当时投的简历中，有三家媒体要我，一是《经济观察报》汽车版，二是南方日报深圳记者站叫我去报到，最后接到的通知是21。

我毫不犹豫地选了21。最大的吸引力来自于21那些一剑封喉、颇有深度的调查报道。我佩服这样的媒体和记者，不仅有深厚的专业功底，更有极强的社会责任感。

进21的代价是背井离乡。当时已婚的我进了21成都记者站，一个人在王府井大街背后的小巷子里租了一套位于九楼的房子，做见习记者。没有电梯，现在还记得，夏天那些汗流浃背的情景。

不过，想来21的同事们大多经历如此体验，无需赘述。

很感谢那些通宵不眠的日子，感谢21"苛刻"到抠字眼的编辑们，让我痛苦而成功地完成一个都市报记者到财经大报记者的转型。也感谢我曾经去农村、做卧底的社会调查经历，让我不怕吃苦，喜欢去现场拿一手材料。

21也让我喜欢和适应上它的工作环境，尤其是后来调回重庆记者站。

它时间很有弹性，不以工作时间长短来衡量价值。除了业绩，还是业绩；领导给予了最大程度的信任。这里没有人抽着无形的鞭子催人干活，更没人天天找人谈心。对跑不同条线的记者，领导更多的是指导和尊重。这恰是工作热情和原动力所在。

诱惑

干了多年记者，在21的平台上，靠勤奋和努力，各位跑条线的记者被行业认可后，多有这样那样的诱惑。

记得刚到21不久，有党员杂志来找过我，说我是党员，很适合。后来是财经方面的网站、杂志、报纸，还有行业报纸。出价最高的是一家公关公司，30万元年薪。

但我没有选择离开。

铁打的营盘流水的兵。21十年辉煌，不少英才已到各处施展拳脚，在不同的舞台上实现人生价值。我也动摇过，在钱和所谓的“虚名”中权衡取舍。最终我发现，一则我喜欢单纯的工作环境，二则我可能还真干不了伺候人的活儿。所以，公关公司再多的钱，估计我也拿不到手。

就这样，我继续心安理得地在看似遍布天下的21采访圈子里，实际上，却是经常一个人闷在做学问的狭小空间里自由自在，乐在其中。

学习

但这并不是梦想的终点。

我认为，多做一年记者都不一样。不同时期的记者，应该有不同阶段的目标。

这目标，也许是头衔的上升，也许是社会影响的扩大，也许是业务的进步。

结合我自己，从专家型记者到国际化记者，前者需要加强，后者需要培育。

于是，从2010年开始，我选择了兼职读书。从外语到金融财经知识，都需要进一步加强，并在实践中融会贯通。从小立志当记者，到高考因生病受挫，我注定起点比很多同事晚了很多。35岁还年轻，没有什么比我现在更珍惜做记者的年华。

我对记者的理解是：够职业，写好文章之前先做好人。如有余力，应加以深化，著书立说，以思想、见解影响人。

最后，在21迈入新的一个十年之际，作为一位平凡的21记者，我用一位本报前辈、后跳到外行业的记者的话来结尾：“记者虽然收入少，但心灵自由。”

《21世纪经济报道》高级记者 贾海峰

稿王前传：不能忘却的理想岁月

某一天，报社邮箱里多了一封信：一向板着脸孔与我论新闻业务的汪生科领导，突然以“90后”的口吻，以“哥”之类词语的旁白，发动我们参与这本《创世纪》之书的写作。

我分到的是“个人史”，内容是写“稿王是如何炼成的”。

老实说，我对“稿王”这个词带有严重的抵触——21世纪的稿费比较高，我写稿比较多、比较猛，人称“稿王”，主要是指我稿费挣得多。但是21世纪里面很多人才又将挣稿费、讨生活，看作是最没技术含量的出路。

于是乎，为了将自己树立为“又好又快”发展的典型，加之逃避税务局之稽查，故一般场合避而不谈“稿王”之称呼。

不过，在这本《创世纪》里，我想谈下我的心路历程和看法。于是，不妨从“稿王”切入，故曰“前传”。

求索

4年前，我在北京某部委杂志社工作的时候，《三联生活周刊》的主编朱伟来给我们讲课。当时，他带来了一本书，送给我们在场的每一个编辑，这本书就是三联生活周刊的《十年》。

看完那本书，我就打定了一个主意：既然“北漂”来北京，就要奔着自己的理想去，不要怕失业，不要怕混不下去，打道回府。

我的理想是做一名优秀的财经记者，这个理想至今未变。

但是，当时对于一个没有名牌大学学历，没有在市场类媒体从业经验的年轻人来说，实现这个理想并不容易。

第一步就是没有“敲门砖”。如上所述的条件，很多财经媒体都喜欢有几年工作经验，在某个领域具有丰富人脉，来了就能干活的记者。对于没有带资源来的记者，往往是不“感冒”的。至于对从“机关报刊”出来的年轻记者，更是很少有媒体会有兴趣。

2004年12月1日，我打着包袱一个人来到北京闯荡；2005年12月1日开始，我四处寻找跳槽的机会；2006年12月1日，我很荣幸地被21世纪经济报道接纳。

在这里，我想把2005年底到2006年底那一年的摸索、碰撞说一下，回味下那段的酸甜苦辣。

在这一年里，我面试过7家媒体，都没有被录取。几近绝望的时候，证券时报给了我一个面试的机会，但是在上海。当时我并没有去过上海，为了争取这次机会，我当天晚上就买了票，只身一人前往上海面试。

由于准备不充分，错坐了火车，只能在半夜11点的时候搭上去南京的火车，站了10多个小时。次日9点，立即从南京赶火车去上海，终于在那个星期五的下午赶上了面试的时间，但是最终也没能被录取。

没有经验、没有学历，该怎么去实现做一名优秀财经记者的理想呢?

我当时没有想到解决的办法，但是遇到了一个机遇。2006年初，中国房地产报给了我一个做兼职记者的机会，兼职写了几篇稿子。而就是在这年的6月，我在经常去逛游的“西祠胡同”发现了一则招聘启事：21世纪经济报道招聘地产记者。

虽然我没有任何地产行业的经验，但是我在《中国房地产报》的几篇稿子发挥了作用。21世纪经济报道是个不拘一格用人的地方，只要你符合最基本的门槛，就可以来见习。如果中国没有《21世纪经济报道》这样的具备新闻理想的媒体，就不会有我们这样平民记者的出头之日。

2006年9月份，我接到了21世纪经济报道的通知，可以前去见习。当我把这个好消息告诉家人的时候，家人反对，他们认为我是放弃了铁饭碗，去找泥饭碗；我把这个消息告诉朋友，朋友告诉我要做好心理准备，21世纪是个很累人的地方。

但是我没在意这些，后来4年的工作时间也告诉我，只要你心里有梦想，在21世纪就有回报，就不会感觉到累。

理想

为什么不会感到累？我们也会有疲惫感，也会有挫折感，更会有经受诱惑的时候。为什么不会感到累?

我觉得还是在21世纪的那一份荣誉感使然。

2007年初，我正式成为21世纪的一名记者时，每当出去采访，与人交换名片，不管对方是官、是商，还是职员，看到我的名片都会说一句：你们报纸很好看，我经常看。

作为记者，这一句话就代表了一切，意味着你所做的事情是有价值的。我感到幸运的是，我进入21世纪的时候，已经是她成立的第六个年头，由于前辈们的前赴后继，这份报纸已经树立了牢固的江湖地位和公信力。

“公信力至上”这句话，也一直是21世纪所有记者鞭策自己的镜鉴。

2008年底，我获得了报社年度“优秀员工奖”，我清楚记得那个水晶玻璃做的奖杯所配的底座上写着“在这里发言不用举手”。

在21世纪的岁月里，这句话给我感触最深——领导是报人，业务讨论可以争吵，一切以新闻价值为准绳。

更多时候，21世纪报系是个大熔炉——记者是生铁，编辑就是炭火，最终将记者百炼成钢。不管你出自何处，在这里编辑可以带你入行，教会你21世纪的新闻操作手法，也让你学会如何去采访，发掘新闻价值。

在21世纪的每个人都会感觉到这里公平竞争的土壤，每年记者的晋升完全凭你年底的考核排名，这种公平的晋升机制，让年轻人在这里可以看到自己的价值实现。

在21世纪做了4年，从新记者，做成了老记者，其间也有很多优秀的同事离开，但是我仍然选择坚守，而且不管自己是普通记者、资深记者还是高级记者，都要日日鞭策自己，勤奋地去工作。

有人经常问我一个问题：你这样做，累不累。

我想说的是：不累。

因为在21世纪，我还有理想。永远不能忘却。

日前的某夜，我在MSN上与一位同事对话，我当时的MSN签名是“一生耿直独求索、两篇理想换酒喝”。这也是自己心里的一些感触——我看到媒体的新闻追求动摇，做事利字当前，社会亦如此，优秀的同事难有为新闻理想而继续坚守者。

这位同事对我说：“看到你的签名，觉得很可笑，我老婆说，这个年代，理想是狗屁！”

他与我一样的郁闷和苦恼，他也是一名优秀的记者。

我说：“这个时候，有你我这样很多苦闷的人，就说明大家都还有追求，新闻理想之火不会灭。”

这些话，放在我们某些采访对象面前，他们会说我们假清高；放在某些追逐利益而丧志的媒体人面前，他们会说我们幼稚；但是在我们自己心里，在一大群21世纪经济报道的记者心里，这仍然是一把火炬，照亮黑暗和寻找光明的火炬。

做记者，都会遇到瓶颈，当你写到写不动的时候，总会心理动摇，寻求出路。但是，也还有很多记者选择了继续坚持新闻理想，以深度报道推动社会进步，哪怕收入菲薄，不移铁肩担道义之志。

正所谓，入此行，要明白你自己想得到什么。我认为：在中国，做名成功的企业家或是传媒人，都不如做一名职业记者，更能让中国的历史记住，更能铭刻于这个时代。

我选择坚守，选择继续追寻新闻理想的努力。或许10年后，大家可以看到“稿王后传”。

人气王孙小林

报社迎来10周年庆，和国庆一样，我一直认为逢“双”要大庆，因此作为一个2008年初才加盟的记者能分享此时此刻的快乐，感到十分荣幸。

为纪念报社10周年庆，报社发出呼吁“时代需要你们的稿子”，作为“你们”中的一员，被接受了一个题目：《人气王孙小林》。

“人气王”的称呼是否合适暂且不论，但有一点不容置疑的是，报社人气比我旺的同学们不胜枚举。

比如，报社老同事——杨瑞法老师，是我一直学习的对象，作为退休返聘的元勋，到如今其都是每天辛勤、认真地为读者贡献出一篇又一篇大作，诸如杨老师等前辈员工才是“人气王”。

所以，to tell the truth，要我写2000字的新闻，我觉得不难，但要我用2000字来自我描述如何成为“人气王”，那肯定是赶鸭子上架。

我想领导定这个题目或者想要强调以下两点吧：为何用一年时间积累了别人很多年才能积累的资源，为何连续两年报社排名第二？（非本人语，引用而已，嘿嘿。）

班门弄斧地这么认为，作为记者，与有共同理想的人做朋友是最快乐的事情，而这帮朋友也提供了大量新闻线索，这或是文章数量相对较多的原因。

与此同时，报社的平台和氛围是支持大量写稿、写好稿的动力所在，这或是文章质量相对较高的原因所在。

人以群分

或许因为长得忠厚老实，做记者以来，认识的朋友越来越多，居然被领导称为“人气王”。

说实话，我对人的分类很简单，分别是和我同一类的，另外的当然是“非我族类”了，在这背后是我很强烈的“人以群分”的观点。

在人以群分的观点指导下，我身边有一些志同道合的采访对象成为我的朋友，如今，一直为自己能认识一些谈得来的朋友而开心。

因此，我经常和这帮朋友一起喝茶聊天，在偌大的上海或者长三角，这种“他乡”遇故知的感觉很是畅快。

但与此同时，或许是我的不成熟之处，我对和我价值不同的人，我尊重他，但却很难成为朋友，尤其是一些只以利益为导向的人群。

由于21世纪这张报纸的特点，很多时候被采访对象对我们的感情往往较为复杂，这更增强了“人以群分”的观点，所以我坚持一个理念，即有人会爱你，但有人会恨你，你所要做的就是，团结爱你的人而已。

所以，这种“人以群分”的观点使得我失去了与很多人认为重要的人成为朋友的机会，但我并不遗憾，因为我认识了更多志同道合的人。

加上由于我负责的是区域经济，这是个大概念，因此可以跑的条线很多，这为认识多个领域的意见相同人士提供了良好的平台。

此外，记者这个身份既可以获得朋友，但很多时候却因为记者身份，使得被采访对象一直将你定格为记者，而不是朋友。

因此，现实中，对待和自己谈得来的采访对象，不能把自己当记者，而要把自己当成被采访对象的朋友，这样就相对容易获得对方的认可，并进而升华为谈得来的朋友。

与此同时，平常加强沟通也是一个有效联系朋友的手段。

记得刚刚过去的春节，我给我手机里所有亲朋好友与同事都群发了一条信息，说实话是用心写的一条信息：“在下，孙小林，常被称为小孙，孙同学，孙老师，孙记者。今天我携以上所有称呼，恭祝所有长辈晚辈，亲朋好友，同仁同学春节快乐，来年更盛。客居上海大不易，感谢大家支持。”

消息发出之后，收到了从国家部委部门负责人到老家亲戚的多个回复，你对人家感恩，人家也会支持你，做人就是这样。

但在“人气”方面也出现了部分问题，即和个别地方的宣传部门沟通一直存在难题。

由于21世纪的独立调查特点，往往使得个别地区宣传部门在沟通时态度相对较为激动，而我亦是一个坚持原则的人，因此一些时候会不欢而散。

到目前为止，这方面难题还是难以解决，一直困扰着我。

但有一点，无论如何，即使当地宣传部门很“激动”，在当地的调查我都坚持客观的报道，这倒是后来为结交了当地宣传部门的人打下了基础，毕竟他们也是尊重以事实为基础的记者。

然而，我到现在还认为，坐在不同的位置上肯定有不同的看法，所以我尊重他们，只不过，想成为朋友却挺难。

写稿是件体力活："第二"是浮云

2009年度和2010年度，两次我都是报社排名第二，总体说来就是"量"和"质"都尚佳。

在"量"上，诸多朋友提供的线索是提高文章数量的主要源头，因为作为一个经济类媒体，除了深度分析外，独家消息源的重要性就凸现出来。

在这个方面，认识的一帮朋友就帮助了我很多，在过去的几年中，一些个人认为较为重要的新闻基本都是朋友提供的消息。

实际操作中，因为认识人比以前多了，他们经常打电话给我，告诉我哪里发生了什么事，哪里有何信息，若发现有价值，我便和编辑沟通后，就前往这个地区进行报道。

到了该地区，我总是先和朋友联系下，一起吃个饭，海聊一番，然后才进行工作，因为这样工作起来就更快，又可以见到朋友。

但有一点，既然是朋友提供线索，所以一定不会暴露任何有关朋友的个人信息，这就确保了朋友的利益不受到侵犯。

只不过，有时候觉得老是麻烦朋友有点不太好，所以我后来有个口头禅就是"尽量不找你，找的话只吃饭"，呵呵。

来自朋友方面多方提供的消息源成为写作的关键，在日报时代，这一点显得非常重要。这其中，朋友中很多人也是记者，不过，他们身份往往是当地的记者，与当地政经界关系熟络，经过他们牵线搭桥，消息源就显得更为及时和准确了。

不过，消息源有了，如何写成好的文章，如何策划选题，这是在报社的领导、编辑等指导下完成的，"质"也随之得到提高。

2008年初进入报社，我从一个新闻门外汉到后来慢慢熟悉新闻，并开始积极发表文章，这背后是领导和同事指导的结果。

范利祥老师将其以前的采访资源都介绍给我，汪生科老师则以很严格的要求来对待我的稿子，等等，这类例子也是不胜枚举。

所以，也正是因为有领导和编辑的高要求和支持我才能迅速融入21这种氛围，在稿子写作上提高较快。

比如，在编辑老师的提示下，我经常将自己提交给编辑的稿子和编辑修改后的稿子进行对比，这是我到如今都认为最有效的提高写作水平的方式。

不过，尽管连续两年排名都是第二，但说句实话，写稿的确是件体力活。

比如，经常写完之后大脑一片空白，需要出门走走呼吸下新鲜空气，感觉才能回到现实中，腰酸背痛已经是家常便饭了。

所以，所谓“第二”其实都是浮云，没有好的身体，写稿再多也无益，这也是我希望和众多同仁分享的，写稿的同时照顾好自己的身体。

此地无人生还

这是七年前我与一个朋友为一份都市报媒体合写的文章，文章发表后被肢解删除得支离破碎、惨不忍睹，我是在后来从事新闻业后才明白这是因为物理版面是多么珍贵，但却也是在中国最激进的媒体之一内“奋斗”了六年后，才深刻意识到——摇滚在今天的寂寞其实与新闻理想在中国的寂寞多么相像。

所以，谨以此文献给贵报十年，我对这份报纸充满了崇敬和感恩之情。它曾让我忙得鸡飞狗跳。却也给了我最大的成长机会，希望它能永远像摇滚赋予我们的清醒、坚持，宛如夜色中的明灯，为找路的人照亮前方。

摇滚在挣扎和坚持什么？

摇滚述说了什么希望？

不多说了，你，我，他，都懂的。

“那个孩子坐在天台上，自言自语；音乐，我身体里的风……”

法国学者保罗·朗多尔米在1910年写下西方音乐史的名篇《音乐的历史》，在新版中它的下限年代扩展到1946年。可是保罗·朗多尔米不能预见，十年以后，由Bill Harry演唱的《昼夜摇滚》(Rock Around the Clock)，灌制唱片后销量达到了数百万张。Bill放言：“摇滚超越了贝多芬，把这个消息告诉柴可夫斯基!”音乐史上的一场革命爆发了，摇滚乐将人们卷入了一场集体的狂欢中。

从音乐的角度而言，摇滚乐是一种来源庞杂的音乐。布鲁斯、R&B、乡村音乐、福音音乐、爵士以及民间音乐都曾为其提供养料。这似乎也是摇滚文化长盛不衰的根源：变化是唯一不变的东西。

1969年的WOODSTOCK是摇滚精神的巅峰，上百万人以和平、自由、反战、做爱的名义度过了狂欢的三天，那些头戴鲜花的嬉皮士既引领着理想主义的方向也实践着虚无主义的生活。69这个相互拥抱的优雅数字，后来被世界各个角落的酒吧和乐队所铭刻。

而中国的摇滚第一人此时刚满8岁，正被父亲严厉地看管，甚至还没有开始学习吹奏小号。

崔健：红色是胜利

现在已经很难想象，在1989年我们刚刚停止使用布票和粮票的年代，崔健穿着绿军装走上舞台咆哮《一无所有》的情景。他的张扬和特立独行，在开初遭到了必然和猛烈的攻击。

1961年，崔健出生在一个被音乐和舞蹈环绕的家庭，这和时代的困窘一起牵引了他后来在精神上的自由追求。1981年之后，崔健成为北京歌舞团一名专业的小号演奏员。20世纪60年代的美国，摇滚方兴未艾，这种向往爱与自由和平的风潮对崔健产生了很大影响。

1987年崔健离开工作单位。1988年崔健在北京中山音乐堂举办了第一次个人演唱会。同年4月，在屡屡碰壁后崔健与中国旅游音像公司达成协议，开始了长达一年的录音工作。1989年2月，崔健艺术生命中最激动人心的时刻到来，《新长征路上的摇滚》的面世，打开了中国乐坛一个新的窗口。

《一无所有》带有标准西北信天游的风味，同时受到了Punk的影响，曲风简单、粗糙、直接有力。作为无政府主义在音乐领域的代表，Punk追求的是一种毁灭效果，通过和道德、法规、秩序的粗暴冲撞获得一种意义上的张力。The clash、The damned、Ramones，当然还有著名的Sex pistols，是Punk主要的代表人物。我们可以从崔健的表现手法，他标志性的嘶哑嗓音，突兀的视觉形象，巨大的音量中辨认出Punk音乐的一些特征。虽然民谣摇滚的精神在崔健以后的音乐生涯中起到了难以磨灭的作用，但是并未在音乐风格中体现出相应的影响。不过，崔健从未停止过对社会现象的思考和关注，这固然有中国思想者文以载道的惯性，同时更是一个民谣诗人的敏感天性。

崔健很清楚，好的音乐必须有自己的特色。他在音乐中大胆使用民族音乐的元素，结合西方音乐的节奏，形成了自己独有的风格，这种风格在他后来的作品中得到了发扬。

1991年少有人称道的《解决》是崔健力求转型的作品。在这张专辑里，崔健的音乐逐渐体现出Raggie、Rap和Jazz以及其他黑人音乐的特点。崔健将人声作为节奏乐器，打击乐的丰富节奏同时带来了一股汹涌奔放的力量。

崔健的音乐语言在1994年《红旗下的蛋》中表现得更为自由灵活。音乐里透露出爵士乐和世界音乐的符号，切分节奏和民族音乐元素已经成为崔健的音乐标志。

在1998年《无能的力量》中，崔健使用了大量的数码设备以创造更为多变的节奏和音色，他对音乐潮流的敏感与手法的多面运用在这里得到了充分体现。在这三张专辑中，崔健基本固定在自己的说唱风格上，在其中加入爵士乐的复调手法，使用民族配器，并将这种模式不断地扩展和改进。

崔健对中国摇滚文化的馈赠是丰盛的，他的音乐一贯保持了对社会现象敏锐的观察和思考。《一块红布》是崔健最有力量的一个符号，红色也是崔健最致命的一个情结。如果说《解决》是没有方向的迷惑和失落，《红旗下的蛋》是无可奈何的反讽，那么《无能的力量》则是一个总结，是一种对平庸现状的正视和归纳，崔健从中指出了一个心平气和的生存空间。在这里，崔健提出了太多"无法回避但也无法解决"的问题，这是他的问题，也是这个时代一个生存群体的问题。崔健逐渐进入到一个描述和总结的怪圈，他并未因为嘲讽姿态和急切表达而深刻，反而因为其中的虚无成分失去了力量。

但我爱崔健，他从一开始就未曾偏离摇滚的本质，他始终是明亮、欢愉、自由自在和极富创意的，他走在了中国摇滚的最前端，像红色一样地热烈和骄傲。

摇滚：白热的怒放

由于中国摇滚的晚育，崔健以后的一段时期内，中国摇滚乐手们汲取的养料非常类似，这批乐手以重金属风格为主，间或有民谣和朋克。而摇滚的新生代们更多受到了朋克、电子以及更为时髦的音乐流派比如哥特金属、Grunge、英式摇滚的影响。很快，1992年到1994年，中国积蓄已久的原创力量喷薄而出。

在早期关注北京摇滚的海外唱片人中，有四个名字无疑是最重要的，他们为中国摇滚做出了名垂青史的贡献：方龙骧、张培仁、陈健添以及刘卓辉。高个子张培仁在北京的茫茫人海中与另外四个高个子（唐朝乐队）的相遇相知几乎已经成为中国摇滚乐的传奇；陈健添签下了一支叫黑豹的乐队，并把他们送上了香港排行榜的冠军宝座。同样是陈健添发掘的郑钧，其首张专辑《赤裸裸》一举奔成乐坛黑马，成为大陆1994年销量最高的摇滚乐唱片。之后陈健添的"红星生产社"一气儿签下了大堆摇滚艺人，其中包括眼镜蛇女子乐队、骅梓、天堂乐队、许巍等，成为规模不亚于魔岩的又一个中国摇滚大本营。方龙骧最大的贡献在于推出了像Again、超载、做梦（窦唯当时的乐队）、指南针、新谛等一批可称为中国第三代摇滚乐手的新乐队，大大丰富了北京摇滚乐的领域和风格，这批乐手如今已是中国摇滚乐坛的中坚。

1992年的唐朝结束了地下的沉默状态，以一张同名专辑作为刺向天空的锋利矛枪。"从来就没有什么救世主"，唐朝这样唱。高于184厘米的身高、披肩的长发、传奇式的经历以及游戏般的生活态度，唐朝在音乐中所流露的无所畏惧，每每将听歌的人从现实的平地中腾空拔起，回到故梦大唐的繁华盛景。

唐朝的成功在于他们使用纯粹西方的文化形式传达了东方的理想。以耀眼的灯光、巨大的声音为标志的重金属流派延续了西方张扬个性的文化传统，而唐朝秉承中国文化中对历史的敬重和对和谐境界的向往，使得重金属音乐在他们手中发出耀眼灼人的光芒。唐朝将这种无所畏惧的精神发挥到了极致，这使得唐朝之后的多年，再没有一支同类风格的乐队能够轻易超越他们。

如果说给摇滚一个机会和老百姓打成一片，不知道这两者中谁会先提出反对，这真是一个有趣的问题。然而，就是有这样一支乐队，先是得到了双方的认同，然后，又被推托到另一阵营，黑豹就是这样，在没有事先策划中进入视野，然后不可挽回地在日渐开阔的中国摇滚图景中缓慢下降。

同样1992年浮出水面的黑豹显然没有唐朝那种置之死地的精神。黑豹选择旋律化的流行金属风格虽不能说是一种投机，但确实模糊了摇滚乐和流行音乐的界限，这为后来中国乐坛上两者无尽的纷争制造了一个很有代表性的角色。

然而，黑豹自有其力量。他们的歌不对生活做过多的梳理，只是用简洁明了的态度传达感悟，把一个人的世界和另一个人的世界就此联结，达成共鸣，这一点，和经典的流行金属乐队BONJOVI非常相似。他们的歌迅速被传唱开来，但是窦唯的离队也使乐队失去旋律的分寸感，乐队的风格很快失去了原有的精彩。

1993和1994年是中国摇滚的丰收年。经过1992年《中国火I》的试探，窦唯、张楚、何勇以“魔岩三杰”的名义横空出世，中国乐坛风雷激荡。此时，郑钧即将推出《赤裸裸》，用民族旋律抒解金属的狂暴；许巍很快就要写出著名的《两天》，并在城市民谣中寻求栖身之地；超载则驾着Thrash Metal的金属战车要重新开拓疆野；所有的摇滚音乐人在此时全部露面。

这个时期的摇滚乐带有很浓的理想主义，音乐风格单纯，内容倾向于一种对全体的关怀。这对这一时期中国摇滚乐手的把握能力提出了挑战，如果没有好的把握能力，这一时期的摇滚乐将显得空洞苍白。

另类：彩色七巧板

摇滚乐向来敢于和善于创立艺术新标准的先锋，每一次摇滚乐的聚会都是一场自我表现与精神漫游的仪式。每一场现代运动似乎开始都会因为其打乱现存规范而显得丑恶和缺乏艺术性，但在后来其生命力的蓬勃发展中，自身的规范逐渐确立。

1994到1997年，中国摇滚掀起了新的狂潮：另类。

其实，这股风潮在1994年已呼之欲出。当时周韧则将要用榨取汇报GRUNGE，遗憾的是那时Kurt还没有自杀，所以北京还不是西雅图。苍蝇已经出世，马上就要颠覆世人对美的全部认识。各种各样的新晋乐队纷纷上台，你方唱罢我登场：从新潮电子乐领军的新裤子、超级市场到朋客的花儿、舌头……不过，到了1997、1998年的时候，中国摇滚的阵容已经排列整齐，犹如一个分类清晰的博物馆，西方各种流派门类的音乐都有其对应的中国出品。

郑钧在《第三只眼》之后逐渐转向了悲观沉溺，1999年的《怒放》不仅听起来像时而忧郁时而狂暴的Smashing Pumpkins，他甚至还翻唱了一支英式摇滚Coldplay的《Yellow》，改名为《流星》，成为《流星花园》的插曲。

窦唯从“黑梦”之后，完全进入了对内心状态的不断探求，音乐风格向4AD的低调黑暗靠拢，一度充满Ambient环境音乐的气氛，从《艳阳天》、《山河水》到《释·幻听》，音乐的风格从黑暗哥特、环境音乐到实验音乐，境界从黑暗到悠扬，从平和至言说。他最新的专辑《一举+两得》有向fusion风格发展的倾向，这是一个似乎不需要世界的人。

以民谣/朋克风格的《垃圾场》出山的何勇再也没有推出过新作品，只是在1994年底在香港举行的“摇滚中国乐势力”中因为“四大天王”事件而声名卓著。他那种坦率无忌的风格给他带来了无数麻烦。在他身后，花儿作为中国最小的朋克兴高采烈地在舞台上蹦跶，恐怕让Remons，Clash目瞪口呆，倒是以舌头为代表的地下朋克以一往无前的重型轰鸣吸引了大批青年的目光。盘古、王磊、左小祖咒看准时机纷纷揭竿而起，一时间朋克成为极端精神的代名词，在中国获得了几乎同样引人侧目的狼藉名声。

张楚一直是以敏感的民谣诗人形象出现的，他的敏感和孤僻，和窦唯的沉默内向十分近似。他的专辑《孤独的人是可耻的》以非常干净的手法描绘了诗人严厉的世界。在张楚和别人的合辑《一颗不肯媚俗的心》中，他更多地唱出了浪迹天涯的惆怅。《西出阳关》、《走吧》、《北方过客》和《一生祈求》，这些都是张楚对自己流浪生活的自述。直到1994年的春天，张楚终于坐下来思想。

这之后的民谣摇滚再也无力和物欲横流抗争，唯美和内省迅速被反讽和自嘲代替，以诙谐闻名的“子曰”用京味儿十足的民间智慧观察着小人物的欲望，“二手玫瑰”则以二人转的反串辛辣嘲笑着一切价值和信仰。很难说这样优秀的乐队受到了什么样的西方摇滚流派的影响，他们内化了那些东西，抖动之后，成为了中国摇滚的异数。

但是，摇滚的商业机会让人扼腕。时刻以摇滚自居的“零点”乐队通过那英的巡演声名大振，并且以类黑豹的旋律——流行金属风格迅速覆盖了中国内地市场，填补了黑豹之后流行金属音乐的空白。他们的旋律简单优美又慷慨激昂，颇得人缘。

以Funk起家的“清醒”，始终保持冷静的头脑，在中国最先引领英式摇滚的潮流，他们的音乐风格、衣着打扮，甚至徽标和专辑封面都像极了Oasis，品味讲究而时尚。他们后来成立的摩登天空大力推广年轻一代的乐队乐手，使得英式摇滚、电子和朋克在20岁以下的群体中大行其道，功不可没。

摇滚乐离群众似乎渐行渐远。一方面，噪音、实验、拼贴与非旋律化使得摇滚进入了伪专业化的误区；而摇滚乐自身发展多样性的分化，也大大削弱了原本十分凝聚的单一摇滚市场。而对商机极其敏感的投资商迅速进入操作状态，不断推出各类精心打造的地上或者地下形象，摇滚乐呈现出多极分化的状态。实际上，作为文化消费而立场不清的摇滚，试图去坚持某种原则和立场是不现实的，但是唱片公司在对潮流推波助澜的同时，也确实窄化了风格流派的可能性，损害着摇滚乐的创造力。

当浮一大白

我在MSN签名上挂了一句话："越奔跑，越有力量"，这是一句歌词。

参与21世纪创业的前辈，有的是奇闻轶事下酒，我辈进入21世纪4年整，有的是尚未磨灭的激情。

"一则向上之心强，一则相与之情厚"，出自梁漱溟《中国文化要义》。21世纪于我，就是这个道道吧。

去年10月，我请杨磊在广州喝酒，就在CHINABOX酒吧。酒吧出人意料的冷清，人气寂寥，杨就趴在那里，眯着眼睛，看着这个曾喧嚣异常的流连之地说：我最好的青春，就在这里。在21，写稿、做版、作乐，这就是青春……此时杨已经离开21，率部在穗公干。看着这个胖起来、酒量锐减的家伙。我一样有着"延安朝圣"的心结，南方与青春的痕迹黏连在一起，挥挥手，仍然在那里。

2007年3月1日，我入职21世纪，其时正值一周三期日报改版，我抱定"常识"而来，秉持"试错"而来。

符定伟是个传奇，喝酒时眼睛越喝越亮，话也越来越多，酒入热肠，以新闻开场、文学转场、哲学收场，实属必然。在政经时，生科、老范、凤安来广州，照例是要小酌几杯，欣欣也欣然参与，湘菜馆"刘姥姥"是我们必去之地，可惜关了门——但这不是我们的错。

照例，"刘姥姥"打烊之前，我们是仅剩之人，符定伟会央求伙计说，最后两瓶，一定最后两瓶！伙计嘟囔着不乐意，却又抹不开老主顾的脸面，只得从了。后来，我们就只能去金和楼，吃些啫啫猪肠了事。

我调到产经，去北京轮岗。和徐万国正儿八经的业务讨论，往往就在下午三点，编辑们最为尴尬的等稿时刻。喝茶，定方向，重拾产经最得力的武器——打黑揭丑。做完版得闲，再来上两瓶啤酒，总结得失，不亦乐乎。遗憾的是，我没有参加北京站的欢乐时光——拖拉机运动，据说袁一泓水平颇高，丁磊、徐炜璇、王世玲、邓瑶等人也频频组织，可惜了。

徐万国闻到酒香也是两眼放光，年初广州之行以探讨业务之名生生喝了老符两瓶好酒，我和徐炜璇属于沾光之列，老符这个心疼啊，悲催了。

不愧十里洋场的情调，上海轮岗期间，我惊觉老鲍到酒吧如鱼入海，照例戴着他的招牌鸭舌帽，穿梭于灯红酒绿之间。喝完老鲍照例要醉上一日，严重的话要爬起来重新买个手机。入不敷出恐难避免。只能对他说：神马都是浮云！

如果喝酒聊上新闻业务，也不免郁闷，一个自由市场，最为糟糕的政策是限价，比这更糟糕的是限购，不好意思，贵政府都有了。以计划经济的思维力压资产泡沫，无异是以一个错误制止另一个错误。也许，我们的力量在于让中国变好一点点，再多一点点，再多一点点。21世纪创刊词说，“我们的梦想，就是国家的梦想”，在这个权贵资本主义初步构成的时代，在这个黄金与黑铁交映的时代，只有梦想能够支撑前行。

多年以前，我辞了铁饭碗去北京，一个媒体领导对我说，做新闻就应该叼着烟、喝着酒做。这哥哥就是朱德付，不知他如今尚能酒否。

尚能酒否，无关理想，无关业务，事关青春。抓住青春的尾巴，来，当浮一大白。

寂静，欢喜。

那些在贵报遇见的人

去年3月间，上海刮起罕见的大风。我得得瑟瑟地走了一里路，从地铁通道的摊贩手里买到一张手机卡。初到第一天，这就算有了将自己和这城市相关联的物件了。

那是中午11点，一个小时后，我要给王云帆打电话。夜里更冷，人们大多裹着棉衣，这还是我大学的最后一学期。拨通王的电话前——我想也许一天后就会回家——但确实又没有别的去处。王在电话里，也为我担心长途赶来实习的成本问题，并说留下来几乎没有可能。

大二时看过一份《21世纪经济报道》，头版报道写的纺织业。我几乎无感，但大概听过《21世纪环球报道》是怎样消失的，这自然是一种有吸引力的暗示。

一

东亚大厦不难找到，它的标志是楼顶的广告位没人买。我在20层见到了范利祥，自从在王云帆处听来他的名字，我搜遍了他写的博客。范写了很多对年轻人的告诫，与政府保持关系的要诀。

我本以为自己抱怀“国家”、“公共性”这些字眼来到这里，至少我在电话里这么跟王云帆重复。但范这些文章，则不无隐喻这组织的规则：一、要拿料；二、常被骂。

孙小林还没出现前，范指着一则他的报道说，他也是外语大学出来的，他做你的老师。那报道写的是南汇并入浦东一事，孙在一次会后堵住浦东区委书记，书记不得已说：“此事还在研究。”

书记在穷追不舍的记者面前默认了传闻。不一会，我又从行为学的角度上理解了这种风格，孙拎着包带我去吃饭，步履奇快，衬衫浸汗。他一边刨那份真功夫肥牛套餐，嘴上还能不停说快点吃快点吃，还要上去码字。

我在“政经”就这样呆了下来。4月11日WHO（世界卫生组织）宣布甲流防控升级，我独立写了第一篇稿子，“4岁的墨西哥男孩正加剧这个世界的恐惧。”这让我逐渐熟悉张凤安和邓丽。

套用接近范的方式，我钻进了张的博客，其中有一洋洋洒洒的万字篇章，那构成我对上古先贤们的印象：他们不用吃饭，不爱睡觉，整天业务。“办公室曾有一张神奇的沙发，睡过的人现在都红了”，张凤安说。他之后甚至让我写过周五的特别报道。张不久去了头版，至今是派题给我最多的编辑。作为回报，他仍时常遭遇我慢吞吞的交稿，还有那种弯来绕去的导语。

邓丽则直接为当时那些报道承担风险。因为那种以猪为名的病毒，我至今要以师生礼节面对她——这也方便把她精心挑选的实习生都揽为师姐师妹。

二

4月末，我开始为一个素未谋面的女人四处打电话。她的声音尤其甜美，尤其第一次听到前，王云帆先给我打了一通电话。这种印象进一步深刻，是在一次凌晨2点的通话中，她用这种“前台音”讲起稿子，这是第一个在贵报拆解我写作的人。“一是文字基本没有什么新闻的感觉；二是用词立意总是偏大。”

这位陈小莹让我彻夜无眠。

和政经诸公打听起来，大多突然面露菜色，他们说小衣你要学习陈老师啊，但我们是难做到她那样拼命。当时那篇调查企业捐赠的报道，我一周里打了上百通电话，此后再也没有遇见过这样的选题。

这稿子后来突被阉割，从1版一路撤到40版，我想，这大约就是特稿。陈老师从灾区回来后，除了日常的新闻报道，还接手了我这么一个包袱。她开始帮我与编辑沟通，帮我修改稿件，在我无所事事时语调小心地询问。直到一位编辑问她为何越来越啰嗦，她恍然大悟，然后继续带教啰嗦的我。

在她之前，我只知道特稿部有位左志坚，因为我大三时关注中药该不该废除，那些节目里有位言辞凿凿的方舟子。我以为左应该中气十足，方能与美国博士来往交锋。

五月的一天下午，同批实习的女生一脸慌张地跑来，“那就是左志坚。蔫蔫的。”我抬起头来，看他默默地点上一支烟，然后缓缓地飘过。过了不久，我在王云帆办公室算正式面见这位领导，他慢慢地站起身，还是默默地点燃香烟。

那天晚上，左给我的第一个选题是上海F1赛道。它演绎过精英政客的权力兴衰，以及这座城市在世界舞台上的焦躁不安，也许还联系着上海特稿部过去的光景。虽然这都越来越像套话。他们如何在社保案中群起攻之，他们如何度过陈良宇被双规的早晨，他们如何在有关张荣坤、周正毅们成堆的工商资料中扒开光明的缝隙。我却迟迟写不出来，我开始了整个痛苦无力的下半年。

而北京“特稿”可能有另一种传统。2009年上海年会，我从农村蹲点回来，在家裹着被子写稿，确认赶不上饭后，与杨磊请教起叙事的技艺。第二次长谈，是在无锡一个只能吃方便面的五星级酒店，杨说起那些过去的特稿人，还有他们喝过的酒，一副欲哭无泪的表情。第三次，在北京一个叫过客的酒吧，杨自己也离开了21。借杨磊鼓励田野取向，我继续跑农村。而至今遗憾的是，他在头版的最后一天，留下了我很拙劣的导语。

至于想念杨磊的陆振华老师，已经离开的许荻晔老师，两人虽星座不同，行文运气却皆已流觞曲水，又熟稔于三国杀、饭局、化妆品、电子产品等集体主义玩物。而从上海到海滩，又从海滩到北京的柯志雄柯老能将京沪两地特色串联起来，我在北京仅会过他一次便津津乐道。柯老形容和蔼，颇能笑谈，据传在北京开会时常着红色铅笔裤入内，落定后却有一套严谨的业务演说。

抚今追昔，大概就有了身边2008年进入特稿的曾航兄时常为选题往返踱步的理由。这可能也是另一些名字离开的理由。

三

杜撰历史大约有两种无奈，一是上穷碧落下黄泉，属于后来人的推演，牵涉公案太多；二是亲历者的自述代代存续。不过从亚历山大的学人们随意注疏古希腊文献开始，对他人的回忆也竟有了修订的自由。

个体片段组成的历史才有了充分的存在理由。贵报十年的这篇作文，想来意在于此。

从2009年4月到贵报实习，入职后差不多还算是最年轻的记者，大半时间在上海以外出差，我以为有很多片段值得我这样的小孩回味，翻来覆去折腾，最清晰的却只有一段。

在玉树呆了48小时后，我一直吃干粮为生，嘴角开始干裂。左志坚带我走到灾民帐篷里，对方领导热情地拿来两盒方便面，我怯生生地问左，咱们吃了，灾民怎么办，左说，没事，这里领导来得多，不会缺吃的。我才纠结着撕开方便面盒，接住干部从保温壶里倒出的泛黄的热水。

这种生活肯定还会让后来者甘之如饴，最新来的同事伏昕老师，在来贵报前已连续7年在众多媒体实习，一位90后日前曾荒唐地猜测她年逾三十。她刚来不久，就被未出走的打工皇帝使人恐吓，而后又因不熟财务的习惯自己掏了出差车费。

伏老师时常在半夜里惊醒，一是特约时被欠薪，二是要证明其仍处青春多愁之期，三则大多是选题折磨。但我们之于头版贾红辉、张凡等老师每日的刚性焦虑，则又不敢言任何压力。

一次王云帆老师拍桌子说，报社近60岁高龄的杨瑞法如何在半夜带病出差跑突发，他的腰间还挂着沉重的护具，“你们第一版块从业人员情何以堪。”

《约翰·克利斯朵夫》里写得好，这是我们将来的日子。

写给少年《21世纪经济报道》

报社元旦后给满10年的老员工购买了医疗门诊商业险，以庆祝本报10周岁。我为《21世纪经济报道》服务了9年，仅差一年错过了这次难得的“福利”（不知道本报的福利有无延续性，明年还有得买不?），即便如此，我在这家与中国“入世”同步而生的商业大报里也已经算是“老人”了；这9年间，还没来得及发生一些电闪雷鸣、刻骨铭心的事儿，时光就在一篇又一篇稿子中从青春的腰上流到了青春的尾巴尖儿。

2010年末，我生下儿子成果，算是赶在我进入21第10个年头前的一个小结。12月中旬，写报社创刊10年纪念特刊稿子时儿子还不足两月，子夜12点，他就在我的电脑边自个儿睡着了，这之后，我就发誓坚决不能让我的儿子再干写字的活儿。但是他的已经不再年轻的妈似乎是跳不出这个行当了，那就坦然、欣然地多念些它的好吧。

报社发动大家回忆一些青春流水账，这让我想起一些往事：

2004年4月初，据说是由年初稿件打分偏低引发了一场不大不小的内部“骚乱”（其实是对创业三年以来报社粗糙的管理制度的集体不满），记者们不约而同地都“休假”去了，没人写稿子，广州的编辑们很抓狂，眼看着连平时毙掉的稿子存货也都被用光了，报社领导紧急召开了各新闻中心记者代表恳谈会。作为深圳的代表，我和财经组同事谢飞到了广州。一家破酒店，一圈旧桌椅，报社的老大和记者们围坐一团，气氛颇有几分紧张。但是应了那句“秀才造反，十年不成”的老话，会场鼎沸的人声里都是些大而无当、鸡零狗碎、避重就轻的杂音，没人提出硬邦邦的诉求。可能是因为那会儿还“年轻”，还有几分随时揭竿而起的冲动劲儿，我和吃辣椒长大的四川小伙谢飞上来就劈里啪啦冲老大们发了一回飙，目标直指当时极其不人道的倒扣机制（当月稿量不足，稿费折价，同时还要反扣基本工资），以及缺失的“带薪休假”。我只记得，老大们就坐在我们唾沫星子都可以到达的地方，但是我俩浑然不觉，依旧一副“革命党”的调调……

事后，造反不成的秀才们复工了，稿件打分并没有因此而明显上浮，看起来一切都恢复了平静。但是此后不久，倒扣机制被悄悄取消了，“带薪休假”也从此落实到了记者权益延续至今。日后看来，这两条，是那次集体“休假潮”仅有的两大成果。让我感到有几分意外的是老大们的胸怀，作为当时最不识时务的革命党，我和谢飞日后居然没有像某同事所预言的那样遭到“清算”，并且还能“身心”健全地混到了今天。

此事让我顺带想起的是，我当年的“党羽”谢飞现在供职于某投行，其间在《财富》杂志中转了几年。我还清晰地记得，2002年底，分管编委金城把刚毕业不久的他从郑州某小报“捞”到21，他提着蛇皮袋装的铺盖卷投奔深圳新闻大厦而来时的样子，因为外边下着雨，显得尤其落魄——类似场景是后来好几个投奔21而来的记者们职场起步的写照，相似经历的还有写地产和汽车的、现在已经独自创业的张文强，他从内蒙辗转海南，最后到深圳找工作，一度在公园的长椅上睡了好几宿。我一直有些纳闷，谢飞平日是个老实人，可以用“温顺”来形容，但是揭竿而起的事一点都不含糊。这又应了刘总N年前到深圳说过的那句话：金城找的人，一看都像干记者的。想想还有些道理，这几年在南方新闻中心干的人，大都能吃苦、内心简单、没啥城府，不爱搞事，但是骨子里都离不开那点愤青（愤中）劲儿。这些人里有已经离开的蔡一飞、冉孟顺……还在岗位上的朱益民、简俊东、曹元、钟良、梁钟荣、王志灵……

还有一件年轻时干下的缺心少肺的事儿。大约是2005年某日，我到广西南宁出差作一个调查报道，其间与在深圳的同事周斌合作采写了一则某上市公司的新闻。返深前一天晚上熬夜写完稿子发与周斌负责最后统稿，次日傍晚做完当地采访即直奔机场。到达南宁机场候机厅的时候，接到周斌电话说，稿子被提前泄露了风声，该公司PR到报社斡旋，企图用广告置换，稿子给毙了。我当即很愤怒，不加思量地立刻拨通了刘总的电话，颇有些不恭地“谴责”他何以容忍广告部干涉采编事务；更过分的是，我还同时“煽动”周斌也给刘总打电话，抗议采编的退让……一通泄愤之后，我登上由南宁返深圳的飞机。在飞机上，一瓶冰镇矿泉水让我终于恢复了理智，这么一个小稿不值得大动干戈，再说刘总都还不一定知道此事。果然，飞机落地，手机开机收到了周斌的短信：稿子发了！我当即觉得真没脸见人了！在回市区的路上措了半天的辞给刘总发了一短信道歉，说什么忘了。但是几分钟后收到的回复我永远都不会忘记，短信上只有几个字：向你道歉！

我觉得自己一直都有政治幼稚病，病入膏肓，所以自己就放弃了治疗。我的直接上司金城也曾经调侃我说，我时常有一副“安能摧眉折腰事权贵”的得瑟劲，换别的地方，我的职业生涯早就寿终正寝了。之所以能在21活到今天，和这里宽松的环境有很大关系，比如说，报社的行政序列虽然越来越膨胀了，但是记者们都不太把“官”当一回事；比如说，报社创刊以来就强调经营和采编分离，虽然后来屡有经营部门“捞过界”

的事情发生，但是在骨子里大家是鄙视此类事情的；再比如，我发现，在报社内部溜须拍马很难混到啥好处，关键时刻还得让业务说话……诸如此类的闲散文化构成一种精神气质，这种气质时常像一柱青烟，似有若无，弥足珍贵。

作为一个“老人”，还有一些好玩儿的事我不得不提。

2005年元月，报社要在三亚开全体年会，行政部提前通知说各新闻中心要准备节目。大家每天都忙着写稿子，整点啥呢？某日，我对周斌说，你拉个小品剧本框架出来吧，他欣然接受。福建人周斌，笔名邹愚，小个子，但是脑子尤其好使，我的母亲至今还记得周斌有次到我家蹭饭吃时说的名言，原意大概是：上帝总是公平的，要么给人一副好皮囊，要么给一个好脑瓜子。2004年底的某个周末，我率新闻中心记者们到海边爬山，去的路上，周斌从口袋里掏出两张皱巴巴的打印纸，这就是后来在三亚上演的轰动一时的《大话西游》脚本雏形。2004年底，正逢《第一财经日报》创刊上市，与21和《经济观察报》形成财经纸媒的三足鼎立之势。当时21还在做一周两报，在新闻时效上显得略逊一筹，报社上下如临大敌。《大话西游》由此而生，故事梗概是：唐僧师徒四人西天取经后，徒弟三人分别到天庭三大财经报纸当了记者，某日天庭上市公司蟠桃园出了黑幕，媒体争相报道，王母娘娘特派唐僧来公关三个小徒……这里边最经典的包袱是关于孙悟空、八戒、沙僧对三家报纸的描述：《第二财经日报》的八戒首先冲上来说：“我们快！”这时场外飘来一女声话外音：“快，就一定爽吗？”接着是《经济思考报》的沙僧冲上来说“我们大”，这时场外再次飘来女声话外音：“仅有大，是不够的！”最后《22世纪经济报道》孙悟空登场说：“我们又大又硬！”此时，场下基本都已经笑倒了一大片。这个包袱言简意赅地概括了三家媒体的特点：21和经观创刊头几年，文章都以块头大而著称，不同的是，21一向强调“硬新闻，硬道理”，而经观则相对绵软；一财一上来就冲口报，快则快矣，品质却乏善可陈。

《大话西游》前后一周多时间的排练和演出对新闻中心而言，是一段愉快的记忆。在这个过程中，新闻中心全体记者都贡献了不少智慧，诗人贾玉宝提出艺术来源于生活，但是又不等于生活，因而建议把三大报纸名字虚化，比如《经济观察报》应改为《经济思考报》；同样脑子好使的江南才子陈善哲，他男扮女装出演观音，代表天庭党委宣传部最后镇压了最有新闻理想的孙悟空后，对唐僧说的那台词：“死相，连个猴子都搞不定，还想搞女人！”完全是即兴发挥……

《大话西游》在次年报社的新年联欢会上又上演了续集《大话西游之馒头血案》，影射的是当年发生的代工巨头富士康“劳工门”事件中第一财经与富士康公司之间上演的一出索赔三千万的闹剧。这事我和当时南方新闻中心记者徐志强是亲历者，只是媒体圈里只知道当时《第一财经日报》因富士康索赔三千万而暴得大名，却不知道其实本报因头版刊登了《富士康“劳工门”调查》也同时被要求索赔三千万。我还记得，被诉消息传来，本报法务部给我打来电话说，就我和徐志强操作的稿件已与报社领导作过沟通，认为稿件调查细致，写作严谨，报社有信心应诉，并同时宽慰我们说，此事属“工作行为”，报社会全面负责应诉事宜，让我们不必忧心。但是此后发生的一系列事情，有些匪夷所思。富士康很快通过法院冻结了一财相关记者和编辑的财产（同样被诉，却没冻结我们的，柿子找软的捏?），那天下午，同在深圳新闻大厦办公的一财女记者王某来到了我们办公室，表情沮丧，并请求有无证据可以交换。我当即搜索了一财的相关报道，说实话，写作和调查都极为随意，缺乏新闻的专业性，直觉上就能判断肯定要败诉。说到这，我不得不夸夸我的同事除志强，为了采写《富》一文，他乔装进了富士康，收集了很多一手的素材，甚至于拿到了好几个劳工的工资条，而这些是一财所没有的，该女记者甚至于连富士康公开的新闻解释会都没有去参加！但是充满戏剧感的是，经媒体的声援，一财的相关记者和编辑因此案迅速被公众描绘成为了捍卫新闻正义的斗士，而刚创刊一年多、还未站隐脚跟的一财也借机进行品牌扩张。令我感到唏嘘的是，就在女记者王某来到我们办公室请求证据援助的当天晚上，一名原来在21干过的记者，后转到一财的老同事还在MSN上谴责一财内部高层对记者被诉一事的冷漠，称其报社法务部认为此事属“个人行为”。后来的事情就更是不堪，一财与富士康各自发表声明向对方致意，从而平息了这场闹剧，其间，富对本报的诉讼，也不知道什么时候悄悄撤诉了。

当年与我一起，被诉索赔三千万的记者徐志强，是个憨厚本分的小伙子，现在已离开本报，并退隐媒体江湖，去山西干公务员去了。他在南方新闻中心干记者期间曾大病一场，住院治疗后，因为激素的原因，从一英俊小生瞬间膨胀了好几圈。他病愈后可能一直都想过一种更为安稳和平淡的生活，而不是像记者这行当，终日焦虑、奔波，在文字里冲冲杀杀……

当我断断续续写完以上毫无逻辑的流水账时，儿子成果已在我的电脑边上熟睡。作为一名财经记者，我已经在21的十年中从一个懵懂的媒体新人成长为老人；而作为一名母亲，我还是初学者。如果说，21的从业生涯让我保有一份内心的快乐和自信的话，儿子的到来带给我的则是淡定和从容。

谨以此文献给已经十岁的少年《21世纪经济报道》，和即将满5个月的儿子成果。

21的4年流水账：那些闪亮的日子

姚峰、黄磊、徐志强、王万军……昔日的众多同事虽然一一走出去，但在许多采访的场合或是出差的城市，都会诧异地遇到他们，我认识的，或是我不认识的。

这些曾经在21待过的牛人们，喜欢与现在的21人把酒言欢，然后追忆他们于21的风云岁月，那些灿烂的日子，有感慨、有欢笑、有泪水，有对在21那些年的感激：因为青春期的美好岁月给了这里，人生中最盛的锋芒放在了此处，无论是大学进入到社会的第一课或是向上顽强生长的力量也多在这里学会，甚至有的同事的人生大事或是宝宝出生都在21完成。

仔细地想想，21真是一个奇妙的地方，缺点可以数出一箩筐：譬如虽然牛人辈出，但也文人相轻、自由散漫、闹过罢工……不过，很少有出去的同事不会记挂着她的好，骂着21、调侃着21，但会深深爱她。

来21即将4年，说长不长，说短不短，但我喜欢在这儿的气息，当然也会骂着她的不好，但是我可以说，无论未来我是否还在21，抑或是年老后我回忆起在21的这段日子，我都会和那些走出去的昔日同事一样，感激和喜欢她。

我喜欢21的理由是：有朝气、自由平等、不折腾勿宁死的新闻追求（虽然感觉在此新闻时局下有所后退）、如家人一般相互鼓励的同事和如兄长一般照顾的上级；在这里，回首来路，可以触摸到自己每一个细向成长的轨迹。

2007年6月12日，我至今还记得这个时间是我第一天来《21世纪经济报道》面试的日子。

6月11日，在原单位办完了离职手续，没有通知任何一个家里人，下午6时多就义无反顾地踏上了去广州的火车，那时感觉像是对一场梦想的远征。因为21是我大学和研究生阶段经常看的报纸，因为我进21前的新闻启蒙老师——罗文胜的影响，进入21成为我的梦想。

6月12日清晨10时左右，在深圳党校图书馆里，金城老师对我进行了第一次面试，直入主题问我："为什么想进21?"哈，在那个时点的两年之前，当捧着《十字路口的深圳》时，我没能想到两年之后会与“深圳网络三剑客之一”的他有这样一场对话。

中午时分，在新闻大厦31楼里接受了慧姐（我们深办同事对丘慧慧老师一致的昵称）的面试，后来才知道她黄色的起亚千里马座驾和她对华为长年的深度观照一样，成为业内辨识的共同标签。而那一天，记忆很深的是，深办行政部的李巧飞挺着一个大肚子在忙碌，而那时距离孩子出生不到一个月。

随后的事情顺理成章，13日我到广州总部，接受冯启若老师、王玉德老师，以及当时还是编辑的詹玲师姐的面试。那天，第一次坐上了刚配置到广深铁路上的“和谐号”，也被要求递交每一个合格进21的成员所必需的“投名状”——回到广西折腾个天翻地覆再回来。

我在21新闻之路的第一页就是从折腾家乡开始的。从斯道拉恩索和金光广西种植桉树林事件，到广西有色金属集团组建内幕、柳州电器厂“地祸”，再到北部湾经济区落地等等，每一个均是独家、第一个。

也在那时，不断地写作，不断地与编辑沟通，更多的内幕和黑幕的发掘，让我明白了21的新闻取向、价值判断和社会公义的承担，那是一段酣畅淋漓的日子。

随手拈来在21这将近4年的记忆碎片，许多值得珍惜的采访瞬间、事件可以如潮水般涌来。

2007年8月，站于湖南凤凰桥塌现场，面对现场忙碌的机器和巨石底下已然逝去的近百余条生命，感受到社会的不公、层层遮掩的阴暗面和举力最终无奈的责任——文章最后被封杀。

2008年10月和2010年9月，先后拜会新加坡资政李光耀和总理李显龙，思考中国改革开放三十年进退得失，威权政治和民众自由、科技立国的取舍关系，新加坡模式不一定是中国的未来。2009年7月，对香港中联石化黑幕的报道，引发该公司的人身威胁，正是由于李银、徐万国的协助，特别是李银彻夜帮我写反驳函购，才使得我渡过难关。

2010年5月，南海本田工人罢工，通过QQ群与众多工人时时在线交流，触动于网络所带来的力量，不仅将工人罢工推向争取合法权益，并引入各方力量推动中国工人集体谈判权的确立。

2010年6月，自费东上江苏，拜访数家光伏企业，沉淀下众多人脉积累，使得我以第一家平面媒体的身份，采访到了“中国光伏之父”杨怀进。

近4年写作下来，累积起来，竟也有400余篇，数十万字的规模，为内心增添一把小小的虚荣心柴火。更是庆幸，400余篇之中，亦有三五十篇自认为的佳作，总算不浪费贵报的优越平台。同时，身为产经版记者，5%左右的文章却是去写一些时事政经新闻，纯属兴趣，真多亏了王玉德、符定伟、徐万国、汪生科等诸位老师先后的宽容。时光飞流如今，曾经的战友徐炜旋转战编辑岗位，更觉得需要借此便利，多多为18版码字，以多骗取贵报稿费。

不得不说的是深办的工作氛围。自由和睦如一家人的气氛，让我常喜欢每天坐着近一个小时的公交车从深圳关外到关内上班。在这里，金城老师如兄长一般，幽默而博学；慧姐直爽而大方，像是这个家庭的保姆，我买房的资金缺口还曾有赖于她的火线驰援；罗文胜老师历史学极好，高层公关能力令人惊叹。

身为中国辞赋学会会长的宝哥（贾玉宝）升格为父亲了，但有时会穿着汉服吞云吐雾；王志灵当官成组长了，但“劳模”（老磨）的帽子一直戴着；钟良看似老实但事实上是大智若愚，卢先兵倒汽车入位居然花了十分钟，雷李平买股票一直守着那只破“獐子岛”，张晓玲衣服绝对一个星期不重样，简少的样子和四年前不变，老朱和曹元还是那么怕老婆……

对了，还有深办经常的中午聚餐活动。办公室里支起锅炉，面条、各种菜式一应俱全，偶尔还煮玉米、红薯什么的打打牙祭，李巧飞的香辣鸡爪美味差不多可名震整个新闻大厦了。

古语说，人过三十，可以中年而立。三十已过，或许是平台使然，依有做新闻的激情，如同于4年前，期冀未来4年的突破较之前更高。

末了，两点期望：今年工资涨10%，以后每年是否可以结合物价涨幅，更加给力；培训方面仍有缺陷，接受各行业资深人士授课的机会太少，而职业外培训的支持经费报社能否恢复？

我想和我的青春谈谈

真想把我在21能记住的，都写下来：21的人、21的事、21的语言、21的心情。可是七年时间太长，记忆太多，若都捡起来则存不下，丢掉又舍不得，只能把被时间分解得支离破碎的小片段重新拼接，我用青春发誓，这些故事绝对是本人或亲历或见证过的21好玩旧事。

六年前，正值《21世纪经济报道》2004年的骚乱时期，在西祠上看到贵报招新兵的英雄帖，小心翼翼地发了简历，居然接到仰慕已久的金城老师的电话，说可以面谈试用。

“五一”过后，我和另一位小伙同时站在深圳新闻大厦3106室，金城说：“我们上周已经录用一个了，现在只缺一个编辑。”

我看了看面善诚恳的金城，顿生一计：“金主任不好意思，您电话说要我来试用的，所以就把广州的工作辞掉了。”

金城愕然：“啊！这样啊，那你来见习吧。”就这样我顺利地办了21的入职手续，之后才安然地回广州写辞职信。

此次忽悠告胜，虽然对金城老师的愧疚之心至今未解，但为了理想我原谅了自己！那时候我坚信，这就是21的信仰，因为我曾不择手段！

五年前，深圳新闻中心办公室向全体员工提供了迄今为止最体贴的福利——一张折叠床！这大大激励了同事们熬夜写稿的热情。当时多数同事还没有笔记本，逢周二、周四（当年是周三、周五上午交稿）皆泡办公室，于是铺位紧张成常态。

某周四的深夜，大家照惯例一起打了会牌、宵夜吃鸡煲后回到办公室，准备夜战。我琢磨着周斌老师要写两条稿，中途必定要抢床休息，于是早早地在12点前完成稿件开头后就占领折叠床，周老师忙于码字，无心恋战。

直到凌晨不知道几点活活把我叫醒，“写稿那么慢，别拖稿，早点起来干活。”可怜我刚翻身脚踩地，周老师一骨碌上去，把整个小折叠床占得一点空隙都没有。

我不得已回到电脑桌旁继续作业。周老见我坐定进入清醒状态，遂放心起来上洗手间，回到办公室，折叠床上却直直地躺着陈善哲。

“善哲你这个fai淫（坏人），睡着沙发，心里还盯着我的床！”周老师愤然，最终只能悻悻地窝到沙发里睡去。

此后，这张留有深圳新闻中心所有记者体味的折叠床，在贾玉宝和王小明两位超大体量者的重压下崩塌解体。那时候我坚信，这就是21的激情，因为我们曾彻夜焦灼！

四年前，深圳新闻中心的兄弟姐妹们一起秋游，在荒芜的大亚湾畔，一个叫东冲的地方，我生平第一次海底潜水。

下水前，大家漂在自己的船上跟随着自己的教练学习潜水要领。当时一瘦小实习美眉提出一担忧问题：“我这么轻，怎么沉得下去哦。”教练安慰说：“不用担心，加上配重系统就能沉。”

此话似乎提醒了体重超过80公斤的贾玉宝老师，人家小妹妹加上配重系统也还不到这个重量，那他不用配重系统应该就能自然沉了。

于是扑通一声，只见贾老师一头扎进深海里，两秒钟后迅速被海水浮力弹出。背着装备漂在水里直呼教练。

半个多小时后，我从深海里溜一圈回来，发现所有人都已经趴在船上，只有贾老师依然挣扎在海水面上，其教练不厌其烦地拉着他往水下游，而贾老师却坚决只往上浮。原来半个多小时，他还一直没能战胜水浮力潜下去。

看着教练和贾老师在大海里如此纠缠，船上围观者不禁捧腹。“这么重的人，怎么就是沉不下去呢？”后其教练也一直对此很费解！

那时候我坚信，这就是21的快乐，因为我们曾肆无忌惮地相互嘲笑。

两年前，本报产经组广东所有同事与某企业联谊，远赴清远进行户外拓展。烈日下，所有人围成一圈做拓展前预备游戏。规则就是一个人对着自己任意一旁的人说“我爱你”，旁边此人要立即对其另一侧的人转头说“你不要脸”。然后再转侧说“我爱你”，以此下传，出差错者罚。

规则宣完后，队伍中的林晨立即举手要求换位。教练很诧异，其余人大笑。

此时，林晨的左边是笑盈盈的郑清，其旁边还站着她老公；林晨右边是羞答答的王玉德新婚太太，王玉德亦护航在侧。处在两位领导及领导家属夹缝中的林晨哀呼：“教练，你这是要砸我的饭碗啊！”

反应神速的教练鬼魅一笑说：“行，活动就从你开头，向右开始！”随着一声号令，林晨长吸一口气，对着王玉德太太大喊：“我-爱-你！”

那时候我坚信，这就是21的勇气，因为我们总是超越等级权贵。

一年前，成都！这是深圳众多兄弟无限向往的地方，传说大街上美女如云，酒吧里夜夜笙歌，几位初来乍到的小兄弟在踏进这个城市前的N天就已经心潮沸腾了。

当晚深夜，成都同事亚玲为尽地主之谊，邀集几个好玩姐妹一起去号称“最好玩的酒吧”单行道，据称在此地，可以卸下任何身心负荷，进入完全放任自由状态，彻底释放自己。总之，看上了帅哥，尽管使招放饵！

我们姐几个碰巧皆孤陋寡闻之辈，对亚玲同学描绘的酒吧甚是好奇并向往，跟着她涌进那间灯光昏暗、暧昧悱恻的地方。几杯酒下肚，我们开始藉着摇曳的光线搜寻猎物，发现里面异性虽多，但少有对视我们的，难道我们一行美女不够抢眼球？一大胆妹妹提议众姐妹分别向各方异性聚集点绕场搜寻，各自开战！

五分钟后，姐妹们先后回到吧台前，皆一脸败落，交流原因异口同声：“那些男人都是我们21的自己人！”

那时候我坚信，这就是21的缘分，因为我们志同道合，无处不相逢！

一个月前，我泰然地度过了三十大寿，拽着青春的尾巴，回光返照似的忘记一路的遗憾和忧伤，守住21的美好，谢谢你，给了我一个挥霍青春的地方。

（在此，我的故事省略500字，因为三年前的故事我想讲的料太猛，强烈欲知详情者可找我私下讲述。）

煎熬出动人时刻

2004年接近尾声的时候，我遇到了21。

重庆记者站当时在江北，借了本地一家足球俱乐部的房间做办公室。报到时那个冬日早晨，很冷。安在室外的空调坏掉了，站长徐恺走出去朝它咣咣两脚，身后的行政熊丹指着它骂："贱相。"空调居然就好了。

这就是21给我的第一个记忆。

一晃6年就过去了。

煎熬

进入21之前，我和媒体相隔遥远。我在一家央企从事法律工作，日子安稳得让人心惊。终于选择了离开。

2009年最后几个月，我一次次奔跑于法院，听那些扫黑的庭审的案件，我只记得自己是记者，几乎忘记了曾经也是个法律界人士。

而最初的日子，没有受过新闻训练，财经知识也少得可怜，初次看到政经版框架及选题范围的文件，那些宏大理念，遥远又陌生。徐恺说不着急，然后他借给我一堆经济书要求我看。

在21操作第一个选题，是一个关于林权流转的调查稿。当时重庆出现好几家向市民兜售区县林权的公司。公司宣传说，"你走路的时候，它们在长，你睡觉的时候它们也在长，长的都是钱。"而实际上重庆是国家"天保区"，那些树木一根都不允许被砍伐。

我暗访了公司，还跑去了乡下，熬了一夜完稿，忐忑地传给当时的政经编辑张安定。意外的是，他给我回复了长长的一封信。在信里他除了分析如何修改，还详尽叙述政经新闻的定义——如何透过具体事件，找到背后的制度逻辑。这是我从事政经报道最初的启蒙。

每一个21的记者，大多揣着见习期的痛苦回忆。徐恺就说，他见习的时候，几个月都住办公室，看书、熬夜、写稿。现在回想，见习期其实是对个体观念与价值体系的重新整顿和磨砺，从而进入到与21一致的话语体系。

这个过程既煎熬又残酷。在压力很大的时候，编辑李磊不止一次鼓励我要坚持。他说："来这里的人都是怀着理想的。"听得我既感动又惭愧。

2006年夏天，重庆涪陵区搞了一个干部观察员制度，即在群众中秘密挑选观察员，暗中监督官员，向纪委定时汇报。这个稿件，发在了头版。这一年夏天的末尾，我接到徐恺的电话，说我转正了。我在电话那端禁不住流下了眼泪。

张安定和李磊都先后离开21。我一直记得他们，虽然我们从未谋面。

那些稿件

2007年，符定伟老师主持政经时，推出"世相"栏目。我写了一篇重庆人和镇村民在拆迁中，为获得多一套住房，而出现的离奇离婚再婚现象。

按照政策规定，被征地的农民，离婚分户后，可多一套住房。如果再婚，而配偶无房，还可低价征购得住房。全村都开始了离婚，再找人结婚的游戏。甚至90多岁的老人也参与其中。

我采访的那户人，7个人，除了小孩，6人全部离婚，然后再婚。他们说，人和街，两个人擦肩而过，也许都认不出，两人曾是夫妻。

现行征地制度下，农民所得补偿过低，而不得不与政策博弈。在这个基调之下，我写了《他们结婚，他们离婚》，那是第一篇让我听到很多赞扬的稿件。

一个记者的成长，其实是在一篇一篇稿件操作中完成的，在采写过程中，对社会、制度的认识不断深入。

2008年，重庆发生家乐福踩踏事件。这是一起物价上涨引起的悲剧。这些事件背后，有贫富的悬殊，收入分配体系不公的社会背景。

死亡人数最多的那个社区，是个下岗工集聚区。一个受访者，被踩得全身浮肿，被救出后，第一个想法就是要去上班，否则要被扣钱。保安对她说，你上不了了。在医院看到她，她捂着脸哭，生活真艰难呵。

我常常想起这心酸的一幕。也能理解为何民生问题，这样受到关注。

2009年重庆打黑，新闻选题波浪一样翻卷而来，也带来很多感慨。

黎强过去因为社会客运车改革，我采访过他。他颇有微辞，拿过我的笔记本写："明年此时，再来谈改革结果。"结果第二年，他因涉黑站在法庭上成了被告。

在法庭幸运地遇到一些人，有律师，他们有的帮我分析案件的关键点，有的后来还帮我拿到旁听证。岳村案时，一个找我借判决书看的神秘男子，竟是岳村在公安任职时期的上级。在李庄案庭审的间隙，两个西南政法大学的老师拉我去法院食堂，在那里，我听到法官们在激烈地讨论这个“历史案件”。印象很深的是，高院一位法官还问两位老师，是否看到了法院的良苦用心？

这些经历，给我提供了不同的视角。后来我看到西政做了一篇扫黑案件媒体分析的课题，其中提到21，说报道“客观，准确，文笔老练，一针见血”。

动人时刻

政经编辑丰鸿平有一天跟我说，地方的记者都很羡慕重庆，有两个明星官员，新闻多。

其实在前四五年，这个城市还鲜有人知道这份报纸。出去采访，对方听到《21世纪经济报道》，总会很怀疑地说，你们是报纸还是电台？重庆站一直有个集体性困惑，在21看来，只有北京、上海才能代表整个中国吗？那时的答案显然是，是的。

后来范利祥主编区域版时，为改变这种政经版面上西部弱势状况提供了很大空间。同时，形势也在发生变化。

在十年直辖之后，重庆开始发力，谋求自身的最大发展。同时期，统筹城乡发展也成为中国可持续发展面临的重要问题。但作为一个农业人口有2000多万的直辖市，它面临诸多困难。这使得政府不得不采取一些非常手段来推动经济。之后发生的各类激荡的事件，都反映了这个直辖市的雄心与现实之间的冲突。

这些冲突，其实都凸显了破解中国二元结构的艰巨。重庆仍然不代表中国的主流，但它是一个典型的区域样本。

同时，重庆有明星官员，这是每一个政经记者的幸运。我们接触最多的是黄奇帆，他是具体的操盘手，擅长经济，又富有个性。他鼓励地方官员积极改革时说：“当今天下，需要有识之士运筹于帷幄。”

在接受我们专访时，他滔滔不绝，几乎不让我们有插话的机会。临了，他说，今天我这个经济学家给你们上了一课。非常的骄傲和有底气。

黄奇帆任市长之后，面临更繁重的工作。在最近重庆大学的一次演讲中，他让老师们要意识到，“世界经济多么活跃，现实多么痛苦”。

这都是职业有趣的地方。总之，21提供了一个平台，让我们得以投身其中，去观察和感悟这个世界，学会独立思考。同时，也得以窥探，那些隐藏在大刀阔斧的政策背后的深远智慧和艰难抉择。

同时，21的优秀同仁也让我喜欢。版块主任汪生科外冷内热，强大的宏观视野和细致的执行让我时时有猛然领悟之感。张凤安传道授业，我受教良多，在他指导下所写的重庆八大集团，现在仍然在重庆国资系统受到推崇。杨磊则是文本天才，今年去采访云南大旱时，他在MSN对我说："要发挥文字的力量"。

这些于我，都是21的动人时刻。

感谢这些，点点滴滴传递的光芒。感谢这曾经让我旋转不息的6年。

新闻班往事

"那些与生俱来的光荣与梦想，总有一刻会全部到来。"广州大道中289号1701会议室，那个绿色标语式的"易拉宝"在五年后的今天依然如新，那里曾经是一个大讲堂，有28个来自广外和中大的年轻人每周四下午会聚首于此，面朝北方，聆听教诲，突围传统新闻教育条条框框，接受21的血统传承。

名曰"21世纪财经新闻班"，毕业则颁发由"21世纪财经新闻学院"及院长沈颢签发的红色毕业证书，这个未在教育部门备案的"学院"，留存着我们这批人在21世纪报系的另一段值得回忆的青春印迹，我想这也是报社在人才培训探索中值得大书一笔的一种尝试。

一

2005年5月的某天，广外三教二楼，记忆中有沈颢、刘冬、王云帆、李建兴、覃凯在组织面试（当然那时我并不知道他们谁是谁），轮到我已是中午，众人略显困顿，推门进去时，趴着小睡的沈总还是坐了起来。

主面试我的是冬哥，第一个问题是看过《21世纪经济报道》吗？确实看过，但仅局限于面试前的几期，惭愧在此之前未曾听闻。接着问那你印象中最深的是哪一篇报道？还好真的看过，我说了欧盟将对中国纺织业采取"特保"那篇，并谈了自己的一些想法，当时留给我的任务就是写"特保"对广东纺织业冲击的稿子。

今天，我特意把我当时写的《内压外逼：广东纺织业正经受严峻考验》及一篇专访稿找了出来，以自己身为编辑的审判尺度，觉得改个标题并删短一些勉强还是可以上版的。当时我在交这份作业的同时按报纸所留邮箱抄送给时任产经版主任王玉德，但他连个回复都没有，这也是我与产经版第一次发生联系吧。

经过一段时间的等待，我和新闻学院的陈树哲、张孜异、姚冬娜、白杰、边佳宁、邵慧华、罗丹，西语学院的王洁、王晓明、罗嘉颖、李薇羽、周琰、陈文静、赵慧、柳卓君、胡雅南，东语学院的徐媛及法学院的黄奎华被录取。

当时报社本要求我们签一个附带三年劳动合同的协议，但由于不能保证毕业时全部录用，我们认为权利与义务不对等，拒绝签署，但这并不影响接下来几年与报社的培训与工作关系。

二

新闻班于2005年9月开始上课，李建兴出任新闻班班主任，我们都叫他李老师，“他每天像勤劳的蜜蜂一样来回奔忙于十七楼和十八楼之间。”在覃凯看来，他在三个巢间穿梭，成为了园丁和那些花儿的沟通桥梁。

除学校开的经济学第二学位课程外，我们每周四下午会集体乘坐522路公交车到报社接受培训，那应该是报社内部培训最风生水起的一段时间。

我们要感谢那个分享的时代，各位老师精心准备，每节课的录音整理下来都有几万字之巨，分到整理时任编委冯启若老师讲课录音的同学最为艰辛，据说有3万多字，因为两个小时下来，他属于气都不喘的那一类。再加上后期的作业批改，500块钱的讲课费对于这些前辈来说，可谓浮云。

刘晖、袁卫东讲媒体价值；冯启若、王云帆讲经济大势；马腾、李艳霞讲行业观察；陈晨星、祝乃娟讲选题；郑小伶、刘亚枫讲采访；刘冬、王玉德讲写作……正如冯启若老师所言，新闻学院是在传承《21世纪经济报道》的血统，大腕云集，面面俱到的“讲师授课”纵横捭阖，启人之思。

至今我还保留着老师们当时给我批改的培训作业，看着那些“A”的评级及肯定的评语依然会为自己曾经的认真而欣慰不已，业务能力的形成也得益于那时系统全面的培训，而这些都是学校无法提供的，应该也是21世纪财经新闻班创办的初衷和目的吧。

三

“拿了几页纸，在干一些大事。”祝乃娟老师描述新人们跟着带教老师在十七、十八楼穿梭忙碌跟着做版，她说像极了“向上生长的力量”。

我师从王玉德，也跟着做了很久的版，那会儿真的觉得自己的的确确是在干大事，会为帮版面编辑发现一个错别字让他少扣点钱而兴奋不已，而对产业公司版的选题取向和写作方式也是在这段时间慢慢熟知。

实习后期又师从朱宗文老师，带我做了不少调查报道。借此也披露一件糗事，当时和他一起去佛山出差，他让我一个人夜宿佛山，因为感觉借宿同学那儿不是很方便，有

点不太情愿，但抱怨的短信却不小心发错到了朱老师手机上了，当时羞愧难当。他在旁边只是淡淡地说了一句："不想留那我们就一起回去吧。"

而其他同学在报社的安排下，也到深圳、上海、北京等地实习，都同样有一对一的带教老师，这是当时报社很流行的"师徒"制带教模式，为未来职业生涯建基立础。

2006年年底，第一届财经新闻班毕业，很荣幸领到沈总颁发的一等2000元奖学金，那个赤色的信封我到现在也还保留着，在那时可比现在领到1万块钱还高兴，可惜当时没有让我发表获奖感言，不然我也得感谢国家了。

四

新闻班18位同学有着深厚的感情，因为我们有着同样的奋斗经历，最终我们有8位同学留在了报社，而其他同学也都找到了令人羡慕的工作。不夸张地说，这些同学大部分都是当时学校同年级最为优秀的。

2007年8月，我们与集团统招的另8位同事汇合，成为2007年报社新人，在广州一起又经历两个月的入职培训。

我们一起卖报纸，初尝经营的艰辛；我们一起偷懒跑去打牌，16个人整好4摊牌局；我们因为要分离而跑去清远买醉，留下当年小正太加小清新靓照无数……

青春无敌，我们还一起拍DV，片名就叫《十年》，小组名叫"牛人800块"，因为那时报社给我们发的基本工资就只有800块钱，但我们不绝望，我们把希望留在了影像里，演绎简单而令人感动的理想……

最终我们如种子散落于天涯，王洁、黄玲雨、刘方远、兰凌伟、黎敏奇分到了上海；熊仁宇、王晓明、徐丹、李薇羽、陈晓平、陆振华、张锐睿和我去了北京；张孜异只身一人回了重庆；罗嘉颖、陈树哲、姚冬娜留在了广州。

2007年9月30日，我们经历一夜通宵K歌后先送上海的同学离开，黄玲雨跛着脚被搀扶着上车，曾记否依依惜别泪洒月台……10月1日，我和熊仁宇、张锐睿也从广州东站出发前往北京……而新闻班的往事也告一段落，新的征程属于另一个新的故事。

在21，我抓住了青春激情飞扬的尾翼

很久很久以前，我曾经供职于一家全国知名券商，但却在6000点那轮巅峰牛市爆发前夜——中国股改轰轰烈烈大规模推进的历史转折关头，误打误撞地混入了《21世纪经济报道》的革命队伍。

许多人对我的转行深表不解，依然留守在证券行业的弟兄们嘲笑我是个不坚定的投机分子——在革命胜利前当了逃兵，而21内部的人则认为我在那边捞够了，是个非常有钱的主儿。尤其是近两年出现了一个与鄙人完全同名同姓的大户，经常出现在上市公司前十大股东的行列，更有很多人把我当成了他。

于是，有段时间我特别痛恨那个非常有钱的家伙——朱益民，因为周边的弟兄们常常会以此为口实闹着让我请客。谎言重复千遍绝对是真理，时间久了，坏小子们三番五次地恭维竟然让鄙人飘飘然地以为自己真的很有钱，很多时候主动埋笔推杯换盏的小单，居然一点都不心疼。

其实，不论是过去还是现在，甚至是相当长一段时间的未来，鄙人都和许多人一样，实现财务自由一如实现共产主义般的崇高和远大，而到了21之后发现，由于当记者赚钱比以往更加艰难，距离彻底财务自由的远大目标不是更近而是日益遥远了。

尽管严峻的现实已经充分证明，从券商跳槽到21当记者是个彻头彻尾的赔本生意，可是我还是毅然坚守了四年有余，有时想起来自己都有点佩服自己。

漫漫转型之路

从穿金戴银的券商跳槽到清贫如洗的21，并不是个人的志向有多么远大，道德情操有多么高尚，而是为了结束一个人长期在外漂泊，为了和家人团聚，就这样从上海滩折回深圳河畔，投奔了21南方新闻中心，在时任资本财经组组长周斌的麾下做事，周斌后来当了更大领导——官升至21资本财经版编辑部主任，当然那是后话。

说实在的，当初之所以选择在21当记者：一是，觉得记者是个自由且高度富于挑战的职业，本人骨子里就反感平庸，对一成不变的程式化工作厌烦至极；二是，在券商工作期间就一直对21密切关注，现为资本财经版最高领导、当时还战斗在记者一线的刘冬，其推出的轰动全国、至今仍被视为经典的重磅报道——《券商遭遇猝死威胁　股市打假央行证监会铁血》很牛，让自己觉得21内部藏龙卧虎、高手如云，与这些人物一起做事一定非常刺激；三是，年轻时的我，虽无路见不平拔刀相助的实力和胆略，但内心深处却时常涌动着“铁肩担道义”的冲动，加盟21可以圆一下自己年轻时的梦。

如果哪个说鄙人到21就是为了混口饭吃，那我绝对不同意，因为这背后多少有些实现青春理想的成分，尽管当时不惑之年的我已不再年轻。

刚刚进入21的时候，报系发行人沈颢对21做新闻圣徒的定位着实令鄙人热血澎湃过一段时间。可是记者生涯真正开始后，才发现新闻圣徒不是那么好当的。

首先，欲做新闻圣徒要经得住诱惑，必须克服薪酬待遇相对券商、银行等高薪行业明显偏低的巨大心理落差，对外部的诱惑一定要淡定。可是，说句不恭的话，做新闻圣徒和修炼葵花宝典差不多，即使挥刀自宫也未必一定成功。

其次，新闻记者工作的挑战性远远超出了个人的预料。做记者不仅拼的是知识、智慧和经验，更多的时候是个并不轻松的体力活。对重大新闻选题必须第一时间要快速反应，编辑紧急抓差限时完成的稿件必须全速裸奔还要保质保量……同一帮80后的后生们同台竞技，我在反应敏捷方面根本占不到任何便宜。更为要命的是，新闻媒体的竞争异常残酷，不管你今天做了多么重大、多么有影响力的独家、深度报道，但到了第二天，短暂的满足和虚荣立刻被归零，必须天天站在新的起跑线上全力冲刺，否则很快就会被淘汰。

第三，21的总编刘洲伟要求财经报道记者能够做到专业和一流新闻文本双翼驱动，既要精通相关报道领域的行业专业知识、分析技巧，又要具备一流新闻文本写作功底。原以为在财经专业领域具有比较优势的我可以在21大展拳脚，却不料从一开始就面临着一流新闻文本写作的瓶颈。对来21前连什么是新闻都不知道的我来说，要成为一名合格的财经专业记者必须完成新闻素养训练提高的转型。

刚一入门就尽情享受了一番杀威棒。记得第一次给本版供稿感觉良好，可时任财经版主任的刘亚枫看了稿件后，在电话中冲口说的第一句话就是，“你的稿子不像新闻，是研究报告。”刘亚枫这个坏人的棒喝让我梦醒，当研究员和做记者完全是两码事，哥们儿你在21混差得远着呢。

就这样，先是自己写稿被编辑人人们反复修理，后来发奋读书，找了一堆新闻写作教程恶补，不管是国内的，还是国外的，通通拿来读一遍，努力学习、模仿高手们讲述新闻故事的各种技巧。几经折腾，还就真的学会了三招两式，在编辑那里顺利蒙混过关。随后的感觉是，自己特别像《功夫》电影中的周星驰，被人彻底打扁后任督二脉才彻底打通。

或许是刘亚枫手下留情，几番折磨只是勉强打通了我的新闻任督二脉，却并没有让我成为快意恩仇、无敌天下的真正高手。时至今日，发现自以为已经掌握的东西仍然只是个皮毛，就像青涩的一个小演员在舞台上的举手投足，那和明星大腕登台亮相的范儿是绝对没法比的。

过了这么多年，鄙人当记者最大的感受是，做新闻需要的不仅仅是热情、毅力，更需要灵性，这和著名影星大多具备天生丽质的禀赋差不多。

成长的烦恼

成长的烦恼原本是恰值青春期焦虑躁动年轻人的专利，不成想，对我这个已过不惑之年甚至可谓青春早已不再的绝对大叔级人物而言，居然还要为成长——个人职业生涯发展空间的拓展而烦恼。

“当我沉默着的时候，我觉得充实；我将开口，同时感到空虚。”

每当在回想既往所作所为到底有什么可圈可点之处时，脑子总会一片空白许久，此情此景和鲁迅《野草·题辞》描述的心境颇有些神似，而且这么多年来，此种感觉几乎是每天都如影随形。

不经意间发现，从加盟21之日算起，至今竟然快有五个春秋了。多年忙碌的总体感觉是疲于奔命。忙忙碌碌之中有痛苦，有欢乐，更多的是为了挖掘有价值的新闻选题而焦虑、抓狂。一言以蔽之痛并快乐着，同时坚信，这也必将成为自己未来的宿命。

做新闻记者最为痛苦的是，业内弟兄告知你一家上市公司业绩绝对造假，可是一番折腾下来，从公司改制到财务报表，从同业竞争对手到其销售收入前五大客户，该查的都查了，就是找不到人家造假的证据，最终只得无奈放弃。上市公司财务操纵造假手段之高超令人折服是一方面，但更让人心痛的是，往日自鸣得意的财务造假识别手段一夜间全部失灵，无法在江湖上混的悲哀陡然袭上心头，失望、痛苦自不用说，对自己无能的愤怒、忧虑更是一种难以言表的煎熬。

不过，开心的时候还是有的，那就是无意之中发现有价值的选题，特别是在几乎快要放弃之时突然取得重大突破，那是最快乐的时候。我的《瑞银敛财中石油》、《苏州恒久：天方夜谭式IPO》、《谁的莲花味精》等多个系列报道都是在这样的情势下得以出炉的。千万别骂我心理阴暗，其实新闻监督调查和正邪两大阵营对垒决战差不多，虽无刀光剑影、炮火硝烟，但无时无刻不是斗智斗勇，道高一尺魔高一丈，角力胜利的喜悦是不容指责的。

除了高兴的事情之外，还有不少令人感动的事情。如在一些重大新闻调查过程中，总能得到不少好心人的无私帮助，背后默默支持我的人有会计师、律师、保荐代表人、科学家、人民法官，这让我明白——坚守良知，不是我一个人在战斗，同时给我温暖和力量，支撑着我在新闻监督的道路上走得更远。

说到感动之处，还有一点不能不提，那就是21对新闻底线的坚守。2007年，我的《瑞银敛财中石油》系列报道顶着重重公关压力推出，事后得知本报因此损失了300万元的广告费，而总编刘洲伟对此事的公开评价是："这篇报道的价值值3000万。"需要说明的是，为了新闻良知不惜牺牲巨额广告投放商业利益的事情并不只此一例。经常有人告诉我，你的某某报道又令N万广告泡汤了。这在赤裸利益充斥新闻媒体的今天尤为令人感动，同时也是本人在21坚持奋斗至今的精神支柱。

在21的日子虽然很穷很囧，但是一想到自己的努力还能为这个社会变得更加美好作出一些贡献，尤其是追求新闻理想之举能够被21团队极大地宽容、褒奖便深感欣慰和狂喜，此种感觉和找回失去的青春差不多，绝对不是可以用金钱来衡量的。

尽管青春已经离我远去，但每天和那些80后、90后的后生们一起为新闻打拼，这让我重新找回青春的自信，可以毫不夸张地说，在21，我这个已过不惑之年的大叔牢牢抓住了青春激情飞扬的尾翼。

《21世纪经济报道》财经版记者 姚伟

二进山

2006年5月8日，推开《21世纪经济报道》重庆站的大门，迎接我的是一双温暖的手。

那双手的主人是一个聪明绝顶的“光头”，站在他面前的，是一个刚刚大学毕业的应届生。或许是出于光头之间的惺惺相惜，《21世纪经济报道》重庆站于是多了一名“光头”实习记者。

我是带着深深的敬畏走进《21世纪经济报道》的。大学期间，《21世纪经济报道》堪称本校的指定阅读报纸，我看着那些“高深莫测”的财经报道，一度觉得它可望而不可即。直到有一天，在重庆当地都市报“流水线般”生产三四篇新闻后，我偶然间看到了《21世纪经济报道》重庆记者站招聘实习生的广告，紧接着发生的是，那一天成了我在都市报工作的绝唱。

未曾想到，我的《21世纪经济报道》之路如此坎坷。受制于记者编制限制，我曾短暂告别《21世纪经济报道》八个月，一度陷于绝望之际，《21世纪经济报道》重庆站又在2007年5月再次抛出橄榄枝，而我再一次接受“招安”，成为了“21人”。

于是，四年多时间，一千多个日日夜夜，在编辑的催稿声中悄然流逝了。

回想当年那个“诚惶诚恐”的愣头青，我迄今仍忍俊不禁。初进报社时，我内心曾滋生出强烈的负罪感。曾几何时，我习惯了地方都市报“每天写三四篇稿件”的节奏，当时不禁扪心自问，在《21世纪经济报道》“三四天才写一篇稿件”算不算是虚度光阴？更严重的是，我的负罪感很快呈几何倍数的递增，因为整整一个月我居然还写不出来一篇稿件。

需要自首的是，我在《21世纪经济报道》上刊发的前几篇稿件，均存在不同程度的“抄袭”——当时为了让稿件顺利通过编辑审核，我把贵报上面一些行云流水的文章片断稍加改动，然后复制在我的稿件当中，以使稿件成为更符合《21世纪经济报道》要求的“华尔街日报体”。

在长达四个月的实习期间，最为窘迫之事莫过于囊中羞涩。不知道哪位领导高瞻远瞩地设立了“给实习记者发放稿费”这一制度，在此深表感谢。因为正是每篇稿子两三百微不足道的稿费，支撑着我苦苦熬过了漫长的实习期。

2007年12月1日，经历过一年多的漫长等待，我终于如愿以偿地成为了正式记者。

从此刻开始，我体会到了《21世纪经济报道》这一强势平台的优势，彼时我在地方都市报受尽了大腕级受访者的白眼，仅仅是换了一身马甲，大腕级受访者便“眼神当中流露出尊重”，热情地与我促膝而谈。更重要的是，在都市报期间，对于一些财经事件仅仅是蜻蜓点水的报道，但《21世纪经济报道》的专业性间接促使我在深挖新闻事件的同时，恶补着自己的财经知识。

当然，风光背后也有着不堪回首的另一面。

2008年，因为一篇报道激怒了辽宁某家上市公司，该公司一纸传票，让我平生第一次站上被告席；2010年，因在贵州某县无意间得罪了当地县委副书记，在人身安全得不到保证的情况下，我不得已于凌晨3点钟包车飞奔，仓惶逃离该县。

有时候，觉得《21世纪经济报道》的财经记者，堪称财经界的FBI，其人生经历充满着惊险刺激。而相对于同龄人，我的人生经历因记者身份而显得更加跌宕起伏，更加精彩斑斓，而这一切皆拜《21世纪经济报道》所赐。

致贵报：4年的暗痒将痒和痒

除了小学，4年是我呆在一个组织的时间的最上限。

贵报十周年要出本书，于是我贡献出这4年中我的暗痒将痒等各种痒，献给这个我停留如此之久的组织。

说实话，进入这个组织之初是很不会痒的。

2006年的尾巴上，贵报的上海社保案和汉芯报道都将完未完，声誉正隆。几乎没有什么犹豫，我续上了半年之前和贵报的未竟之缘，离开老东家一财投奔贵报。

贵报的游戏规则和它那些最著名的报道一样风格，说得书面一点，叫充满“丛林法则”，说得直白点，就是赤裸裸的“用稿子说话”。

这种简单直接的规则，对于新人而言简直是刺激到极致。

尤其是，你还共事着一群“刺激”的同事。

“这个稿子究竟有什么价值？”这是著名的汪生科老师的“汪氏终极追问”。这位彼时还在头版任职、永远西装革履一丝不苟到不像圈内人者，是我进入贵报之后的大力助推器之一。每次接到他派题的电话，我的肾上腺激素都会经历一段瞬间升高的曲线，放下电话就拎起行李直奔选题而去。

而部门领导左志坚的才华横溢，已近似“妖”。某次一起去见落马富豪刘根山的副手，他慵懒地落座在沙发，一直一言不发，良久突然口吐“烟圈”冒出一句，“你说吧，你们究竟有没有给官员行贿”，语惊四座，一扫此前缓慢的谈话进度，直接导入快车道。

副主编王云帆的著名，除了帅，还有强势。每次选题执行发生困难的时候，他会指点一条最直接的突破之路击退我的畏惧心理。当“你为什么不直接如此如此”的话从他嘴里说出，在那个狭长的办公室绕梁至走廊再传回来重重撞击我的耳膜的时候，我只好低头摆弄桌上一只四腿活动的瓷乌龟，默默点头并循着他指点的方向继续奋斗。

即便是心理强大如他，也有焦虑的时候。2008年5月某晚成都传闻有强烈余震，作为汶川地震报道的负责人，王帅哥在作出撤离宾馆的决定后，用最原始的方法，一遍一遍让我们这些散漫惯了的记者列队报数，直到数到第三遍，三十几号人无一落下，才宣布撤离。

有这些同事在，自然岁月如刀如白驹如苍狗般飞逝。不过在贵报待得久了就知道，宴席常常是要散的，这是一个常态，是一种需要自己挠挠的暗痒。

已经不记得吃过多少顿的散伙饭了，跳槽的同事们离开贵报之后的新工作个个有期权年薪很给力。他们这种奔向新生活的光明自然会成为留守者的痒，而且慢慢累积百挠不止。

这些跳槽同志往往会念旧地回来，跟大家把酒言欢，回忆在报社通宵写稿的过往，蹦出一句“我爱你们”。这种场合往往可以止住他们怀念青春的痒，但止不了其他。尤其是在看到新媒体的生猛和纸媒的灰暗前途时，这种痒就越来越盛。

比如那个投奔新媒体而去的杨磊。他任职头版的第一个封面和最后一个都是我写的。作为回报，他在《南方传媒研究》上，曾把我包装成了一个“温柔的恨嫁女人”，做过一次很不成功的兜售。

虽然在编完他在职的最后一个头版之后，杨磊一个人凌晨1点还默默坐在他那个最靠墙壁的格子间里，一言不发，抽着烟，但他还是喊着“有一种胜利叫撤退”的口号撤退鸟，留下阵阵浮云。

还有一种痒，借用一个时髦词，叫做“体制性”痒。在一个媒体干活，必须精力过剩，必须时刻关心与己无关的大事，必须在认清理想很难实现之后依然坦然继续，即使“宣宣”禁令在先，也要撞墙一试。

就像贵国一直在声称的那样，一旦进行体制改革，就是一个漫长渐进的过程，特征有二，第一是难，第二得摸着石头过河。由此带来的不确定性和改革代价，则是另一种痒，没有安全感的痒。

此处例子甚多。汶川地震时，要求撤回记者的通知在半个多月后到达，玉树是一周，到了舟曲就是一天。也就是说，留给记者的报道的时间飞速减少，连夜赶路和赶稿很可能换来一纸禁令。

若是仅此而已，则这种痒上溯到贵国的N代记者都一直在承受，既然前辈可以，我们也可以，没什么二话。只不过，现在的体制性痒不仅来自于外部，也来自于内部。

比如由于贵报即将可能发生但是还未发生的某个重要资本事件，与某监会直接相关或者间接相关的，或者与其不相关但和其管辖各金融机构相关的，也同样变成了一个类禁令的痒痒区。

把握这种痒和把握“宣宣”痒一样十分困难。在你不知道后果，只知道最严重的后果是什么的时候，往往最后会选择最安全的方式，那就是绕行，别去招惹那些痒，免得到时候不好挠。

这种绕行的解决痒的方式，历史上也可以借用一个词，叫做“短期利益和长期利益的关系”。解决体制问题的时候，往往需要用这个词，描绘一个伟大光明的未来，感召民众作出暂时的牺牲。

将21世纪进行到底

大学毕业7年，今天的生活，曾经的梦想，以及往后更多7年的现实与梦想，迎面而来……

我们这些人，都将在二十一世纪灰飞烟灭，除非有长生奇迹，因此，二十一就是我们的所有。

一

深夜11点半，杨峥疲惫地走出写字楼大门，脚步有些飘飘然。

紧接着，一阵刺骨寒风将他彻底激醒，这个中国最大城市的2月，依然那么寒冷。眼前的八万人体育场，空旷寂静。快步走向停车场，一丝难得的神采在杨峥眼中掠过，对他来说，深夜开车回家，是整整一天中，难得的惬意时刻。

此时的高架路，畅行无阻，和白天的习惯性拥堵与时不时抱怨那该死交通的北京同学相比，时速100迈，一辆辆深夜营运的出租车从身边快速后退，杨峥甚至有种“幸福就是这么简单”的错觉。

很快就到了浦东世纪公园附近的家，这种驾驶的“幸福感”也随着发动机的熄火而瞬间消失。今天是2月14日，确切地说，这个情人节只有几分钟就要过去了，可是，杨峥并没能陪妻子，哪怕只是一顿晚饭，妻子唠叨很久的《将爱》自然更没有时间一起去看了。

国内某知名财经报纸编辑的工作，让杨峥几乎每个工作日都只能这个时候回到家。当然，每天上班时间基本都在下午，可是，妻子朝九晚五，让两人很难有时间上的交集。这样的状态已经持续了许多年。

带着深深的愧疚，杨峥蹑手蹑脚地开门，关门，放包，脱鞋，洗漱。一张写了几个字的纸安静地躺在餐桌上，杨峥此时才看到，一丝不祥的预感闪过。“不仅仅是因为今天，为了生小孩的计划，我们今后的生活，再也不能这样了，必须改变。”妻子发出了最后的通牒。

因为这个问题，杨峥和妻子已经讨论，争吵过一遍又一遍。不过在今天（确切地说，此时已经是15日了），妻子通过这样的方式，语气坚决，还是第一次。

睡意全无，杨峥找到柜子里放着的烟，为自己点上了一根，站在阳台上，整理自己的思绪。为了健康，杨峥已经戒烟戒酒很多年，可是因为长期的深夜工作状态，身体还是一直处于亚健康状态，这也让夫妻俩一直不敢轻易要孩子，而调整作息时间保养身体的计划，却一直没能贯彻落实。

经过两人的努力，终于有了这个让不少人羡慕的家，黄金地段，高档小区，一辆小车。当然，还有超过100万的银行按揭贷款和每月接近5位数的月供。

远处的世纪公园，安静极了，那里有和妻子在周末难得的欢笑，跑步的汗水……

不知不觉，半包烟已经没了，时间很晚了，杨峥灭了火，脚步却动弹不得，和之前多次的内心纠结一样，还是无法作出抉择，他知道，这样的后果不仅是很麻烦，更是很严重，可是……

推开房门，妻子背身睡着。杨峥犹豫了一会儿才上床，轻轻探手去抱妻子，手被推开了……

二

“这个破公司，终于把你们搞定了……操……”杨峥坐在雷克萨斯的后排，大声嚷嚷，他又喝高了。司机老常对此早就习以为常，把纸巾盒递过来后，继续专心开车。

老常了解这位比自己年纪小了十多岁的老板，也很佩服。毕业不到十年，杨峥三十出头，就已经将自己的公司做到了不小规模，在北京房地产公关领域，也能挤入前五了。而杨峥本人，也早就是业内响当当的人物。

5年前，杨峥从国内一家知名的财经报纸离职后，在公关行业摸索了不到一年时间，就创办了现在这家公关公司。在接下来近5年的时间里，这个年轻人的干劲和头脑，让圈内人刮目相看，公司也在大小公司多如牛毛，竞争惨烈的公关行业站稳了脚根。

“老常……常，你知道这是老子……搞定的第几个大客户了吗？……啊？……哈哈哈。”酒精正在进一步麻痹着杨峥的身体，而他醉酒的一大特点就是话特别多，嘴巴堵也堵不上。老常无奈地摇了摇头，说实话，公司的大客户越来越多，业绩也越做越大，他也不知道究竟是第几个了。

和往常一样，老常半抱半背，将杨峥弄上了位于26层的豪宅公寓，此时这个年轻的老板，已经烂醉如泥。将杨峥弄上床盖好被子，老常放了一瓶水在床头，醉酒后醒来需要补充大量的水，一如往常。

老常走出房间带上门，环顾老板这个装修精良的房子，比他老常的好了不知道多少倍。装修，摆设，电器，这个200多平方米的市中心豪宅，显然不是老常家能比的。

“但这不是个家啊！”老常心想，“好好的家，早已没有了。小杨啊小杨，现在除了公司，除了有钱，你哪点比得上我老常，妻子孩子亲情……还有健康。”

尽管老常只是杨峥的司机，但两人关系显然已经超越了老板和员工的层面。半年前，尽管老常费尽了口舌，但杨峥和妻子最终还是离婚了，随后的半年时间里，这位老板醉酒的频率越来越高。

“公司的业绩虽说也继续保持着迅猛的发展势头，但杨峥啊杨峥，这样值得吗？”老常找来了纸和笔，在餐桌前坐了下来，他决定跟这个仅仅是事业成功的年轻人说点什么。

三

已经8点半了，杨峥一手拎上包往身上背，一手从冰箱里拿了两块面包往嘴里塞，匆匆忙忙出门。

8月的南京，著名的火炉，酷热难当。飞速奔到地铁站，杨峥已经湿了大半，随着拥挤的人群被裹进地铁站，下一班车却还要四分钟才到。“Shit！”杨峥习惯性地走向报摊，可惜，他想要买的《21世纪经济报道》已经售罄。

每天，或者在等地铁时，或者是中午吃饭间隙，甚至是晚上下班路上，杨峥每天都会记得买这份报纸来看，这算是唯一一个从大学时候保持到现在不变的习惯，而其他，和大学时相比，似乎什么都变了。

慢慢地，杨峥渐渐觉得，即使是这份看了近十年的报纸，也慢慢在变味，变得难以阅读，变得那么艰涩。于是，唯一不变的，只有那每天买报纸的这个习惯了，如同毕业后这么多年，每天都匆匆忙忙上班一样变得机械和麻木。

不过，今天杨峥匆忙出门前还稍微打扮了一下，穿得比平时讲究，下午向公司请了半天假，要赶到上海参加毕业6周年的同学会。

沪宁高铁通车快半年了，这还是杨峥第一次享受高铁事业给老百姓带来的便利，只是觉得票价真是贼贵。以前动车去上海，票价几乎只有高铁的一半，再以前的普快那就更不用说了。“也没见时间有节省一半，车站来回路上加上等车时间，比以前坐动车快不了多少。”杨峥心想。

绝大多数同学都已经成家或基本大局已定，少数甚至已经有了孩子。当年同寝室有两位在上海混的哥们，则房子、车子、妻子一应俱全。

同学相聚的时光回转中，杨峥有些失落，毕业6年，混得并不如意，辗转两个城市，换了不下5份工作。买房子、车子，在大部分时间里想都不敢想，有过两个女朋友，最终都因为“没有房子，看不到未来”而分手。

杨峥的境况，让不少大学同学意外。毕竟，在当年，杨峥也算是班里拔尖的人物，成绩、外貌、人缘都属优秀水平，按照正常的发展轨迹，他如今至少也该是有房有车有老婆的状态了。

和同学寒暄过后，杨峥一个人坐在角落喝闷酒。“杨峥”，一个熟悉的声音从前方传来，是文慧，杨峥抬头看到这位当年大学时的初恋女友，依然美丽，依然亲切。毕业后，诸多原因，两人并未能走在一起。

“你还在21世纪吧?”这个问题，杨峥问得有些心虚，他当然知道，文慧毕业后不久进入这家报社，工作至今，每天买这份报纸，除了大学时期的习惯外，在他的内心深处，何尝没有文慧的原因。

“我还在，不过调到新的城市了，我下个月就到南京站报到，以后常驻南京。”文慧轻轻地说着，眼睛看着杨峥……

误解

回忆里，在贵报生涯中最温馨的场面就是在臭水沟的一个小饭馆里面，几个人凑在一起交流近期发生的“八卦”。每个当局者都不会被谈论，但是每个人心知肚明必有一个时刻被人背后谈论，出来混都会被讲。我有时会想我在另外一些语言中的碎片镜像，但用不着在意，谁会害怕被八卦呢？谁会为那些捕风捉影的玫瑰故事着急澄清呢？这其实是一种正面的修辞，这是一个常常单兵作战构成集体的语言文化，在新闻操作的油盐热锅添加术下、在湘菜馆辣劲萦绕的模糊眼镜的细微水雾里，生活就这样沸腾起来。

一

我讲的第一个故事，也是我在报社期间很重要的一次误解，它来自我的老婆。当时我在广州当编辑，而她在邻近城市，我周五过去，然后周一回来。这是一个并不单调的节奏，它延续了很长时间，我老婆当时还没有扶正，当然她会反驳说正在谨慎地考察我。我猜，当时她考察得差不多了，唯一让她苦恼的是，她不知道我会不会做饭，或者热衷不热衷做饭，我也懒得回答这种问题。我们的住所是学校宿舍，没有条件做饭，而且我基本上保持了对这事的克制态度。我们的周末相聚的主题是在不同的餐馆间窜访。

某个周末，在一家餐馆里面大吃大喝抹掉嘴角油污之后，她突然擂了一下桌子，发表了一下对未来的展望——

“生活还是要回归到低脂低盐的状态滴……”

然后看我没有反应，试探性地问了一句：你对双立人（厨具）有没有研究？

我淡定地回答：没有。然后，愤然拍了一下桌子：服务员，买单！

没有下文。

过了一段时间，这个娘们估计被食堂的猪大油饭馆的潲水油排档的地沟油折腾得实在憋不住了。在一个闷热的傍晚，我在广州形容枯槁地改稿做版，女人在MSN打了个招呼："你在干嘛呢?"

"做版。"我没空理她。小伶老师脸色正阴，没有晴迹。

后来我才知道，我家可怜的女人因眼神不好，将"做版"看成了"做饭"，于是在这个闷热的傍晚心灵陡然下了一场清凉的雨，她欢乐得来不及细问，一瞬间小宇宙就完全爆发了。

"真的吗？真的吗？真的吗？你经常做啊？你经常做呀?"

"是的，妈的。是的，烦死了。"

当时，她以为这是男子气的声明。

她在电脑那端笑靥如花。若有所思。她撕下了一页日历，她更换了一个屏保，她增抹了一点唇膏。

她决定下嫁了。

若干年后，也是在一个闷热的傍晚，她一边拨弄着电磁炉，一边泪奔念叨着"杯具啊，一字之失的代价"。

一次失误的辨认，组建了一个家庭。

二

我的第二个故事发生时，我从记者转编辑后又转到了评论员岗位。我面对的编辑是处女座的祝老师。处女座，细致、务实、懒得扯淡。我给祝老师报题，然后写一些为天地立心、为官家悲泣、玄乎的、宏大的文章。

祝师的编辑之道是这样的：她不管该不该加息、也不管该不该升值。左一篇A右一篇B，咱爹都不叫李刚，安能分辨是雌雄?

文字令人目盲，扯淡令人耳聋。在一个闷热的午后，祝师在MSN上对我说：推荐个股票，见个真章。

这是江湖中传说的投名状。

普涨易生股神，普跌口若寒蝉。当时并非单边牛市，而是上下振荡。股海无涯，折腾是岸。

我沉吟良久，摊开K线，像一个盲歌者，在空洞的虚无和黑暗中摸索琴弦。那些随机的音符、那些赶鸭子的节奏，MACDKDJRSIBOLLBIRS……哥这些悲怆的旋律，你懂的。

慎重又慎重，挑出一只。

据说，祝师速购之。我收市时一看，股票绿得铮亮，羞惭乎哽咽乎声声断乎。

祝师发来MSN："推荐得不错。"MSN符号小人头笑靥如花。

狐疑中，我预估是反讽，斯文即将坠地，故，键盘抚而不敲。

祝师令人崩溃，做憨态，又发来：下次再推荐一只，噢也！

礼，复礼，回复是一种礼节。我试探地敲入：你不会对自己要求这么低吧？

祝师崩溃得令人发指：涨个3%可以了，我不贪心。

我大惑，反讽似乎去矣。翻看与祝师MSN记录，蓦然发现，原本推荐股票的6位数字有一位写错，写错后的股票代码下午的确上涨3%。

狂飙为我从天落，哥在一瞬间一不留神两眼一抹黑就建立股神的江湖。

一次失误的推荐，一个写字头的诞生。

三

我的第三个故事是讲述老百姓我自己的一段心理故事。当然，也是一个误会。

我在广州做编辑的时候，和一个新来的姓万的小伙子同居。这小伙子很怪，吃饭的时候永远是西红柿和土豆，永远只有两件T恤，一件上面写着"freedom"，一件上面写着"lonely"，自由和孤独轮番上阵。买了一个电磁炉在合租屋里面杀气腾腾地做饭，土豆基本上带着一股烤焦的味道出炉的。

这些倒也没什么，谁没有起居不善的时候？很多男人在没有女人之前，料理生活的能力基本上就是个猩猩狒狒，这其实是好男人的标志。我见过那些单身时候将自己收拾得一尘不染的男人，喷洒着古龙香水，头发定型得跟驴友帐篷似的，都是一些坏家伙。我没有批判的意思，我都能理解和接纳他们。

我唯一不能理解万小伙的，是关于女人。他声称他有固定女友，网上认识的，都谈了N年了，而且在广州，离报社不远。但我在广州做版时候，从来没见他领回家。即使是周末，都没见到过。周末我在广州的时候，他会黏着我，我去哪里他都跟着。

以下是一段中青年之间猥琐的交谈，可以跳跃阅读。

"你女友呢？花开堪摘直须摘。春天里，莫把花期都错过。"

"她有事。"

"再有事也要兼顾房事。替天行房。"

"我们还不想这样。"

"你有难言之隐？"

"我旭日阳刚。"

"……"

我怀疑他压根就没有女友，但是他的确每晚会跟一个人通话良久，经常长达3-4小时。有时我昏睡过去，起来小解，发现他正躺在沙发上奄奄一息地打手机。尽管听不清楚他压低声音的私语，但语调的变化明显是跟恋人无异。

这是困扰我的一个谜团。男人不在卧榻上让人弄得奄奄一息，竟然打手机打得奄奄一息，又不是打飞机。我还从来没有见过打电话密度如此之高，却不谋面的情侣。80后的小孩真让人看不懂。

突然，有一天，我被他的电话私语弄醒，突然，我起了一个可怕的念头。作为观影狂热者的我突然想起了《致命ID》、《记忆碎片》、《机械师》、《小岛惊魂》（当然，《禁闭岛》是后话了）那些电影，一个张震讲鬼故事的语调从心底炸开、蔓延、填充了我的胸膛，我的心跳就像胸腔被抽离大量气体而变得无比清晰。这悸动让人血脉贲张：

手机那头是不是根本就没有人??? 根本就没有人???

这个念头一出现，我整个人颤栗得头都要炸掉了。我连滚带爬地起来，用侦探般的眼光看着身陷沙发的80后。为了弄清虚实，我借倒水之机尽量凑近他的手机音域所及，都说恋人间的絮语就像是武林中的腹语，的确是点对点投送的。我仔细地选择贴近路径，但压根就听不清楚。

带着巨大的悬疑，我怏怏不快地回到卧室，我不甘心，否则我也会分裂掉拿着手机唠唠叨叨跟自己打电话，我枯坐床头，看着镜子里外表枯槁内心妖娆的另一人，我掂量着种种可能性，“能不能直接将他手机抢过来验证一下”。我旋即想到，如果电话那边空旷无音，那么，按照电影的剧情，接下来就要搏斗了。不是月圆狼嚎就是血溅五步。

再稳妥一点吧，再和谐一点……

我突然想到一个主意。我走出去，急促且大声告诉热话中的万小伙，“有个事跟你说一下”。

他从奄奄一息中恢复了一些神色，从沙发陷阱里面探出身来，对着手机说了一句，“你等一下”，然后问我，什么事。

“你这样长时间打电话会得脑瘤的，辐射，知道吗，手机辐射会让你很快脑残。”

“那怎么办?”

“用免提。”

“噢，明白，谢谢。”

他缩回身子，又陷进破旧的沙发和热情的电话里。

我假装回到卧室，然后仔细听外面的动静，小伙真的将手机切到了免提状态，然后又在那里不知所云的絮叨，我真想用DVD快进的方式将这段过掉，终于，手机那边一个幽幽的女音浮出来，听不清说什么，但的确是个女银。

轮到我笑靥如花了，跟我同居的是一个正常的人，这比什么都重要。但如果不是，它会发生什么呢？我好奇地想。我突然想起我刚刚阅读完布洛克马修系列的句子，破完案之后，参加禁酒互助会之前，马修都会觉得，“我知道，这会让我更寂寞”。

一次失误的猜测，一种寂寞的袭来。

十年：关于10个人的记忆碎片

人说，记忆这种东西实在是莫名的奇妙，你并不需要知道它平时都藏在什么地方，但是在你需要的时候，她就会像个碎碎念的女人般，把那些陈芝麻烂谷子的事一股脑给你抖搂出来。

以下，是骨灰级的牛人，但我能回忆的竟然大都是些他们无关大碍的琐事而已。其实在展开这堆严重暴露年龄的文字时，我一直在犹豫是否有必要把这些已经有些模糊的片断梳理出来，价值何在？

不管本人本能之下的动机何在，希望以下所涉牛人对于历史细节是否丝丝相扣个别评论是否言过其实，别太在乎。您就当我这是为了吸引看客、纪念青春兼十年累积而成的倾诉症。

一

话说，2001年，我以一篇财富的论文得以走入21的大门，不成想会一不小心在这里混到2011年（一想到这，我就有点不蛋定啊），掐指一算，一起共过事直接打过交道的应该不下百位，不过我的第一位同事是一位自称是翻版梁朝伟的靓仔——许维坚，笔名许十文。这位仁弟是地道的广州本地人，这在当时以外地人为主要成员的21来说，应该属于意外，不过他经常在网上发一些诗意盎然的帖子，这大概比较合某些老板的胃口。

许最初跟我一起做财富版编辑，夜深一起拼车回家，半路下车时他会给我当时打表的一半钱；不过有时候他也会忘记我代他付过的吃饭的份子钱。不久后，许辗转至北京任商业记者。“做编辑永远是为人家做嫁衣裳。”走的时候他郑重地说。彼时，21的北京记者站还没有变得现在这么庞大，设置在钓鱼台宾馆半层楼的一个套间里，但就是在这个狭小的方寸之地，短短时间里，21爆出了大量震惊业界的文章。而许维坚写的文章似乎不在此列，让他闻名报社的是关于他抱着睡袋，在宾馆洗漱留宿的不良记录。不过，现在，他已成为南都周刊的高级记者，采访的都是范跑跑、香港黑帮这样的重磅人物。有时候，会在集团的食堂看到他，“编辑逼稿逼得要命。”他说。有时候，会在线上跟我打招呼，“你有谁谁的联系方法吗?”或者发个他最新得意之作的链接。他和冬哥、唐韶葵MM一样，喜欢在MSN用歌词签名，不过2011年的签名变成了“这是一个关键年”——很像21故作高明的编者按。我问：“为什么?”答曰：“年纪不小了，提醒一下自己。”

二

第二个人，人曾称其为21四大妖孽之一，笔名朱平豆（估计21知道他原名的不会超过五个人）。有人说，一切抽象到无法用语言表达又让人觉得乱混沌一把的非科学能解释的事物统称妖孽。看来这是一个褒贬夹杂或者包含各种人类正负情感的评价，不过我相信其本人并不会反感这样的称呼，事实上，他更介意别人叫他老朱，甚至于不愿意被叫朱老师（在21，他的年龄是一个谜）。于是我们称他豆同学，或豆豆同学。

作为21妖孽，豆同学确实有很多“非科学能解释”的言行举止。他在江苏一个三线城市做着“望闻问切”的令人尊敬的中医工作，但可能是怀着鲁迅式的理想，意识到学医只能拯救人们的身体，却不能拯救人们的灵魂，他觉得当时最能代表中国人灵魂的报纸就是《南方周末》了，于是在拯救人们身体之余，成为了南方周末特约记者。后来，饭桌间，他经常会跟我说起他当时是如何采访死刑犯、精神病人的伟岸往事，抨击当年中国法制上的不健全。在当时心灵上年幼无知的我看来，这一切却是那么诡异。豆同学是在2001年的某天弃医从文，南下广州的，他成为了一名财富版记者。小女不才，成为了他的编辑，此后，豆同学经常声称我领导过他，教过他很多。其实非也，纯然是组织上的流程安排。当时，我对财富的理解肤浅而自信（本人不就是因为一篇关于财富的小论文混进来的嘛）：财富就是通过商业模式的创新来增加个人资产，读者想看的就是怎么赚钱。于是豆同学“周末情结”式的文本和选题让我头痛不已，我曾以为这位同学的理想主义估计是改不了了。不过，后面发生的事实让我完全改变了看法。

豆同学以自己的勤奋和执着，短短时间完成了很多重大的人物稿件，成为很多后来者必读的范文。他成为了财富版主任、21公认的优秀人物记者。可这段本应该引以为傲的历史，他的评价却是不堪回首。他说，为了采访对象，他风餐露宿；为了改出一篇好稿子，通宵不眠。他会在凌晨两三点隔着电话线，拖着记者一起将一篇稿子改上四五遍。一位曾在豆同学手下历练过的记者说，“那是炼狱。”其后数年，这位记者和豆同学一样以财富版曾报道过的期权模式成为21实现财务自由的最早一批人物。

有一天，豆同学说他要回长三角了，“南方不太适合我。”而等他偶然出差回来，同事小聚时，豆同学开口闭口全是如何发财的梦想，俨然一副要成为暴发户的架式。当时我刚买房，他送过我一块红色的石头。“这是鸡血石，好的要卖上万块钱到几十万。”然后又谦虚地说，“这块属于一般，但你留着，肯定能升值。”没过多久，遇上他，问石头的生意做得怎么样了。他压低声音说，“这事不太好跟外人说，现在改做墓穴生意了，有块风水宝地特别好，投资肯定能翻几番。”这正是当年江浙一带流通性过剩的市井写照。不过，真正让豆同学成为“五百万”户的并不是这些天马行空的瞎折腾。

其时，一家叫百度的公司决定圈点美金回来为中国人民服务。豆同学说，他和另一位同事徐继业很荣幸地获邀一起瓜分了这些美金，而这笔钱的绝大部分都成为了他儿子英国留学的教育投资。至此，豆同学正式转型，从作为财经报纸的领导者的创业员工，成为一名领先的中国互联网公司的创业员工。

近年，为数不多的几次小聚，豆同学不再提起他的发财梦想，开始大谈育儿经，起初我善良地认为，这是为迎合我这花季少女变成孩子他妈的话题转换，后来才发现有其他更多单身同事在场，他谈性仍然不减。豆同学的儿子在英国中央圣马丁艺术与设计学院就读，当年据说只招了不到四个中国大陆学生。“要让孩子成才绝对不能让他看中国人写的书。”“我想让我儿子早点生儿子，这样可以把我的教育实践再实践一遍。”“我还准备在有生之年写一本关于如何教育子女的书。”

2011年，他给我发短信：“林奕，新年好。”我回了“豆同学，继续进步”。其实，这个妖孽在我眼里就是这么一个与时俱进的人。

三

这个人的名字也许会多次在本书中出现，因为他跟我一样在这里呆了十年。他叫王玉德，自称阿缺。刘晖老师称其为“问题员工”。据说，早年在南方农村报就是个“问题员工”，也可能是太闲，闲出来了一个嗜好——在内部BBS上用一种激烈的语言方式向集团领导提出各种不待见的“问题”。如此三番，集团领导体恤到传统体制内的东西大概不适合这位有才华和抱负的员工，便把他输送到了当时最市场化的子报——21进行栽培，一栽便是十年。在这里，我倒不觉得他像个“问题”员工，事实上，我曾长时间认为他是一个“毒舌上司”。

起初，小女又一次不才，成为了他的编辑。此后，从普通记者成长为版块主任的王玉德多次强调，我曾领导过他，而现在，他领导我。各位，你看，这就是他跟豆同学的境界差距。王玉德说，他是狮子座男人，炫耀自负，让人不爽是他的天性。不过，我得说，他是一个真实的人，会弄点笔墨，还能刻石头卖钱，高兴时也会请你到杨箕村的酸菜鱼撮一顿，生日的时候一定请你K个够，他还会借给你一些盗版碟和正版书，让人不爽之余也会觉得此人有可爱之处。所以他当年买下180平方米的豪宅，同事们愿意帮着凑足首期；2010年他离开去南都做首席研究员时，发起的“最后的晚餐”居然有前同事从深圳惠州远道而来（当晚女同事们占了大半，看来此人还颇有女人缘）。

王玉德的自我评介是：我是个投机分子，这些年，我也没闲着。

每过新年，21的同事们估计大都能收到王玉德独家炮制的对仗联句，2011年，王玉德把往日的联句变成了首短诗《春天里》。如下：春天里，我拥有三把椅子　一把叫愤怒　一把叫孤独　还有一把没有名字　请你告诉我　我可不可以为这空白的椅子命名　称她为爱？　春天里　我要让这三把椅子长出喉咙　一把唱情歌　一把唱葬歌　还有一把什么也不唱　你一定知道这把椅子选择沉默的原因　不仅仅是爱（中国旧历新年听旭日阳刚的歌有感）。

我回称，“王领导的周期性写诗症又发作了。”王复称，“这不都是闲出来的嘛。”看来任何单位的研究院都是个虚架子，不过前日，据不可靠的接近核心的消息人士称，王一年光报销额就能达到20万。如此说来，他离职还真是有点……不仗义。

四

在跟他共事之前，我还真不知道世界上真有所谓的让人“醍醐灌顶”的言论。在21这十年，我跟上百个人说过话，说过上万句话。但他说的这句话可以说是万里挑一，振聋发聩直指人心。

他是王万军，一个绝对的非典型的新闻人，此前一直在直销界从事暴利商业活动。自称来到21，只是为了一个很纯净的目的——了解一下21这些牛X的文章是怎么整出来的，顺便把自己那个所谓的大西洋的MBA读完。

可是呆了两年把书读完后，按领导们的标准来说，目的开始变得不纯净起来。“如果我的资深当时能评下来，也许我就一直在这里干下去了。”王万军说领导们总是让他画饼充饥，望梅止渴。当年，21发生了个别的群体性薪酬事件，王万军在离与不离间游离不久后，选择继续回到了他的暴利行业，而他的MBA论文据说是关于媒体人力资源的管理及薪酬制度的设计。

且说那是个风高月黑的下班时间，王万军做完了最后一期版，与我一同步出集团敞开的大门，各自打的回家之前，王语重心长地对我说，“在21，自己的权益还是要自己争取。”

俄的蚂蚱，当时我表皮惊起一身疙瘩内心则一片肃然敬意。为么早年大家都跟我谈理想？为么时隔三年才有人跟我说这句话？然后回家冲凉，躺在床上，把这句简单的话想了一百遍，越想越有道理。有道理的事咱们就得按道理办！此后，我多次主动地一反常态地厚着脸皮要求晋升涨薪加官进爵，虽非每次如愿，但达成一半我亦收益不少。就这样，我从一个新闻圣徒迅速地沦为了一个职业新闻从业者。不过据另一位老师自称，现在他已是21最后的圣徒了。

五

其实我是一个集团在编人员，就是说，我除了是21的人，我还是集团的人。而跟我一起毕业分配进来的还有一位北大才子——张东生。本来当时，25岁以下的特别是娃娃脸的小男生我基本是懒得搭理（哈，现在则正好相反），但由于这层关系，我们虽不在一个办公室共事，交集交流却并不少。

我们是拖拉机的牌友，也是时常小聚的饭友，不过张同学从来不参与我们的卡拉OK活动。

报社十周年的第三次大型采编年会把地址定在了阳朔，而六年前，张东生、秦旭东、阿米、郑清及我就曾一起结伴游过。如今除了我们三位女同胞还痴痴地坚守困守于此，前两个北大的大男孩早已各奔前程去了。

近日，阿米在福州遇见张东生同学，据说已是腾讯一方诸侯，现任女友是一个小八岁的87年花季少女。如此择偶标准，看来张同学，已然是一个成功男士。

六

柳剑能有个双胞胎哥哥，可我一直觉得他们的兄弟关系应该调转过来。小柳少年老成，脑门发际偏高，当时他主理的管理版每周评论专栏，笔调老辣又不乏新见，我很爱看。他也很热衷于帮同事提点选题，可惜，现在提起这些，他会说，看到这些东西就会有反胃之感。

我很早就感觉小柳不应该像我们一样，在21靠码字拼版的方式混迹于新闻圈，他应该是一个很好的新闻集团干部培养对象。理由就是，他不像我们来的时候，除了报到外，与集团之间就没有任何交集，他在21繁忙采编工作的同时，还多次受集团内部学刊的委托，参与对于社长总编采访工作，并令这些集团大佬们印象深刻。

事实上，小柳后面的发展轨迹印证了我的第六感觉。朱平豆说，现在小柳的级别已经是副处了，跟21大部分老板属于平级。但小柳为官后，还是很平易近人的。他说："我对于1809那里同事的感情就跟大学同寝室好友差不多。"

如今，我俩偶尔在电梯里遇到，不再谈选题不再谈新闻，更多的是进行短暂的育儿交流。这种转变令人唏嘘。

七

他一般这么介绍自己："模范的范，智慧的慧，勇敢的勇。"这番话，对他本人来说也许是一种自我的调侃，而我是真的认为，他完全名副其实。我很佩服他的父母深谙取名之道。

在21不算太久的三年里，他真是一位模范的员工，他的工作格间是我们脏乱差房间里的唯一小块净土，他完成的版面整洁大方甚少因错扣罚，他会把曾编过的报纸装订成册，他还多次自掏腰包丰富办公室的资料书籍。对于那时散漫惯了的21人来说，范真的模范得有些另类了。

从他那里，我学到了不少工作及生活上的智慧。比如他说，见面拜访对于开拓资源很重要，于是他将所有在广州的跨国公司名单打印出来，大大地挂在了墙上，并制订走访计划。离开21时，他把这些宝贵资源慷慨地发给了我，可恨我没有好好使用，将其束之高阁。

不过，最让我佩服的是他面对爱情时的勇敢。他的夫人远赴英国求学，而他则毅然追随而去。听说最初是一边在超市打工，一边在语言学校学习，两个人辛苦但也贴得更近了。

每逢新年，我们1809室的一些“老人”们还能收到他发自异国的明信片。事隔五年，他及夫人回国处理私事，我和柳剑能在报社附近的金桥再次遇到他们两口子，居海外多年，穿衣行事竟一点也没有变化，千里迢迢还不忘给我们带了点当地的特产和给小孩子的书。其时，我和柳都已升级为人父母，他们说，多年的奋斗如今基本稳定，也在做在伦敦买房子添丁的准备。

他说，21当时已具备初级国际影响力，这里的履历对于他成功签注很重要。现在，如果有21的故人到伦敦，除了好女人师琰，其实还有一个大好人可以找找，那就是他——范慧勇。

八

在我残缺不全的记忆里，张庭宾老师不但是一个言传身教的领导，也是一个深沉的评论家。而不长进的我印象最深的评论，不是那篇《龙腾世纪》，是他关于1809室诸位下属的一番佛与缘的评论。他说，他和豆同学是离佛最近的人，柳和范次之，我和许维坚则最远。

而我印象其次深的评论来自于2002年的第一次三亚年会。面对座下众生，张老师激情四射，“未来中国最好的经济学家肯定是来自于新闻界。”

饭桌间，为活跃气氛，他还有多次发表一些关于影视的评论：比如，他说韩剧《蓝色生死恋》很好看，很唯美。他还夸赞《孝庄秘史》中多尔衮的重情重义。

作为领导，虽然不是广州人，但张老师每年都记得广州发利市的习俗，且分量还很大。他还会给每个人准备一个贺卡，写些鼓励嘉勉的话。那时他一直努力塑造一种和谐的部门文化，可我们这帮正处于职业早期焦虑症的年轻人，却不知好歹，把这视为一种精神控制，急于摆脱。

若干年后，王万军说，现在想起来，他真是一个好领导，不过当时不觉得。

九

认识冯启若老师是在2002年，虽然那时他还在领导南方周末经济部，但我仍将他算入骨灰级前同事。第一次聚餐是在M层（那时候还没有现在的食堂，大家大都把这里当食堂），他正在跟柳剑能讨论“一号文件”，“两个高人”——孤陋寡闻的我心里汗颜，坐在旁边只能闷头进食。这是我第一次知道，所谓中央“一号文件”，就是每年以农业、农村和农民为主题的系列治国方略。

第二次吃饭，在杨箕村的酸菜鱼。冯老师又变身测字先生。当时的财富管理版每人于白纸上书若干字，由冯老师来下判语。我当时原本想写“冯老师”三字，奈何前两个字过大，纸片有限，最后一个“师”字便作罢了。冯老师看了脱口而出“善始不能善终”。若干年后，冯老师走进21，路上，我问当年这几个字现在怎么看着怎么不像好话的样子，冯老师只是哼哈不答。

冯老师在21的日子有点闲云野鹤，办公室永远摆着一副茶具，沙发上时常坐着前来讨教插科打诨的各色人等，无人时则会传出京剧老生《空城计》之类的悠扬唱腔，这样的布景已成为我对于17楼编辑部的重要记忆之一。

彼时，我正在管理版，冯老师是我们的直接主管编委。2005年“超女”海选铺天盖地，他会跟我和阿米探讨如何设计经营一门吸引狂热“粉丝”的生意；有时候他又会把已签了字的四个版扔过来，同时扔下一句话：“都是毫无价值的一堆垃圾。”他向我要过一本书，向王玉德求过字，他自称投资过新能源，他当着领导砸过杯子浇过酒，他还说来到21最遗憾的一件事情就是跟“木子美”擦肩而过，而他之于21是“卖身不卖艺”。

种种迹象，冯老师其实也算是个妖孽。

十

各位，看到这里，您一定也不自觉地发现了，咋回事，你的记忆碎片里只剩下前男同事了，你就没有一两个骨灰级的前女同事？是不是同性相斥啊？这实在冤枉，前女同事确实很多，现在的女同事更是多上加多，但前骨灰级女同事而又与我一起广州共事过的不超过三个。

当时的1809房由财富及管理两个版块组成，唯一的女编辑，本人，而女记者在广州的有1.5人。

一是夏倩，她印象给我最深的是甜美爽朗的笑容和个性，她总有出人意料之语。十年前，曾有男同事好事地问，手上抱的箱子里装什么好东西？她会大声答："集团发给女同志的卫生巾。"十年后，许维坚问，全职太太日子如何？她会直接回，"我可是上岸了。"2002年第一次三亚年会，我们一个标间，她对我说了句当时可能所有女性同事都不会说的一句话，令我刮目相看。鉴于这位MM目前的双重身份，不可说不可说。

那半个则是生活版记者李丽，后来以感性文字一度走红网络的木子美。当时，苦于生活版版面有限，李丽也会偶尔客串财富版稿件。在集团大门口至天桥的那个五六分钟的步行里，我们曾有过不多，但又很奇怪的话题。比如她说她养了一些猫，赖在她家不走，她还养着一个男孩，也是赖在她家不走。现在她不想养着他们了，想把他们全部赶走。

事实上关于骨灰级前同事的记忆碎片还有很多，连清川的长发和他抽不完的烟；中大MBA才子茅以宁的突然官司；跟MM网聊错把886当汽车线路的刘国华；绍兴师爷周默鸣；我现工作岗位的前任宋怡MM；一起跟我在MSN上隔网花痴的汪若涵；21商业新闻的南北两大高手郭莉、李明伟；喜欢追问的北大才子徐继业……鉴于身体及时间原因（饿的神，写完上面这些我的手关节都快肌腱炎了），这回是收拾不完了，如若在21下一个十年再出个20周年录，各位及本人仍有兴致的话，再来跟各位八八他们。

徐恺 《21世纪经济报道》重庆站主任

致一百年后的你

现在是夜晚。现在是，许多夜晚当中的一个
就像过去的一百年，或者一千年
有的地方黑了，有的地方亮了，有的地方正接近早晨或黄昏
这个世界，总是在光线之下变换着不同的显现

该怎么说呢？那些一百年前跳舞的人，今天
我依然踩着你们的节奏，散步、行走、阅读或者悔过
偶尔有消息来自花朵，来自天空，来自你的回头
有时决绝，有时候暖和，恰巧足够我在梦中，幸福或者痛哭
那些在一百年前饮酒过度的人，我今天是在撂翻你的
最后一杯酒中

太挤了。我的夜晚太挤了。就像是挤满民工的车厢
我在这个夜晚遇到那些遭遇过夜晚的人。而我来到这里
其实只是为了等待，一次漫长的花开

而我现在，要把夜色传递给你。把我在秋天里的怯懦
传递给你。就像在我屈指可数的早晨，反复把一杯阳光递给我的爱人
照亮她在整个晚上，喃喃细语的心。小动物一样蜷伏的心
我想对你坦白：我曾经活在一张纸上。热爱热爱，渴望幸福和金钱
隔着日子的栅栏，眺望过漫漫的永远

昨天晚上我牵到你的手了吗？细腻、洁白、充满温暖和文雅的质感
在我的手心画着美好的图案。多么坚定而勇敢，就如想象一般

素不相识的你啊。你就是我今天启程的航和船。虽然我是那么易碎，像土墙经不起雨打和风吹。那么知道，世上好多美好的东西终会，名不见经传。

但是我还是固执地把指针调向你。就像出门远游的人，总是要对好秒针上的时间。其实只为有一天，当你经过我的墓前，你会稍稍驻足：

“这个人是谁呢？倾倒的墓碑旁，花朵开得如此灿烂……”

晚安。一百年后的你。晚安，时间。

找到自己

在写这段文字的期间，我正在考虑怎么去做一个决定：一个名校非新闻专业的硕士毕业生，已经有了证券公司很好的offer，在21实习过之后，给我写了一封很长的邮件，希望可以留下来做记者，因为这是她的梦。

那些对梦想和理想率真滚烫的字眼，依稀让我看到当年的自己，也让我恍然发现自己“一入21数年矣”。

2002年夏季的一天，我背着书包来到上海记者站的管理版，见到了当时的组长王康，记得他的座位背后挂着一个大大的条幅：Impossible is nothing！康康同学以西方媒体人兼上海新男人的nice，优雅地和我聊起来管理版的理念、工作逻辑、选题方向——他们没有只把我当个实习生，一开始便是以一个正式记者的能力期望来要求我。

美女帅哥云集是当时的一大“版性”，上海管理版有四位男生F4：王康、徐继业、于保平、潘剑锋，记得在上海的某外企的年会上，管理版F4男士们一身西装，加之当时北京站组长、21第一美女兼才女（我个人更觉得用“侠女”这个词更适合）的汪汪，齐刷刷地亮相，何其壮观也！

那时候的日子总是很简单很快乐。继业同学阳光爽朗，保平斯文严谨，还有周默鸣同学、范编辑的文秀，很絮叨但是人很好的南依剑同学，犀利的郑清姐姐，后来又有很有思想的潘剑锋同学、外号“阳光少年”的康健同学、总是坏笑着吹点小牛皮的以宁、新想法不断的曹建伟、中英文双枪俱佳的师琰姐姐、隽秀文雅的邓林奕、精灵聪慧的晨霞……

那段岁月，我可以找到的形容词应该是“快意”和“成长”，大侃ERP，战略重组，管理变革，流程再造，营销创新，COO，CTO，激励机制，人力资本，那时候团队中的博士、海归、MBA群聚，不断翻来覆去想着，怎么用我们在管理领域看到的想法，去改造21这个我们认为管理很滞后的组织。闲时还可以在上海站会议桌上打打乒乓球，看看环球报道的明星周刊、黄爱东西的专栏。

后来调到北京，第一次见到了马腾姐姐。那个时候财经金融版的几个女高手，比如马腾、马斌之类的，行文大气生猛，只闻其名，一度都以为是男记者。

从钓鱼台到华彬，到新华保险，朝外SOHO，三元桥，北京站几度乔迁。还记得某次在华彬的办公室，做完一个策划，等着柳剑能同学编完稿子，汪汪和我，逼着这个当年上海电视台五星大赛的健美操冠军，给我们几个跳了一段。

有一年的年终策划，小伶姐姐给我派了个题，去采访一批获长江奖学金的核磁共振的科学家，交稿后小伶姐给我打了个电话，认为我对该项科技的背景了解还不够深入，我当时已经开始准备休年假了，也没太认真，但后来看到报纸上小伶姐姐改动后的文章，她的敬业和专注让我很吃惊。

2005、2006年转入财经版。事实上，我现在努力想回忆起这段日子，但却总是很模糊，除了"国资委"之外，还有个关键词是"独立"。有次我去做一个上市公司的调查，找到了一位同事的相关文章，于是我去找这位同组的同事请教一下，对方很严肃地对我说：当年我做这组调查，看了这么厚的文件资料，没有人帮我，你应该自己去找你要的东西。最后我自己是做下来了，但我个人始终对这种"独立"有些怀疑，我更倾向合作共赢的组织。

同事们的面孔很多，冬哥总是很慈祥，亚枫的东北口音很重，朱叔叔的"三句半"，刘欣很率真。刘鸿雁对工作和生活的平衡处理，一直是我很欣赏的。

2007年开始做新的版面，新资本（投资·创业），关注风险投资，创业公司，商业模式，这是我很喜欢的领域，后来又做了领袖版。

这期间让我感觉到最有压力的，是记者们的辛苦和抱怨。一位身体不太好的记者告诉我，她每个月要花多少钱在吃中药和看病上，男同事说要养老婆孩子买房子，年轻的记者跟我说的心里话是，21绝不是他们想久待的地方，他们对收入的抱怨、对报社管理细节的抱怨，不是我的能力半径可以解决的，但却让我感觉到责任、沉重，甚至郁闷。对这份"不仅仅是工作"的工作，爱其深，期待也重，久而"怒其不争"，这个组织管理上的粗糙和对个体的淡漠感，有时也是让人很难受的。

也曾对这份工作充满了许多纠结和犹豫。媒体这份工作，被誉为"白领中的蓝领，蓝领中的白领"，如果心底深处没有一些支撑，是很难坚守的。人如果理想化，会很痛苦的，但如果没有理想，也是不正常的。

也许随着时间和环境的变化，曾经的理想，在个人工作和生活的组合中，所占的比例在逐渐降低，但即便如此，那一点点微弱的比重，或许可能是人心底最重要的组成之一。我希望在我老得不能动的时候，回望在这里度过的岁月，可以不感到后悔。

最后，在这个时点上，用四个字来总结在21工作的这些年：找到自己。

王瑾 |《21世纪经济报道》生活家版编辑

本·拉登的故事

“有一次本·拉登请我们去了趟非洲。”讲这个故事我通常都是这样开场的。

7月底的吉布提，气温高达50多摄氏度。在这个北非小国唯一的机场停机坪上，停了一架歇菜了的私人飞机。伴随着“因气温太高，飞机仍无法起飞”的机长广播，坐在我前排的阿拉伯大叔从座椅上一头栽倒在地。“看看，已经昏倒了三个了。”旁边的印度媒体有些幸灾乐祸地说道。

在没有开空调的密闭机舱内坐了两个多小时，我也开始考虑要不要索性也昏过去算了。空姐不断地端出所剩不多的冰水给濒临中暑的乘客，可惜这冰水混合的液体到了机舱中部就已经成了温水。机上前几排坐的都是本·拉登先生请来的贵宾，我总觉得这些富可敌国的阿拉伯人应该比我们这些穷人更怕死一些，但他们除了默默散发中东人特有的体味之外并没有任何特殊举动，反倒是几个美国人表现得特别活泛，整的都跟救世主似的。

我一边掏出口袋里已经溶化成液体的虎牌薄荷膏，像涂面霜一样的涂满整脸，一边回忆自己三个小时前在发布会上为了给本·拉登（恐怖分子本·拉登同父异母的哥哥）先生拍张照片，而被手持机关枪的保镖推搡的场面。我平时其实没那么犀利，在国内最多就是敢对擅改我采访提纲的公关吼两句。不知是刚才面对机关枪仍面不改色质问本·拉登的卫报记者打动了我，还是实在热晕了头，霎时间竟然勇敢得像一个本报前14版的记者。

又过了20分钟，救护车终于赶到，抬下去几个病人之后没多久，我们的飞机也起飞返回了迪拜。

这是发生在两年前的一次出国采访，善良诚信的商人本·拉登先生因为过于富有，所以想要牵头出资盖一座跨海大桥，把亚洲的也门和非洲的吉布提连起来。于是全世界70多家媒体都被请到了非洲，参加这座跨海大桥的新闻发布会。这个故事算上这篇文章我已经讲了有快30遍了。每次讲还都不忘添油加醋一番，比如把本·拉登的机关枪保镖由几十人增加到上百人，还有把机长广播润色得更煽情一些，甚至在有些版本中，飞机一在迪拜着陆，机上的美国人就挥泪唱起了国歌。

我来《21世纪经济报道》已经3年了，主要负责生活家版块的设计版和运动版。算下来顶尖设计师也采访了快两打了，跟朋友聊天时除了采访过的几个体育明星还能拿出来八卦一下，其余的设计大师完全提不起任何人的兴趣。不管你是设计了鸟巢还是帮助重建了地震灾区，只要你设计的楼没烧成CCTV就根本没人在乎。但是唯独这个飞机上的故事，每次讲出来听的人都很捧场，甚至有人当场要求再讲一遍。不得不说，作为一个对设计有着无限热情的编辑，我感到有些疲软。

无关成长　有关痛痒

谈及青春，对于在21的我而言，无疑是模糊的，如同“十年生死两茫茫”般的悲情，不知身在何处。回溯往事的历程有些像女人分娩时的痛苦。刹那间溜走的不仅仅是青春，还有那曾意气风发的激情。

2007年×月×日，×时×分，蜀地，烈日当空。端坐在我面前的是，某外资农险公司老总，他再次陷入了公司水土不服的沉思，无奈而茫然。那一刻，其正经历进入中国的三年之痛，转型之役已近“兵临城下”。我无意成为这一痛苦的观瞻者，作为21新的一员，斯年只是不得不学会如何直面现实的残酷，亦恰逢21的“七年之痒”……

较之无奈与悲痛的决断更为凌厉的，是采访第一现场的视觉冲击。斯年，有生以来第一次异地出差，弥足珍贵。常想，当年阴沉的十月，独自走在陌生的大西南边陲小城是何样的心境，但脑海始终仅是空白。唯一留下的则只有两个画面，一是傍山工业园内机器四鸣，废渣、废水遍及路旁，烟雾刺鼻；二是某环保负责人面对记者时起初的飞扬跋扈和颐指气使，以及事后谦恭和善。从此我明白，新闻还原事实的真相不仅可以揭露见不得阳光的龌龊，更可窥探某些灵魂的阴暗。

又复一年，蜀地之痛，该比许多公司的水土不服症来得更为猛烈些吧。斯时，前述老总还刚庆幸在即将挥别中国之时，隐约看到了公司希望的曙光，尽管有些朦胧，但至少看起来很美。未曾想到的是，一场大地的崩塌最终让所有美好的夙愿瞬间灰飞烟灭。

2008年5月12日14时28分，汶川大地震缔造了巴蜀大地最为悲情的一刻。对于所有中国媒体，这场瞬间震撼了整个中国的重大突发事件背后，堆积了太多新闻背后的感动，21的第八年更概莫能外。正式供职财经版第一年的我，至今仍能回忆起那忙碌的日日夜夜。一篇又一篇现场的纪实，一幅又一幅震撼画面的定格，我们撇去了常规的财经报道路径，新闻风格是何等的百花齐放。由此，我也懂得了财经新闻的报道不仅仅来自

呆板的数据或框定的模式，更多需要的是记者义无反顾投身前方所带来的新闻画面感。激情与忘我，斯年于我，最大的收获莫过如此。

并非推倒重来，遭遇地震重创后的西部经济，自2009年起无疑获得了最为优越的发展契机。四万亿投资号角自此首先拉响，“灾后重建”这一关系民生的关键词在深化；企业融资绿色通道的开辟，地方和中央相关配套政策的倾斜支持，斯年西部中小企业藉此全速发展。创业板的开通，蜀地企业成为其中翘楚；诸如五粮液等国企公司治理沉疴更得以全面整顿，曾记得采访时，企业负责人对于治理弊病所表现出的言不由衷，最后事实证明，企业只有越发理性，才能越发强大。

同样，历经三年记者生涯，或许我更应该尝试理性之外的另一种思考。毕竟，浮华背后并非都是浮云，而所有为之努力的理想抑或梦想，往往也都潜藏着我们不愿揭开的逻辑。于是，我们渴望，一切未明的争议最终大白天下，而褪去青涩，新闻已是慢慢变老。与期待的价值体现一样，或许这才是新闻的成长。

21世纪经济宝岛简介

总体介绍：

如果没有强大的心脏，请不要来到21世纪经济宝岛。这是一片危险的区域，有高山峻岭，有海洋湖泊，时有野兽出没。这也是一片有异宝的地方，各方人士在此多有所得，并辟出一片清修场所。

主要玩法：

岛上主要族群为苄基族人和骥哲族人，主要产品为篙子——一种不按照季节生长，作用多样的植物。骥哲族人通过种植篙子生活，苄基族人通过编织篙子生活，根据编织和种植的情况获得生命值和战斗力。在种植和编织篙子的生活中，会遇到很多困难。玩家任选一族参与岛上生活，分值高者胜。

玩家手记：

入门级玩家一名，选择骥哲族人身份入岛，入岛半年多对两件物品印象较为深刻，分别是清心散和好运结。

清心散可防焦虑，供刚上岛之人使用，有的人也可能需要使用多年。该岛上骥哲族人只要一天没有种出来篙子，苄基族人一日没有篙子可编便会陷入焦虑状态，生命值和战斗力逐日减退。通常上岛多年之人会逐渐了解篙子生长规律，焦虑情况逐渐减轻，但对刚上岛之人危害极大，甚至会导致死亡。清心散获得方式不一，包括意外获得、友人赠送、随生命值赠送等。

好运结用于篙子生长过程中的施肥，骥哲族人至宝之一。将好运结系于篙子之上，不仅篙子长势会分外喜人，而且可能因此结交芐基族朋友。好运结获得的时机难以预料，但通常每个骥哲族人都会遇到几个。

我开始不知道有清心散的存在，1个月每日生命值减退，后偶然遇到一名好芐基族人赠送好运结，战斗力大增，然而对种篙子依然找不到门道。跟着其他骥哲族人去了不少篙子种子常在的地方——灰厂，但别的骥哲族人能扒出种子来我扒不出来。后发现原来放低要求可以带一些种子过关，因此产量略有增加但也因此落下病根，此处按下不提，省略26个字。随着对骥哲族人的熟悉，发现一些老骥哲人不会出现生命值日日减退的状况，方知道清心散的存在。但使用清心散后症状不稳定，入岛半年有余，依然需要常常服用。

种出篙子来的成就感还是挺强烈的——尤其是经过芐基族人的编制，成为精美的产品后。目前还没有出现野兽毁掉篙子的情况，但已经目睹了一些搏斗场面，需要及早防范。和骥哲族人以及芐基族人的交流对提高经验值很有帮助，而且会增加获得好运结的可能性。

2010年版本的特点是网罗对篙子的损害加大。网罗是一种特别的网，长在网罗中间的篙子会受到一些保护，但也会因此长不大，甚至会被过密的网罗毁掉。各位玩家还需想办法解决。

那些渐行渐远打鸡血的人

2004年，在离开了坍塌之际的三九药业之后，我开始了短暂的会计师生涯。注册会计师看看甲方的脸色，再把自己的名字签在财务报告上。我清理出来的问题，甲方没有回答，报告上也没有。

能让子弹飞的张麻子说过，我们应该站着把钱挣了。

当时张麻子还不出名，但我还是提前认同了他的观点。尽管手里没有县衙的大印，也没有枪。显然，注册会计师没有站着把钱挣了，我记得是躬着腰签的字。

2005年，21世纪经济报道的记者大部分都干着“毁人不倦”的事。我加入了这个行列。我干的第一票是长丰通信，目前名为ST星美。在梳理了长丰通信若干年的报告后，其资金问题逐一显露。

两年之后，长丰通信被ST，并长期停牌。等待新的主人来处理资金窟窿。

在调查信用社贪腐2.4亿元案件时，去把涉案人的老婆、公司背后的实际控制人一一找出来。当时我自认为我打了鸡血。

在5·12地震之后，我才发现，这算个球。

5·12的第二天，报社组织报道队伍开赴四川。郑小伶同志在大部队到达之前即抵达成都，并只身前往重灾区之一的映秀。

顺便介绍一下郑小伶同志。郑小伶同志，女，身高约1.7米，本报副主编。2003年“非典”时写了大量的独家报道。此同志对烂稿是极为愤慨，曾在电话里对一记者说：“你在我面前的话我就把这个稿子扔你脸上。”

当时余震不断，记者一般是配对采访，以有个照应。最先与其搭档的是一北京哥们，郑小伶同志是哪里最危险去哪里，这哥们是哪里危险不敢去哪里。这哥们娇贵的作风显然与郑小伶彪悍的作风不匹配。此后，郑小伶换了几任搭档。

13

21世纪经济报道 13-15

特别报道 Special Reports

资本·金融 Finance

再造农信社

上一轮农信社改革，央行看国通过合理的"输血"，帮助农信社建立一个健全、完善的"造血机制"。但在1530亿元的票据兑付之后，截至2008年底，在五级分类的情况下，全国农村信用社的不良资产仍然有5435亿元之巨。如何解决这部分资金缺口，须提上日程。而且，资格股对产权制度的制约，已无法在现有情况使农信社摆脱内部人控制的治理困境。另外，之前普遍采用省联社管理架构已暴露种种问题。不过，新的模式正不断被尝试，那么农信社应该走向何方呢？应该建立一个什么样的长效机制呢？

本报记者 张 京 实习记者 郑 智 成都、昆明报道

农村信用社改革进入到第七个年头。

截至2008年，全国农村中小金融机构总资产达到71435亿元，比年初猛增27.6%，贷款增加5888亿元达到37269亿元，所有者权益增加30.6%达到3405亿元。不良贷款5939亿元，占比为15.9%，其中，农信社不良贷款余额5435亿元，不良率比年初下降5.2%，但是仍然高达20.5%。资本充足率从-0.1%到3.5%，税前利润达到578亿元。

这是农村信用社从2003年改革以来的一次大盘点。不过，信用社改革并非要"刀枪入库"，刚进入攻坚破难阶段。

以明晰产权、完善股权结构、提升管制治理为核心的农村信用社再造尚路途漫漫。

2月19日，2009全国农村中小金融机构监管会在沈阳召开，这次会议也为再造农信社给出了新的注解。从会议上传出的消息显示，监管机构可能会为再造农村信用社出台一系列的文件，从省联社规范到信用社法人治理指引，从农村合作金融机构股权改造到农信社风险管理与控制都会有所涉及。

"改革深处是产权"，从2003年开始，产权制度改革一直最受关注，也是信用社再造的核心。

接下来的产权制度改革将会在两个层面进行：一是在县级联社，由于股权分散带来的内部人控制问题，则可能随股份制改造进行得到控制。

二是省联社层面，改革风向可能有所变化。银监会副主席蒋定之明确提出，今后原则上不组建统一法人的省级机构。

一些省联社对此已经做了准备，如河南省农村信用社改革方案的一个重要内容就是"组织讨论设计金融控股公司的可能性"。此前，已经有黄河农村商业银行（下称"黄河农商行"）成功的操作。可以预计，在目前情况下，黄河农商行模式将受到更多省联社的青睐。

2008年，银监会首次形成了省信用联社的履职报告，并将递交到相关部门。在今后一段时间，省联社维持稳定、如何规范将成为主旋律，一份名为《关于农村信用社省联社履行职能的指导意见》已经进入讨论程序。

而信用社改革还将引进新措施的手段。由于江苏已经有兼并、收购信用社的尝试，农村商业银行可能掀起并购潮，通过这个方式并购实现跨区作业，既增强自身实力，亦可帮助困难化解一些信用社化解风险，摆脱历史包袱。在信用社再造过程中，信用社的机构、人力再造也备受关注。

本报记者 刘合 摄

1. 再注资呼吁

1530亿元的票据兑付之后，截至2008年，在五级分类的情况下，全国农村信用社的不良资产仍然有5435亿元之巨。

2003年6月，国务院出台了《深化农村信用社改革试点方案》，浙江、山东等成为第一批的8个试点省（市）。

本轮改革按照"花钱买机制"原则，对试点地区的信用社，人民银行按2002年底实际资不抵债数额的50%，发行专项中央银行票据，用于置换信用社的不良贷款。通过合理的"输血"，帮助农信社建立一个健全、完善的"造血机制"。

此后，各地信用社开始了一系列的改革，降低不良资产比重、统一法人等等。"应该说人民银行的此次改革对信用社的影响还是比较大，起到了正面激励的作用。"多位信用社高管如此评价。

截至2008年，2176个机构已经兑付了1530亿元，占应兑付金额的91%。农村合作金融机构资产质量已经有所改善，股本总额2482亿元，比年初增加258亿元，资本净额首次按五级分类口径由负转正，达到1421亿元，贷款拨备覆盖率24.4%。

从组织形式看，目前全国农村信用社法人机构大约为2500个。其中有185家农村银行机构，农村商业银行22家，农村合作银行163家。而2008年一共组建了5家农村商业银行和50家农村合作银行，改制步伐明显加快。

不过，1530亿元的票据兑付之后，截至2008年，在五级分类的情况下，全国农村信用社的不良资产仍然有5435亿元之巨。

"已经兑付了50亿票据，但是现在负担依然很重。"中部一家信用社办公室主任称。而山西、河南、海南、湖南四省的不良贷款比率都还在30%以上。

他还介绍说，人民银行花钱买机制只是消化了50%的不良贷款，对于剩余的包袱，该省联社主要通过三个手段化解：一是通过清收，二是以赢利化解，三是争取省政府的支持。当地省政府下文，支持加大清收力度，主要模式就是用土地置换不良资产。该省其中一个市做法就是以各个县为单位，政府用当地的城市中心的土地置换当年乡镇企业等贷款。

"目前已经形成会议纪要，分管副省长已经做了批示，要在全省推广这个模式。"该主任说。

云南也采取了类似的措施，由省政府组织部下文：一是对于有贷款的公务员不得提拔、重用，甚至开除，此举清收回公务员和事业单位的贷款7.4亿元；二是对抵债资产的处置。

不过，靠政府清收的毕竟只是少部分，更多不良贷款的消化还要靠合作金融机构自身消化。如今农信社虽经票据置换，但包袱仍然沉重的另一个重要原因是，当年信用社根本没有想到中央会买单，因此一些信用社没有真实的反映资产状况。

上述中部某省政府曾经花费500万元请审计机构对信用社的家底摸底，发现当时少报的约有60亿元。而该现象并非特例。

南方一家信用社的高级管理人员透露，当年该联社上报的金额约为450亿元，因此票据解决了约225亿元。但是，之后该联社的一个内部调研显示，实际资不抵债的金额为700亿元。

（下转第14版

有一天，郑小伶同志说，现在映秀的救援已经差不多，我们去茂县吧。当时茂县的公路还未打通，只能坐军用直升飞机去。地震之后雨水较多，飞行难度极大。另外，军用直升飞机是个稀罕玩意，一般人用不上。郑小伶同志希望发挥自己资深美女的优势对飞行员晓之以理，动之以情。未果，其大为失望。

5·12报道团队还包括徐恺、杨磊、陈小莹、吴红缨、吴鹏、姚伟、左志坚等等。这是一群看见新闻就忘乎所以的人。这是一群打鸡血的人。看见新闻就想往前冲。这是他们的共同点。

吴鹏、左志坚驾车从成都，经雅安——宝兴、小金——马尔康、理县到达汶川县城。这是一条滚石不断的路，时断时续断魂路。徐恺、杨磊则直奔青川。据说杨磊曾经睡在一堆尸体旁边。徐恺在德阳采访时，爆发了一个比较大的余震，感觉大地突然被猛烈地撕了一下。"没事，继续。"那个时候淡定还不流行。

我不是一个善于表扬和被表扬的人。上述吹捧纯属是发泄对以往的怀念，没有发泄对象是可悲、可耻的。我们现在大多数人都不晓得21世纪经济报道曾经有个口号叫"摆事实，讲道理"。那个时代已经远去，还有那些已经远去和正在远去的人。

我怀念那个时代，也庆幸是那个时代的一员。

张麻子在夺取黄老爷的城堡之后，兄弟们都离他而去，因为上海有自行车骑。也不晓得张麻子是否还一如既往的生猛。

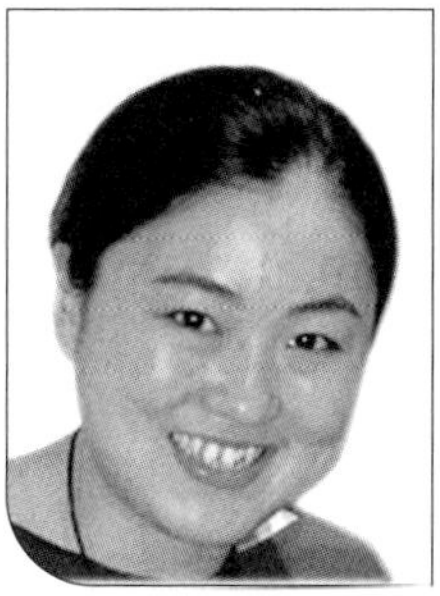

十年梦想，吾之十愿

余姓胡名颖，祖籍金陵，自三代前迁徙至沪上，现微居于松江府，上有高堂双全，下有宠犬两名常绕膝下。居有雅名如华亭者，虽地处市郊，离徐家汇三十公里有余，然退可深居简出、焚檀香调素琴阅金经、由微博而知天下兴亡，进可出入娑婆世界夸夸访谈时尚业总裁、歌颂奢侈阅谝繁华。

余尝闻“不入南方报系不足以为新闻记者也”之说，遂弃《外滩画报》万元月薪于戊子之年转投二十一报系麾下，有周刊者生活家，时任时尚编辑已望三年。虽仅享偏室之待遇，亦觉正房之荣耀。想魏晋曹植之“明月照高楼，流光正徘徊，君行逾十年，孤妾常独栖。君怀良不开，贱妾当何依?”恰乃吾心之写照。

遥想十年前，沈刘等公雄姿英发，少年得意，以新闻创造价值，以国家梦想为己之梦想，假经济洞察社会，开中国财经媒体之先河。而今岁值辛卯，金兔迎门，虽世道艰难，青春不再，诸公雄心不已，上市霸图，指日可待。

想余已年近而立，误落尘网中，一去三十年，处世非不遇，荣身颇有余，每觉宇宙窄，未尝心体舒。虽镜中观己之容貌已如明日黄花，然懵懵懂懂之心依如襁褓中赤子。时茫茫然不知此一身何以生、何以亡。观此末法时代，群魔乱舞，六道错乱。众人道众生，痛苦如处地狱、欲望如饿鬼、痴愚如畜生、嗔恨如阿修罗、浮华若天人，不知何以为信何以为念。浮沉各异势，会合何时谐?

近日读《无量寿经》，观阿弥陀佛之四十八大宏愿，愿愿无我利他，愿愿普渡众生，愿愿恢弘广大，不由赞叹向往。是夜月白风清，万籁俱寂，若有所悟，吾亦有愿，当是如斯：

乐清村长，钱公云会；往生净土，远离恐怖。
我父李刚，威武难敌；普天之下，莫非佛子。
唐骏博士，欺世盗名；身处浊世，慧眼无碍。
乳业潜规，三聚氰胺；饮食安全，宝贝静好。
强拆风暴，席卷华夏；自焚武斗，悉皆消停。
楼市难调，此起彼伏；人人有屋，各得其所。
A股动荡，得而复失；避虚就实，折腾不再。
货币超发，通胀凶猛；如同浮云，转瞬即逝。
世界大战，汇率争端；口诛笔伐，偃旗息鼓。
西南大旱，大地龟裂；普降甘露，泽被四方。

科技无罪

周末和几个老友结伴去大理双廊游玩。苍山洱海阳光灿烂，还有海边那些别致温馨的客栈，迷人的风景将每个人都震住了。大家都掏出手机狂拍照片，然后发上微博。

我发的照片引来了一堆认识和不认识的粉丝的惊叹和艳羡，粉丝数量也随之激增，心里甚是虚荣了一把。另一位朋友对当地四公子的调侃被一个当地人看到了，在微博上纠正她，并且成了她的粉丝，大家都为之赞叹微博的神奇。抬头看风景，低头发微博，每个人都忙得不亦乐乎，只要一坐下来，就各自低头摆弄手机，没人顾得上聊天。

第二天，当我正不亦乐乎地发微博，收到一条朋友回复的消息：别摆弄手机了，好好看风景吧。又有几个朋友将这条消息转发了给我。一语惊醒梦中人，说得我挺不好意思的，是啊，我是来游玩的，不是来做现场直播的。为什么宁愿把时间浪费在远方那些不认识的朋友身上，而不是与身边的好友共赏美景呢?

后来仔细想想，觉得自己还有大部分人都经常犯类似的错误。比如，我们通常会利用IM、SNS、微博等各种各样的互联网技术在虚拟世界中搭建社交圈，经常泡在网上与一些甚至连面都没见过的网友相谈甚欢，而跟同住一个城市的老友或同学一年都不见一次面；比如，我们还经常对网上曝光的弱势群体大发同情或声援的评论，但往往对身边生病的同事很漠然。

互联网将人与人之间的物理距离拉得越来越近，而人们的心却因此越走越远。我们经常对那些远离自己生活、遥不可及的事情的津津乐道，关心程度超过对身边的亲人和朋友。

做IT报道十年，我很惭愧的是，我们一直在歌颂互联网技术之于社会经济及生活的革命性变化，赞美它们创造的财富故事，却忽略了人们在逐渐被技术控制、奴役，并且发生异化。写信这种真诚而郑重的沟通方式成为历史早已不值一提了，现在连打电话在很多人心目中都算一种打扰。在大都市里，尤其是那群追逐技术时尚的中坚人群，先是靠发短信、发展到在MSN和QQ上留言，后来是上开心网，现在是发微博来沟通。人与人之间沟通方式越来越简捷、效率越来越高，也越来越冰冷。高科技公司通常标榜科技以人为本的理念，如果从这点来看，科技不过是一个谎言。

信息获取的快捷及发表意见的自由简便也常令人陷入一种虚妄，自以为对这个世界有随心所欲的发言权。在微博上，一些所谓公众人物、意见领袖每天都在对一些与他毫无相关的事情评头论足，大到国际事件，中至商界动态，小至个人隐私，什么都爱插上一嘴。而一些不知名的小人物也在一旁转发、评论、附和、凑热闹。流言蜚语，真假难辨。《圣经》说：舌头是个罪恶的世界。现在，微博正放大人性的这一弱点。

而被放大的还有人们的窥私欲及对恶俗的偏好。不可否认，网络技术曾经被利用于灾难救援、揭露贪官等正义之事，但更多的时候，网络被利用来制造绯闻、恶炒成名。从芙蓉姐姐到凤姐，从宝马女到小月月，就连一句不知所谓、无厘头的“贾君鹏你妈妈喊你回家吃饭了”都能红遍大江南北，而且被人们当成流行语处处引用。真是越恶俗越出名，越堕落越快乐。

现在常有人感叹，科技越发达，人的幸福指数越低。其实，科技是无辜的，而人是有罪的，人利用了科技，且任其骄傲、虚妄等弱点恣意，不加控制，人自己将自己变成科技的奴隶，正如微博控的我。

《21世纪经济报道》特稿记者 伏昕

站在十年的尾巴上

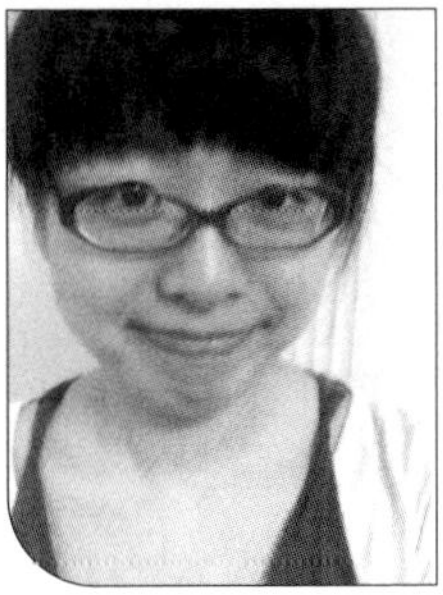

在祝福贵报十岁生日快乐之前，先感谢国家，感谢党，再感谢贵报。

前一个感谢是，感谢国家和党改变了我们生活的时代，近三十年来物质生活逐渐充沛，精神生活比以前丰满，却依然匮乏，地区、行业、不同阶层之间的贫富差距逐渐拉大。从旧计划经济体制上胎生出的社会主义市场经济，在全国人民的物质生活和精神生活上烙下了不可磨灭的印记，然而无论在体制本身，还是运行实践中依然问题重重。这些都为我们如今写稿提供了肥沃的选题土壤。

2000年进入新世纪，当时我刚刚进高中，两耳不闻窗外事，一心只读课外书，在全市最好学校最好的文科班里成绩垫底。进贵报之初，一位对业务极其严谨的老师严肃问我，从中学开始你对什么政经问题保持持续关注？当时我大惊失色、惭愧异常，那时候的我还只是伤春悲秋的小文青一枚，天天感喟为何现实和内心之间横亘一道鸿沟，社会评价一个人的标准为何是违背人性的，在那场拉锯战中最终没有被贵国的教育塑造成一名纯粹的实用主义者实属万幸。

感谢贵报开拓者这一年站在新世纪的门槛上敏锐嗅出新时代来临的味道，创办了这一后来以揭露黑幕为己任的财经报纸品牌。十年来，贵报披荆斩棘以“扒粪者”面貌在社会各界人士心目中留下印记，在揭露体制弊端的同时也为普及市场经济观念作出贡献，并逐渐成长为银行、公司等机构管理者和投资者的手边读物。

如今，大大小小的政府单位、经济单位，官员们、管理者们、投资者们还对贵报当年触目惊心的报道记忆犹新。前几日在上海市土地协会采访，一位老同志对2006年社保案时贵报的表现印象弥深：“你们报纸那时候挺积极，发过很多猛料和独家报道啊。”想到贵报在过去十年镀金岁月里不仅未曾缺席，还在社保案、汉芯、娃哈哈达能等各种重大事件报道中傲立群雄，我就会默默在心中为贵报当年的金戈铁马而感到骄傲。

也还是前几日，在梅陇镇政府宣传科，科长说“你们报纸名声不大好”，我大为吃惊。她接着说：“你们报纸就是太前卫，喜欢负面，弄得我们提心吊胆。”当年贵报让政府部门、资本市场、公司机构“闻风丧胆”，却赢得尊重，如今在采访中获得的便利很大程度上是前人的功劳。

如此一来，我又感谢贵报在十周年的尾巴上收容了我。曾经成绩差的我学习新闻、传播七年，在各大媒体跌跌撞撞实习，竟然一毕业就进入了国内一流的财经媒体，实属幸运，能在初入行就有一个这么好的平台，在我看来身边同事如何其实也是很重要的福利一种，这也是当初我为何“拼命”要来南方的原因。但是，有时候我又因为生不逢时，未能经历21最烈火青春的光辉岁月而感到惋惜。

2010年4月，当我走进东亚大厦20楼的时候，已经是换过几处地点的上海新闻中心办公室略显平静，如今这张报纸已经逐渐成熟并形成了自己的一套体制，无论多少记者来来回回，它仍能在自己的轨道上循序渐进，安然前行，不过早期为贵报奋力拼杀的优秀记者们辗转离开却着实令人忧伤。

“伏小昕，表忘记‘抒情’哦”，在前几天我差点将贵报十年“抒情献礼文”这茬事情忘到脑后的时候，“温柔恨嫁”的师父小莹在MSN上提醒我。关于我的这位师父，在生理年龄上她仅仅比我大两岁，但是无论是视野还是业务技能上都非常专业和成熟，在接触当中深深感受到她的善解人意以及温和平静外表下的持续力和爆发力。有一次饭局上，贵报头版前总监杨磊老师说我一入行有小莹带教，“根正苗红”，真是幸运。

在认识她以前我曾在深夜读过她的《困境行走》，为这位新闻行业的“阿凡达”而感到澎湃过，她在文中讲到的一个故事让我印象深刻，当年汶川地震返沪之际，同行的领导以鲜花和电视镜头迎接，而贵报领导却“不是仅仅来接机，而是一直和你在一起”。我想这也是贵报得以俘获大量人心为之奉献青春和智力的原因所在吧，让一个记者感受到组织的温暖，而不仅仅是一个写稿码字的工具，从而在组织中感受到自我实现的价值。

此时，我觉得作为贵报的一员是幸福的。十年树木，百年树人。十年来，贵报种了许多不错的树。现在，新媒体时代已然来临，传播环境较十年前已经发生了很大的改变，如何确立新的发展战略，整合内部资源，面对市场再度出发，同时又保持“灯塔瞭望者”的风骨，十年前的开拓者们如今又面临新的问题。

最后，祝福贵报。站在十年的尾巴上，想到前人以青春和健康为贵报积累下良好品牌、为我们今天便利采访创造条件，那么如今我们这些新人又能够为贵报做些什么呢?

受人尊敬，并偶尔让人羡慕

三年前，当我怀揣着梦想兴冲冲地进入21世纪经济报道，开始我的第一份工作时，我的大学新闻系老师却遇到了困惑。

我们一起在学校门口的咖啡厅里喝了一次咖啡。那是一种心血白费的受挫感："为什么你们这一届新闻学院100多名学生，可是最终做了记者的，还不到十个人。"随手打听一下其他新闻学院的情况，也大抵相同。

这是一位我十分尊敬的大学老师，她总是满怀热情地带着学生们到乡下采访，住10块钱一晚小旅馆，吃压缩饼干，和狡猾的政府官员斗智斗勇，我们的新闻理想也随着她的教育一点一滴地日渐成长。

当老师激情澎湃地在讲台上讲着王克勤和高勤荣们的传奇故事，台下许多同学在偷偷地传阅一本叫做《中国记者生存现状调查》的书。

终于有一天，许多同学被她课上那些记者的悲惨遭遇吓住，许多人脑中的典型记者形象是：出门被人打、家里人被黑社会威胁、整天熬夜写稿、被警察通缉、手机被国安监听、生活不规律、经常出差、拿着勉强够花的薪水、很容易焦虑……

越来越多的新闻系学生开始考虑转系，并积极地去听考公务员的讲座，背托福的单词，或者穿上蹩脚的西装，积极准备银行、外企的面试……

归根结底，还是大多数记者的生活受人尊敬，但不受人羡慕。随着这个队伍名声开始败坏，还出现了一批受人羡慕但不受人尊敬的记者。

于是就有了毕业时和老师那次交谈。我坦诚地和老师说，受人尊敬和受人羡慕，有时不应该成为一对矛盾。

那个靠理想支撑的黄金年代正在渐行渐远，无比冷酷的社会现实正让新闻系的学生们变得别无选择：他们一毕业就要面临2万一平方米的高房价，独自应对大城市极高的生活成本，至少要对得起父母多年的教育投入……

此外，他们还需要防备，在40岁同学聚会时不被“成功人士”们看不起，自己的老婆不会因为提心吊胆而随时准备离婚……

过去十年，我们培养出了一大批受人尊敬的记者，他们用自己的报道，解决了成千上万人的生计，揪出了数目可观的贪官，搞垮了不少挨千刀的公司——受人尊敬，是《21世纪经济报道》作为一家有公信力的大媒体存在的基础。

未来十年，我的一个小小的心愿是，在继续被人尊敬的同时，赢得更多的羡慕。

这是说，记者首先是一份工作，它不再单纯依赖理想支撑，而是一份老板发给你薪水，你愉快干活的职业，在此基础上，实现自己的新闻理想和人生价值。

我在采访中经常碰到一些满头银发的西方老记者，那份淡定和专注让我钦佩。在中国，做终生记者还是奢侈品，但随着新闻专业化的推进，这一天早晚要到来。

做记者，工作上需要沉重一些，但是在工作中应该更精彩一些。

在一个冬日的午后，当白领们正在写字楼里皱着眉头写报告时，我们可以在一个咖啡厅里，打开Mabcook Air，边听音乐边悠闲地写作。

当你的某位当了公务员的朋友开始向你抱怨自己枯燥的生活，你却可以在工作之余周游世界，每天都见到一拨不同的人，经历不同的生活……

这是我们深爱《21世纪经济报道》的原因，它包容，鼓励创新，向往自由，奔放不羁。它让我们可以好好经营自己的生活，从而有那么一点点让人羡慕的资本，最重要的是，这一切都是在受人尊敬的前提下实现的。

受人尊敬，并偶尔让人羡慕。

这实在是太重要的一件事，它将决定着，是否会有越来越多的优秀年轻人加入我们的队伍，让我们的队伍更加强大。

我的"贵报"生涯

"贵报"特指的是《21世纪经济报道》这张报纸，而"贵报"的称谓，不是外人对它的称呼，而是21自己的员工们专用。

不知道"贵报"的说法是什么时候开始的，也不知道是哪位天才的记者发明出来，不过这已经成为了21记者们的口头禅："今天贵报的头版标题很劲爆啊！""贵报新的打分标准是怎样子的啊？"……这种称呼，有戏谑调侃，有特立独行，更有21员工与报社一种特殊的情感。

从2005年7月毕业，我便进入《21世纪经济报道》上海新闻中心，成为一名负责产业与公司报道的记者。"贵报"是我的第一份工作，也是目前为止唯一的一份工作。因此，"贵报"对于我新闻职业道路的影响尤其可"贵"。

老实说，进入21之前，我对"贵报"的了解几乎是一片空白。当时，我曾在多家知名的纸质媒体实习过，大多数时候，就是跟着或者代替带教老师去开各种会议，回来写成几百字、说清楚事情的稿子即可。会议以外的采访，也都很容易，一般是条线上的单位、企业自己有新闻要发布，或是采访对象自己找上门来，或者打电话约采访，也是很容易的事情。

抱着这样的经验，我来到了21。短短几天下来，以往的经历被彻底颠覆。当时还是周报的21，一般的会议稿基本没有发表的空间。21对于新闻的追求是四个字：独家、深度。

这四个字让21的记者有了与其他媒体不一样的压力和动力。事实上，独家和深度，两者相辅相成，都要求记者要有挖掘新闻的韧劲，有着对行业极深的熟悉程度，以及广阔的人脉关系。此前的中国媒体，能够做到这四个字的，寥寥无几，而21又是率先将此用到财经新闻的报道中的，这对记者是极大的挑战。

在21的记者中，有一句玩笑话，叫找不到选题焦虑，找到选题了怎么做出来，还是焦虑。总之一句话，就是焦虑。

在我来到21的前后，21还有一种“报社为家”的文化。那时候，21男的多，女的少；未婚的多，结婚的少。全是清一色的未婚男。理由很简单，他们有更多的时间和精力，去承受如此大的压力，做出出色的调查稿件。这些记者甚至吃住都在报社，大部分时间趴在电脑面前忙碌，困了就倒在一旁的沙发或者座椅上；有事发生了，拎着背包就可以出差去。

正是这样一种挑战的氛围，这样一群人，开创出了财经调查的先河，也为21的立足打下了根基。此后，女记者人数也逐渐增多，这不是报社质量的下降，而是女记者们也学会了像男人一般地工作。

我得承认，从最初进入21开始，我就盘算着什么时候离开——不是它抛弃我，就是我抛弃它。只是，没想到，我在这个流动性最大的记者职位上一干就是6年，而且依恋之情越来越深。

什么在吸引我呢？首先是这样一种工作和人际的环境。我是一个最怕人际关系复杂、勾心斗角的人，这也是我害怕去公司或者事业单位的原因。与之相反，21的工作对于我而言，非常简单。由于每个记者负责一条线，相互间没有直接的冲突和竞争；从选题到采写，都是记者一人独立完成，自由度非常大。

自由度的表现还在于，21没有坐班制。这使得记者可以充分支配自己的工作时间，也有足够的时间出去采访，研磨稿件，并通过网络与异地的编辑进行沟通，程序简单而有效。

而且，21无论是领导还是编辑，都本着一切从稿子出发的原则，以稿子好坏而非个人喜好评判记者的工作能力。或许，我们同编辑经常有争论，有分歧，不过着眼点都在稿子，而不是对于个人的评价。

21是媒体中较早实行打分评判制，同时分数与酬劳直接挂钩的报纸。如果一篇稿子，足够独家，或者你下了足够的心血，在外界也取得了巨大的反响，那么，你的辛苦不会白费。正是这“多劳多得，少劳少得”的原则，也从一方面推动着记者做出更好的报道。

当然，21最吸引我的地方在于，它让我学会了如何做一名好记者。在我初来乍到还是实习记者时，一件事情让我印象深刻。那次，我跟随报社的杨瑞法老师去江苏某市采访当地一家国企改制的事情。由于员工不满补偿方案，引发了集体性静坐事件。那天一下火车，我们便马不停蹄在现场采访员工，然后联系企业老总，最后了解到的事情是，问题根源在于政府对于改制的处理方法上。

当晚，该市国资委有关负责人出面，表面请我们吃饭，实则是想软硬兼施让我们放弃这次报道。不过，面对政府官员的软话硬话，杨瑞法老师一一挡回。“我们还是要做！”他最后这样告诉我。尽管最后我们加班加点第一时间赶出来的文章因为风险问题被撤掉了，但这却让我第一次感受到一名新闻记者的责任与良心。

也正是这些责任与良知，加上对于行业的钻研，也让我们赢得了采访对象和读者的尊重。在有其他媒体也参与的采访报道后，经常有采访对象专门打电话说："看来看去，还是你们的报道最好！"这一刻，满足感油然而生。我想，这种工作带来的成就感，也将是支撑我继续在"贵报"干下去最大的动力。

老兵新传

当清澈的眼神变得深邃，又一个十年从生命中悄然划过。

毕业后的十年，是我生命中极其重要的十年，也是我最好的青春年华。在这个十年里，我完成了身为女性最重要的几件大事——恋爱、结婚、生子——其中一半的时光是伴随在21的工作一起度过的。

我不喜欢频繁更换工作，十年里仅在三家单位供职过，第一家三年，第二家两年，第三家五年，也是在21的这五年。如今21也迎来了自己生命中的第一个十年，在此祝我们为之奋斗不已、生生不息的21十周岁快乐！

不可否认，在21的五年是我职业生涯中个人能力成长最快的五年。有同事说，21是激发"狼性"的地方，我却不这么认为，其实21给我们提供了一个非常好的平台。

一次偶然的机会，我同时遇到了报社一位同事的几个同学，分别供职于京城其他几家知名财经媒体。听着他们集体对这位同事的一通半开玩笑似的评头品足，很明显的感觉到，话里话外透着"羡慕嫉妒恨"。

总结下来，无非是很多线索他们也知道，但是不能写；有些选题他们就是做了，也做不大；在没有长期积累的前提下，就是操作了一些好选题，也不能"一夜成名"……

但是，这一切的机会，在21的平台上都能够找到，只是看如何去运用，如何去把握。

21的机制固然有她"残酷"的一面，但也有着极强的生命力，否则怎能培养出这么多优秀的记者，并激励他们始终"勇往直前"？

于是每当我遇到挫折，我不喜欢抱怨客观现实，只是告诉自己还要再努力些、再努力些……

2009年，"99届毕业十年同学会"给了我不小的触动。

回想自己十年的记者生涯，虽然有很多收获，但是记者的“光环”一直萦绕在头顶，让我变得越来越浮躁、经常迷失；让我的心不安静，不知道自己想要什么，究竟在追求什么。于是，一种突然想停下来沉一沉的感觉强烈地向上翻涌。再加上一些家庭的原因，我思虑再三后，向报社提出了辞职申请，在自己各方面状态最佳的时期，毅然决然地选择了放弃当时所拥有的一切，回归家庭。

……

一歇就是一年半。那些日子里，我与孩子朝夕相处，从没分开过一天，所有的喜怒哀乐都与小家伙缠绕在一起。我潜心研究育儿知识，有了不少心得；我每天和他腻在一起，感情与日俱增。当我给他洗丫丫时，他突然用小胳膊环住我的脖子，趴在我耳边用那稚嫩的声音对我说：妈妈，我特爱你！

那一刻，他很幸福，我也很幸福！

……

轻松快乐的时光总是过得飞快。文文上幼儿园了，我也需要重新找回自我。正巧报社领导向我伸出橄榄枝，让我能够在阔别一年半后，重新回到21的大家庭。

事实上，离职的这段时间里，我一直习惯称“我们报社……”，似乎从没真正离开过，至少心里没有。

回归后，领导给我安排了新的方向、新的课题，虽然很有难度，充满挑战，但我还是欣然接受，因为我知道只有不断迎接新的挑战，才能激发自身的潜能，才有再出发的动力。

7年前刚到21时，我从关注社会保险转而关注商业保险，一切从零开始；如今，我改换了新的领域，等于又一次从零开始。但我有勇气通过不断的学习和汲取，再次踏上新的征程，开辟一片崭新的天地，努力唱好这出“老兵新传”。

岁月如歌 再铸辉煌

2月19日，原上海产经组组长姚峰邀上海新闻中心的部分老同事一聚，地点选择在九江路上的华盛酒店，这里距解放日报仅一步之遥。《21世纪经济报道》初创时，上海新闻中心就设在解放日报，我们常常在华盛酒店与朋友小聚。此次姚峰将聚会地点放在华盛，大家倍感亲切，也勾起了同事们对往事的回忆。

“那时，报社的业务氛围很浓，连吃饭时大家都在讨论怎么写稿。”席间，有人感叹，“但那一段也是我们最幸福的时光，常常写稿到半夜12点，我们就去解放日报食堂宵夜。”

通宵达旦、挑灯夜战，那时是上海新闻中心的常态。为了照顾我这个大龄老同志，老站长金仲伟还特地为我买了木板床和毯子。

那几年我还不会打字，扑哧扑哧地在稿纸上写完后，宋菊霞和陈佳就帮我输入电脑。其实，那是小宋和陈佳的分外事，作为行政人员，她们还要分发报纸，打扫卫生。如今，在解放日报度过的那一个个不眠之夜，已成为我们最珍贵的记忆。

那时，我们崇尚“新闻就在路上”，一篇又一篇旗帜鲜明、采访扎实、笔锋犀利的调查性报道，铸就了《21世纪经济报道》这个品牌和在财经媒体中的领导地位。

日月如梭。从2000年11月17日在本报试刊号第1期发表《春兰两亿买飞机》迄今，不知不觉中，我已为《21世纪经济报道》服务了10年多。这期间，本报已从周报变成了日报，上海新闻中心也从七八个人发展成为仅采编人员就达40多人的庞大队伍。在感叹新闻民工青春易逝、生命短暂的同时，我常想，下一个10年，《21世纪经济报道》能否再铸辉煌，继续做中国财经媒体的第一品牌?

如今，新媒体正以摧枯拉朽之势扑面而来，传统媒体面临着前所未有的挑战。但我们的发展空间仍然巨大。前不久，我采访了全球最大的传媒集团之一的德国贝塔斯曼集团董事长奥斯特洛夫斯基，他一再强调，在全媒体时代，纸媒依然会存在并发展，但前提是要能提供读者喜欢的内容。

前十年，《21世纪经济报道》以内容取胜（尽管我们的版面上经常有文理不通的病句等令人不齿的错误，在2月21日这期报纸上就随处可见），下一个十年，我们报纸的内容能否做得更加精彩？这是广大读者对我们的期待，也是我们的职责。而要想担起这个重任，继续保持并发扬本报初创时的激情、精神和风格，应是议题中事。

我的实习生涯

我们的21十周岁了。其实年前就收到写“感言”的任务，可能是由于心里有太多话不知该从何说起，或者生活和工作被一堆琐碎淹没，一直没有动笔。

动笔前，为这篇感言想了好多个标题，原计划想用一个华丽而煽情的标题，以传承南方系的一贯风格，后来想，我在21这三年的情感和经历，充盈在我内心的，只有“感谢”两个字。

一

2008年3月，我拿着一封实习函，第一次来到传说中的广州大道中289号南方报社大楼，院子门口的工作人员告诉我，我要实习的《天玑》杂志，在17层。

在《天玑》实习一周后，我发现《天玑》出版周期长，分给我的工作量太小，担心浪费宝贵的实习时间，请求实习老师给我增加任务。带我的实习老师邓茗予给我支招，可以到21世纪经济报道那边看看有没有活儿干。

我心里暗喜，因为当时我前来实习的真正目的，就是想利用21改日报需要大量进人的机会在那里获得工作机会，而不是其他子报。

我首先想到的是去政经组实习，因为当时我自以为我的知识积累更适合做政经报道。也许机遇在一开始就做了诸多铺垫，政经组的办公室没有人，对门的产经组办公室也只有一个人在，这个人是丁秀洪老师，丁老师告诉我，编辑李银需要一位实习生，让我等等。不久，李银回办公室，我将学生证给她，说想当她的实习生，李银二话没说就留下我。在这里，谢谢李银，包括后来你对我的诸多鼓励和指导。

当天，我就开始身兼两份实习工作，白天在《天玑》做做帮手，晚上在产经组当流程编辑。这样的日子持续了两个月。

两个月后，我发现广州没有记者站，无法进入新闻一线，郁闷坏了。于是打电话给北京行政，北京行政的回复再次给了我希望：可以来北京记者站实习。

我终于可以当记者了，尽管要从实习做起，从零开始。

离开北京前，上海的鲍辉春老师给我安排了高江虹当我的实习老师。这两个人，在我今后的成长中，都扮演了关键角色。

谁说21的工作文化是狼性的？正是这里的人，给了像我这样的新人诸多提携。

二

来北京后，高江虹带我实习，一有采访机会，她都会带我出去。

渐渐地，我开始尝试单枪匹马搞新闻。仿照21的稿子写一些常规稿，尽管每一次都被编辑毙掉。

对于还没毕业的实习生来说，没有人脉是最头疼的。我想到的方法是，搜索各大会议，然后前去换满两大盒名片，回来后挨个打电话。

2008年7月，我终于可以独立写一些常规新闻了。记得重庆站的文静轮岗编辑时帮我发了第一篇稿子，我在永安里的地铁站里开心得跳起来了！

此时，我也面临艰难选择——我要毕业了，21还没有给我offer。家里人也催得紧，妈妈总是打电话，用哀怨的语气希望我结束实习，去亲戚的单位工作，那里可以解决户口，有一份稳定但不高的薪水。

北京的就业形势比我想象的还严峻，面对一家可以解决北京户口的事业单位，和一份符合理想并在最短时间获得最大成长但充满变数的工作机会，我该如何选择？

总体来说，我是一个平凡的姑娘，但希望在平凡中保持一份自己的坚持。我坚信21可以给我的人生带来一点与众不同。

我决定一条路走到黑，反正不会饿死。

后来的实习比我想象中的要难，但是我获得了跑钢铁的机会，发稿数量越来越多，每月赚的稿费比我好多同学的工资还高，心里还是挺美的。于是骗我妈说，我留在21了。

2008年8月，我的领导告诉我，正在帮我争取编制，让我安心实习。

谁知，2009年过完年回来，我被告知无法获得编制，因为金融危机报社严控编制，不裁员已是最高要求。

这时候，我彻底死心，正好我给自己一年的实习期限也差不多了，虽然不成功，但也算尽力了，没啥可遗憾的了。

2009年3月，我打算去中国经营报试试，21这边虽然暂时没有机会，但它给我的锻炼，使得我达到了其他国内财经媒体的要求。

正要离开时，一直指导我的编辑鲍辉春要我搞搞“两会”。搞就搞吧，反正也是闲着。于是我就“赶鸭子硬上架”了。可能是人品爆发，我那次跑“两会”特别顺利，基本完成了编辑布置的任务。

此时，新上任的北京产经负责人徐万国和马腾老师再次给了我留在21的机会。当时我犹豫了一下，主要担心又被放鸽子，加上我已经毕业快一年了，想找个正式工作安定下来。

后来，我在MSN上问杨磊师兄：这次有戏吗？杨磊说，有戏，我也跟刘总说了。于是，我开始专心工作。

2009年4月1日，居然在愚人节这一天，我被徐万国告知可以留下来了。当时正和五矿的人一起吃饭，一高兴我居然干了一杯白酒！这里有一份厚重的知遇之恩。

此后，我就成为21名正言顺的记者了。这中间我实习的时间，正好是一年。

在别人看来，这是多么琐屑、多么不值得一提的细节。但对我来说，正是这段日子，成就了我的坚持，也给了我机会去从事自己喜欢的工作，我没有向顺手拈来的生活屈服。

三

写到这里，我想，三年前的今天，我是21的一名实习流程编辑，对财经记者这一职业，充满敬仰和期待。

三年后，我获得了各种采访机会，这些机会，使我比其他人更近距离观察并记录中国经济发展的某一面。这些机会，除了带给我一份还算不错的收入，还有内心的成熟、知识的补充、更多的阅历。

三年前，那位从未体验过财经新闻、刚踏出校门、渴望融入21的姑娘，如今已成为有更多想法、更专业、更自信成熟的21一分子。

感谢21，使我成为更好的自己。

感谢在21认识的所有老师和同事，因为你们，21成为我人生的一部分，不管我将来成为怎样的自己，这一部分，都将不可分割。

祝福21，你将有更多精彩的十年，我为你骄傲。

新闻"上山下乡"

上

但凡是在过往岁月中寻找谈资以佐酒肉的场合，报社前员工某某总会幸灾乐祸地讲起一段关于我本人的故事，说的是我们一起出差半月，"弹尽粮绝"之际，我抓起银行卡就往当地中国人民银行跑去，被这厮嘲笑我枉为财经记者。

故事说的是7年前的事，我刚刚加入《21世纪经济报道》不久，青涩、激情而存有理想。在那之前，科班出身的我，已经有过近三年的新闻从业经历，过着极其规律的朝九晚五的生活。

但严格来说，直到前面提到的这次出差采访，常识的缺乏加上多少已经被"奴化"的新闻理念，我并算不上所谓的财经记者。我想，我可能更多地对这份报纸存有敬畏，尤其是一些传统媒体不敢企及的报道，让我觉得"哦，新闻原来可以是这个样子"。

我不喜欢看书，也不知道凯恩斯或者哈耶克，但应该算是个爱学习的人。当然，这种学习机会来源于报社的业务氛围以及同事们的言传身教。多年过去了，北京新闻中心搬家数次，给予我营养最多的当数在华彬大厦的日子：

一帮人挤在一间狭窄的会议室里，座无虚席，唇枪舌剑。我身处其中，但绝大部分时间里只是听众。我感受着他们狼一般的精神与活力四射的新闻气质，体味着他们行走于惩罚与荣耀之间的悲愤和欣喜，并一一记住他们。

有的人吃在办公室、睡在办公室，不分白昼，虽然当时是周报，但这些人每周都可以创下惊人的发稿数量。据说以至于后来报社为了控制"拼命三郎"现象，一度限制一些人的发稿量。

而有的人为了一篇调查报道，辗转数地，"上山下乡"，乐此不疲。"不必选择道路，只需发挥天赋。”一位同事很长时间里一直这样快乐解嘲。我想，这里面包含着他的新闻快感，也包含着被大家称为“贵报”的文化内涵。

这些东西矫正着我的新闻观，挖掘着我的新闻潜能，使我受益，也使我自卑。我必须承认，我不是一个拥有天赋的人。

中

有一个小插曲，我进入报社后，按要求进入见习期，并在最短的时间里获得了转正的资格。但直到半年后，我才办完了入职手续。我当时想，如果我不能胜任和适应这个地方，可以以最简单的方式离开。因为在加入21世纪经济报道之前，我向原来的工作单位交了1.4万元的劳动合同违约金。

但如同“铁打的营盘流水的兵”，我看到了市场化媒体区别于传统媒体的另一面。很多人不经意地离开，很多人不经意地进来，也有的人离开了又回来。

我没有更多地去关注这些来来往往的事。因为我们必须承认，在一个以版块为战斗单元的团体里，鼓励个性发展的同时，某些方面的黏合度必然会受到挫伤。这一切不会在太大程度上影响个人打拼。

我已经初步进入了角色。我也开始“上山下乡”，带着属于“21世纪”市场媒体特色的价值观穿梭于各省市，尤其是山西，那个与我条线密切相关的产煤大省。我也因此被领导及前辈们误以为“老西”。

那是一个资源性话题开始被青睐的年份，在同事们的鼓励与帮助中，我找到了一直期待的新闻快感。很多人说“南方有梦，有新闻”，我相信自己也是因此而来。

还是在那个狭窄的会议室里，我逐渐开始积极参与各种热火朝天的讨论，发表自己的看法。我也开始更多留意报社那些腕们的发稿量，多少有点心存攀比和较量。

我也开始通宵写稿，或因找不到理想的选题而彻夜不眠。焦虑曾在相当长一段时间左右着我的工作和生活，尽管我知道很多人其实跟我一样。

但我知道，这对我而言是一种积极的工作状态，我喜欢并享受一个以业务状态为标杆的竞争氛围，它使人勤奋而进步。

下

很长一段时间，我是快乐的，更多的时候乐于一个人“战斗”。如同很多人一样，除了每周一次的报社会议，我很少到办公室，外出采访，回家写稿，网络和电话代替了与同事间的几乎一切沟通，我也曾经以为，这才是一个新闻从业者的工作状态，自由得有点散漫而令人羡慕。

但持续了一段时间后，焦躁的情绪开始越来越严重，我多少有点脱离组织的感觉，也许我疲惫了。

2007年，在经历数月的“低潮”期后，我转做编辑。版面如同枷锁一般捆在我身上，每天忙忙碌碌，但却不知脚印留在何处。尤其是在报纸变为日报后，这个感觉越发明显。在做记者的时候，我可以用几个晚上来考虑做什么选题，但现在每天都要考虑明天版面发什么文章。

曾经一起加入报社或者那些更资深的同事们一个个离开，新鲜的面孔不断在办公室涌现。我开始留意这些，带着祝福和期望。

我还在一遍遍讲述着梦想，告诉身边清新的面孔那些有关价值传承的故事。有时我也在想，人生就是一场场接力赛，事业也如此。

如今，报社10岁，很多人愿意将10年当作一个年代，但我总感觉我们这张报纸已经经历了不止一个年代。我们的同事越来越多，我们的故事还在续演。

我们站在新闻职场的沃野上，面对惩与罚，享受欣与喜。新闻，或许正如此。

十年问道　其命维新

用执拗的名字　诉说世纪的坚持
牢记梦想　自然生长　绚丽绽放
有阳光到达的地方
就有生生不息的向往

The 10th Anniversary

01人物

沈颢

菲茨杰拉德有篇小说《本杰明·巴顿奇事》，讲一个人肉体上的返老还童现象，最后像婴儿一样地离去，也许我会尝试着在精神上完成这个过程。

思无邪

问：你招聘进来的第一个人是谁？说说此人。

答：没确切想起来。只记得最早找了薛兆丰，想让他加入报社，然后一起去找张五常聊天，后来薛与张各在报纸上写了一个专栏。薛那时着迷于阿尔钦，后来还翻译了阿尔钦的一本著作，阿尔钦又是张五常的老师。三年前在一个聚会上碰到张五常，他还记得当时我们最早把他（阿尔钦）的文章系统性引进内地的事情。当时版面上另一个一起开专栏的是周其仁老师，后来有时碰到周老师，周老师不止一次表达了对那段时光的怀念。薛后来去美国求学，现在在周其仁老师管理下的国家发展研究院担任教职。

问：贵报十年，你最刻骨的感动与遗憾，各是什么？

答：汶川地震后，许多同事争着报名去一线采访，无论在组织方式还是报道方式上，都有很多创新，我去成都、去灾区参加报道讨论会，看到每个人都很累，但又非常坚持，脸上有一种说不出来的夺目光彩，心想，为什么新闻工作会让人笼罩上一层神圣的光芒呢？没想明白，但比较享受与同事们在一起的那种状态。

最遗憾的事是《21世纪环球报道》停刊，看到那么多优秀的员工没法实现自己的想法，内心纠结，被迫离散，自己又无能为力，实在是有限的人生中最无限的遗憾。

问：你成年前发过什么梦？而今还有哪些梦想？

答：一直热爱自由，发过的梦都与此有关，比如做个诗人，做个隐士，做个旅行者。菲茨杰拉德有篇小说《本杰明·巴顿奇事》，讲一个人肉体上的返老还童现象，最后像婴儿一样地离去，也许我会尝试着在精神上完成这个过程。

问：每个人都会焦虑，就像你每天要呼吸吃饭。过去十年，你最焦虑的阶段是何时？

答：我的前妻在世的最后三年。

问：较之2000年的你，2010年的你最大的变化是什么？

答：大了十岁，折腾劲儿破坏欲少了好多，似乎躲进了身体的某个角落。

问：较之2010年的《21世纪经济报道》，再过10年，你估计它会发生什么变化？

答：新闻食粮，精神领袖。

问：目前，你认为媒体发展的最大机会在哪里？

答：仍然是最优质的新闻。

问：2011年，如果不做媒体，你想做什么？

答：没有剃须刀的中年背包客。

问：举手就能提问。你最想向谁提问？你的问题是什么？

答：问最伟大的流浪者净饭王子，也就是佛陀尚未觉悟之时的俗身。在他觉悟之前，他认为觉悟是什么？

问：贵报十周年，你不想说什么，有些说不过去。你还是说点什么吧，留给十年后的“你”和“我们”！

答：一言以蔽之，思无邪。

刘洲伟

如果失去的只是锁链，你有可能进入一个美丽新世界：新闻不死，报人涅槃，脱胎换骨，咸与维新，机制幸福，财务自由……衮衮诸公，芸芸众生，其欣喜为何如?

彼岸

这是最坏的时代，这是最好的时代。

耐着烦使用这句套话，是因为我觉得以此形容眼下报人的处境，再恰当不过。

如果不出意外，报纸这样东西“断送”在我们这一代报人手上，已经不是什么悬念。我们还年轻，报纸却老了，挽歌隐隐传来，正是仓皇辞庙日。耶稣失去教堂，世界将会怎样？也许没有比这更糟糕的事情了。

但如果失去的只是锁链，你有可能进入一个美丽新世界：新闻不死，报人涅槃，脱胎换骨，咸与维新，机制幸福，财务自由……衮衮诸公，芸芸众生，其欣喜为何如？

这有点彼岸的意思了。想想吧。有想法就是一种态度，就好比聊“下一个十年”，开口即勇气。

勇气就是对挑战的应战，汤因比早说过凡活着的文明必经此役。对于互联网文明的崛起，报人别无选择：唯有多想，勇于试错，找到路径。

看看中国互联网业大爆炸式的增长，我觉得有两条经验：其一，作为后发的经济体，所谓创新就是快速模仿，门户、IM、搜索、电商、视频、团购、社区，无一不是对硅谷的拷贝，拷贝越快，越有机会；其二，微创新是必不可少的，在某种产品或服务上找到适合国情的“杀手级应用”，更易成功。

报业转型现在还没有好的案例。但先行先试的“洋先进”不少，不妨捡几个放在自己的“篮子”里。

第一个案例是默多克的The Daily，试探新闻消费者对付费阅读的态度，实践图文、视频与音频的一站式解决。这个有待观察：定时推送有点慢，而且是web1.0的思维。

第二个案例是Huffington Post。可资借鉴的是由读者来决定“头版”，即根据网民点击对新闻排序。编辑由议程设置者、把关人变成新闻社区管理员，任务是让社区活起来，大量使用博客写手与公民记者。新的哲学是非李普曼式的，新闻变成读者与编者共同合作完成的工作，而非少数报业精英主导。

第三个案例叫Demand Media。其特点是彻底按需生产新闻，它用网络即时监控与分析，快速找出热门关键词。然后由专业编辑把关键词搞成标题，采用众包模式，分给旗下的作者写手采访写作，尽快发布。

硅谷的基因是程序员文化与风险投资文化的混合。我们缺乏这两类人力，需恶补短板。除了自主孵化项目，与外界合作成立风投是另一条必行之路。我们可拿出存量资源，以空间换时间。

若搞孵化器，一定要用新机制。什么叫天使？就是我们承担风险，帮助年轻人成就自己的事业，成就别人就是成就自己。投资收益的一部分可反哺报社，善待员工。

达尔文说：凡活下来的物种，不是最强壮的，也不是最聪明的，而是最适应环境改变的。

变则通，通则久。21世纪刚刚过去十年呵。

十年十问："我"的这十年

问： 你招聘进来的第一个人是谁？说说此人。

答： 2000年我招了一拨人。都是猛人。正是他们，使我对自己的判断力一直以来盲目自信。

问： 贵报十年，你最刻骨的感动与遗憾，各是什么？

答： 最感动的是有许多同仁最美好的时光都给了这份报纸，多年坚持背后的那份情义。我常常为他们的遗憾而遗憾，黯然神伤。

问： 你成年前发过什么梦？而今还有哪些梦想？

答： 我一直想当一个记者，当年弃理从文弃明投暗就是为了圆这个梦。而今无梦，却常从梦中醒来。

问： 每个人都会焦虑，就像你每天要呼吸吃饭。过去十年，你最焦虑的阶段是何时？

答： 四年前住院，以为自己身体透支，玩完了。现在平静如水，让焦虑见鬼去吧。

问： 较之2000年的你，2010年的你，最大的变化是什么？

答： 后来最大的变化就是没有变化了，钟摆停下来，肉身却在飞行。

问： 较之2010年的《21世纪经济报道》，再过10年，你估计它会发生什么变化？

答： 我希望它依然牛逼，它的员工依然有轻度的自恋。

问： 目前，你认为媒体发展的最大机会在哪里？

答： 还用问吗，互联网！

问： 2011年，如果不做媒体，你想做什么？

答： 做一个称职的父亲。

问： 举手就能提问。你最想向谁提问？你的问题是什么？

答： 神明。这个世界是否有信仰就会更快乐？

问： 贵报十周年，你不想说什么，有些说不过去。你还是说点什么吧，留给十年后的"你"和"我们"！

答： 有人把时间典当，拿货币去置换一种叫自由的东西，你也在玩这个游戏么？

03人物

陈东阳

曾经，我们的报纸跟竞争对手的差距很小，我们有发现问题的能力。十年只是一个开始，成绩已经成为过去，在新的十年中，行业将如何发展，我们能否应对？

在路上

突然接到编辑的催稿电话，才知道此前我提议为十周年编一本书，竟已快付梓了。该为过去的岁月，写点什么呢？虽思绪万千，却无从落笔。《21世纪经济报道》创刊10年来，可以说是尝尽了酸甜苦辣，一路走到今天，值得记录的，很多，很多。

看到书名叫《创世纪》，首先想到的是香港无线的一部同名台庆剧，随后又想到了在梵蒂冈教堂里看到的圣经故事壁画，“创”，实属不易。

10年前，在集团领导的支持下，我们几个人酝酿了大半年的时间，终于跨出了一步，正式创办《21世纪经济报道》。起步之际，确实是困难重重，所幸我们一直信心十足。缺人员，少电脑，办公场地很紧凑，资金也还没到位，都是摆在我们面前的现实挑战。不过，大家二话没说，分头行动，借用了南方周末的电脑室排版，队伍很快建立起来，积极开拓和发展客户，以期争取到广告业务，一切开始高效地运转起来……

那会儿，看着不断往上蹿的发行数据，那种欢畅感实在是难以言述；不过，当时欢畅中也包裹着焦虑，媒体的广告经营存在滞后效应，因此，在发行不断告捷时，广告人员承受的压力就很大。

我们锁定的目标客户是大企业，大企业对媒体的价值评估的完成可不是一两天的事，有些企业考察一家媒体长达一两年之久。

记得2001年5月我出差北京，见了IBM的代理公司，对方的相关人员告诉我们：“我们的客户对媒体要考察2年，你们这份报纸，明年再来谈吧！”这多少有些令人气馁，业务人员不抱希望地问我：“陈总，怎么办？”我告诉他：“别灰心，我们再去找找IBM的负责人，双管齐下，不信就不成。”

功夫不负有心人，当年年底，IBM就正式给报纸投放广告了，后来的几年，IBM一直是报纸的大客户，2005年投放量甚至占到我们当年广告总量的15%，这一纪录，至今还是未被打破的纪录。

类似的例子，不胜枚举。攻城略地中，我们还成就了不少的“第一”。第一家报纸赢得宝马汽车在中国的彩色广告投放，第一家报纸获得Intel16个连版广告投放，中国第一个蝴蝶拉页广告的受益者（客户是凯美瑞汽车）。

有所突破，自是欣慰。然，此间艰难，如今回想起来，倒也忍不住微笑。大约在2001年的6月，我们还曾因为工作出差，而被警察例行搜身和检查行李。

当时，我和华南区的一位同事去中山名人公司，后者的主要产品是PDA，他的副总经理赵强是刚跳槽过来的职业经理人。创业初期，只能不断开发以前的人脉，赵强是其中之一。因此我向他介绍媒体，介绍本报，当然，醉翁之意不在酒。当天中午赵强请我们吃饭后，一天下来，竟帮我们赢得了一个70多万的广告投放协议。去中山，我们是坐大巴来回的，回程的车约是下午五点多，我们坐在车上，喜悦开始蔓延，结果车上有位乘客说他手机被偷了，当场就报警。于是，司机不让任何人下车，到了广州越秀南客站时，警察已经在站那里等着，要求每位乘客下车时都必须接受检查，结果我们和行李，都被搜了“身”，多出来的这一番“人生第一次”的体验，让我们铆足劲，准备在当年创造好业绩，以便可以为报社买辆车。10月的业绩结果出来，果然没有让人失望，我们终于买了第一辆汽车。

赘述记忆的片段时，确实也心存感激。21这十年，得到了集团各位领导的大力支持，也得到了投资方的支持，我们有成绩，我们也有教训，对于一个组织来说，自我反思是非常必要的。

曾经,我们的报纸跟竞争对手的差距很小,我们有发现问题的能力。十年只是一个开始,成绩已经成为过去,在新的十年中,行业将如何发展,我们能否应对,需要我们思考、行动、学习、创新，我们现在充其量只能说是财经媒体的领先者。要做领导者，路还很长。

感谢一直以来跟我们一起战斗的同事们，包括已经离开的前同事们，相信没有你们的努力，就没有21的今天，再次感谢集团领导和投资方的领导们，没有你们的宽容和理解，也不会有我们今天，谢谢!

十年十问：“我”的这十年

问：你招聘进来的第一个人是谁？说说此人。

答：应该说报纸经营系统招的第一名员工是顾蓓，当时我们还没办公场地时她就来了，还在南方周末办公室熟悉工作估计有半个月的时间，她也是我们现在的行政中心总监。

问：贵报十年，你最刻骨的感动与遗憾，各是什么？

答：十年最刻骨的遗憾是《21世纪环球报道》被停刊的事情，还记得当时出差在外，江艺平老师给我打电话的细节。最刻骨的感动，应该是2002年报纸当年实现盈利目标时刻吧。

问：你成年前发过什么梦？如今还有哪些梦想？

答：小时候的梦想是人能插上翅膀飞上天，现在还是有这样的梦想，多自由自在啊。

问：每个人都会焦虑，就像你每天要呼吸吃饭。过去十年，你最焦虑的阶段是何时？

答：过去十年，最焦虑的阶段是2003年、2004年左右，报纸改周二刊，内容和经营压力都很大，同时当年环球被停刊了，几十个同事在不断的反思学习和等待中不断流失，还有“非典”、南都事件等等，非常的焦虑。

问：较之2000年的你，2010年的你，最大的变化是什么？

答：较之2000年，2010年的我，应该说更成熟和从容，也明白任何事情都不可能是完美的，坦然处之吧。

问：较之2010年的《21世纪经济报道》，再过10年，你估计它会发生什么变化？

答：估计2020年的《21世纪经济报道》，应该是一份真正意义上的国际大报吧，像《华尔街日报》一样。

问：目前，你认为媒体发展的最大机会在哪里？

答：目前，媒体的最大机会是在于体制的渐变带来的真正的市场化运作，还有就是中国消费市场的升级以及新技术的革新。

问：2011年，如果不做媒体，你想做什么？

答：2011年如果不做媒体，那就待业啦，哈哈。

问：举手就能提问。你最想向谁提问？你的问题是什么？

答：当然是问沈颢，将带领我们走向何方？何时让大家实现财务自由？

问：贵报十周年，你不想说什么，有些说不过去。你还是说点什么吧，留给十年后的“你”和“我们”！

答：不想说的事，现在也不会说。想说的是，事业尚未成功，我们仍需努力。

李戊

既然空间不可行，不如换个角度，用时间来界定？如此，则豁然开朗。“21世纪XXXX”，不是挺好的吗？既规避了地域之见，又以跨世纪使命自况。

“创”世纪

这本书叫“创世纪”，那就说说“创‘世纪’”时的一些事情吧。假如老人都不说，新人又无从得知，历史怕就慢慢隐没。

创办《21世纪经济报道》，是2000年夏末的事情。举事之初，最重要的就是要起个好名字。20世纪末，科网股泡沫爆破之前，“新经济”三个字还是非常激动人心的，有如现在的“新媒体”。于是将《新经济时报》这个名字上报，旋，批了。

正在设计报头之时，竟发现四川已经出来一份《新经济时报》，人家也不是李鬼，也是正式批过了的。大家都是李逵时，识出来那个就是李鬼了，真是抓狂。就像以前经常出现的车票或电影票重号一样，先到先得，后来的只好自认倒霉，你总不能和系统过不去。

主管部门要求我们赶紧再想一个不重名的报名上报，越快越好。于是那一天中午，沈刘陈李四个人去了起凤台（现在叫喜凤台）吃饭，任务是在埋单时想出一个新报名。

两个字的，三个字的，四个字的，基本都不可能了，五个字几乎是当时可能的最短名字。

既然无法短下来，那就不如索性长出去。不能用最短的名字，那就用最长的名字，总得有过人之处。英文报纸的报名也很长，视觉上也没问题。

偏正结构的报名，前面如果是用地域来定位的话，作为“地方媒体”，先天不足的我们是无法用中字头和世界字头来命名的；我们在中国的南方，用南方开头吧，总像是强调自己是地方媒体，偏安一隅；如果代表中国，我们在世界的东方，用东方来开头，又像是上海媒体，更不敢掠美。

既然空间不可行，不如换个角度，用时间来界定？如此，则豁然开朗。“21世纪××××”，不是挺好的吗？既规避了地域之见，又以跨世纪使命自况。从语感上，也铿锵给力。当时电影Matrix《黑客帝国》大热，港译名叫《21世纪杀人网络》，也风行一时。好吧，那就叫《21世纪经济报道》。

名字太长叫不过来，简称会被叫成什么呢？靓名字也得有个好昵称啊。开始时有的说是“经济报道”，有的就叫“21世纪”，现在简单多了，21，天下无人不识君。

十年十问："我"的这十年

问：你招聘进来的第一个人是谁？说说此人。

答：邓林奕。她威胁我，如果不马上决定，她就去广州日报的赢周刊了。

问：贵报十年，你最刻骨的感动与遗憾，各是什么？

答：2003年得到的支持。环球折戟。

问：你成年前发过什么梦？如今还有哪些梦想？

答：曾经很想报考考古专业。现在只希望自己的国家适合人居。

问：每个人都会焦虑，就像你每天要呼吸吃饭。过去十年，你最焦虑的阶段是何时？

答：每次要公开发言或当众讲话之前。

问：较之2000年的你，2010年的你，最大的变化是什么？

答：变成了中年人。

问：较之2010年的《21世纪经济报道》，再过10年，你估计它会发生什么变化？

答：产品品质更好，品牌更成熟，规模更大，很少或没有印刷版本。

问：目前，你认为媒体发展的最大机会在哪里？

答：了解因技术进步而带来的信息组织方式与受众信息需求的变化，迅速反应，用好的体验满足市场需求。

问：2011年，如果不做媒体，你想做什么？

答：信息技术相关。

问：举手就能提问。你最想向谁提问？你的问题是什么？

答：CCTV5的领导。实在想不通，你们为什么能越办越烂？

问：贵报十周年，你不想说什么，有些说不过去。你还是说点什么吧，留给十年后的"你"和"我们"！

答：给自己："喂，你还在呢？赶紧让贤吧。"给你们："我就说嘛，你们这一代会比我们强。"

05人物

刘晖

在急剧变化的中国，一日甚于百年，时空高度压缩，这些变化既带来焦虑，也带来记录的空间。能记录这个时代，是一件令人骄傲的事情。

刘晖 《21世纪经济报道》执行主编

下一个十年:哥伦布要去哪里

我们的眼神

十年前,《21世纪经济报道》创刊。现在,我依然能想起那时候很多人的眼神,那些闪亮的眼神,带着希望的火焰,梦想着远方,在讨论业务时,炯炯有神。那些不眠的夜晚,有那么多的思想在激荡。是的,也许当时我们并不知道能抵达哪里,就像哥伦布也不知道自已能达到哪里一样,但只要保持航行,远方一定能够浮现。十年过去了,《21世纪经济报道》成为商业报纸的领导者,但这并不是航程的终点,反而是一个新的起点。面对下一个十年,我们需要这样的眼神:依然燃烧着火焰,平静、锐利,具有更多的洞察力。只有这样的眼神,才能让我们在疲惫和焦虑时,始终相信新大陆的存在。

回到地面,回到常识

《21世纪经济报道》这些年的发展是一个典型的"中国成长"的故事,它的成就和奇迹来源于此,它的挑战也同样存在于此。这份报纸的成长,证明了价值观的胜利,也证明了方法论的重要。正如21世纪传媒总裁沈颢所说,这十年,《21世纪经济报道》一直"把公信力作为生命线,把市场化作为驱动力"。而在操作上,则如执行总裁刘洲伟所言,是"深度为纲,拒绝碎片化"。我们在出发的时候有自身的想法和梦想,但同时在具体操作上符合市场规律,对个人读者和机构读者平等对待,并且不断适应市场的变化,抓住市场扩大与细分带来的机会。这来自于创始团队和领导团队的远见,对愿景有着相对清晰的地平线,同时在创新试错过程中,能够于雾中行走时找到路标。同时,这也是来自于全体员工的不懈努力,正是有了整个团队的持续努力,才有今天的成长故事。

有句话说中国是"全球化最大的实验室",那么财经媒体就应该是这个实验室的忠实观察者、记录者、推动者。我个人觉得,这十年财经媒体的贡献就在于,通过一个个样本,一个个公共事件,对普及宪政法治的市场经济常识做了不少事情。另外,就是通过专业方面的报道,给读者提供投资和商业管理的价值。我一直说,新闻就是不断回到地面,回到常识的努力。比如说政府权力应该受到限制,就是通常所说的有限政府;比如

说公民拥有一些与生俱来的基本权利，这些权利是“风能进，雨能进，国王不能进”；还比如说，发展应该拥有自身的伦理和目的，以自由看待发展，才能拓展国民的幸福。这些话看起来很抽象，但其实都是常识，但常识并不易得，财经媒体就是通过一个个事件和案例来普及这些常识的。

创业的时候，是需要把这份报纸迅速地做起来，而现在做了十年，必须要解决持续发展动力的问题。在第一个十年，《21世纪经济报道》可以说是应运而生，但这十年也遇到了不少挑战。财经媒体在中国的境况，既有全球经验的部分，也有自身的特殊之处，一方面，财经媒体领域并没有完成在成熟市场经济体中的整合，比如说欧洲的《金融时报》，比如说美国的《华尔街日报》；但另一方面，又面临互联网尤其是移动互联网，以及类似于微博这样自媒体的挑战，这是一个机遇和风险叠加的问题，也是下一个十年需要面对的基本竞争格局。这样的竞争格局确实是更为复杂，但巨大的机会也孕育其中。

“和带你来的女人跳舞”

前些天，在读一些书，其中有一本是关于彭博社的。布隆博格在谈到如何建立核心的基础业务以满足客户需求时，引用了一句美国西部的谚语——和带你来的女人跳舞。

而对于我们，这个“带你来的女人”就是《21世纪经济报道》。

《21世纪经济报道》创刊伊始，就以深度调查为特色，推出了一系列在市场上稀缺的批评性报道和调查性报道，建立起自己的比较优势，现在到了日报阶段，仍然强化深度、快速、连续的产品特性，但就像在上一个问题提到的，随着门户网站等“新闻大卖场”的兴起，包括像博客、微博这样自媒体的产生，尤其是正在发生的移动互联网浪潮，监管环境和传播介质都发生了复杂的变化。这种类似于“冰川期”式的变化并不完全意味着毁灭，同时也意味着机会。在新兴市场或者具体到中国，传统媒体仍然有巨大的成长空间，而除了自身增长潜力外，也许还面临一次全球内容产业转移的承接机会。具体到《21世纪经济报道》本身，无论是采编资源的配置，还是产品类型的安排，抑或在新的介质上的试验，都需要创新。

在新媒体发展方面，我们必须要认识到其发展趋势已经呼啸而来，拥抱变化是必须的，拒绝变化是愚蠢的。类似于纸媒这样的传统媒体，它首先是靠公信力支撑的，同时它自身也是一种平台，而具体呈现出来的，是内容提供商。相对于别的介质，纸媒存在自身的缺陷，比如不能多元互动，版面有限，有个比喻说，“货架”不能延伸，到达读者的链条偏长，而且存在出版周期限制。但是同样也必须认识到，互联网也有自己的成本，包括海量信息处理的碎片化状态，人们经常会陷入无所适从的状态。更重要的是，类似于门户网站的大卖场其实就是传统媒体，还是依靠专业媒体来进行公信力的背书。而对于一些自媒体来说，固然有瞬间到达的优势，但是很多方面还是依靠个人化甚至是匿名式的处理，对于重大事件，人们还是依靠更权威和专业的媒体。至于基于移动互联的运行模式应该是怎么样的，包括像手机和iPad这样的介质，对于全球来说，都是一个挑战。理想的模式是，有不同介质，可以在变化到来时进行切换。但问题是，变化是雪崩式的，因此必须是迎接变化。而回到报纸本身，其实还有很多任务没有完成。我们也准备进行改版，更好地满足读者的需求。我们听了太多的关于纸媒的诅咒，也看到了很多纸媒的葬礼，但是无论是在全球范围还是中国本土，其实有很大的机会，有不少纸质媒体增长巨大。而我们，接下来要做的，就是通过改版，持续提升内容的品质，提升整体的竞争能力。

“专业化”与“国际化”

这些年，《21世纪经济报道》一直强调“专业化”和“国际化”，其实，这句话完整的表述是：“面向公共问题的专业性，基于中国意识的国际化。”首先要明确的是，专业性不是小众化，更不是术语的堆砌，那是装专业，而不是真专业，深入浅出才是专业，内行人看了认为有道理，行外人看了觉得有收获。而国际化，不仅是海外记者的安排，还包括全球比较的视野，在基于国家利益的立场上，对全球的重大经济政治事件进行第一手的报道，观察全球化带来的繁荣或其不满。从具体操作上，《21世纪经济报道》这些年一直在尝试，通过对新闻报道进行类型化分工，按照采编个体的资源禀赋进行资源配置，在报道组合方式上进行创新，以期取得更好的传播效果。价值观是需要落地的，需要方法论的。风险管理问题或者说价值观问题，不是高音喇叭喊出来的，而是需要通过润物细无声的方式去融化的，只有这样，才能建立更具有黏性的认同感。这些问题不是抽象的，而是涉及到每一期内容的操作。

相对于互联网产品，纸媒提供的是一种组合：价值组合和信息组合。正如此前多次强调的，这种组合其实提供的是一种公信力的支撑。而具体到内容生产，媒体从业人士必须从各个环节降低阅读成本，增加阅读收益。我们常说，争夺高端读者，最重要的是他的阅读时间或者说注意力，而不是买报纸的那点钱。尤其是《21世纪经济报道》这样的专业化和深度化的媒体，除了在议程设置和新闻报道方面要一直处于领先地位外，另一方面还要通过叙述，包括图表、图片等方方面面的手段来降低阅读的难度。形式就是内容，这是媒体组合的重要部分，需要我们不断地去努力。

公信力至上

按照新闻学的观念，媒体既是学校，也是公司。最基本的发展模式也是构建在公信力之上的。新闻和经营分开，这是《21世纪经济报道》一创刊时就确定的理念，这个理念对于报纸发展起到了很好的作用，也应该是继续发展的宪章。媒体怎样协调学校功能和公司属性，这方面的实践屡见不鲜。我觉得在内容操作上，必须要建立价值中枢，那就是公信力至上。当然，从另外的角度来看，其实市场的需求是多元并急剧变化的，一方面，市场对一些功能性的产品有长远的需求，在维护基本宪章的前提下，主要是一个内部协同的问题，并怎么解决发展共享的问题。

《21世纪经济报道》当初之所以能够兴起或者说创造报业领域的奇迹，靠的就是一批既有新闻理想又有专业能力的团队。没有人，就没有一切。采编队伍是重要的价值创造部门之一，也是媒体发展的核心动力之一，这是持续发展的基础。媒体需要一大批以新闻为志业的人才，新闻理想是支撑新闻人不断前行的动力，也是在穿越隧道期时的火焰。但是光有新闻理想是不行的，也需要专业能力和职业精神，更需要激励制度的保证。我不想把做新闻搞得那么自我神圣化和戏剧化，其实做新闻就是不断回到常识，回到地面。做新闻很多时候很苦，尤其是做调查新闻和深度报道，但是做新闻也是有乐趣的。我到《21世纪经济报道》的时候，首先是做一线记者，而且这些年从未间断看版，说实话，焦虑的时候不少，但是在新闻中找到乐趣更多，这些乐趣平衡了焦虑。每个人都有自己的黑暗的隧道期，能否穿越来自于内心的动力。同时，大家都是凡人，都需要生活，养家糊口，新闻既是志业也是职业，也应该得到合理的回报。媒体应该提供有市场竞争力的薪酬和福利套餐，不然就吸引不了人，也留不住人，尤其是在激烈竞争的市场中。《21世纪经济报道》的发展带有这个时代的烙印，快速变化，迅速成长，流动很快。可以说，目前21内部有不少忠诚度很高、既有新闻理想又有专业能力的人才，同时也要承认，有一些优秀的人才也离开了21。一方面我们祝福他们有更好的发展，同时，我们也要反思和完善目前的激励制度，应该不断地增加投入，并根据发展的要求进行结构性的变革。

《21世纪经济报道》首先是一份专业化的商业报纸，必须坚持新闻专业主义，为读者和客户创造价值，但她也是公共性很强的主流媒体，主要方式就是通过对商业事件和公共事件的报道，来推进商业伦理和公共制度建设。在急剧变化的中国，一日甚于百年，时空高度压缩，这些变化既带来焦虑，也带来记录的空间。能记录这个时代，是一件令人骄傲的事情。

在未来的十年，我们能做出而且应该做出更多有价值的事情。

06人物

刘冬

过年她在成都问我什么时候能退休，又想起10年前那个脸上常有不屑之色的丫头，只能回答：“都熬着吧。”

那些花儿

花间一壶酒，独酌无相亲，举杯邀明月，对影成三人。想起这首诗的时候，我正独坐在南方日报18楼狭窄的办公室看版，时间是2010年12月底的一个晚上。此时，21报系的诸首脑们正在上海某个豪华场所庆祝着我们10岁的生日。

现在也很奇怪这几句暧昧的句子会在那个时刻跳进脑子里，也许是神秘的生物钟在提示自己，这个孤独的晚上应该是回忆的季节了。那晚，10年前的良辰美景，10年前那些裹着温暖的碎碎的细节不停涌了进来。

一

初见钱琪是在2001年早春3月，地点是北图。她站在面前，短短的齐耳发，一本正经看着我的时候，心里竟有些着慌。是夏日老师介绍来的，说是一个朋友的爱人，之前做过秘书没做过记者，让我带一带。很奇怪她的早婚，听说还有了女儿。

她的首次写作体验惨淡收场，写海尔的一篇稿子，不知所云。去找夏日，这丫头恐怕不是干这行的材料。事后证明夏老师眼光独到，不停劝我耐心些，以他观察，她还是有些灵气的。那时21北京站孤零零几个记者，也就夏日和我算科班生，另几个之前学的都是其他营生。

她对写作的执着让文章渐渐有了些逻辑，文字间也有了些修饰，写到半年以后，一派熟手模样了。记得当年年底，我和她合作一篇事关某基金的文章在国内引起轩然大波，我忧心忡忡，她却脸色潮红地跑过来，像得到了糖果的小姑娘。之后我让她做国内最早的专职基金记者，她在圈里面名气渐渐大了起来，好些业内人经常向我询问，也让我有了些没来由的自豪感。

记者之余，我经常塞在她的奥拓里游北京的车河，或是逛双安商场。有次她给老公挑衬衫给女儿挑花衣裳，付账之后一声幸福的叹息，说老公忙得很，衬衫全是她挑的，一副小女人的模样。

但离婚不期而至。那段时间，我常以貌似长者的样子规劝，但通常起不到丝毫效果，她总是一副掌控自如的架势。在我印象中，报社的首起女性离异事件始于钱琪，后如多米诺骨牌一般倒得稀里哗啦。报社同事间经常探讨缘由，不得其解。

之后在其强烈要求下，她调至香港新闻中心工作。那时我已经到了总部，她偶尔来广州公干，一起吃饭聊天，眉宇间有了些憔悴之色，她把名字改成了钱多多。香港的三年，不知道在带给她LV、GUCCI外还给她带来了什么。再之后是辞职，后在广州总部上岗，后又辞职，后又落户上海，在21报系的福布斯中文版上岗。

去年10月去上海，约她一起吃饭，又看见了那个脸色潮红的钱琪，说起她刊物的稿件一派盎然表情，还让我定期在网上看她写的私募系列。我怔怔看着她，心生好多感慨。

二

2001年1月某晚，第一次见到小伶，也是在北图。之前，夏日着实渲染了一番，说做过南方报业集团广告部负责人，官至副处，以平民身份来21做记者。听闻肃然。

见面的过程没那么激动但充满了敬意。当时小伶来京刚采访完刘纪鹏老师，就法人股问题。2001年采访刘老师可不是2010年采访刘老师，那时的艰难如今后生们无法想象。在那个晚上，采访的过程从小伶嘴里说出，于我听来宛如一段传奇。

小伶大学学编剧，文章铺陈得错落有致跌宕起伏，现在读起她写的吕梁们仍然能让人心悸。但短板是财经知识不济，所以有缘经常深夜通话。通话常持续数小时，业务仅仅是序幕，然后是家长里短。记得一次小伶电话中抱怨工分太低，领导偏心眼，我费尽口舌帮其解惑，一直持续到夜里两点。第二天两人又抖擞精神，一起从北京赴上海采访。

现在我还怀疑，那时她老公和我太太对我俩的关系恐怕也是心存疑虑。印象深刻的是有次我深夜未归，太太打不通我电话转而拨通小伶手机，小伶老练应付，旋即发短信通知，让我顺利过关。

2003年我从北京调到广州，当时小伶也在广州任职，几乎天天能抬头碰面，相处融融，业务讨论，吃饭打牌，无小伶不欢。

2006年报社扩张，一生二二生三三生万物，各版块招兵买马添人进口划江而治，我和小伶渐渐有了些冲突，冲突的高潮始于2008年的财经金融合并，自此两年，曾经无比亲密的两人竟然断了言语上的往来。经常走过小伶办公室门前，看见小伶落寞的身影，也试图上前招呼一声，最终一次次忍住。

融冰之旅是小伶走出的第一步，去年11月，她通过腾讯通发出召唤，我即刻应招，后虽没有如火如荼燎原之势，但彼此感觉到了一丝暖意。12月，马腾把一张10年前海口年会的照片分别发给了我和小伶，照片上我和她傻傻笑着，心中的时光瞬间倒流。

三

马腾江湖成名很早，之前在联办的证券市场周刊做记者，风生水起，当年一篇“股市的花样年华还有多远”传唱一时，作为2001年报社最重磅的引援，洲伟一直颇为自得。

她来报社时，赠其头衔资深，那时的资深非现时的资深，物以稀为贵，整个报社也就本人和小伶（夏日是行政领导序列）。对这个贸然的闯入者，我的心情坦白地说是“羡慕嫉妒恨”，这种情绪纠缠了我一年。

记得有个周六，我急匆匆去虎坊桥一家报摊买本报（当年的老记者们应该都有这一习惯），急匆匆翻自己文章，眼见自己被马腾两篇硕大的稿子压在版面的右下角，不禁悲从中来，坐在街边石凳上一阵喘息。

现在经常回想起2001年马腾的模样，嘴角一抹浅笑，出身名门的样子，全身透着一股矜持。不过文章的确了得，婉约豪放收发自如。太太翻看本报，也成了她的拥趸，经常的一句话是：看看人家马腾怎么写的。自己便面红耳赤无颜以对。可以说，以后我文章的一点点进步，军功章上有一半马腾的功劳。

两人关系的交融是在2002年6月，我去南京出差，恰巧她也去南京采访，公私兼顾，一起同登紫金山，共吃盆盆虾，夜游秦淮河，一番下来，顿时发觉她亦是可亲近之人。印象深刻的是，当晚同住一旅馆，房间门对门，一起看完世界杯赛事，后各回房间电话聊天至夜半。一夜虽无事，但内心波澜滔滔。

离开北京之后，和她每年见面屈指可数，但几乎能天天在电话里碰面，电话里以八卦居多，以前的浅笑已经变成了爽然大笑。她读书多，经常给我说些没听过的书名，还爱好电视剧，好多年前她推荐的《空镜子》我现在还经常翻出来看上一段。有时晚上给她电话，那头常传来她养的猫咪声音，心里竟有些凄楚。

北京站的记者走了一拨又一拨，能认识的人越来越少，她一直勉力支撑着。今年过年她在成都问我什么时候能退休，又想起10年前那个脸上常有不屑之色的丫头，只能回答：“都熬着吧。”

该讲的故事还有很多，那些散落的花瓣，那些一年、两年都杳无音信的姐妹们，在21世纪10年生日的时候，祝你们好人平安。

07人物

郑小伶

这张报纸有快枪、有毒舌、有神算、有偏才、有妖眼，得如来五眼睿智之传承，肉眼、天眼、慧眼、法眼、佛眼，立世自省，兼济大千。众人无暇关照这张报纸的内心，而这张年轻的报纸却要在这个激荡的国家、在这个疯狂的市场，当好守夜人。

郑小伶 《21世纪经济报道》副主编（分管金融版和香港站）

贵报十年

一份财经报纸做了十年，在一个人口最多、GDP总量全球排名第二、人均GDP排名在百位上下的国家能够风生水起，这也算得上是奇迹。殊不知，那几份全球经济人言必称圣经的WSJ（1899年创刊）、FT（1888年创刊），早过了百年生日，那还是在最成熟的市场经济国家存活下来的呢。

21世纪经济报道，这个冗长而不容易被抄袭的报名，在记者打电话约采访时，实在有些不便。在本世纪初，此报在江湖上籍籍无名，在电话中给采访对象说的第一句话是：我是21世纪经济报道记者……含阿拉伯数字，绝对不少于12字。那时，还需要重复第二遍。第一遍电话那头的人没听懂，那是个什么名？报纸名？如果说第三遍，还真有些快断气的感觉。十年后的今天好了，只需要报几个字，说"我是21记者"，再慢慢补充不急，电话那头，基本上回过来的就是尊重与谨慎了。

这份报纸浓缩的全是精华，历史太短，而世事太杂，每天都在用狂奔的速度记录真伪。很多名校毕业生，上岗三月就成了名记，与他们面对面的是中国经济波动的操刀者及执行者，甚有全球大危机的始作俑者或济世圣医。最后呈现出来的，是中规中矩的一版版的新闻纸，客观而尽量掩藏些感情。没有一个记者与编辑不想显露些才情，在飞快地敲着键盘的时候。

这张报纸有快枪、有毒舌、有神算、有偏才、有妖眼，得如来五眼睿智之传承，肉眼、天眼、慧眼、法眼、佛眼，立世自省，兼济大千。众人无暇关照这张报纸的内心，而这张年轻的报纸却要在这个激荡的国家、在这个疯狂的市场，当好守夜人。

那些已经离开的人，换到主流与非主流网媒、报刊擢升三级，或是转行到金融机构得以财务自由，他们没有一个遭至退货。有个在中资投行任分析员的家伙说，我现在一个人写的报告比整个研究团队写的还多，没办法，在贵报写习惯了，练得又快又准。那些个早早逃离了这个伟大的组织的人，他们难以忘掉这个初恋情人，最激越的年华给了它，最伤感的身体也给了它。

还在的，老的老，少的少，每天都在涌进来的80后、90后，在这架成熟的机器上迅速复制为精准的生产工具与思想工具。这就是这个行业的力量所在，也是纠结所在。如果一张报纸生长十年，连一张车床也不是，一架模具也不是，也倒真的什么都不是了。

这张报纸有过反省，也受过褒扬，我们或发自内心，或只能沉默，如不能使人昭昭，便不可以使其昏昏。一名财政部门的官员说，你们的报纸，有时候很粗野，有时候还是很温柔的嘛。而彼时，报纸刚为一次半夜鸡叫式的调整政策所出的报道而付出代价。市场给这名官员幽了一默，在监管层温柔的时候市场有波动，在监管层粗野的时候却没交易。在政策市与非政策市之间穿行，报纸与大多数投资者是站在一起的，尽量保持均衡，尽量厌恶风险。

没有一个传统报人在做报人的时候能够有财务自由，从21世纪传媒到WSJ再到半岛。在享受了数百名记者获得的一手丰厚信息的时候，在分享到全球财经职业人的专业报告的时候，成为一个富裕的人似乎只是遥想时间与空间的事了。这是个让人清醒的平台，无数精英富豪在报人面前竞折腰。

数年前，有记者不吃不喝写够七个小时，将“中国股市第一案”交稿后，她坐在出租车上让司机找吃的去。此记者问了一句：“人，会累死吗？”司机说：“你又不用下地种田，怎么会累死！”

贵报十年，不用种田，却能收获，感激衣食读者呢！

08人物

王云帆

后来，上海中心有了越来越多的同事，进入一个群体魔障时代。有人喜欢读书，有人喜欢骂娘，有人自顾自地双手倒缚于背，便酣然沉睡于一侧。入夜后，推开气窗，让风猎猎地吹进来，一群光棍青年安静下来，赤膊并排而坐，啪啪地敲打着键盘。

这里有玫瑰，就在这里跳舞吧

本人及21上海新闻中心的解放岁月

21报名长，但没有刘氏风格的标题长。

我在21的第一个头条叫做《伙李嘉诚　北仑港20亿对抗上海港1000亿》，这暗合了后人总结的另一规律，想上21的头版，要么性感暴力，要么超过100亿。

被总结的第三条是，21文体开头常有关于天气的白描，皆事出刘氏本科为气象学。

而我对这三者的解读是，这是在当时的新闻环境里，21积极又无奈的对抗性游戏：对抗千篇一律的八股标题，对抗见事不见人的暮气文风，对抗不实地采访而臆造的行业惰性。

这些手法在F4口中，被提炼为一个词，职业性。

职业的新闻立场，职业的新闻操守，职业的新闻技巧——在彼时贫瘠的媒体土壤上，这些词汇妖艳如旷野中的玫瑰，一举蛊惑了大批后来被沈氏称为“圣徒”的青年。

为做圣徒门下一走狗，2001年5月初，我辞去杭州工作，把全部家当背到身上。那身挎六个包裹走下长途汽车的一刻，我被莫名的兴奋紧紧裹挟，竟然浑身战栗。

朝圣的地点在解放日报20楼，21上海新闻中心当时蜗居于此，拜会过瘦刮刮的和蔼中年男、上海堂主老金之后，我在解放楼前，随机搭上了一辆隧道6线公交。

找个落脚的窝，我想象它应该靠近陆家嘴，这颗中国的金融心脏。当时感觉离那里近一点，自己作为一个财经记者成功的把握似乎就大一点。

当车经过陆家嘴大约三四站后，看到一站牌上赫然写着“王家宅”，我宿命般地跳了下去。在街对面一个典型的老式公房区，我顺利找到一个两居室。为了平摊租金，打电话给另一个新来的同事合租，他一口应允。恰好，这个叫王宏的家伙也姓王。

事实上，那个小屋我住得并不多。当时一周一稿的节奏，令我像个陀螺般奔跑在新闻的富矿浙江。那里大大小小的县城，林林总总的民营企业跟这张初生的报纸一样充满活力，并且符合它的期许，投射出向上生长的力量。

21世纪初的那几年，正是中国民营企业试图由江湖而庙堂的转折期，一批批倒下，再一批批壮大，我的工作就是寻找这些企业生死之间的逻辑，然后伏在乡镇的小旅馆里沿着政经思路，拷问他们和政府的关系，并最终往制度上推演成一家之言。

自诩书香门第出身的我，突然发现自己竟如此无来由地痴迷于中国底层真实热闹的市井生活，交稿后，常逛荡出小旅馆，去看那些乡村刀郎们的演出。在那个啤酒业即将进入最惨烈行业整合的前夜，我用各个县城的杂牌啤酒欢快地把自己灌醉。

每每出差归来，那个出租屋于我的价值才浮现出来——作为赶稿和休息的中转站，屋里只有两件主要家具，窗前一张旧书桌，地上一褥床铺盖。

书桌上，有我花了1300元巨资，从无锡黑市邮购的二手IBM笔记本。写稿间隙，我常细致地摩挲着那有颗粒感的黑色机体，像擦拭着一柄长枪。每每写到困顿或自我失望时，便卧倒沉沉睡去。梦中，曾出现编辑王长春拿着鞭子喝骂的场景。

后来，上海中心有了越来越多的同事，解放日报20楼热闹起来，进入一个群体魔障时代。有人喜欢读书，有人喜欢骂娘，有人自顾自地双手倒缚于背，便酣然沉睡于一侧。入夜后，推开气窗，让风猎猎地吹进来，一群光棍青年安静下来，赤膊并排而坐，啪啪地敲打着键盘。

唯一不会使用电脑的，是超出报社平均年龄两倍的杨瑞法，他总在深夜留下一叠密密麻麻的手写稿后默默离去，在回家的无人夜班车上，他说自己常忍不住放声歌唱，司机惊悚如见鬼魅。

凌晨，那些青年在会议室里横七竖八躺成一片时，全国各地的印刷厂正哗哗地把他们的见闻和思想印成铅字，几小时后，这将成为中国最优秀人群每周不可或缺的一道饕餮之餐。

而当日后，津津乐道于这份报纸的读者主体，从新锐迈向主流，它的影响力之光再也遮掩不住。它习惯用硬新闻重重地撞击着这个国家的经济血脉，用无所不包的调查还原这个社会稀缺的真相。

中国入世、“9·11”、SARS……当这个国家或世界遇喜逢悲，它总是用一个个最有穿透力的大封面、大专题发出自己嘹亮的嘶吼。

彼时，这些或内敛或狂放的年轻人，在21这辆高速开动的拥挤的列车上，共同憧憬真理的远方，在狂奔的路上贪婪地吮吸知识爆炸的气味，并信仰着要一路把真相散播出去。很快，他们在各自的领域像野草般疯狂生长，话语权逐渐各霸一方，引无数豪门竞折腰。

但有时，也依然不靠谱。

一日，行政大姐怒气冲冲地把领导拖到会议室，指着地上两个可乐瓶质问，谁干的？原是有人宿醉写稿后，上演了“一片冰心在夜壶”的行为艺术。

由于人越来越多，2003年我开始兼顾所谓管理，主阵地也就从浙江退守到上海，为此把住所从浦东搬到了浦西。

那是一个大概20平方米的统间，房东用一个镂空的木架为屏风，象征性地将其切分为客厅和卧室。每到夜深人静，客厅里总响起鼠辈们翻天覆地的声音。而我总能在半睡半醒间以许三多扔手雷的标准姿势，抄起一只拖鞋砸出去。砸一次，寂静一小时。然后再睡，再扔。4小时，扔完仅有的两双拖鞋后，天光放亮，我终于安然入睡。

今天，我常困惑和感慨于那时怎么睡得那么少，精力却那么旺盛。

SARS的时候，我小腿肌肉撕裂，每天拄着拐杖一只脚从五楼蹦跳下来，再蹦进社区采访。

随之而来的“周正毅被调查事件”调查，更强化了我把有限的生命投入到无限的调查中去的热忱。记得我是坐着一辆黄鱼车拐进郑恩宠律师的那条小巷，长谈五小时后，再抱着一摞资料单腿跳跃着下楼。第二天，国内第一篇关于东八块案件的调查面世。这成为日后社保案系列的第一根稻草。

但我可以一定确定以及肯定，当年这些甘苦所呈现的浪漫主义气息，并不是今天人为在回忆中涂抹上去的，至少在当时，确实也没有觉得苦累。大概是因为节奏太快了，始终在发足狂奔，根本无暇顾及周边的掌声或嘘声。一如这十年间，这份报纸的生长，这个国家的膨胀。

十年里，21疯狂向上生长，不断破土而出。用他们自认真实的群像，拼接这个世界的图景。

十年里，上海新闻中心也从解放先后转战到了金钟和东亚，可印象最真切的，无疑是解放三年。虽然当时，我们只是上海媒体圈的另类，四处令人讨厌地用拒绝红包来标榜我们职业化的标签。直到2006年，才以社保和汉芯两大系列，彻底奠定了在上海让同行高山仰止的地位。

这就是这份报纸的禀赋，不仅要玩，而且要玩得大。

既然这里有玫瑰，就在这里跳舞吧。而我们，是玫瑰旁春风吹又生的野草。

09人物

金城

当年21创立“政经版块”时，国内“政经媒体”的概念仍不清晰，还记得我在各新闻中心路演，向政经记者们描绘前景时，曾以“政经记者的时代”为题，宣称10年之内媒体行业将进入政经记者的时代。

三段金

其一 10，21，3106

居然就10年了。

21，这是我大学毕业以来，服务年限最长的机构了。之前最长的，也不过3年而已。

当年从南方日报深圳大厦搬出来到新闻大厦31楼时，何曾想过，居然会在这里一呆就是10年。现在回想起来，当年与康庄、冉孟顺、沈涵3位同学在新闻大厦3110房间激烈讨论、发奋写稿的镜头还历历在目；而2002年夏天送别康庄去成都，四个人在新闻大厦楼下火炬雕塑前合影留念的照片，现在还放在我的办公桌里。

康庄之后从3110搬到3106，再没有动过；每天早已对新闻大厦楼下的邓小平画像熟视无睹，每天早已对办公室窗外荔枝公园的无敌湖景熟视无睹，每天早已对电脑屏幕上的舒淇艳照熟视无睹。原来这些就是你人生的背景板。

最近发现自己有点儿爱唠叨过去的时光，唠叨那些在3106曾经活跃而现在散落在天涯的男男女女。有一次跟丘慧慧同学扳着指头数，数着数着我就有点儿怅然若失，似乎是铁打的金某，而流水一样的孩子们。于是我就跟丘同学说，等咱们这里有了90后的孩子，我就真得下决心考虑退休的事情了。老脸真不好意思仍旧挂在3106了。

那些花儿。那些脸。那些经典的金句。那些绯闻传说。那些开花结果的过程。那些果实。

还有不少名字仍挂在MSN和QQ上面，还有不少名字仍保留在手机里面，但有一些名字，就只能在偶尔闪过的忆念之中了。就算有再发达的互联网及手机技术，终还是有许多的内容在流失，从我们的人生中流失。终究有一天，连我们的生命也会杳如云烟。(所以嘛，神马都是浮云。)

有时候想想，我们这些60后的人与90后会有什么区别？答案就是，60后的人可能大部分都会在21世纪的上半叶从地球上消失，而90后的人，基本上都能坚持到21世纪的下半叶才逐一告别。所以对于想办100年的21，我们只能看它的前半生的历史了。除非互联网真的牛逼到这种程度：把“21世纪经济报道”硬生生给逼成“21世纪前20年经济报道”。

哈哈，别想那么远，无论如何，21已光辉了10年，一个世代了。

其二　深圳，重庆，成都

汪洋同志从重庆市委书记调任广东省委书记，我们开玩笑说，嗯，仍在南方新闻中心的范围之内，翻了几个跟斗，还在南方新闻中心的五指山上。

很多深圳的朋友说我是“深圳主义者”，迷恋深圳这个城市。有例为证，2003年由深圳记者站重组为新闻中心时，报社领导就建议命名为“华南新闻中心”，老金不从，坚持取名为“深圳新闻中心”。其实并不是这样子，当2006年再度重组，将深圳、成都、重庆三个新闻中心合并时，老金就不再坚持了嘛，用了“南方新闻中心”之名。其实老金并不是深圳偏执狂，我就一直跟徐恺同学说，很想把个人的办公室搬到成都一年，之后再搬到重庆一年。

千万别说破。我的真实打算是：在成都和重庆各呆一年，每逢周末就约两三好友驾车出游，两年时间，可以把祖国大西南的大好河山尽游遍了。尤其是四川，有太多想去住上几天的地方了。而在重庆仙女山上住的那一周，至今仍让俺回味无穷。

重庆本是个好地方，不过这两年有点儿不太敢去，怕被黑打了。所以去年去了四次成都，但重庆只去了一回。据徐恺同学说，重庆很多老板也都跑到成都去了。所以他能理解成渝4：1的关系。

2009-2010这两年，重庆和广东成为中国两个最具政治个性的省份，一个拼命染红，一个高调涂蓝。这让我每次与重庆的同事们聊天或开会，都有了无穷的话题。毋宁说，这对现代中国也许是个好事情。如果每个省都可以有自己的意识形态或政治体制选择，那该多好玩啊。

其三　政经，低碳，国家经济地理

记得2004年10月，我接手分管政经版块时，才创立9个月的政经版块已历三任临时分管编委，夏日、刘晖、马腾三位老师人均三个月。所以2004年一年，政经版块这个初生儿，加上老金在内，就有了4任奶妈，真挺不容易的。

当时的记者队伍严重不整，所幸编辑部有肖欣欣、谭璐、张安定、秦旭东两男两女四大金刚，总算撑住了政经版的小方桌。2005年初从国家信息中心挖来的陈晨星到广州担任版块负责人，政经编辑部可谓一时之盛。还记得那时我们从17楼的另一端拉过来一张没有人要的长桌，让晨星、欣欣去买了桌台布铺上，政经编辑室居然就有了一种咖啡屋的味道，据说政经编辑室就有了“最温馨办公室”之称。这回搬到新的大厦，不知道那张咖啡桌被保留下来没有。

后来法制版被分出去，变成了法律评论周刊版块，再后来国际版又被分出去，变成了头版的一部分，到2010年又诞生了“低碳周刊”和“国家经济地理”。现在我们把“政经”、

“低碳”、“国家经济地理”共称为“政经”版块群，编辑分设，记者共用，觉得这真是一个效果不错的格局。

当年21创立“政经版块”时，国内“政经媒体”的概念仍不清晰，还记得我在各新闻中心路演，向政经记者们描绘前景时，曾以“政经记者的时代”为题，宣称10年之内媒体行业将进入政经记者的时代，而21内部政经记者也将在排行榜上有亮丽表现，其实仅仅三五年之后，这句话竟然就变成了现实。《财经》杂志的政经化最好地证明了21创立“政经版块”的预见性，而2010年本报政经记者的大量流失，岂非也同样证明着这一点。

本来想写一篇随意的流水账，谁知写着写着就严肃起来了，呜呼哀哉，这真是被政经局定的本能。算了算了，不写了。

10人物

马腾

一群崇尚自由精神的人，“不折腾，毋宁死”，从作坊时代焕然为全中国第一财经大报，本身就说明了真正的纯粹的易碎品的价值所在。至于这十年具体做了些什么，怎么做的，再不用思量，易碎的十年无踪影。

易碎的十年无踪影

十年了，在21世纪经济报道。

要不是2010年年底轰轰烈烈的十周年系列庆典，我不会被提醒这茫茫十年已永不再见。自诩为新闻工作者，“一直在路上”已然成为生活方式，走过了，翻过了，碎了，随立随扫，“当下”扑面而来。

洲伟总在他的微博里有一句话大概是这么说的：慈悲、爱、欢颜都是有价值的东西，但是它们都易碎。不敢揣测他落笔时的心境，我倒是看得平静。在21世纪经济报道，雕刻十年时光，编写了十年新闻，它们都是有价值的东西，但是它们都易碎。把历史的还给历史，把文学的还给文学，把政治的还给政治，新闻终究落红成阵，它到底不是历史的底稿，没有诗意，也设计不了议程。

但一群崇尚自由精神的人，“不折腾，毋宁死”，从作坊时代焕然为全中国第一财经大报，本身就说明了真正的纯粹的易碎品的价值所在。至于这十年具体做了些什么，怎么做的，再不用思量，易碎的十年无踪影。

而且回忆难免会有“莫、莫、莫”、“错、错、错”之类的悔意和叹息，难免会有好汉屡提当年勇的恍惚，我不喜欢。所以每日以打磨易碎品为生计，最是合了我的心意。不过我之前在别的新闻单位也呆过，没有呆过三年的，在21世纪经济报道呆的时间最长，可能更长。我曾经跟一个拉我入伙的同学讲，我对21世纪经济报道的热爱一定程度上就是我对新闻工作的热爱。这个组织很多时候有点冷，有点酷，有点松，有点散，还有点俗，但是在刻下的中国它能坚守变革的禀赋，能给自由一个机会，算是瑕不掩瑜吧。

在传统新闻的语境里，有一个词倒是贴切：“新闻战线”。博弈，对决，斗智斗勇，硝烟弥漫，“将军百战死，壮士十年归”，无论归去与来兮，在这里把祝福献给所有的21世纪经济报道的同仁。

看到过一副对联，与大家共勉：“在高处立，着平处坐，往阔处行；存上等心，结中等缘，享下等福。”

11人物

代波

刊已逝，人亦散，可惜我连一份原来的样刊都没有留下，徒留一把鼻涕两行清泪。如果这两个周刊不是在2002年，而是现在开张，或许结果就完全不一样。但并不是所有如果都能复盘。

十年

当时光在指间烟雾缭绕中散去，独自在键盘上噼里啪啦，回溯过去的10年青春流水账，有一种莫名的伤楚隐藏在内心某个角落，不经意间被撩拨。我在这里已经整整10年，而我的青春也随之逝去了10年，并且是永远找不回来了。日子总是在过去后才领悟到稀缺。

10年，我为之服务的报社已经10岁了，而我也老了10岁。老员工，老人，老不走的，种种关于老的字眼，唯独少了老板这个词。同属老字根，个板板的就是没有板上来呀，呜呜。只是有个老编委一直在这里站岗，吼吼。

还好，老编委也有可乐之处，看到10年前，自己亲生的，两三个人，三四条枪干起来的财经版块如今枝繁叶茂，财经、金融的小日子过得红红火火，虽然现在分了家，但总有一种自豪和眷念依附在她的灵魂上，这就是“情债”吧!

看着书柜里躺着的《现代会计管理实务》和《财务总监》两本书只有前20页翻过的痕迹，忽如一刻，想起了夭折的，曾经打理过的两个周刊《21世纪理财》和《CFO》。或许不是这个流水账，不是我刻意在脑瓜的最犄角旮旯处翻寻，很多21世纪的新人，甚至那些有10年社龄的资深元老，可能都不知道曾经有这两个周刊。刊已逝，人亦散，可惜我连一份原来的样刊都没有留下，徒留一把鼻涕两行清泪。如果这两个周刊不是在2002年，而是现在开张，或许结果就完全不一样。但并不是所有如果都能复盘。

过去的10年间，2003年这个年份记忆最为深刻，不仅因为这年有SARS，同时，这一年也是我从广州转战上海的日子，至今清楚地记得，我是在当年6月，SARS疫情接近尾声，可以自由出入各大城市，而不需要隔离的时候，一个人收了点随身细软，飞到这个小时候一洗脸就可在搪瓷面盆上看到它的名字的地方。这个时间，离我当初接到通知到上海工作，已经整整过去了半年，其间，一直没有成行。当时SARS横行，我一从疫情原发地广州来的，到另外一个城市，自然待遇很高——单间小住一周，觉得有点对不住国家免费提供的食宿，还是别让党和政府为我等上海黑户操心了。

如今到上海都已经快8年了，但我还是在上海方面统计口径中标准的盲流和黑户。四金、个税、居住证统统与我现在生活的城市无关，以至于小孩要上幼儿园，要求不高的我，也是对此束手无策，胡乱找个对付了事。公立的、示范类的全对我这个黑户关上了门。按现在最新的买房政策，虽然我已在上海这座城市工作快8年了，但我是没有资格为自己谋得属于自己的栖身之所的，呜呼哀哉，这都是些神马呀！中国人在中国的土地上，背井离乡居然换来的是这样的结局，悲剧呀。

10年间，种种细节都已渐渐模糊，一同共事的兄弟姐妹，大多已经各奔东西，就连上海新闻中心也都换了三个办公地点。解放日报办公大楼，金钟广场，东亚大厦，从上海的东面一路往西，或许暗合我们这10年就是在西去取真经的路上。如今有消息灵通人士透露，办公地点可能要迁往东面的张江高科技园区，看来取回真经，还是要东回唐朝，布经受赏了。

上海站老的根据地，解放日报社的21楼，在一场打斗后成为明日黄花，惹不起咱躲得起。唾弃这个地方，如果不是心虚，怎么会没有胆量提供冲突的视频监控？就如同2011年新年，上海新华医院医患纠纷中，《南都周刊》报道的，医院单方面对外宣布医生受重伤，脏水全泼向患者家属一样，最直接的证据——视频监控也消失了。难道阿拉们是一伙的？

10年了，从武汉到广州，再到上海，从财经版到地产版，再到创业投资领袖版，都是我曾经战斗过或正在战斗的地方和版块，铁打的营盘，流水的兵，流水的账总也流不尽其中的酸甜苦辣，有那么多的如果和遗憾，就让它消逝在落日余晖中，下一个10年，我还是老人吗？就算是老，也要老骥伏枥，老树开花吧。

改改陈奕迅唱的《十年》，就此草草收场。

十年之前
我不认识你
你不属于我
我们还是一样在各自的世界里转悠
走过渐渐熟悉的18楼
十年之后
我们是合同
还可以终身
只是那些兄弟
再也找不到打球的理由
兄弟最后难免沦为朋友
直到和你做了多年朋友
才明白各自所求

符定伟

谈业务是可耻的。其实，那个口头说可耻的人，一直在从事着可耻之事。他从书本，从报纸样本，从交流中，念念不忘那个可耻的业务。我让他整理下我们MSN的聊天记录，没想到有好几万字的可耻记录。

凤者，风

其实有来就会有去的。可是，当去者去时，总会想想其来时。而回忆在此时就变得摇晃不定。我要回想的，竟然又是一次伤怀：无处追求，无法实现。

一

车开始动了起来，迷糊中一则新闻激起了我的兴趣：苏州开设淑女学校。嘿嘿，这周的选题有了。三年前，从京城回到广州，躲了多年还是躲不过宿命——重操政经旧业。

电话过去：这周给我个“世相”。从车上下来到达办公室后，我基本想清了思路：从淑女学校的开办切入，了解苏州的经济生活变迁，指出富裕后民众精神需求的变化，或者反传统或者回归传统。

这是一个定义为“饭后甜品”的政经栏目，世间万相无一不可入其流，但又无一不难以入其流。好玩、深刻，是其要求。

我不期望那个后来成了长谈者的被符号为张凤安的人，会给出个合格的东西来——未谋面，且我只列出原则的栏目。

第一稿出来后，我又电话过去：再改改。电话那头，有点怯然，但有些抗争：目前了解到的只有这些了，我再想想办法吧。

以下的便成了程序：电话、修改，修改、电话。再以下，《复活淑女》出炉。还算合格产品，我这么再次电话他。

相见之时，模糊摇曳。我那时有酗酒倾向，在上海的小酒馆里，例行公事似的，一个一个敬酒。哦，是你啊。短发、面白、微胖。一口而尽后，我准备转向下一个。等等，再敬一杯。他倒了酒，举起、碰杯、饮尽。

其实稿子还可以改得更好些，他说，如果再给多些时间。我停了下来，看着他。把后面一段搬到第一段，情景出来了，结构调整后，重点可以更好突显出来。当然，也更能表述主旨。

他一一列举稿件。刚从电视转行到平面媒体的他，画面感觉良好。在一群女孩子中长大的他，有些拖拉，有些细声细气，写这个淑女稿子也算是找对了人。

二

当每次的午后，我进出上海图书馆，翻阅那过去8年绿色衬底的21旧报时，21的深厚历史和跃然纸上的精神，总是让我心跳加速，不能自已。这是他的文字，不过不是显现在报纸上，而是在转岗申请中。

那段时间，我们常在MSN上聊业务。然后他就常到图书馆里，翻读旧报，说是那里有21的传承，更有21的激情和视野。

但结果是，他说，谈业务是可耻的。我说，那我们就一起可耻一回吧。然后，他开始整理所读及所思，洋洋万言，继续冠以“谈业务是可耻的”的名头，第一次向这个组织的业务氛围开火。

其实，那个口头说可耻的人，一直在从事着可耻之事。他从书本，从报纸样本，从交流中，念念不忘那个可耻的业务。我让他整理下我们MSN的聊天记录，没想到有好几万字的可耻记录。

是什么让我们开始觉得让我们得以立足的业务成为了可耻之物？五羊新城的一个大排档里，他斜着身体，靠在椅背上，摘眼镜、揉眼。醉了。接着他睡着了，任由我们一帮继续拼着酒，说着不着边际的话。当然不时夹杂着种种可耻。

我醉过无数次，但因同仁离职或转岗不多。之前的一次更不能算是醉，因为并没有当面对饮。那是北京的一位同仁突然在MSN上窜出来说要离职了。当时我一阵心痛，然后走出书房，拿了几罐啤酒，自个儿喝了起来。隔了好一会，我再回到书房，对着电脑屏幕说，我们喝一杯吧。

那个离开的同仁也说过类似的话：无处谈业务。

再之前的一次，远在成都的另一位同仁有一天也说要离职了。接着我找了个时间到成都，两人在九眼桥边上的酒吧里，一瓶又一瓶往肚里灌啤酒。当然，我没有问离职的原因，因为我知道每个人的离去，都有其不得已或者得已的理由。我没法改变什么，除了喝酒，我不知道还能做些什么，能让那些优秀的人继续留下来。

凌晨5点多，望着一地散乱的酒瓶，望着孤影成双的我们，我说，能走就此走吧，兄弟。然后转身离去。成都的晨风吹得我满眼模糊。

这一次我能做些什么呢？

三

他这么说，长期以来，身体状况不甚稳定，近期失眠、胃痛、便秘出血等日益严重，已经严重影响了编辑岗位的职责。

我愿意将此理解为纸面上的语言，尽管这是事实。

我们之间的交往并不是由这类语言构成的。他常给我戴高帽，一如其温州人的气质。但这些高帽小心翼翼地掩藏了某些期许——因为期望，因此希望。

你们海南两个村子开架了，多好的“世相”题材啊——两个中学生打架引发的一场械斗。他在MSN上说。我说，过去了就过去了，不要往回看。

“世相”栏目早就寿终正寝。如同当初定位为甜品一样，这不是报纸的主流产品。我们目前最应做的是整理核心价值观，寻找新的操作模式。

我喜欢这样的交流，喜欢读他引述的各类书本语言，喜欢听他谈大政经格局和气质。我知道自己缺少分析框架，只好酒后听他娓娓道出一个又一个知识架构，我真的喜欢。

他毕业的学校里有条叫丽娃河的水，他以这水命名自己的MSN。水之柔软，水之坚硬，是事物的两端。

我有一年去过那条河，烟雨笼罩的季节。那时年轻，不知这条水流淌过多少优秀的文字。而他正好是中文系毕业生。这个传承，估计是影响了他对文字的取向：唯美。

他说，喜好文字，喜好将一个个好像互不相干的字组合在一起时，其所呈现出来的美感和力量。这种喜好，可以成就一个好的文字工作者，虽然我一直取笑说，新闻顶多算个文字扫雪工。

但当他将文字的优美放入一定的分析框架时，新闻纸展示了其柔软中的坚硬。他将此称为新闻的力量。

或许因为这种力量，他说自己这次转岗，是为了另一次的探索。可是我不太愿意相信这个说辞。在一个组织里，我们需要仪式，能公开说的方式。那些不能说的，最好是不要说出来——水之伤人甚于石之害人。

最近的一次，我喝了很多。无望与无力一起涌上心头。我说：无处追求，无法实现。我想，这也是凤者之所以成为风者吧。

可是，风者中间加一横，就是凤者啊。这一横，去哪里找呢？我不希望有一天，又要跑到上海，面对一个新离开者，再喝一次烂醉，再一次孤影相对。

（作者自注：张凤安2009年转岗到头版，2010年12月离职）

13人物

张逸之

人生而入瓮，绝对公平既不可得，激扬文字的自由便不能再少，否则纵有呼吸，也尽是些浊气。言语本身虽无力量，却可发掘不平的根源，议论公平的途径。

张逸之 《21世纪经济报道》编委（分管金融版）

自由的框架

阳光均匀洒落，大地凹凸不平。

我看到小草在田原疯长，向阳的大树耸立入云；我看到花儿凋谢，蛀木枯朽，绵延的戈壁荒凉静寂；我看到仙人掌给沙漠点上青绿，松籽倔强地钻出岩石的包裹，雪莲绽放在寒冷的天山。

阳光均匀而公平，大地凹凸而不平。亿万年来，生命在公平与不平间进化；千百年来，社会在公平与不平间变迁。

然而不平似乎总如此普遍，公平如此有限。自生命起源，优胜劣汰，便有了垂照千古的丛林法则；及至人类诞生，社会聚合，争斗尤剧。所不同者，优未必胜，劣未必汰。

聊以自慰的是，先贤老子说了，出生入死。用鲁迅先生的话讲，“这孩子将来是要死的”。天地循环，万物起灭，莫能逃过这一定律。卢梭说过，人生而自由，却无往不在枷锁之中，出生入死，大概是人类第一个也是最公平的一个框架罢，正如阳光普照般。

倘使单看“出生”，虫草生而匐地，鹰隼生而翱天，王侯将相，焉无先天之利？显者衔玉，寒者敝屣，此第二大框。自此，不平已现。

由是推之，雄兔扑朔，雌兔迷离，男女生而有别，不由自主；族裔有别，居华夏乃推孔孟，居欧美则信基督；朝代有别，汉唐万国来朝，清末群魔乱舞，今日奋图复兴；智计有别，敏者通天地变化，钝者茫茫然浑浑噩噩；性情有别，恢宏大度有之，睚眦必报有之，似烈火者有之，温柔如水亦有之……一框复一框，框框相套，不得挣脱。

其框愈多，不平愈显。所幸有些不平原本是可以削齐的，因为出生的框架无从改变，我们却有砸烂后天的枷锁的权利。实际上，人类文明进化的历史，同时也是一部追求公平和“追求公平的自由”的历史。

然而不平似乎总如此普遍，公平如此有限。即使对公平的追求的自由，亦然。最著名的是周厉王，不想听到民间有批评他的声音，下令人民闭嘴，“道路以目”，结果却是“防民之口，甚于防川”。嬴政更干脆，焚书坑儒，能读的烧掉，能写的埋掉，你还能怎么着？可惜聪明一世的始皇帝或许忘了一件事，书儒本非生而有之，杀了夏明翰，还有后来人。于是陈胜吴广揭竿而起，诗圣疾呼“大庇天下”，宋人“等贵贱、均贫富”，窦娥一死换来六月飞雪，何故？鸣不平只为其一，更深的根源，还在于追求公平的自由受到了压制。

由是看来，方块状的汉字，实可算古往今来第一大发明。文字已然画框，以之著书立说，便当时刻谨记不可逾格。竹简是方状的，书籍是方状的，新闻纸是方状的，今日信息如此发达，言论如此丰富，门户网站、微博乃至最流行的iPad阅读，也还是方状的。

是的，人生而入瓮，所能做者，框内腾挪而已。余幼喜文字，今亦卖字为生，恍惚竟近十年。所图者无他，可凭三寸不烂舌，一杆春秋笔，见不平事，立不平言，指点权贵，粪土奸小，纵数历代兴亡，横观寰球起伏，以文字为器，以心意立言，不亦快哉？

是的，人生而入瓮，绝对公平既不可得，激扬文字的自由便不能再少，否则纵有呼吸，也尽是些浊气。言语本身虽无力量，却可发掘不平的根源，议论公平的途径，令人清醒，激人奋发。况且古语说了，富不过三代。有麦肯锡的调查为证，富过三代的概率仅为15%。我们尽可暂时接受现实的不平，为何连梦想的变化也要放弃呢。说到这里，想起在某KTV的厕所看到的一个笑话，甲问乙年薪多少，答曰800万，“哇，那每月岂非六七十万？”“当然了，这只是基本工资。”再发惊叹：“你做什么的？”答曰：“做梦的。”

还好，我们都有做梦的权利。

（注：文中部分内容曾非公开发表于《财智人生》，再写于2011年2月15日）

14人物

胡娟红

十年了，我一直工作在同一个部门，做着同一份工作，日复一日，就如安迪·沃霍尔架在帝国大厦前一动不动的摄影机，它拍到的，画面静止，一成不变，仿佛“什么都没有发生”，只有光和影的交替。

长镜头，分镜头和一个文艺女青年的十年

十周年歌唱比赛的时候，我在微博上发了一张获奖的合影，前美女同事海兰迅速给我留言：向“骨灰级”同事致敬！

其实在心里，自己一直拒不接受“骨灰级”这个称谓，因为每每在镜子前流连时，总是觉得自己还很年轻，随时准备着满腔热情和自信，纵然从未貌美如花。

十年了，我一直工作在同一个部门，做着同一份工作，日复一日，就如安迪·沃霍尔架在帝国大厦前一动不动的摄影机，它拍到的，画面静止，一成不变，仿佛“什么都没有发生”，只有光和影的交替。

但是十年，总是要有些感悟的，给一起走过的同事，提供或许久远但是绝对温暖的回忆，给新加入的同事，提供一点可以借鉴或者八卦的往事。就像王家卫的电影《东邪西毒》里的那句经典台词，套用一下应该是：看你年纪三十出头，这十年来，总有一些人和事你希望提及……

这样想着的时候，镜头便刹那间切回到2000年12月那个冬天的下午。与很多怀揣理想的同事不同，我来到21世纪，完全是个意外，只是为了解决两地分开的感情。所以我去18楼面试的时候，并不知道当时已经久负盛名的F4，当然也没有“我们的梦想是国家的梦想”那种波澜壮阔的情怀。

那个下午，我要见的是我的老板陈东阳。

彼时我的前男友对他已有诸多描述，回想起来，关键词不外乎是：原南方周末高管，温文尔雅，人很好……在我走进办公室前，他又加了一句：长得也很帅！

于是，老板便在一堆注解中出现在我的面前。彼时我一点也不懂媒体，不懂销售，更不懂经济，面试情况可想而知。但是面试结束的时候，陈老板却答应让我加入报社。我一直想不明白自己为什么会有机会，大概是我当时因为无知而显示出来的莫名其妙和没有由来的自信起了作用吧。

如果说陈老板的准入证，给了我一些信心的话，那么之后的言传身教，是我快速进入工作状态的巨大推动力。我的第一个大订单，就是和老板共同作战的结果。那是2001年的夏天，我和陈总一起去中山，拜访中山名人PDA的营销总经理赵强。赵强那时候是

营销名人，电视里经常有他的采访。记忆中，他似乎长得圆滚滚的。在赵强的办公室里，老板淡定地点了一支烟，简单把报纸的情况介绍了一下，半小时不到，就波澜不惊地签下了60多万的一个广告订单。我当时既欣喜若狂又惭愧不已，因为那时候的我，给客户打个电话都需要鼓起很大的勇气，被客户多问几句，便会结结巴巴。心想，何时才能像老板那么淡定呢！

在陈老板的记忆里，那天回城的大巴上，还发生了一点意外，据说是两个乘客的手机丢了，司机只好报了警，所有其他的乘客都被无良警察要求搜身。不知为何，我对这个意外竟然毫无印象，大概天生乐观的我，总是有选择地记忆；又或者那时候我就表现出一个广告业务员的优秀品质：一叶障目，只见订单。

这十年里，还有一个朋友，不，是诤友，也是必须要提到的。她给过我最大的鼓励，参与过我年轻时候几乎所有的重大决策，当然，也包括给过我最尖刻的调侃和批评。大家都知道，这个人是我的老拍档Coco。

认识Coco的时候，她在《明星周刊》，她的位置在我的前面，但是总爱回头看我。有天突然深沉地对我说：其实你是一条游在深海里的鱼。她的这个比喻，曾让我一头雾水，而且她至今也懒得解释。不过奇怪的是，因为这个莫名其妙的比喻，我竟然迅速地把她当成了我的知己。

当然我也严重地忽悠过她。2003年我调到北京办事处工作的时候，很焦虑也很茫然。这种焦虑来自外部也来自内部。外部来讲，北方的客户和南方风格迥异，我一腔热忱带着南方的务实、高效来到北京，发现竟然毫无用武之地；内部来讲，我和那时的北京办事处，也无法很好地融入。于是我想，一定要把Coco忽悠过来。我先在电话里描绘了一下北京广阔的市场前景，然后针对她比较注重生活品质的习惯，特意跟她强调说我租了一套新房子，环境比丽江花园还好。在我的连哄带骗下，Coco终于心动，来到北京。事后她也狠狠批评过我没见过世面，因为那套盖在地铁上面的房子，经常半夜还有地铁轰轰而过，实在不算好。但是批评归批评，她还是毫不含糊地跟我一起开展工作，我的激进配合她的“让子弹飞一会儿”的气定神闲，在江湖曾经非常有杀伤力。

记忆中的2003年夏天，基本都是在饭局中度过的。最轻松的时刻，是谈妥一个订单以后，在花家怡园的院子里喝酒，喝到晕晕的，顺便谈谈人生、理想或者爱情，然后把喝光的啤酒瓶，砸向黑暗的远处。

被我忽悠过的，还有李刚和姜岚。在很长的一段时间，我一直保持着一个习惯，看见比较优秀的人，就想拉进21世纪。所幸这些同事，和21世纪保持一致的步调，共同成长，至今已是各个岗位的精英。不知人力资源，愿不愿意给我发个特别贡献奖。

我也曾问自己，21世纪给了我什么呢？让我如此深深眷恋。就如我在十周年合唱比赛的视频里提到的，她给我家庭般的感觉，给我学习和上升的机会，更给我自由的成长空间——相对于制度管理的简单粗暴，她更强调自身的纠错能力。不知道这是不是每个“骨灰级”同事的答案。

十年了，还有很多的人和事，他们像电影里的一组组的分镜头，虽来不及赘述，但是却深深留在我的记忆里。那些片断，在我毫不知情的情况下影响我，改变我。

十年过去，我终于开始喜欢那个丢弃了尖刻，变得更加包容的自己。我也很庆幸自己最美好的年华，我有幸和这份报纸及一群精英一起走过。同时，我祝福她基业长青，愿和她相伴走过更长远的路。

谨以此文，献给21世纪的十周年。最后以我一首喜欢的歌，献给这十年中曾经陪伴我走过的爱人和朋友。

消失的光年

哀伤的不会忘却
那只是一些片段
忘却的无法消失
他们躲在树后面
每个人是每个人的过客
每个人是每个人的思念
眼中的星辰月光
消失在心中的光年
消失在心中的光年
寒夜落进秋天
风景依然进来
相爱沉默不语
凋落一片孤单
每个人是每个人的过客
每个人是每个人的思念

15人物

李刚

未知的市场环境，未调试好的心态，一切的一切都给了我太多的踌躇和不确定，甚至在来上海的当晚，就试图打起了退堂鼓。如今回想起，真觉得当时的自己是那么的孩子气！

两次“空降” 七年之痒

有些事，过去就是过去，不会再有印记，也无法重新来过。但有些记忆，无论过去多久，都不会被人淡忘，甚至可以说随着时间的流逝，历久弥新，能够在我们的脑海中不断地回放。

对我来说，在报社工作的七年时间，就是这样的一段记忆。难忘且艰辛，携同着岁月教会了我付出、收获、真诚与感动。

记不清是在2001年哪一天的中午，在一次与七喜电脑客户吃饭时我认识了胡娟红，从她那接过名片后认真地念读了这个长长的报名，或许就是那一刻与21结了缘。

七年前，我第一次踏上位于18楼的东阳办公室，交流时间很短但记忆犹新，他平和稳重的言语之中，透出游刃有余的淡定，正是这点坚定了我加入21的信心。经过一年多的磨合和努力，我成功地融入了报社这个大家庭。

六年前，我被调到了上海，那是我第一次离开我的第二故乡广州，来到了完全陌生的城市。说实话，那时心里是有些龃龉的。未知的市场环境，未调试好的心态，一切的一切都给了我太多的踌躇和不确定，甚至在来上海的当晚，就试图打起了退堂鼓。结果这想法，在我告知东阳后，被他严厉训斥。如今回想起，真觉得当时的自己是那么的孩子气！感谢曾给过我严厉批评的老板，如果没有他，我可能已经因为自己的胆怯而放弃，错失一次实现自我价值的机会。也是因为那次，我意识到自己肩上的责任，任重而道远。

在此之后，我真正开始了在上海的工作。一切几乎从零开始。我花了近乎三个月时间跑遍了当时所有锁定的目标客户，毫不夸张地套用一句广告语：“我不在见客户，就在去见客户的路上。”

一年后在年会聚餐时我哭了。为自己那一年里的失败和奋斗，为自己那一年里的付出与收获，也为那一年自己因为应酬过度饮酒导致胃出血，去六院报了六次到。这些都成为我最难忘的记忆，永远铭刻在我的心底。

在21的两次“空降”，每次“空降”都有不同的收获。第一次收获了销售经验，第二次收获了管理经验；前者充实了自己，后者收获了一支优秀的销售团队。

写到这，我突然有些无从下笔了。七年的感情，七年的时光，似乎就这样过去了。可是有些事，只有经历过，才会知道，难以忘记。我在报社的七年也是和大家一起经历的，这才是我最珍惜的。

无论前面我们还会遇到什么样的困难，也无论我们今后会有怎样的发展，我们都要铭记昨天，立足实际，着眼未来。只有这样，我们才会走得更远！

最后我有几句话想对刚刚步入21广告队伍的新人说："一个好的媒介顾问要不断地去发现，去发现客户的真实需要、行业的发展趋势，整合各项资源。获得广告并不是真正的成功，获得客户对这种经营理念和广告价值的认同才是最大的成功。"

16人物

曹莲英

那时我是多么崇拜才华啊，全然不加掩饰，毫不知疲倦地，服从于内心对眼前世界的所有兴趣。它以不畏惧、不动摇、不停歇的驱动力确认一种真实存在。

我生在21最早的一片世界

最早的一件衣裳　最早的一片呼唤　最早的一个故乡　最早的一件往事　最早的一片感觉　最早的一片世界　太平洋的风徐徐吹来　吹过了多少人的脸颊　才吹上了我的……

——胡德夫《太平洋的风》

一

2001年，我搬进了丽江花园，是南浦岛上的丽江，不是晒着阳光发呆等候艳遇事发的丽江。无意中得知，我的邻居中住着不少媒体江湖的大人物，而他们当中就有因21员工口口相传因而显得神秘的老板们。多少次，当我拖着沉重的行李箱风尘仆仆从外地出差归来时会突然偶遇这些友邻。原来，住得好不如住得巧。

那时我是多么崇拜才华啊，全然不加掩饰，毫不知疲倦地，服从于内心对眼前世界的所有兴趣。它以不畏惧，不动摇，不停歇的驱动力确认一种真实存在。即使再难，夜深伏案写业务方案时，亦无人可以阻挡我对燕尾蝶的想象。

二

我深深追忆一段与我的一位老搭档的往事。那是2002—2003年期间。她出众的品位及与客户沟通的自信从容深深影响着我。我今天的装扮风格虽有几分天性使然，但更多是得益于她对我的影响吧。当然这不是故事的全部。2002—2003年期间，我们常常结伴出差，去北京或上海。我们共同在异地度过了很多个寂静的周末。石景山游乐园的滑翔伞还在吗？我们一前一后伏在绳索上，张开着双臂，学着鸟儿的姿势从30米高空向下俯冲。两个女孩，一个神情淡定自如，一个则惊慌失措，在无休无止奔波在异乡的某个周末，是这样的相互安抚乡思。

三

今天，与21共同走过来的读者、采访对象或负责广告岗位的客户有些早已成为企业高管，他们对21的快速发展给予了可贵的真诚、智慧和价值认同。而后者很多成为我的朋友。一路支持、鼓励和包容，令我在成长的路上，虽时有挑战，但从未被压倒。

我变了吗？我亲密的工作伙伴们有时会对我凝视良久后说，你变了，变得比以前更直接，更明确；但似乎又没变，似乎从来都是这样。

那是什么状况？这其实不像一个问题。正如21的每个人血液里都透着同一种气味一样，我早已呼吸着你的芬芳。

四

人类的高级情感能够用哪些词汇来定义？忠诚。追求。信念。热爱。又或是自由的内心。自由即幸福。

我用10年的时间，渐渐确定了一件事，我相信了人生而自由。只是有些人需要花更长的时间去找寻，也许终生难觅；我有幸生在21，只不过用了10年。

我如此沿着春天走向夏天，走向秋天，穿过冬天，气喘吁吁却不曾动摇地走过了21世纪第一个黄金十年。现在，我义无反顾拎起我的高跟鞋，充满希望地与同仁共同走进21世纪的第二个十年。

17人物

姜岚

3年前的一天，我们的一名资深采编同事，在一次与某市委书记的闭门会议结束后，趁着大家狂欢后的酒意问了我一个问题：市场中心的核心竞争力是什么？他的语气有挑战，但我全然当作启示。

21于我，如一段两性关系

我一直认为我是一个特别幸运的人。7年前的我，一直在IT互联网公司，做着常规的市场推广的工作，那是一种既定的工作模式和业务流程。来到21的初衷，只是厌倦那种墨守成规，基于那份人文情怀的吸引，没想到，我的确打开了一扇新的商业模式的平台：让业务模式的相关方，从两个的双赢变成了三方甚至多方的多赢。也就是我的这份工作，给了我充分释放个性的平台，我既可以冷静客观，又可以浪漫理想，使双重性格的我，在商业和感性中找到平衡。

新闻创造价值

如果把报纸媒体作为我们市场推广的对象，运用市场营销分析方法我们首先要做的是产品分析。可是这个问题，我就花了快一年的时间，才找到答案。

首先它是个不固定的形态。你没法用形容词来描述它的状态，也很难用定语来界定它的功能。它是一个承载思想、价值观的产品，它没有有效期，也没有使用范围，怎么做它的市场推广，甚至我们推广的目标怎么界定，当时的我，对这些都没有概念，也无从求知。

那么这个产品到底是什么？怎么去了解它的性能为它做推广？甚至我的工作内容和目标到底是什么？而这些思考也成为我们现在部门的基础经验。

其实很简单：从这个产品的生产者去了解，了解这些记者们在做些什么，在想什么，在表达什么，这些就是我工作开始的内容，也是我们所有后来品牌项目创立的源头。通过和他们的交流，读他们的文字，接触他们采访的对象，发现中间的关联，同时找到广告部和客户都可以理解的语言，这就成了一个新的盈利模式。

在前面的几年里，我们运用这套极其简单的方法，充分享受着21品牌带来的价值衍生的红利。在不同的行业，找到聚焦的人群，我们要做的就是整合能用的资源，快速反应。

生生不息的折腾

直到3年前的一天，我们的一名资深采编同事，在一次与某市委书记的闭门会议结束后，趁着大家狂欢后的酒意问了我一个让我们部门这几年都在不停追问的问题：市场中心的核心竞争力是什么？

他的语气有挑战，但我全然当作启示。

一场关于市场中心，关于核心竞争力的运动开始了，而且每年都在折腾。

第一年，我们建立了专业职能的部门，让我们的各项能力在各个流程中，做专业化的分工和管理，并在这个过程中，培养了各个模块的专业人才和核心骨干，从而摸索了一套项目经理的流程管理体系，使我们的团队在一年上百场的活动中，千锤百炼。

第二年，我们进行从“项目经理”到“产品经理”的转变，从而配合进行部门整个流程的改造，而且对产品经理进行明确的职责要求和流程模块的界定，把团队的核心人员从传统的支持服务人员，转化成项目的研发、策划、管理、统筹人员。

第三年，我们的团队已经近40个人，分布北上广3地，为了提升部门管理和项目精细的目标要求，我们自主建立项目考核制度，并加大业务模块的专业培训，把绩效考核和项目运营结果进行综合评估。

伴随着本报的日报改版，国际化的战略部署等各新媒体产品的全面启动，我们也完成了市场中心核心竞争力的建立。缘起已经不重要，因为答案在我们3年的追问中已经了然于心，并且已经融入了整个团队。我不再焦虑，并从此从容。

在我们的品牌活动中，有个由21世纪商业评论和21世纪经济报道联合主办的“21世纪最佳商业模式”的评选，我有幸参与全过程，学习不同的创新公司的商业模式。那么基于市场中心这样的商业平台，它在嫁接中国最好的财经媒体资源，聚焦中国最精英人群资源的基础上，难道只有我们传统的活动盈利模式吗？

此时，市场上的活动也风起云涌，我们作为行业领先者，不能阻止竞争者的抄袭，只能一次次地靠超越自己来赢得持续的领先。

跨界和融合是我们整合新的模式的主要方向。这样就出现了像华人经济领袖、金枕头等跨媒体的项目，在商业模式上建立了一种基于活动的新的整合营销传播案例。

我们也积极地学习和研究新媒体对我们业务模式的影响，组织专门的团队来负责新媒体的各项目传播，并深入地和最重要的主流新媒体公司建立战略合作，开发基于新媒体模式应用下的活动流程和全新的商业模式。这样一些七八年的老品牌重新鲜活起来，而新成长起来的项目经理们，利用自己热衷的交流平台，也更好地完成了对自身项目创新的思考。

正是带着这样的思考，我们用一种“鲜、活”方式来呈现21世纪经济报道十周年的庆典。它既是一个会议周，也是一个试验场。我们在短短的一个月的准备时间内，组织了时长5天的不同活动和会议的形式，也算同行业内开创会议周的新举，也是这么多年来市场中心在不断的自我挑战中，对给予它无限力量和自由空间的这个媒体的一份十周年礼物。

记忆也可以“鲜活”

片段一　汶川地震：有爱的人会获得爱

汶川地震后，我们第一时间在全国各地的高端会议和高校倡导抗震救灾，并发起了投资界的公益联盟，号召用商业力量来进行灾后重建；我们在北上广三地，走进社区和商场及地铁，进行报纸义卖以及收集爱心读书和包裹，进行震后救助。我们作为一支单独的媒体公益力量，和我们前方的采编记者一起，像打了一场巨大的战役，整整两个月。我在参与灾后在四川绵竹的第一次红粉笔支教活动的时候，在刚搭建起来不久的灾民帐篷以及震后校舍中，看到已经有好心的人给临时的学校送来了鲜花装点操场。那天当太阳升起，我们和孩子们一起升国旗、奏国歌的时候，我第一次感觉到自己是如此有力量。这一次，我一直都没哭。我知道，我的工作已经不是一种单纯的商业力量，我们凭己之力，能号召更多的人参与社会公益事业，能发起对更有效的模式的探讨来改变我们面对的社会问题。我们除了做我们自己，还可以做更多。

片段二　8周年庆典：每个人都是海洋

报社8周年庆那一年，我在广州和北京两地穿越，准备开始新的人生。我们的整个计划是全面的，持续的：首先用平面广告的策划“一生二，二生三，三生万物”气势恢宏地拉开序幕，把整个媒体的改版事件上升到道法自然的境界，所有人都很有感觉；然后把马云、郭广昌等大腕拉到我们庆典现场为我们赚人气，凸显我们的精英影响力；最后，报社不同部门员工在现场进行了火炬传递的仪式，把最后一棒交接给沈颢，点燃我们象征未来的火焰，气势高昂。我认为一切很圆满。这一次，我发动了我整个部门三地同事的力量，第一次全体参与一个跨度大、形式感强、意义重大的活动。所有的人都热情高涨，没有一个人有半点的马虎。在会后的内部年庆上，部门的同事表演了一个“一周五妻，生生不息”的节目。这节目引来全场的喝彩，我们也勇拿了那年年会的节目第一名。在台下看部门同事表演的时候，我笑了，也哭了，而且不能自已。我当时仍怀着一颗柔弱的心，能有何德何能，能拥有这些同事，能无比地信任我，并协助我完成这个伟大的工作，他们真是太棒了，我情不自禁地走上前，给了他们拥抱。我的同事中还有好多善良智者，在我迷茫时给了我清晰的方向，予我力量，投入新的工作。我自此更加谦虚，我想就从我的同事们学起，并把自己的所学和所有，毫不保留地和大家共享。

片段三　领袖年会：极限承受的精彩

这看似是个不可能完成的任务：要把全中国10个最牛的商业领袖聚在一起，在一个晚上的两个小时内出现在同一个现场。而且我要电视、广播、平面、互联网都同时报道。2009年12月，我们成功举办了。那天，我们还让领袖们像明星一样排着队走红地毯，当时我们的大股东郭广昌以及地产大佬王建林差点就不愿意干了；俞敏洪在最后一刻，是坐地铁到达的；而李彦宏的出现差点引起了现场女粉丝的狂堵。但是，没关系，我的地盘听我的。他们终于在人群中挥了挥手，大踏步地上了领奖台。那一次，我连续工作了一天一夜，到活动结束的时候，脸都青了，腿肿得不成样子。活动一结束，差点快晕倒，我直接回房间里大哭了一场，真TMD的太累了，我已经到了可承受的极限。呵呵，不过，人每次都是这样突破自己极限的。这样下一次，才会更精彩。

片段四　艺术展："21"代表一种控的力量

十周年时，我发现我已经江郎才尽，不知道做什么才能把10年的辉煌再现。庆典对于大家都麻木了，而对于我是一个不得不超越的任务。所有的常规建议提出后，都被我自己给否了。我一点兴趣都没有，连自己都没兴趣，怎么可能让大家兴奋起来。直到遇到我们两个神秘兮兮的同事——陈钢和唐学鹏。他们把我之前的大庙会的形式给否了，决定专注用当代艺术的角度来表现新闻10年的10个大事件。听起来还像这么回事，起码对于我是新鲜的话题，先动起来再说，好像也没更好的办法。但一切都是未知，准备时什么都没把握。记得当时我把其他同事都拒在了门外，决定自己一个人来说服领导。因为这是我一个人该承担的责任。我的老板陈东阳，他虽然语气也纠结，但还是无比坚定地大笔一挥给我签了字。然后我故作镇静地走出老板办公室，对门外的同事说：搞定，走人。此时，我和那两位主要的策划者只吃过一顿饭，交谈过两次。但我已经决定，要把我的职业信誉交给他们。过后的一天晚上，大家加班后一起吃了个饭，然后来了个进行年轻人消费调查的前同事，说带大家去看一个特别的秀。好吧，我正心里什么都没底，干脆去放松一下吧。地点转到了张自忠路的愚公移山，一场HIPHOP的年度决赛让我整个晚上HIGH到了极点，此前我连什么是HIPHOP都不知道。一场秀下来，大家沉浸其中，忘了白天的任务，也忘了明天的压力，没有语言的沟通，但默契在所有人中建立了共生。仿佛在那一夜间，我明白了艺术之于生活和社会的多重表达，形式不重要，关键是你理解的方式和你的价值观。我不太懂艺术，但我懂他们是21世纪的老员工，大家长期在同一个价值观下理解世界和对待人生，所以我足可以信任他们的创作和表达。

"控——艺术和新闻在世纪初"当代艺术展，作为21世纪十周年的重头戏，在领袖颁奖前开幕。艾未未、宗庆后、车建新等一批艺术界和商界领袖都来参观。艺术展开始的地方有个"控"专区，有次和同事一起参观，沈颢也在场。大家一致拿出"我是21控"贴在了胸前。是啊，有时候沟通成了多余，当大家对这个组织形成了共同的迷恋和依赖，大家就会犯同样的毛病，也会彰显同样的个性。

……还有好多的片段，我发现我写不动了。写着写着，我感受到岁月的流逝和光阴的不再。虽然我很满足我现在的状态，但往回看总是有些唏嘘，有些感伤。即便你收获的远远大于你失去的。

21于我，如一段两性关系，它甚至超越了我真实生活中的两性关系，是我最好年华的成长印记。

顾蓓

良好的秩序是一切的基础。一个企业，一个组织，乃至一个政府，如果流程的设计是完美的，流程的执行也是完美的，那么结局一定是完美的。

顾蓓 《21世纪经济报道》总裁助理/行政中心总监

那些迷人的往事

十年前一个秋天的早晨，广州的天气少见的秋高气爽，作为21世纪经济报道行政部唯一的员工，我开始了一天的工作。先拖地，再取报纸、分报纸、有四个人要办入职手续，中午有篇小稿子要译……心情有点复杂，有一切从头开始的苍凉，有繁华过后的平静，更多的，是憧憬：从今以后，我要跟崇拜已久的无冕之王们成为朝夕相处的同事了！每天能听多少小道消息呵！

2000年的秋天对于21世纪经济报道的许多人来说，都是难忘的，这张报纸的诞生过程，更像是一群满怀好奇与激情的年轻人，集体迎接他们共同的孩子的降生，在那段时间里，没有上下班的概念，没有上下级的概念，大部分人不知道也不关心自己的工资是多少，几时发。

报社慢慢地成规模了，行政部的人员也增加到了四个。还是很忙碌，每天都有新面孔加入，办公室从一个角落，一点点蚕食到整个楼层。到了2001年的三亚年会，参会的人数是100人。在三亚海边的海鲜大排档里，有人醉得抱着领导说：我下辈子还跟你！

激情一直持续着，到了2003年的夏天，一下就增加了两份报纸，《21世纪环球报道》、《明星周刊》，40多个人，两份报纸的全体采编人员，挤在一个大会议室中，一台五匹空调二十四小时运转。行政部仍旧只有6个人，也没有特别明确的分工，3张报纸的运转，每天晚上两点钟以前17、18楼都是灯火通明，每一件事都是急事，每一个需求都是急需，一架机器转了最高速。

2004年的海南年会至今依然是许多同事的美好回忆。一部《2046》由行政部编剧、导演、拍摄完成，虽然充满青涩，但点燃了年会的高潮，也开创了21世纪年度贺岁片的新纪元。那时候的行政人事部，有了一点兵强马壮的味道。那一届年会，留下了许多迷人的记录，赞助方请F4吃宵夜，我们总共去了104人；年会的三天时间里，每天晚上都有人彻夜把酒言欢，有一天吃光了酒店所有能供应的食物，值班的厨师第一次饿着肚子下班了。狂欢的唯一代价就是：年会结束时，负责会务的行政同事集体虚脱了一般。

十年间，一半是海水，一半是火焰。如果说前半段是激情在带动着，后半段，理性与规则渐渐发挥作用，并最终成为一个集体持续发展的根基。

良好的秩序是一切的基础。一个企业，一个组织，乃至一个政府，如果流程的设计是完美的，流程的执行也是完美的，那么结局一定是完美的。对于报社来说，行政职能部门就是这个流程设计的协助者，更是流程最主要的执行者。从四个人到四十人，行政体系职能部门也经历着蜕变，越来越多的高素质的年轻人的加入，让这个小团队发挥着越来越重要的作用。

职能工作因为没有直接的数据效应，成就感会比较低。我经常会问新加入我们团队的年轻人，“什么是职业”。有人说：职业就是工作，就是一份谋生的手段；也有人说：是人的价值的体现。

我想说，把职业看作是一种信仰，是一种爱吧。只要是爱，那么，不管是多枯燥乏味的工作，都是一种享受。

往事并不如烟。对这个相处了十年的集体，对我的部门中亲爱的弟弟妹妹们，我一直在找一个词来形容并祝愿，那就是“鲜活”。愿大家都有鲜活亮丽的人生，愿21世纪永远鲜活如初。

丘克军

胡舒立的“诠释使命”的评价，也许是《21世纪经济报道》过去十年和今后更长一段将来的真实写照。

十年的辉煌与一年的编撰

上世纪末的最后一年，4位平均年龄28岁的年轻人在南方报业大院里走在一起（后来被称为“F4”），他们是沈颢、刘洲伟、陈东阳和李戎，于是孕育出了一份叫《21世纪经济报道》的财经报纸——当然他们孕育的不是摩西的《旧约圣经》，不是米开朗琪罗绘在梵蒂冈西斯汀教堂的著名天花壁画，也不是苏古诺夫那部穿越了圣彼得堡冬宫博物馆和俄罗斯4个世纪历史的电影——这张报纸生于21世纪的晨曦当中，而且一生二，二生三，三生万物：于是有了周二报，周三报，准日报；于是有了《21世纪商业评论》、《理财周报》、《福布斯》中文版、《环球企业家》、《商务旅行》和纽约的《21世纪经济导报》，以及21CBH.COM；于是有了今天的“二十一世纪传媒”……

上一年的最后一个月，一群经过十年磨炼的《21世纪经济报道》精英聚集在一起，他们是刘洲伟、刘晖、刘冬、郑小伶、王云帆、代波、马腾、金城、符定伟、张逸之……于是孕育出一本叫《创世纪》图书的雏形。于是我们听到了“给岁月的歌”、“创业者说”，看到了“铁打的新闻，流水的青春”、“21方法论”，感悟到了“十年问道，其命维新”……

2011年3月的阳朔乍暖还寒，在遇龙河客栈吃“农家乐”还得烤着火炉。看着先老师和孟敏冒寒在河面撑竹排的情景，和阳朔那被寒雾包裹的山峦，沈颢发出了“一个身居总编岗位的新闻人回去当记者已不可能”的感叹。这是多年后全体采编精英难得的一次聚会，心境难怪要比2002年的三亚、2005年的海南兴隆的相聚要复杂得多。当然，从28岁到39岁，十年过去了，沈颢称“不惑”为“中少年”，坚持用一种少年的心态参与到正处于青少年期的《21世纪经济报道》当中；这时候的“F4”，少了“少年维特之烦恼”，多了几分思辨，于是发出了“谁说少年不可以”的呐喊。

这是《创世纪》雏形出来之后发生的事情。之后又发生了什么呢？公众看到的是经过一年多的微创新之后于今年8月份全新改版的《21世纪经济报道》，看到了一份“会呼吸”的财经报纸，看到了中国的“根目录”，变化的“立体派”，不息的“价值流”；看到了“21世纪传媒”走向资本市场的曙光。而还在路上的《创世纪——一张财经报纸和她的世纪梦想》，则有了沈颢的序言《谁说少年不可以》，刘洲伟点评十年特刊的“为了忘却的纪念”的肺腑之言，有了全新思维的“21方法论”，还有刘晖、胡娟红、习刁刁的“微说21”，更是听到了范以锦、李良荣、喻国明、胡舒立评说《21世纪经济报道》的心声。

“一家与本世纪相生相伴的报纸，一家焕发着青春活力的报纸，一家以机制胜出同业的报纸，新闻创造价值——你们的行动就在诠释使命，为十岁贺。”《21世纪经济报道》的同仁都被胡舒立老师那“相伴相生”、“青春活力”、“以机制胜出同业”、“诠释使命”等评价震撼着心灵，这也许是《21世纪经济报道》过去十年和今后更长一段将来的写照！

未来值得憧憬，同志仍需努力。

丘克军

（2011年11月11日草成）

鸣谢

感谢每一位在21世纪经济报道奋斗过的人，感谢每一位为本书付出辛勤劳动的人。

另，本书涉及文章作者的职务信息截至2011年6月。

编者